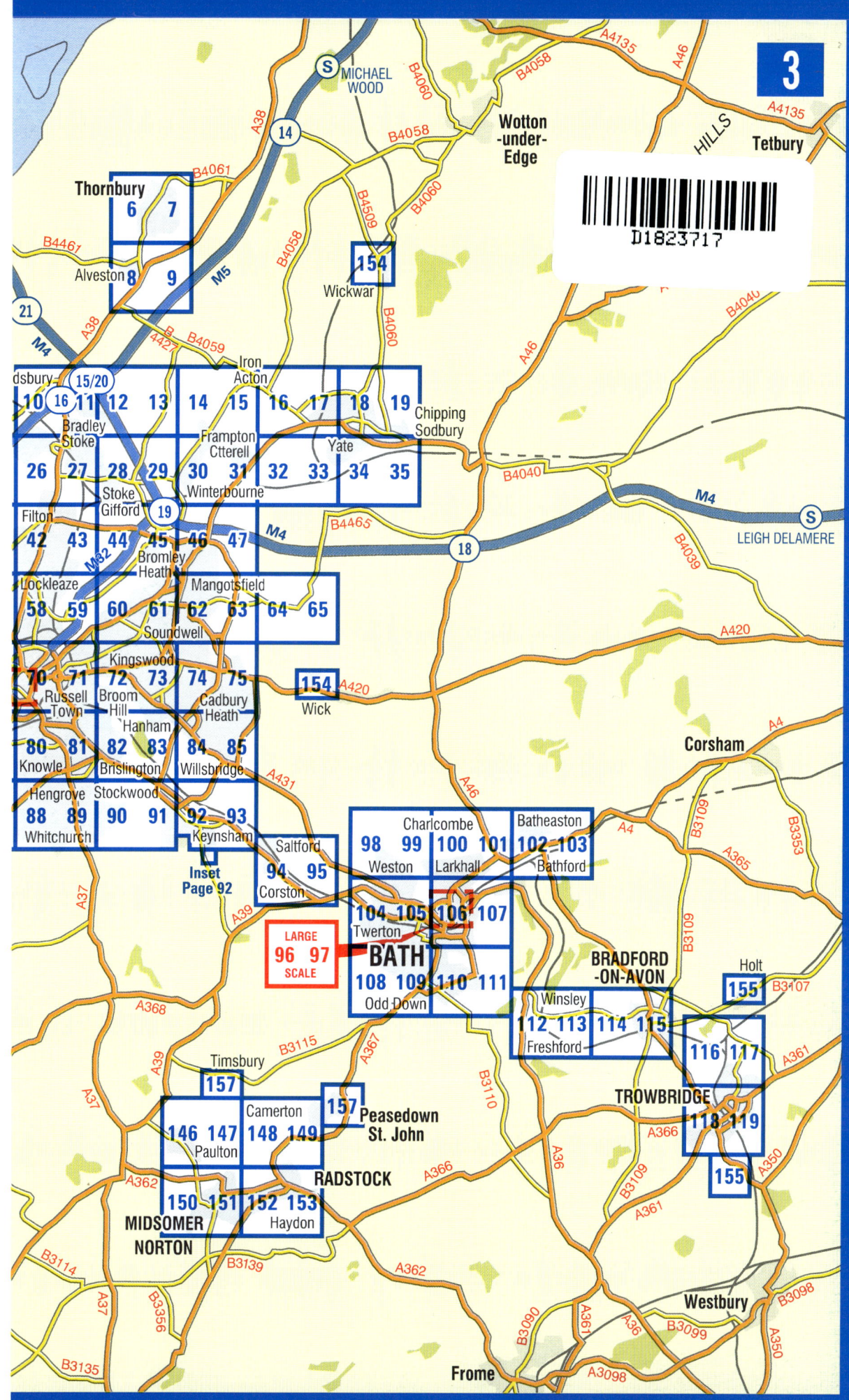
3
MICHAEL WOOD
Wotton -under- Edge
Tetbury
Thornbury
Alveston
Wickwar
Iron Acton
Chipping Sodbury
Bradley Stoke
Frampton Cotterell
Yate
Stoke Gifford
Winterbourne
Filton
Bromley Heath
Lockleaze
Mangotsfield
Soundwell
Kingswood
Russell Town
Broom Hill
Cadbury Heath
Wick
Hanham
Knowle
Brislington
Willsbridge
Hengrove
Stockwood
Whitchurch
Keynsham
Inset Page 92
Saltford
Corston
Charlcombe
Batheaston
Weston
Larkhall
Bathford
Twerton
BATH
LARGE 96 97 SCALE
Odd Down
Corsham
LEIGH DELAMERE
BRADFORD -ON-AVON
Holt
Winsley
Freshford
TROWBRIDGE
Timsbury
Camerton
Peasedown St. John
Paulton
RADSTOCK
MIDSOMER NORTON
Haydon
Westbury
Frome
D1823717

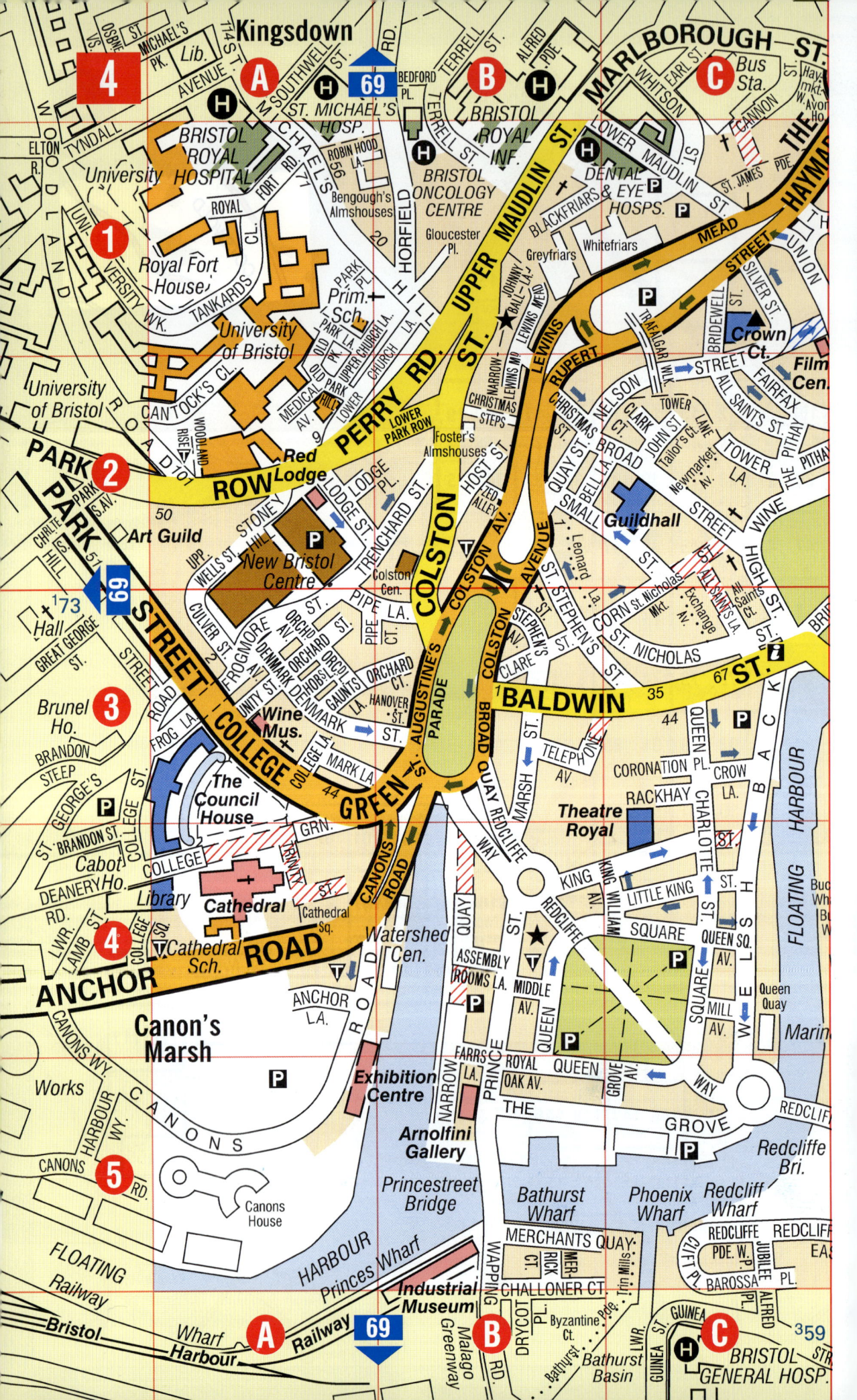

4
Kingsdown
A
B
C
69
MARLBOROUGH ST.
Bus Sta.
BRISTOL ROYAL HOSPITAL
ST. MICHAEL'S HOSP.
BRISTOL ROYAL INF.
BRISTOL ONCOLOGY CENTRE
DENTAL & EYE HOSPS.
Bengough's Almshouses
Gloucester Pl.
Greyfriars
Whitefriars
University
Royal Fort House
University of Bristol
UPPER MAUDLIN ST.
PERRY RD.
HORFIELD RD.
LEWINS MEAD
UNION ST.
Crown Ct.
Film Cen.
PARK ROW
Red Lodge
Foster's Almshouses
Art Guild
New Bristol Centre
COLSTON AVENUE
COLSTON ST.
Colston Cen.
Guildhall
BROAD ST.
CORN ST.
St. Nicholas Mkt.
Exchange Av.
ST. NICHOLAS ST.
BALDWIN ST.
ALL SAINTS ST.
HIGH ST.
WINE ST.
PARK STREET
Hall
GREAT GEORGE ST.
Brunel Ho.
Wine Mus.
The Council House
COLLEGE GREEN
ST. AUGUSTINE'S PARADE
BROAD QUAY
Theatre Royal
KING ST.
QUEEN SQUARE
Queen Quay
FLOATING HARBOUR
Cabot Ho.
Library
Cathedral
Cathedral Sq.
Cathedral Sch.
ANCHOR ROAD
Watershed Cen.
CANONS ROAD
Canon's Marsh
Works
CANONS WY.
Exhibition Centre
Arnolfini Gallery
THE GROVE
REDCLIFFE WAY
Redcliffe Bri.
Princestreet Bridge
Bathurst Wharf
Phoenix Wharf
Redcliff Wharf
Canons House
MERCHANTS QUAY
Princes Wharf
Industrial Museum
Bristol Harbour Railway
Malago Greenway
Bathurst Basin
BRISTOL GENERAL HOSP.
1
2
3
4
5

A-Z BRISTOL & BATH De Luxe Street Atlas

CONTENTS

REFERENCE

Motorway	M5
A Road	A4
Under Construction	
Proposed	
B Road	B4058
Dual Carriageway	
One-way Street Traffic flow on A Roads is indicated by a heavy line on the driver's left.	→
Pedestrianized Road	
Restricted Access	
Track / Footpath	==== ---
Residential Walkway	··············
Railway	Tunnel / Level Crossing / Station
Built-up Area	HIGH STREET
Local Authority Boundary	—·—·—
Posttown Boundary	············
Postcode Boundary Within Posttown	—— ——
Map Continuation	12 Large Scale 4
Beaches	
Car Park (Selected)	P

Church or Chapel	†
Electricity Transmission Line	⊠— — —⊠
Fire Station	■
Hospital	Ⓗ
House Numbers (Selected Rds.)	4 22 36
Information Centre	🛈
National Grid Reference	360
Places of Interest	
Police Station	▲
Post Office	★
Toilet	▽
Toilet with Disabled Facilities	♿

Large Scale City Centres Only

One Way Roads Traffic flow is indicated by a blue arrow.	→
Educational Establishments	
Hospitals & Health Centres	
Leisure & Recreational Facilities	
Places of Interest	
Public Buildings	
Shopping Centres & Markets	
Other Selected Buildings	

SCALE

Map Pages 6-95, 98-157
1:10,838 approx 6 inches to 1 mile

0 —————— ¼ Mile
0 —————— 250 Metres

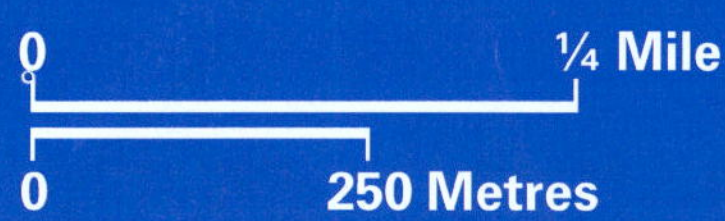

Map Pages 4-5, 96-97
1:5,419 approx 12 inches to 1 mile

0 —————— ⅛ Mile
0 —————— 250 Metres

Geographers' A-Z Map Company Limited

Head Office :
Fairfield Road, Borough Green, Sevenoaks, Kent TN15 8PP
Tel: 01732 781000 (General Enquiries & Trade Sales)

Showrooms :
44 Gray's Inn Road, London WC1X 8HX Tel: 0171 242 9246
Tel: 020 7440 9500 (Retail Sales)
www.a-zmaps.co.uk

This map is based upon Ordnance Survey mapping with the permission of The Controller of Her Majesty's Stationery Office.

© Crown Copyright licence number 399000. All rights reserved.

Edition 1 1998
Edition 1A 2000
Copyright © Geographers' A-Z Map Co. Ltd. 2000

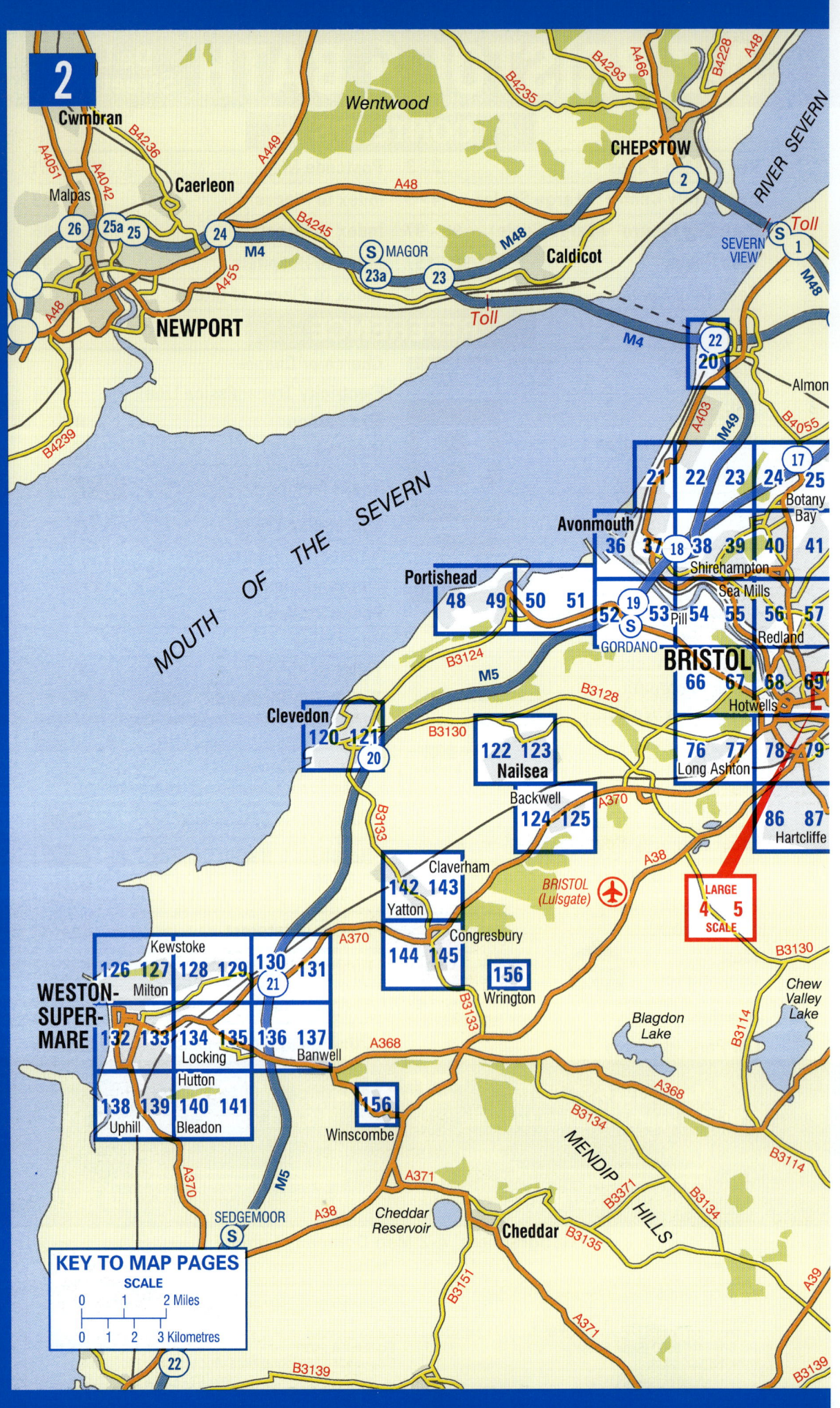
2
Cwmbran
Wentwood
CHEPSTOW
RIVER SEVERN
Caerleon
Malpas
MAGOR
Caldicot
SEVERN VIEW
Toll
NEWPORT
M4
M48
M49
M5
Almondsbury
MOUTH OF THE SEVERN
Avonmouth
Botany Bay
Shirehampton
Sea Mills
Portishead
Pill
GORDANO
Redland
BRISTOL
Hotwells
Clevedon
Nailsea
Long Ashton
Backwell
Hartcliffe
Claverham
Yatton
BRISTOL (Lulsgate)
LARGE SCALE
Kewstoke
Congresbury
WESTON-SUPER-MARE
Milton
Wrington
Chew Valley Lake
Blagdon Lake
Locking
Banwell
Hutton
Uphill
Bleadon
Winscombe
MENDIP HILLS
SEDGEMOOR
Cheddar Reservoir
Cheddar
KEY TO MAP PAGES
SCALE
0 1 2 Miles
0 1 2 3 Kilometres

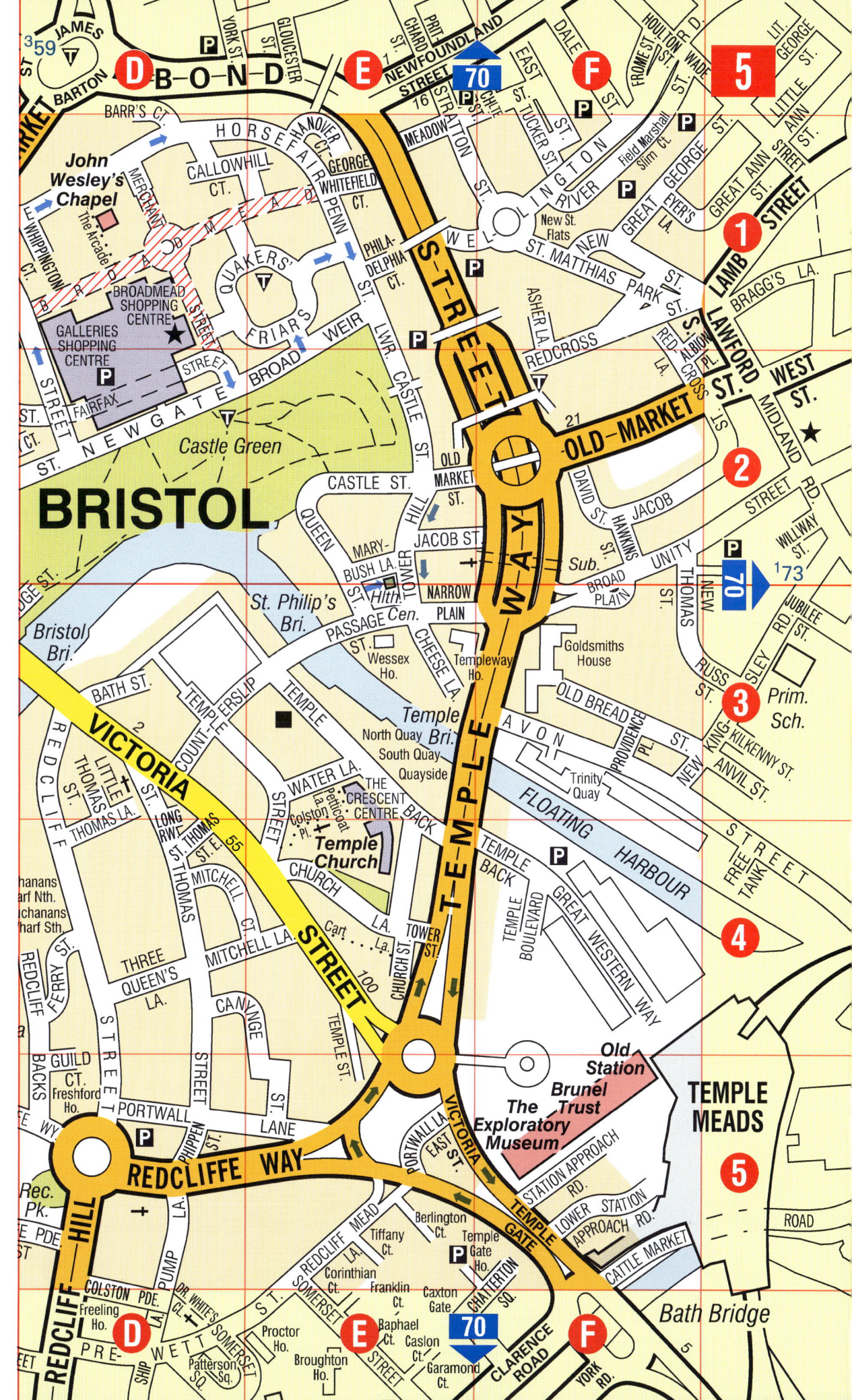

5
D
E
F
1
2
3
4
5
70
BOND ST.
BARTON
JAMES
359
NEWFOUNDLAND STREET
YORK ST.
GLOUCESTER ST.
PRITCHARD ST.
DALE ST.
HOULTON ST.
WADE ST.
FROME ST.
LIT. GEORGE ST.
LITTLE ANN ST.
GREAT ANN ST.
LAMB STREET
BARR'S CT.
HORSEFAIR
HANOVER CT.
GEORGE WHITEFIELD CT.
CALLOWHILL CT.
MERCHANT ST.
John Wesley's Chapel
The Arcade
WHIPPINGTON CT.
BROADMEAD
BROADMEAD SHOPPING CENTRE
GALLERIES SHOPPING CENTRE
QUAKERS' FRIARS
PENN ST.
PHILADELPHIA CT.
MEADOW ST.
STRATTON ST.
CHURCH ST.
EAST ST.
TUCKER ST.
RIVER ST.
WELLINGTON
Field Marshall Slim Ct.
New St. Flats
NEW ST.
GREAT GEORGE ST.
EYER'S LA.
ST. MATTHIAS PARK
BRAGG'S LA.
LAWFORD ST.
WEST ST.
MIDLAND RD.
S. ALBION PL.
RED CROSS ST.
REDCROSS
ASHER LA.
BROAD WEIR
LWR. CASTLE ST.
STREET
FAIRFAX ST.
NEWGATE
Castle Green
BRISTOL
OLD MARKET ST.
OLD MARKET
21
DAVID ST.
HAWKINS ST.
JACOB ST.
JACOB STREET
CASTLE ST.
CASTLE HILL
QUEEN ST.
MARY-BUSH LA.
TOWER ST.
Hlth. Cen.
NARROW PLAIN
BROAD PLAIN
Sub.
UNITY ST.
THOMAS ST.
NEW ST.
173
WILLWAY ST.
JUBILEE RD.
BARLEY ST.
Prim. Sch.
RUSS ST.
KING ST.
KILKENNY ST.
ANVIL ST.
St. Philip's Bri.
PASSAGE ST.
Wessex Ho.
CHEESE LA.
Templeway Ho.
Goldsmiths House
OLD BREAD ST.
PROVIDENCE PL.
NEW KINGSLEY RD.
Bristol Bri.
BATH ST.
TEMPLE COUNTERSLIP
TEMPLE ST.
Temple Bri.
North Quay
South Quay
Quayside
AVON ST.
Trinity Quay
FLOATING HARBOUR
FREE TANK
STREET
VICTORIA STREET
2
55
100
LITTLE THOMAS LA.
THOMAS LA.
REDCLIFF ST.
LONG RW.
ST. THOMAS ST.
ST. THOMAS ST. E.
WATER LA.
THE CRESCENT CENTRE
Petticoat La.
Colston Pl.
Temple Church
CHURCH LA.
TEMPLE BACK
GREAT WESTERN WAY
TEMPLE BOULEVARD
TEMPLE WAY
MITCHELL CT.
MITCHELL LA.
Cart La.
TOWER ST.
CHURCH ST.
TEMPLE ST.
THREE QUEEN'S LA.
CANYNGE ST.
Buchanans Wharf Nth.
Buchanans Wharf Sth.
REDCLIFF BACKS
FERRY ST.
GUILD CT.
Freshford Ho.
PORTWALL LANE
PHIPPEN ST.
REDCLIFFE WAY
Old Station
Brunel Trust
The Exploratory Museum
TEMPLE MEADS
STATION APPROACH RD.
LOWER STATION APPROACH RD.
CATTLE MARKET
ROAD
PORTWALL LA. EAST
VICTORIA ST.
TEMPLE GATE
Rec. Pk.
REDCLIFF HILL
PUMP LA.
REDCLIFF MEAD LA.
Tiffany Ct.
Berlington Ct.
Temple Gate Ho.
Corinthian Ct.
Franklin Ct.
Caxton Gate
CHATTERTON SQ.
COLSTON PDE.
Freeling Ho.
DR. WHITE'S CL.
SOMERSET SQ.
SOMERSET ST.
Raphael Ct.
Caslon Ct.
Proctor Ho.
Broughton Ho.
Patterson Sq.
Garamond Ct.
PREWETT ST.
SHIP LA.
CLARENCE ROAD
YORK RD.
Bath Bridge
5

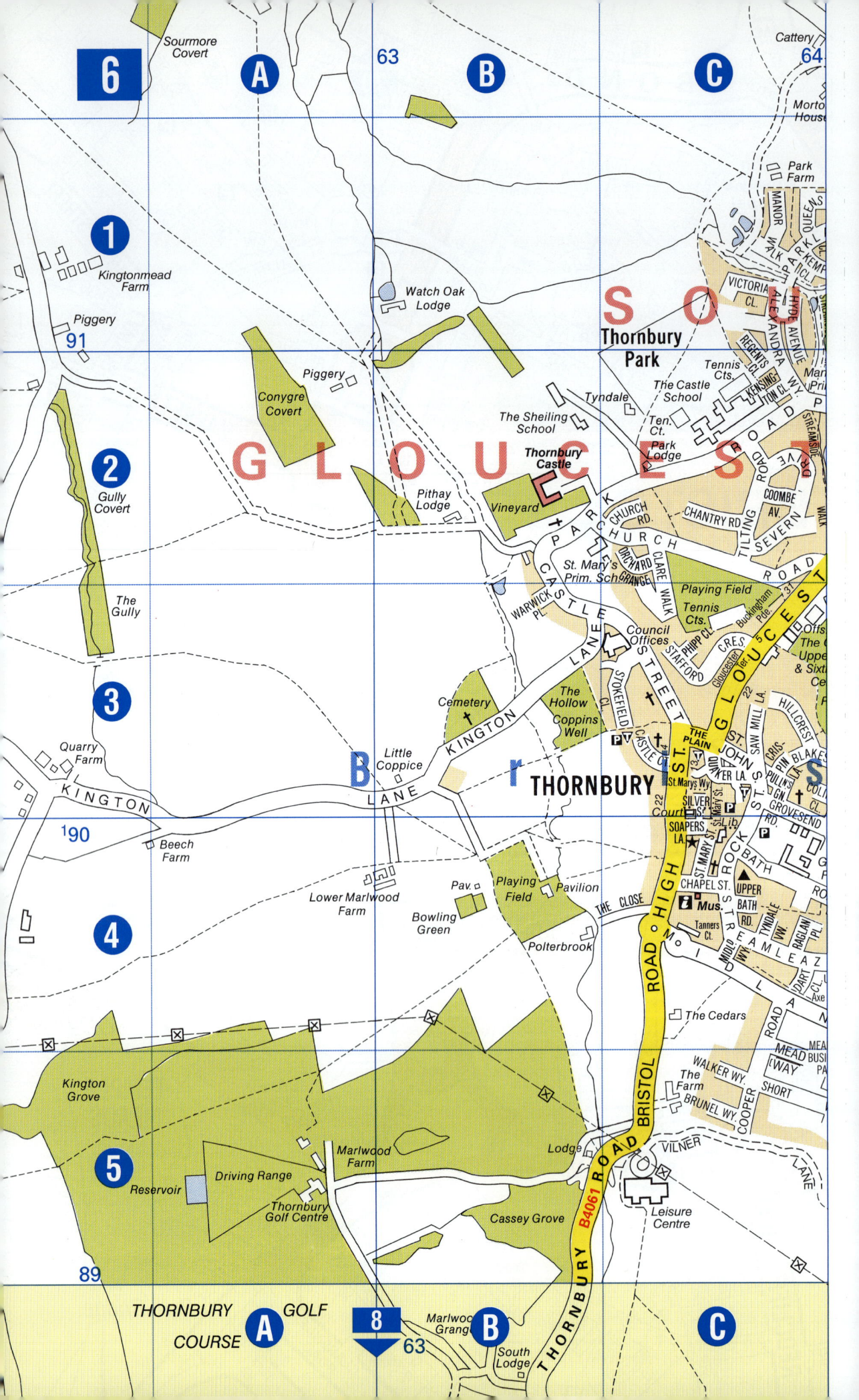
6
A
B
C
63
64
1
2
3
4
5
91
190
89
Sourmore Covert
Cattery
Morton House
Park Farm
Kingtonmead Farm
Piggery
Watch Oak Lodge
Conygre Covert
Gully Covert
The Gully
Pithay Lodge
Thornbury Castle
Vineyard
The Sheiling School
The Castle School
Tyndale
Park Lodge
Thornbury Park
GLOUCEST
SOU
Tennis Cts.
Ten. Ct.
St. Mary's Prim. Sch.
Playing Field
Tennis Cts.
Council Offices
Cemetery
The Hollow
Coppins Well
Little Coppice
Quarry Farm
KINGTON LANE
Beech Farm
THORNBURY
Lower Marlwood Farm
Pav.
Bowling Green
Playing Field
Pavilion
Polterbrook
THE CLOSE
The Cedars
Mus.
Kington Grove
Reservoir
Driving Range
Marlwood Farm
Thornbury Golf Centre
Lodge
Cassey Grove
Leisure Centre
The Farm
B4061
THORNBURY ROAD
BRISTOL ROAD
HIGH ST.
CASTLE STREET
PARK ROAD
CHURCH ROAD
GLOUCESTER ROAD
ST. JOHN ST.
ROCK ST.
BATH RD.
UPPER BATH ST.
CHAPEL ST.
SOAPERS LA.
SILVER ST.
ST. MARY ST.
QUAKER LA.
THE PLAIN
STREAMLEAZE
MIDLAND WAY
VILNER LANE
WALKER WY.
BRUNEL WY.
COOPER ROAD
MEAD WAY
SHORT
VICTORIA CL.
ALEXANDRA WY.
HYDE AVENUE
REGENTS CL.
KENSINGTON CL.
MANOR WALK
PARK
CHANTRY RD
COOMBE AV.
SEVERN
TILTING ROAD
ORCHARD GRANGE
CLARE WALK
WARWICK PL.
STOKEFIELD CL.
CASTLE CT.
PHIPP CL.
STAFFORD CRES.
Buckingham Pde.
SAW MILL LA.
HILLCREST
PULLINS GN.
GROVESEND RD.
Tanners Ct.
TYNDALE VW.
RAGLAN PL.
DART CL.
THORNBURY GOLF COURSE
8
Marlwood Grange
South Lodge

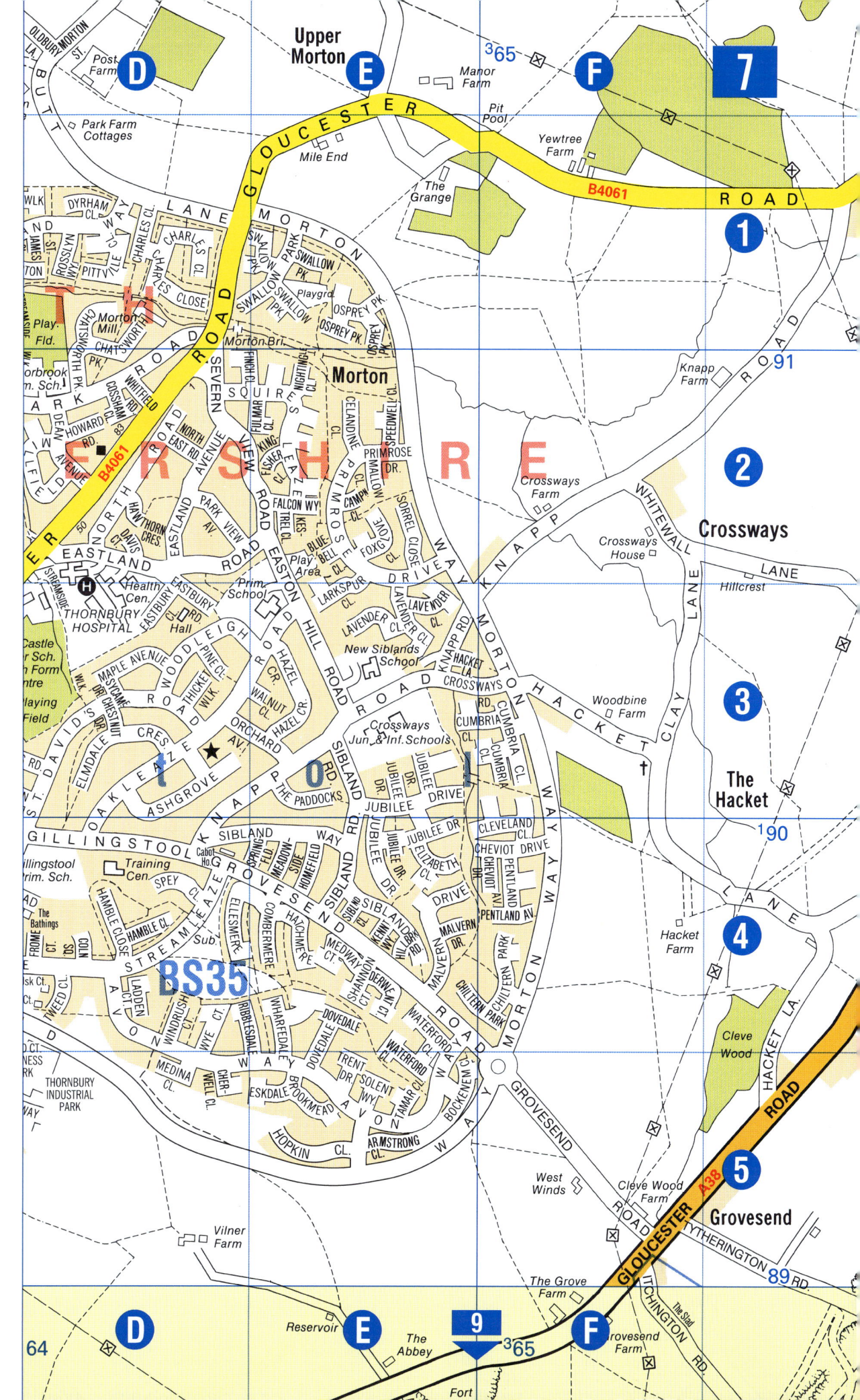
7
9
D
E
F
1
2
3
4
5
Upper Morton
Morton
Crossways
The Hacket
Grovesend
BS35
365
91
190
89
64
OLDBURY LA.
MORTON ST.
BUTT
Post Farm
Park Farm Cottages
Manor Farm
Pit Pool
Yewtree Farm
Mile End
The Grange
GLOUCESTER ROAD
B4061
Knapp Farm
KNAPP ROAD
Crossways Farm
Crossways House
WHITEWALL LANE
Hillcrest
CLAY LANE
Woodbine Farm
HACKET LANE
Hacket Farm
Cleve Wood
HACKET LA.
A38
GLOUCESTER ROAD
Cleve Wood Farm
West Winds
TYTHERINGTON RD.
ITCHINGTON RD.
The Grove Farm
Grovesend Farm
The Abbey
Reservoir
Fort
Vilner Farm
MORTON LANE
MORTON WAY
DYRHAM CL.
CHARLES CL.
ROSSLYN WY.
JAMES ST.
PITTVILLE CT.
CHARLES CLOSE
CHATSWORTH PK.
Morton Mill
Play. Fld.
Morton Bri.
SWALLOW PK.
OSPREY PK.
Playgrd.
SQUIRES LEAZE
FINCH CL.
NIGHTINGALE CL.
FULMAR CL.
KING FISHER CL.
CELANDINE CL.
SPEEDWELL CL.
PRIMROSE DR.
MALLOW CL.
CAMPN CL.
SORREL CLOSE
FOXGLOVE CL.
BLUE BELL CL.
FALCON WY.
KESTREL CL.
PRIMROSE DRIVE
Play Area
LARKSPUR CL.
LAVENDER CL.
New Siblands School
KNAPP RD.
HACKET LA.
CROSSWAYS RD.
CUMBRIA CL.
Crossways Jun. & Inf. Schools
JUBILEE DRIVE
JUBILEE DR.
THE PADDOCKS
SIBLAND RD.
SIBLAND WAY
CLEVELAND CL.
CHEVIOT DRIVE
CHEVIOT AV.
PENTLAND AV.
MALVERN DRIVE
MALVERN DR.
ELIZABETH CL.
KENNET WY.
HILLBRK RD.
CHILTERN PARK
MORTON WAY
GROVESEND ROAD
EASTON HILL ROAD
SEVERN VIEW ROAD
AVENUE
PARK AVENUE
NORTH EAST RD.
WHITFIELD RD.
COSSHAM CL.
HOWARD RD.
DEAN AVENUE
NORTH ROAD
HAWTHORN CRES.
DAVIS CT.
EASTLAND AV.
PARK VIEW AV.
EASTLAND ROAD
STREAMSIDE
Health Cen.
THORNBURY HOSPITAL
EASTBURY RD.
EASTBURY CL.
Hall
Prim. School
WOODLEIGH ROAD
HAZEL CR.
WALNUT CL.
HAZEL CR.
ORCHARD AV.
MAPLE AVENUE
PINE CL.
THICKET WLK.
SYCAMORE DR.
CHESTNUT DR.
ELMDALE CRES.
ST. DAVID'S
OAKLEAZE
ASHGROVE
KNAPP ROAD
GILLINGSTOOL
Gillingstool Prim. Sch.
Training Cen.
SPEY CL.
HAMBLE CLOSE
HAMBLE CL.
STREAMLEAZE
Sub.
ELLESMERE
COMBERMERE
HATCHMERE
SPRINGFIELD
MEADOWSIDE
HOMEFIELD
MEDWAY CT.
SHANNON CT.
DERWENT CL.
WATERFORD CL.
DOVEDALE
WHARFEDALE
RIBBLESDALE
WINDRUSH CT.
WYE CT.
LADDEN CT.
TWEED CL.
AVON WAY
MEDINA CL.
CHERWELL CL.
ESKDALE
BROOKMEAD
TRENT DR.
SOLENT WY.
TAMAR CL.
BOCKENEM CL.
HOPKIN CL.
ARMSTRONG CL.
The Bathings
FROME CT.
COLN SQ.
THORNBURY INDUSTRIAL PARK
Castle Sch.
Playing Field

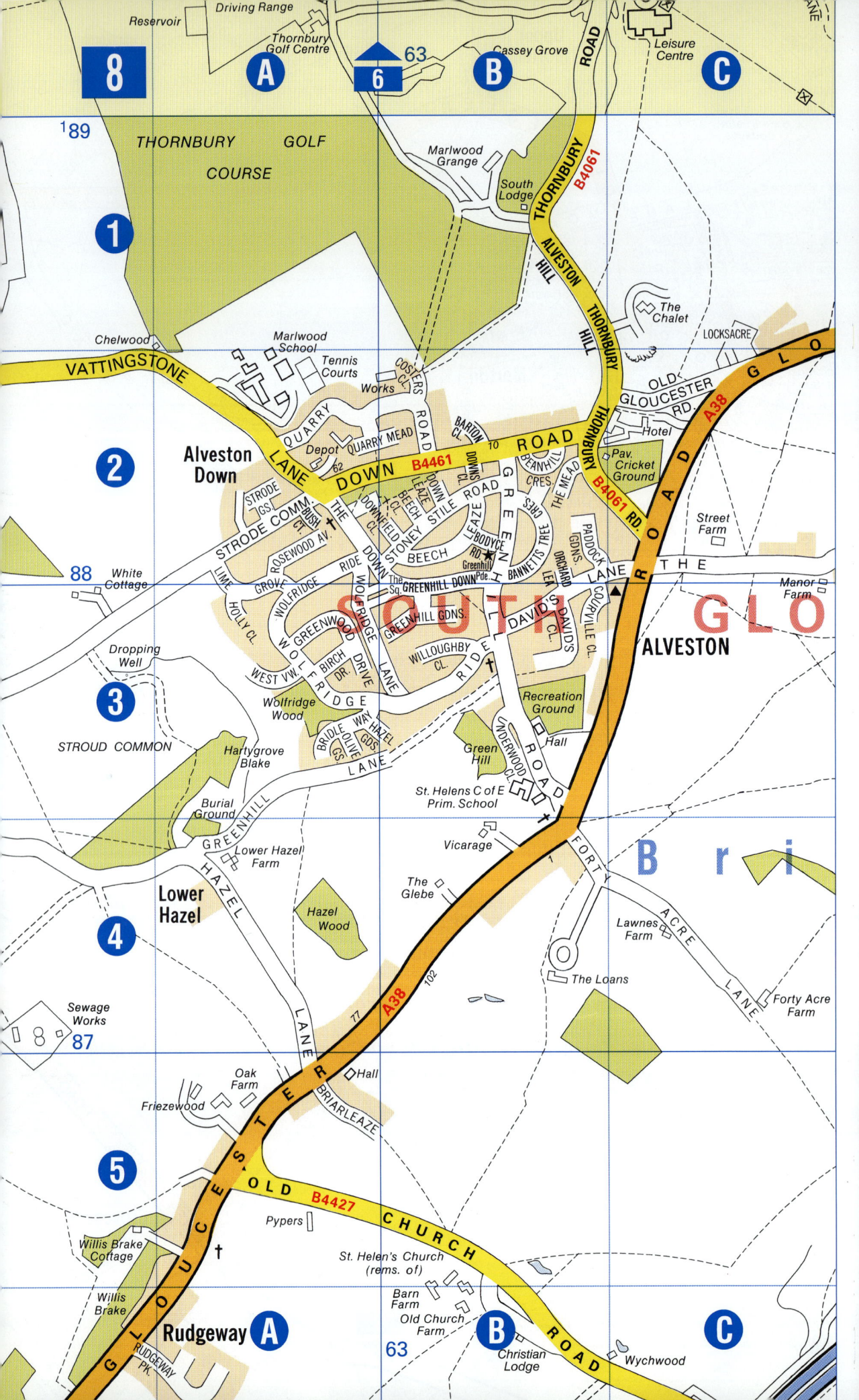
8
A
B
C
63
6
Reservoir
Driving Range
Thornbury Golf Centre
Cassey Grove
Leisure Centre
THORNBURY GOLF COURSE
Marlwood Grange
South Lodge
THORNBURY ROAD
B4061
ALVESTON HILL
THORNBURY HILL
The Chalet
LOCKSACRE
Chelwood
Marlwood School
Tennis Courts
Works
VATTINGSTONE LANE
Alveston Down
QUARRY
Depot
QUARRY MEAD
COSTERS CL.
BARTON CL.
DOWN ROAD
B4461
OLD GLOUCESTER RD.
Hotel
Pav.
Cricket Ground
GLOUCESTER ROAD
A38
B4061 RD.
STRODE GS.
STRODE COMM.
BUSH CT.
ROSEWOOD AV.
THE DOWN
DOWNFIELD CL.
BEECH CL.
DOWN LEAZE
DOWNS CL.
STONEY STILE ROAD
BEECH LEAZE
GREEN HILL
BEANHILL CRES.
THE MEAD
BODYCE RD.
BANNETTS TREE CRES.
PADDOCK GDNS.
ORCHARD LEA
Street Farm
THE LANE
Manor Farm
White Cottage
LIME GROVE
HOLLY CL.
WOLFRIDGE RIDE
The Sq.
GREENHILL DOWN
Greenhill Pde.
DAVID'S LANE
DAVID'S CL.
COURVILLE CL.
SOUTH GLO
ALVESTON
GREENWOOD
WOLFRIDGE LANE
GREENHILL GDNS.
WILLOUGHBY CL.
RIDE
Dropping Well
WEST VW.
BIRCH DR.
DRIVE
WOLFRIDGE
Recreation Ground
Wolfridge Wood
BRIDLE WAY
OLIVE GS
HAZEL GDS.
Hall
STROUD COMMON
Hartygrove Blake
Green Hill
UNDERWOOD CL.
ROAD
St. Helens C of E Prim. School
GREENHILL LANE
Burial Ground
Lower Hazel Farm
Vicarage
FORT
Bri
Lower Hazel
HAZEL LANE
The Glebe
Hazel Wood
Lawnes Farm
ACRE LANE
The Loans
Forty Acre Farm
Sewage Works
Oak Farm
Hall
Friezewood
BRIARLEAZE
GLOUCESTER ROAD
OLD CHURCH ROAD
B4427
Pypers
Willis Brake Cottage
St. Helen's Church (rems. of)
Willis Brake
Barn Farm
Old Church Farm
Rudgeway
RUDGEWAY PK.
Christian Lodge
Wychwood
1
2
3
4
5
89
88
87
63

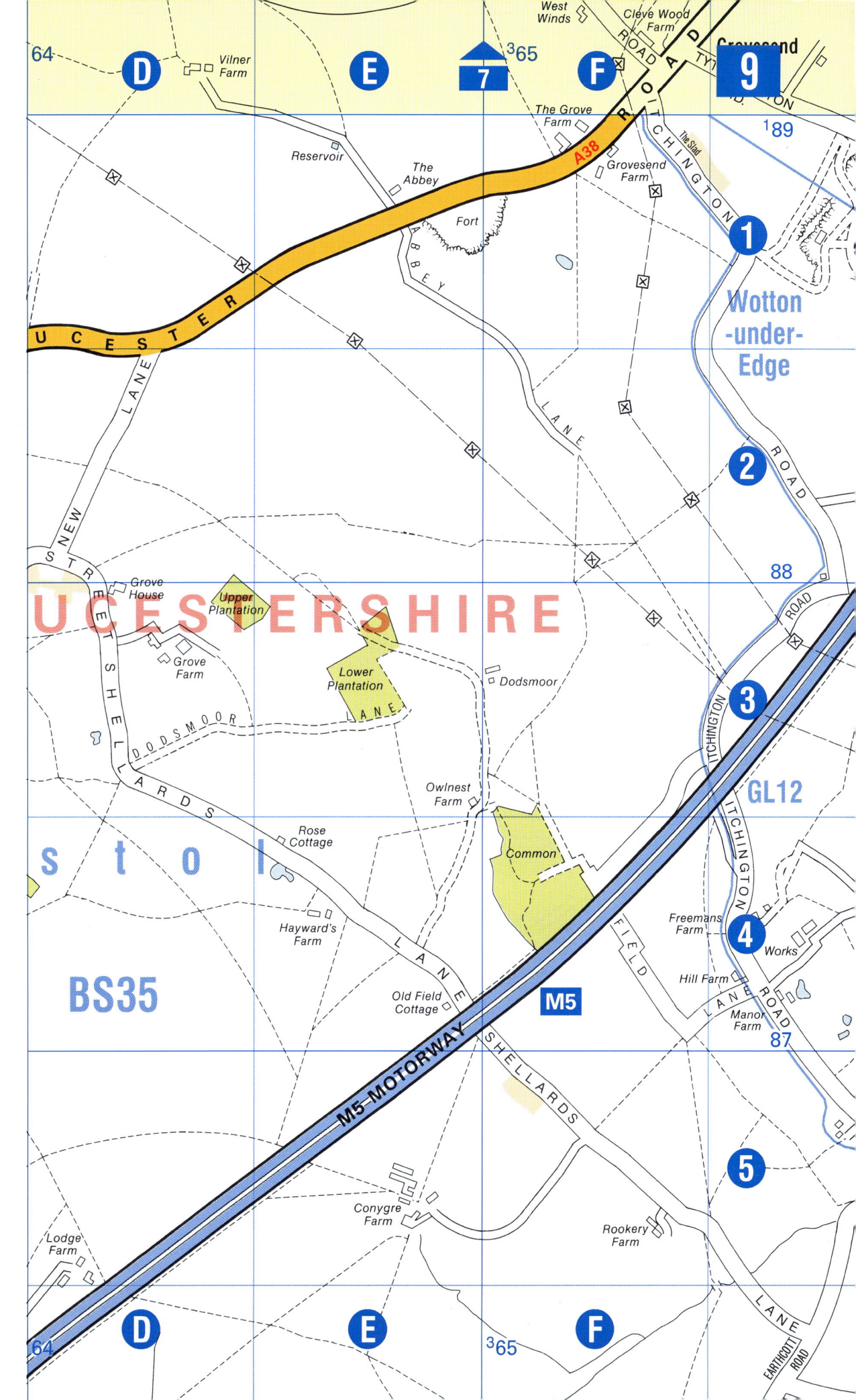

64
D
Vilner Farm
E
7
365
West Winds
Cleve Wood Farm
F
Grovesend
9
TYTHERINGTON RD.
ROAD
189
The Grove Farm
Reservoir
The Abbey
A38
Grovesend Farm
The Stad
CHINGTON
Fort
1
Wotton -under- Edge
ABBEY
GLOUCESTER
NEW LANE
LANE
2
ROAD
STREET
88
Grove House
Upper Plantation
ROAD
GLOUCESTERSHIRE
Grove Farm
Lower Plantation
Dodsmoor
3
DODSMOOR LANE
ITCHINGTON
SHELLARDS
GL12
Owlnest Farm
Rose Cottage
Bristol
Common
ITCHINGTON
Freemans Farm
4
Works
Hayward's Farm
FIELD
BS35
Hill Farm
LANE
Old Field Cottage
M5
LANE
Manor Farm
ROAD
87
M5-MOTORWAY
SHELLARDS
5
Conygre Farm
Rookery Farm
Lodge Farm
LANE
D
E
F
64
365
EARTHCOTT ROAD

MARSHWALL LANE
Cemetery
LANE
TOCKINGTON
Old Withy Bed
Square Covert
Lower Court Farm
Lower Almondsbury
LOWER COURT RD.
WALNUT TREE CL.
CHESTER-MASTER CL.
COURT VIEW
CHURCH ROAD
THE POUND
Court Farm
SUNDAYS HILL
Vicarage
Monmouth Covert
Lwr. Knowle Farm
BOARDING HOUSE LA.
BADGER'S LA.
MONMOUTH HILL
Monmouth Hill Farm
TOWNSEND
KNOLE CL.
Almondsbury C. of E. Prim. Sch.
HOLLOW
Almondsbury Hill
LANE
War Mem.
Oaklands
OAKLANDS
Catbrain Wood
Park Garden Centre
Pav.
Football Grd.
Brick Works
CLAY PIT
KNOLE PARK
Parklands
B4055
BS32
Nursery
Pit (Dis.)
Play. Fld.
The Mount
Warehouse
MOTORWAY
M5
AVENUE
THE AZTEC CEN.
ASH LA.
Pegwell Wood
Pegwell Brake
Nursery
Over Farm
OVER
Over
Home Farm
SOUTH GLOUCESTERSHIRE
AZTEC WEST BUSINESS PARK
PARK AVENUE
Public Open Space
Coniston Jun. & Inf. Sch.
Littleton Ct.
CHILLINGTON CT.
EPNEY CL.
ELMORE RD.
The Parade (Shop. Cen.)
Charlton Ct.
CONISTON ROAD
Tunnel
Aztec West
WATERSIDE DRIVE
Playing
Basin Covert
M5
BLAKENEY
BEVINGTON WK.
BEVINGTON CL.
Severn Way
Tidenham Way
BS34
Arlingham Way
SEVERN WAY
Air Shaft
ROAD
LONGNEY PL.
Berkeley Ct.
FALCON WK.
PRETORIA
NEWNHAM PL.
Richmond Ct.
Playgrd.
Worthsworth Ho.
Youth Cen.
Play. Fields
NORMAN SCOTT PARK
Play. Fields
Tennis Cts.
Langdale Ct.
Beck Ho.
Pool Ho.
Round Covert
Tumulus (Site of)
FALCON CL.
FALCON DR.
EAGLE DR.
SWALLOW DR.
STROUD
BRADLEY
DURBAN
WORTHING
ROAD
82
83
184
59
360

26

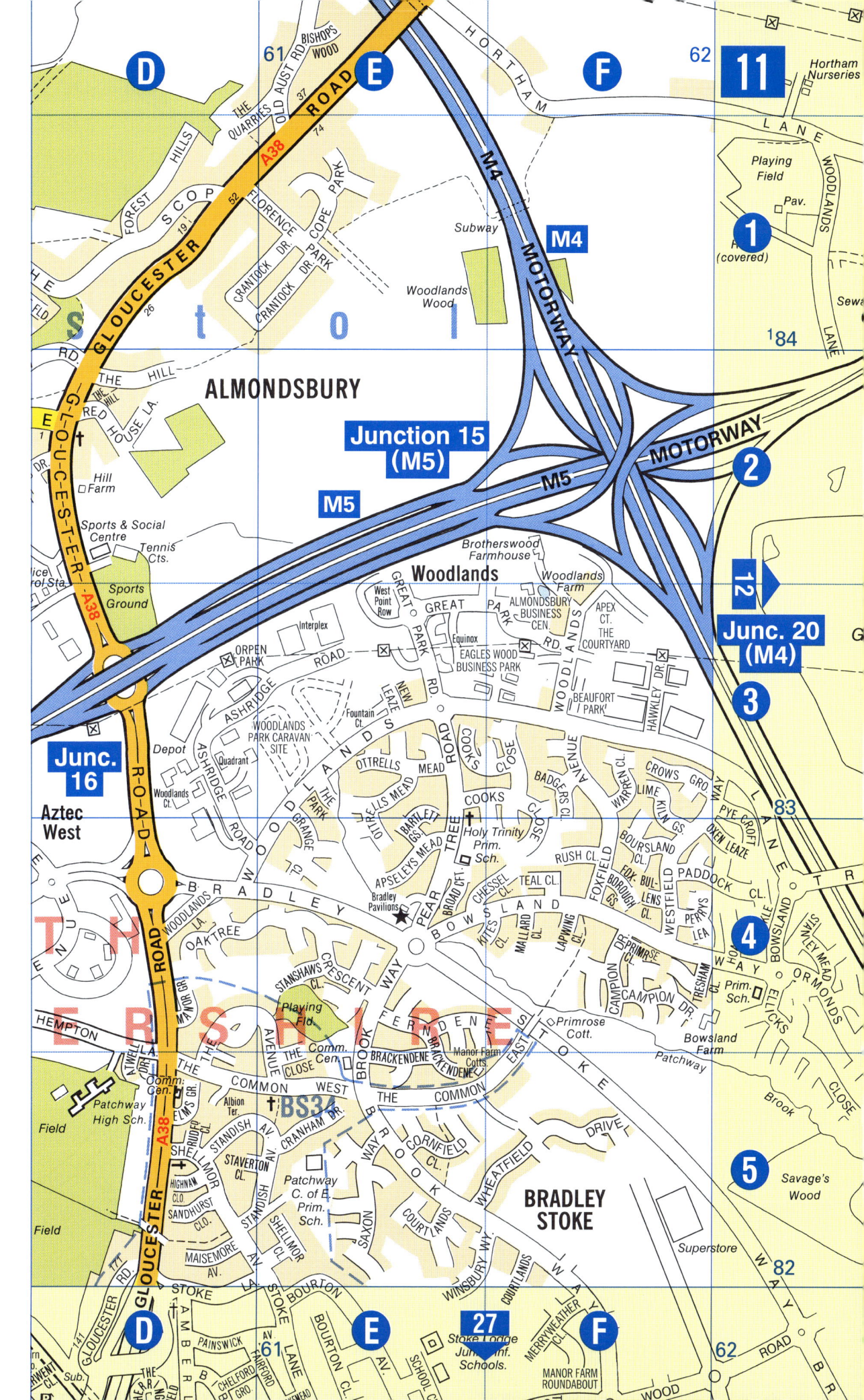
11
D
E
F
61
62
HORTHAM LANE
Hortham Nurseries
Playing Field
Pav.
WOODLANDS LANE
(covered)
Sewa
1
BISHOPS WOOD
OLD AUST RD.
THE QUARRIES
37
74
GLOUCESTER ROAD
A38
FOREST HILLS
SCOP
52
19
26
FLORENCE PARK
COPE PARK
CRANTOCK DR.
Subway
M4
M4 MOTORWAY
Woodlands Wood
184
Bristol
ALMONDSBURY
THE HILL
RED HOUSE LA.
Hill Farm
Junction 15 (M5)
M5
MOTORWAY
2
Sports & Social Centre
Tennis Cts.
Sports Ground
Brotherswood Farmhouse
Woodlands
Woodlands Farm
12
Junc. 20 (M4)
West Point Row
GREAT PARK RD.
ALMONDSBURY BUSINESS CEN.
APEX CT.
THE COURTYARD
Interplex
ORPEN PARK
Equinox
EAGLES WOOD BUSINESS PARK
BEAUFORT PARK
HAWKLEY DR.
3
ASHRIDGE
WOODLANDS PARK CARAVAN SITE
Fountain Ct.
NEW LEAZE
Junc. 16
Depot
Quadrant
Woodlands Ct.
WOODLANDS ROAD
OTTRELLS MEAD
COOKS CLOSE
BADGERS CL.
AVENUE
WARREN CL.
CROWS GROVE
LIME KILN GS.
PYE CROFT
OAK LEAZE
83
Aztec West
THE PARK
GRANGE CL.
BARTLETT GS.
COOKS
Holy Trinity Prim. Sch.
RUSH CL.
FOXFIELD
BOURSLAND CL.
FOX BOROUGH GS.
BULLENS CL.
WESTFIELD
PADDOCK CL.
BRADLEY
APSELEYS MEAD
Bradley Pavilions
PEAR TREE
BROAD CFT.
CHESSEL CL.
TEAL CL.
BOWSLAND WAY
KITES CL.
MALLARD CL.
LAPWING CL.
PERRYS LEA
4
STANLEY MEAD
ORMONDS
BOWSLAND
WOODLANDS LA.
OAKTREE
STANSHAWS CL.
CRESCENT
CAMPION DR.
PRIMROSE CL.
TRESHAM CL.
Prim. Sch.
ELLICKS
HEMPTON
Playing Fld
FERNDENE
Primrose Cott.
Bowsland Farm
Patchway Brook
STOKE
ATWELL DR.
THE AVENUE
THE CLOSE
Comm. Cen.
BRACKENDENE
Manor Farm Cotts.
EAST
Comm. Cen.
COMMON WEST
THE COMMON
BS34
Patchway High Sch.
Field
Albion Ter.
STANDISH AV.
CRANHAM DR.
CORNFIELD CL.
DRIVE
5
Savage's Wood
SHELLMOR AV.
STAVERTON CL.
Patchway C. of E. Prim. Sch.
SAXON WAY
BROOK WAY
WHEATFIELD
BRADLEY STOKE
HIGHNAM CLO.
SANDHURST CLO.
COURTLANDS
Superstore
82
Field
MAISEMORE AV.
SHELLMOR CL.
WINSBURY WY.
STOKE LANE
BOURTON
BOURTON CL.
27
Stoke Lodge Jun. Inf. Schools
MERRYWEATHER CL.
MANOR FARM ROUNDABOUT
PAINSWICK
FAIRFORD
CHELFORD GRO
SCHOOL
WOOD
ROAD
Sub.

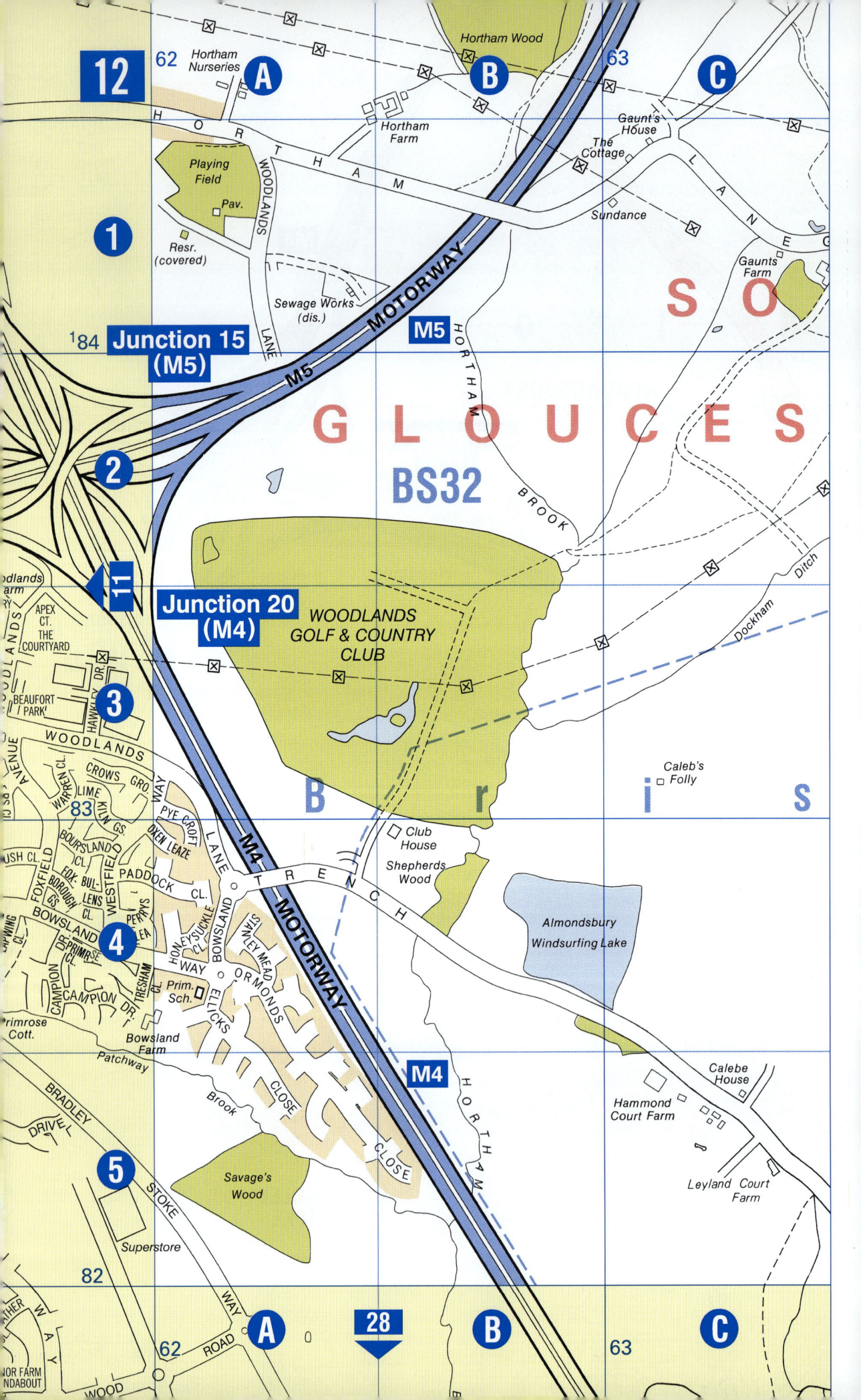

12

62 Hortham
Nurseries
A

Hortham Wood

B

63

C

Gaunt's House

The Cottage

Sundance

Gaunts Farm

Hortham Farm

HORTHAM LANE

S O

Playing Field

Pav.

1

Resr. (covered)

Sewage Works (dis.)

WOODLANDS LANE

MOTORWAY

M5

M5

HORTHAM BROOK

G L O U C E S

BS32

¹84 **Junction 15 (M5)**

M5

odlands Farm

APEX CT. THE COURTYARD

◄ **11**

Junction 20 (M4)

WOODLANDS GOLF & COUNTRY CLUB

Ditch

Dockham

BEAUFORT PARK

AVENUE

3

HAWKLEY DR.

WOODLANDS

CROWS GRO.

WARREN CL.

LIME KILN GS.

WAY

PYE CROFT

OXEN LEAZE

83

BOURSLAND CL.

FOX. BUL-BOROUGH LENS CL. GS.

WESTFIELD

PADDOCK CL.

PERRYS LEA

BOWSLAND

BOWSLAND DR.

PRIMRSE CL.

TRESHAM CL.

HONEYSUCKLE CL.

WAY

BOWSLAND

ORMONDS

STANLEY MEAD

Prim. Sch.

ELLICKS

Caleb's Folly

B   **r**   **i   s**

Club House

Shepherds Wood

LANE

TRENCH

MOTORWAY

M4

Almondsbury Windsurfing Lake

FOXFIELD

RUSH CL.

4

CAMPION CL.

CAMPION DR.

PRIMROSE COTT.

Bowsland Farm

Patchway

Brook

5

BRADLEY DRIVE

STOKE

CLOSE

CLOSE

Savage's Wood

Superstore

82

Calebe House

Hammond Court Farm

Leyland Court Farm

HORTHAM

M4

62

A

WOOD ROAD

WAY

28

63

B

C

OR FARM NDABOUT

THER WAY

13
D
E
F
64
365
LANE
OLDFIELDS
Green Farm
Gaunt's Earthcott
GAUNT'S EARTHCOTT LANE
Manor Cott.
Manor Farm
Court Farm
Chapel (rems. of)
B4427
OLD GLOUCESTER ROAD
BS37
1
184
SOUTH GLOUCESTERSHIRE
Turnpike Cott.
2
Hillside View
Frogland Cross
Frogland Cross
PERRINPIT ROAD
14
Brickhouse Farm
Corporation Wood
Heron Cottage
3
t o l
83
Villa de France
Gloucester Road Farm
BS36
North Woods
TYNING'S LANE
4
Kingmore Farm
Grange Farm
Jarvis Grange Hotel & Country Club
Old Withy Bed
5
SWAN LANE
82
Oakdale
29
Bradley Brook
Matford
The Firs

14

365

A

Pits
Hill

KITES HILL

B

66

Latteridge Green
Farm

C

Grange
Farm

LATTERIDGE ROAD

Latteridge
Green

Green
Farm

S
O

1

184

FOLLY ROAD

Sheephouse
Farm

G L O U C E S

LANE

South
View

2

Folly
Farm

FOLLY

COGMI

B **r** **i** **s**

13

PERRINPIT

BLOCK'S

THE   MARLE   HILLS

LADDEN

3

83

Weir

Cog M
Farm

TYNING'S

LANE

4

Perrinpit
Farm

LANE

BS36

Old Withy
Bed

5

North
Corner

SANDS LA.

Greenacres

B4058

Tanners
Farm

Poplars Farm

ROAD

82

365

A

30

Sunbeam
Nurseries

B

SCHOOL

66

BRISTOL

COURT

CHURCH

WESTERN AV.

ROBEL

ROBEL
AVE.

PROSPECT

THORNHs
CL.

CONIFER
CL.

RECTORY

Bakery

C

ROAD

Frampton
Cotterell

Rectory

BEAUFORT

FOXE

Cricket
Grounds

15
Latteridge
Home Farm
Lower Farm
LATTERIDGE
B4059
Laddon Bows Bri.
Crossing Cottage
NORTHMEAD LANE
BROOK
ROAD
Acton Court
LATTERIDGE
Acton Lodge
184
B4058
The Green
LATTERIDGE RD.
PARK ST.
Meadow Side
HIGH STREET
Iron Acton
Hill House
Lamb Leaze
COTTON RD.
Iron Acton C of E Prim.
16
HOLLY
Cemy.
Sports Ground
Laddenside Farm
Elm Farm
Bridge Farm
BRISTOL ROAD
BS37
FROME
Station House
STATION ROAD
Algars Manor
Brake Farm
CHILWOOD CL.
ALGARS DR.
83
RIVER
Chill Wood
HOVER'S
END
FRAMPTON
ROAD
Tubbs Bottom
MAYS
Mayshill
Weir
LANE
END
MILL
Frampton End
82
Mayshill Farm
Church Bri.
Works
CHURCH CL.
WINCHCOMBE
DRIVE
BROOKSIDE
MEAD
WAY
31
Framptonend Farm
FRAMPTON
Oakleigh
67
68

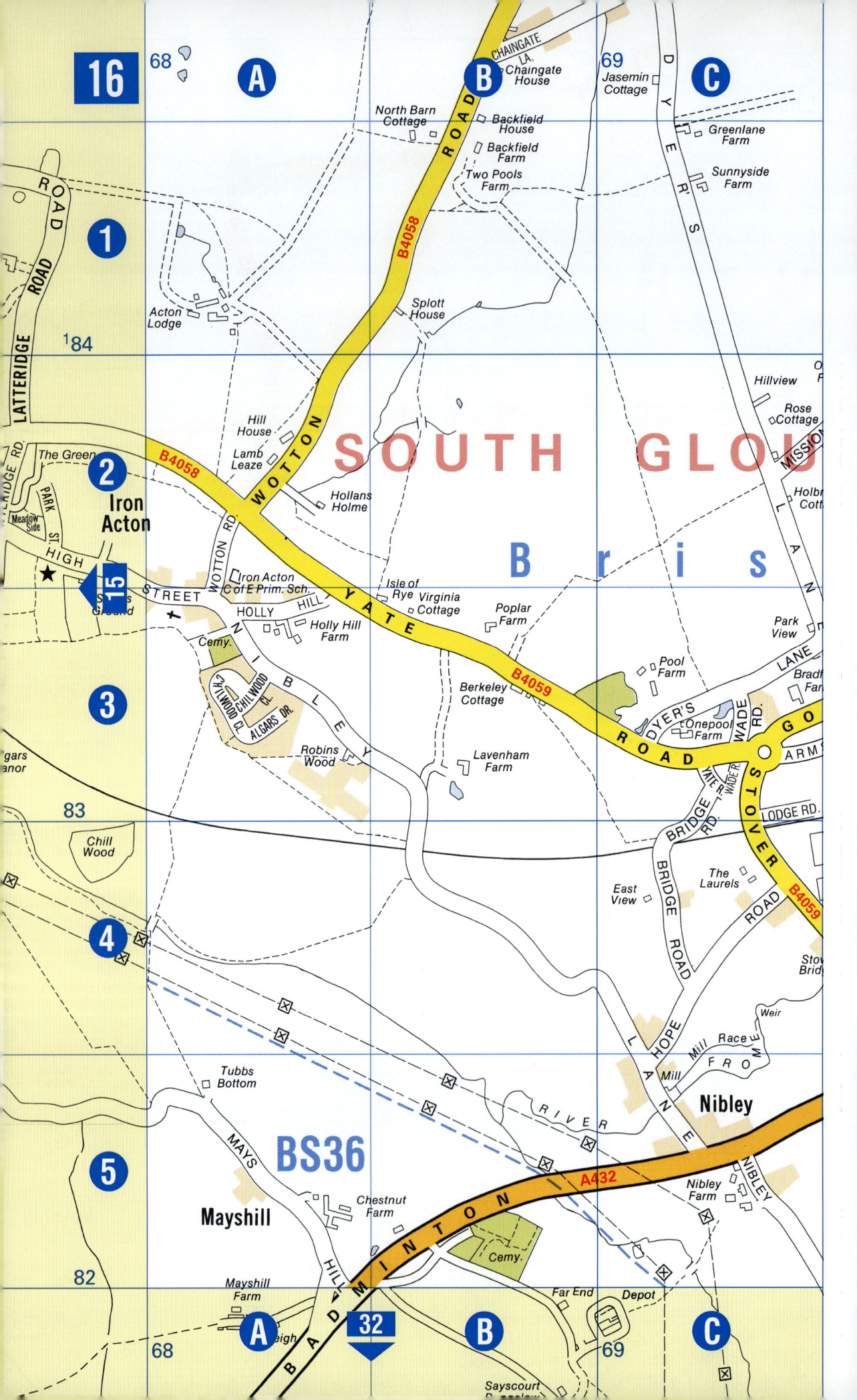

SOUTH GLOU
Bris
BS36
Iron Acton
Nibley
Mayshill
Chaingate La.
Chaingate House
Jasemin Cottage
North Barn Cottage
Backfield House
Backfield Farm
Greenlane Farm
Sunnyside Farm
Two Pools Farm
Wotton Road
B4058
Dyer's Lane
Acton Lodge
Splott House
Latteridge Road
Hillview
Rose Cottage
Mission
Hill House
Lamb Leaze
The Green
Hollans Holme
Holbr Cott
Meadow Side
Park
High St.
Wotton Rd.
Iron Acton C of E Prim. Sch.
Isle of Rye
Virginia Cottage
Poplar Farm
Street
Holly Hill
Holly Hill Farm
Yate Road
Park View
Cemy.
Nibley
Pool Farm
Lane
B4059
Berkeley Cottage
Chilwood Cl.
Algars Dr.
Dyer's Road
Onepool Farm
Wade Rd.
Robins Wood
Lavenham Farm
Yate R.
Wade R.
Stover
Lodge Rd.
Bridge Rd.
Chill Wood
East View
The Laurels
Bridge Road
Road
Hope Lane
Weir
Mill Race
Mill
From
Tubbs Bottom
River
Mays
Chestnut Farm
A432
Nibley Farm
Badminton
Cemy.
Hill
Mayshill Farm
Far End
Depot
Sayscourt

15
32

Engine Common
Goose Green
Stover
Yate
YATE
BS37
B4059
A432
GREAT WESTERN BUSINESS PARK
NORTHAVON BUSINESS CENTRE
STOVER TRADING ESTATE
BADMINTON ROAD TRADING ESTATE
WESTERLEIGH COMMON
Brinsham Green Sch.
North Road Prim. Sch.
Cranleigh Court Inf. Sch.
Frome Bank Jun. Sch.
King Edmund's School
Kingsgate Inf. Sch.
Yate Leisure Centre
Civic Ammenity Site
Sports Ground
Playing Fields
Tennis Courts
Stone Mill
Goosegreen Farm
Crowther's Farm
BROAD LANE
GOOSE GREEN WAY
NORTH ROAD
STATION ROAD
WESTERLEIGH ROAD
ENGINE COMMON
WATERY LANE
RANDOLPH AVENUE
CRANLEIGH COURT ROAD
RIVER ROAD
WELLINGTON ROAD
BADMINTON ROAD
STANSHAWES DRIVE
BROOKTHORPE

18
33

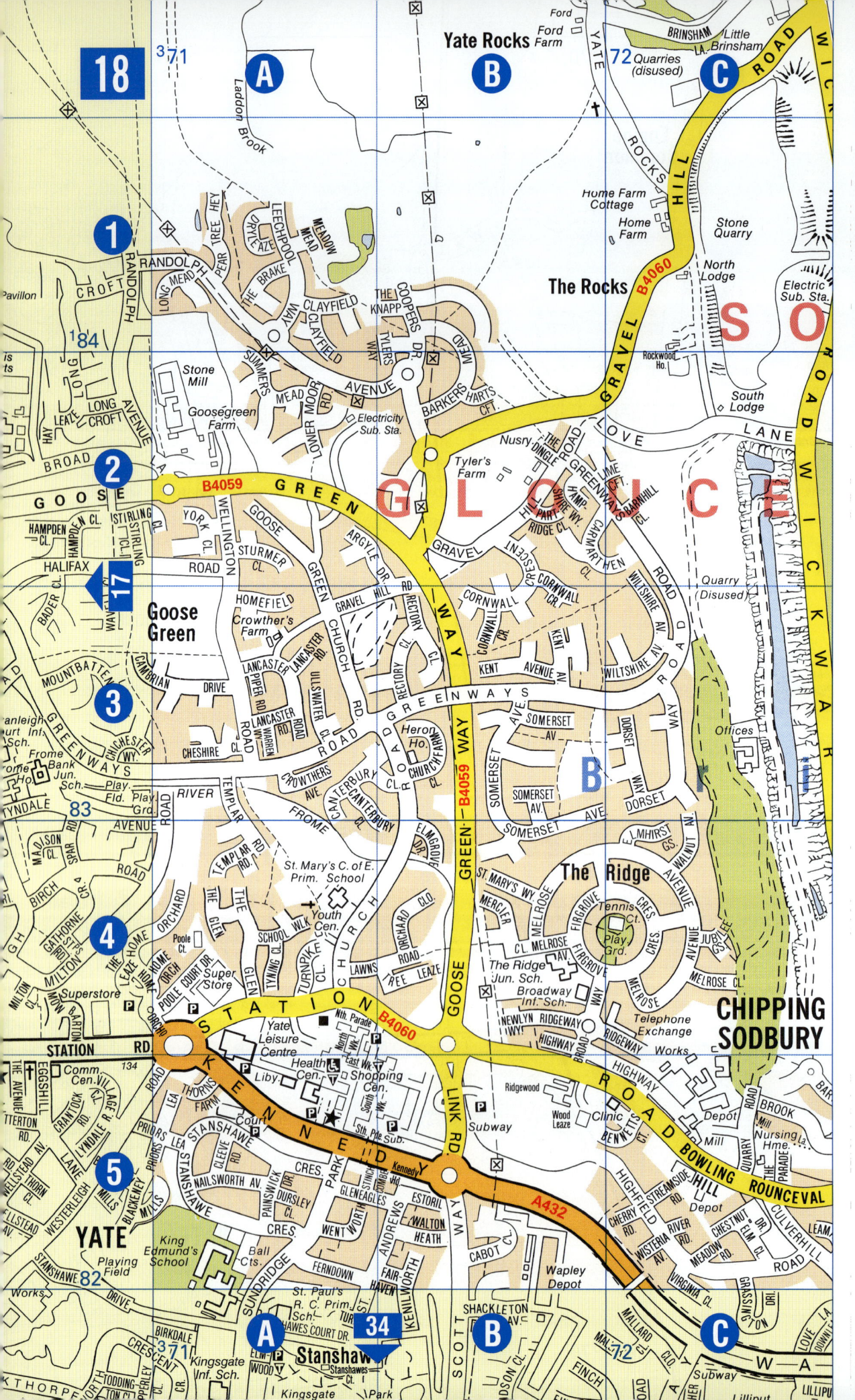

371
A
B
C
72
Yate Rocks
Ford
Ford Farm
Quarries (disused)
BRINSHAM LA.
Little Brinsham
YATE ROCKS
HILL ROAD
Ladden Brook
Home Farm Cottage
Home Farm
Stone Quarry
North Lodge
The Rocks
B4060
GRAVEL
Electric Sub. Sta.
Rockwood Ho.
South Lodge
LOVE LANE
WICKWAR ROAD
S O
G L O U C E
1
RANDOLPH
CROFT
Pavillon
184
LONG CROFT
HAY LEAZE
AVENUE
LONG MEAD
PEAR TREE HEY
ORYLE AZE
LEECHPOOL
MEADOW MEAD
THE BRAKE
CLAYFIELD
WAY
THE KNAPP
COOPERS DR.
TYLERS WAY
MEAD
SUMMERS MEAD
LOWER MOOR RD.
AVENUE
BARKERS
HARTS CFT.
Stone Mill
Goosegreen Farm
Electricity Sub. Sta.
Tyler's Farm
Nusry
THE DINGLE
ROAD
GREENWAYS
LIME CFT.
BARNHILL CL.
HAMP. SHIRE WY.
HILL PART
RIDGE CL.
2
BROAD
GOOSE
B4059
GREEN
HAMPDEN CL.
STIRLING CL.
HALIFAX
BADER CL.
WAVELL
17
YORK CL.
WELLINGTON
ROAD
GOOSE GREEN
STURMER CL.
ARGYLE DR.
GRAVEL HILL RD
RECTORY CL.
GRAVEL
CRESCENT
CORNWALL CR.
CARMARTHEN CL.
WILTSHIRE AV.
ROAD
Quarry Disused
Goose Green
HOMEFIELD
Crowther's Farm
CHURCH
LANCASTER RD.
WAY
CORNWALL
KENT AVENUE
KENT AV.
WILTSHIRE AV.
CAMBRIAN DRIVE
3
MOUNTBATTEN
GREENWAYS
CHICHESTER WY.
LANCASTER
PIPER RD.
ULLSWATER CL.
RECTORY CL.
GREENWAYS
SOMERSET AVE.
SOMERSET AV
DORSET
WAY
Offices
Heron Ho.
CHURCHFARM CL.
CHESHIRE CL.
WARREN WY.
ROAD
Frome Bank Jun. Sch.
Play Fld.
Play Grd.
TYNDALE
83
RIVER
TEMPLAR
CROWTHERS AVE.
CANTERBURY CL.
CANTERBURY CL.
B4059
SOMERSET AV.
DORSET WAY
DORSET
SOMERSET AVE.
B r i
FROME
AVENUE
MADISON CL.
SPAR RD
BIRCH
ROAD
GATHORNE
CR.
TEMPLAR RD.
THE GLEN
St. Mary's C. of E. Prim. School
Youth Cen.
ELMGROVE DR.
GREEN
The Ridge
ST. MARY'S WY.
MERCIER
MELROSE
FIRGROVE
Tennis Ct.
Play Grd.
CRES.
ELMHIRST GS.
WALNUT AV.
AVENUE
JUBILEE GS.
4
MILTON
THE LEAZE
HOME ORCHARD
Poole Ct.
SCHOOL WLK
TYNING CL.
TURNPIKE CL.
ORCHARD CLO.
ROAD
LAWNS
TREE LEAZE
GOOSE
CL. MELROSE AV.
The Ridge Jun. Sch.
Broadway Inf. Sch.
MELROSE CL.
MELROSE
Telephone Exchange
CHIPPING SODBURY
Superstore
BARTON
POOLE COURT DR.
Super Store
GLEN
STATION
Nth. Parade
B4060
Yate Leisure Centre
NEWLYN WY.
RIDGEWAY
HIGHWAY
BROADWAY
RIDGEWAY
Works
STATION RD.
134
THE AVENUE
EGGSHILL
Comm. Cen.
VILLAGE
CRANTOCK RD.
TYNDALE R.
ROAD
LEA
THORNS FARM
Health Cen.
Liby.
Shopping Cen.
LINK RD.
Subway
Ridgewood
Wood Leaze
Clinic
BENNETTS CT.
HIGHWAY
ROAD
Depot
Mill
BROOK
QUARRY ROAD
Mill Nursing Hme.
THE PARADE
Court
STANSHAWE
CLEEVE RD
PRIORS LEA
KENNEDY
Sth. Pde.
Sub.
Kennedy Ho.
5
THORN CL.
WESTERLEIGH
MILLS
BLACKENEY MILLS
NAILSWORTH AV.
CRES.
PAINSWICK DR.
DURSLEY CL.
PARK
STINCHCOMBE
GLENEAGLES
ESTORIL
WALTON HEATH
WAY
A432
HIGHFIELD
STREAMSIDE RD.
HILL
Depot
BOWLING
ROUNCEVAL
CULVERHILL
YATE
King Edmund's School
Ball Cts.
STANSHAWE
CRES.
WENTWORTH
ANDREWS
CABOT CL.
CHERRY RD.
WISTERIA AV.
RIVER RD.
MEADOW RD.
CHESTNUT DR.
ELM CL.
ROAD
Playing Field
STANSHAWE 82
Works
DRIVE
SUNDRIDGE
FERNDOWN
FAIRHAVEN
KENILWORTH
Wapley Depot
VIRGINIA CL.
GRASSINGTON DRI.
St. Paul's R.C. Prim. Sch.
STANSHAWES COURT DR.
34
SHACKLETON AV.
MALLARD
BIRKDALE
CRESCENT
371
Kingsgate Inf. Sch.
ELM WOOD
Stanshawe
Stanshawes Ct.
SCOTT
FINCH
CLOSE
Subway
LILLIPUT
Kingsgate
Park
TODDING TON CL.

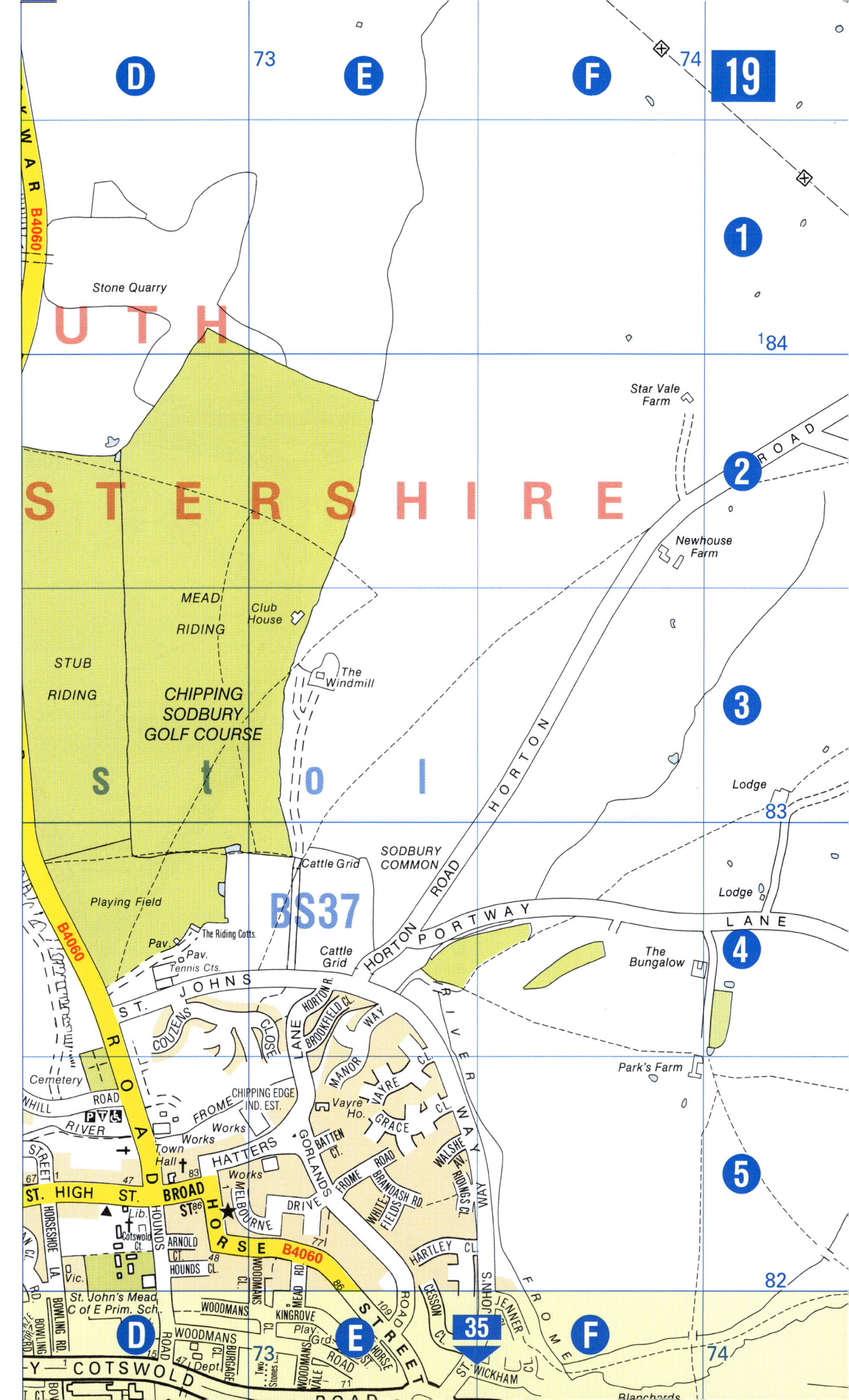

1

Stone Quarry

¹84

UTH

STERSHIRE

Star Vale
Farm

2

ROAD

Newhouse
Farm

MEAD
RIDING

Club
House

3

STUB
RIDING

The
Windmill

CHIPPING
SODBURY
GOLF COURSE

Lodge

S t o l

83

HORTON

ROAD

Lodge

SODBURY
COMMON

Cattle Grid

Playing Field

BS37

The
Bungalow

PORTWAY

4

B4060

LANE

Pav.

The Riding Cotts.

Cattle
Grid

Pav.
Tennis Cts.

RIVER

Park's Farm

S T.   J O H N S

Cemetery

HORTON R.

BROOKFIELD CL.

MANOR   WAY

CL.

VAYRE

WAY

5

NHILL   ROAD

CHIPPING EDGE
IND. EST.

Vayre
Ho.

GRACE   CL.

82

RIVER

FROME   CLOSE

LANE

Works

Works

Town
Hall

GORLANDS

BATTEN
CT.

FROME

ROAD

WALSHE

RIDINGS CL.

AV.

STREET

HATTERS

Works

BRANDASH RD.

WHITE

FIELDS

WAY

67

1

47

ST. HIGH ST. BROAD

DRIVE

B4060

HARTLEY   CL.

FROME

HORSESHOE

Lib.

Cotswold
Ct.

HOUNDS

ST.

86

MELBOURNE

77

86

HARTLEY   CL.

Vic.

ARNOLD
CT.

HOUNDS CL.

WOODMANS

MEAD   RD.

ROAD

CESSON   CL.

JENNER

CL.

St. John's Mead
C of E Prim. Sch.

WOODMANS

WOODMANS
CL.

KINGROVE
Play
Grd.

VALE

ROAD

HORSE

ST. JOHN'S   ST.

FROME

Y COTSWOLD

1

47

Two
Stones

71

ST. WICKHAM

Blanchards

ROAD

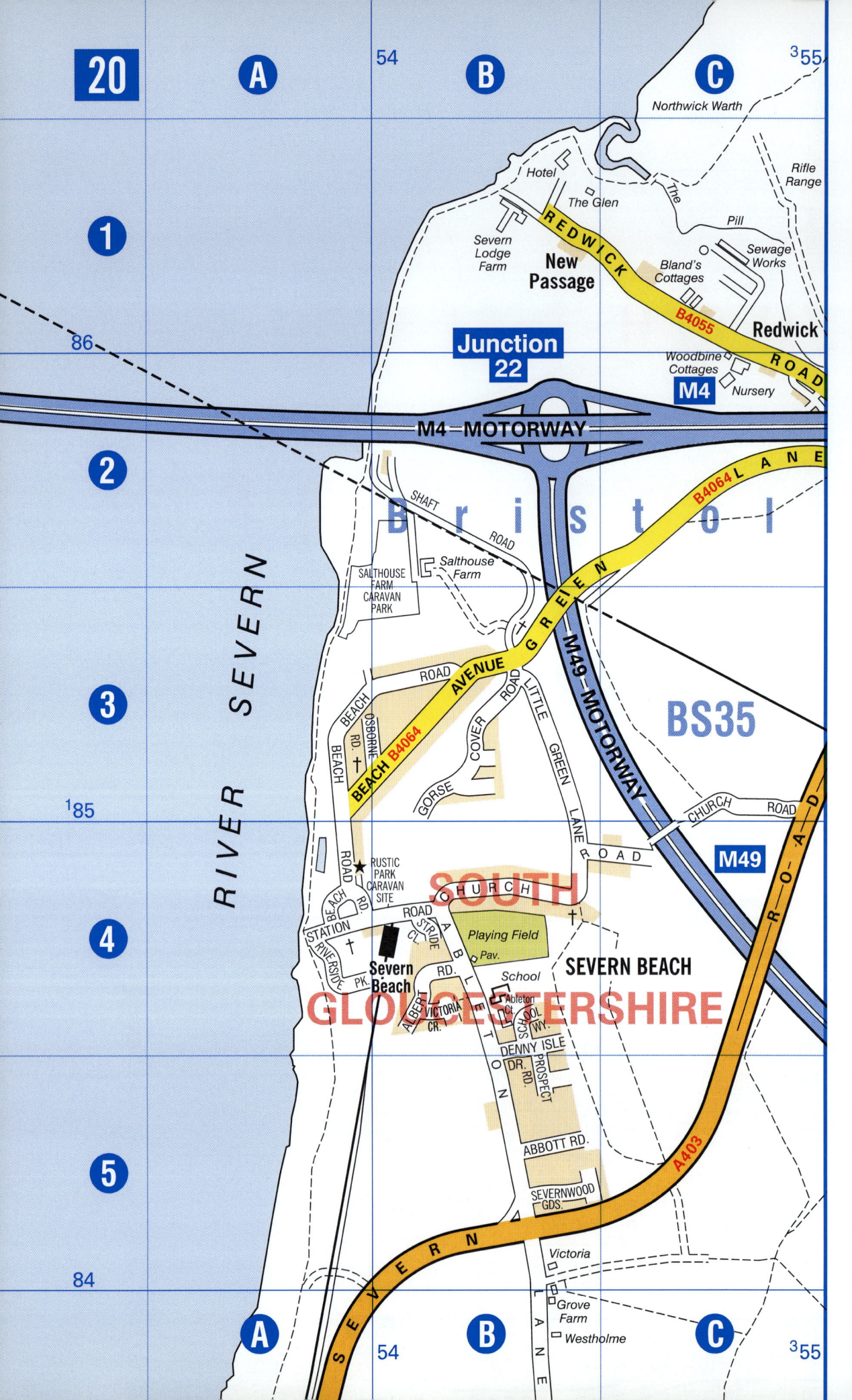

A
B
C
54
355
Northwick Warth
Hotel
The Glen
The Pill
Rifle Range
Severn Lodge Farm
New Passage
REDWICK ROAD
B4055
Bland's Cottages
Sewage Works
Redwick
Woodbine Cottages
Nursery
Junction 22
M4
M4 MOTORWAY
86
SHAFT ROAD
Bristol
B4064
GREEN LANE
Salthouse Farm
SALTHOUSE FARM CARAVAN PARK
RIVER SEVERN
ROAD
AVENUE
BEACH
OSBORNE RD.
BEACH B4064
COVER ROAD
GORSE
LITTLE GREEN LANE ROAD
M49 MOTORWAY
BS35
CHURCH ROAD
185
M49
RUSTIC PARK CARAVAN SITE
CHURCH ROAD
BEACH RD.
STATION
RIVERSIDE PK.
STRIDE CL.
ABLETON LANE
Playing Field
Pav.
School
SEVERN BEACH
SOUTH GLOUCESTERSHIRE
Severn Beach
RD.
ALBERT
VICTORIA CR.
Ableton Ct.
SCHOOL WY.
DENNY ISLE DR.
PROSPECT RD.
ABBOTT RD.
SEVERNWOOD GDS.
A403
SEVERN ROAD
Victoria
84
Grove Farm
Westholme
LANE
1
2
3
4
5

MOUTH OF
THE SEVERN

BRISTOL

Bristol

BS11

D 352 E F 53

Stup Pill

SEVERN RD.

Stuppill Gout

82 Fuel Storage Depot

DOCKS INDUSTRIAL ESTATE

Warehouses

BANK

WORTHY ROAD

ROAD

ROAD

GREENSPLOTT

CHITTERING RD.

WASH

1

2

22 81

Warehouse

Transport Depot

Rockingham Farm

Mitchell's Gout

A403

SMOKE LANE

LAWRENCE

3

WESTON

Madam Farm

Kites

Fuel Storage Depot

Tanks

Holes Mouth

Tanks

Hallen Marsh Junction

Rockingham Works

ROAD BURCOTT

DEAN ROAD

HUMBER WAY

Reservoir

ROAD

4

ROAD

180

IRONCHURCH ROAD

ROAD

SEVERNSIDE TRADING ESTATE

A403

KINGS WESTON

Mere

5

Fuel Depot

ST. ANDREW'S

St. Andrew's Road

Chemicals Plant

Bank

LANE

Sew

Piers

D 352 E 37 F 53

Smelting Works

KIN

Rhine

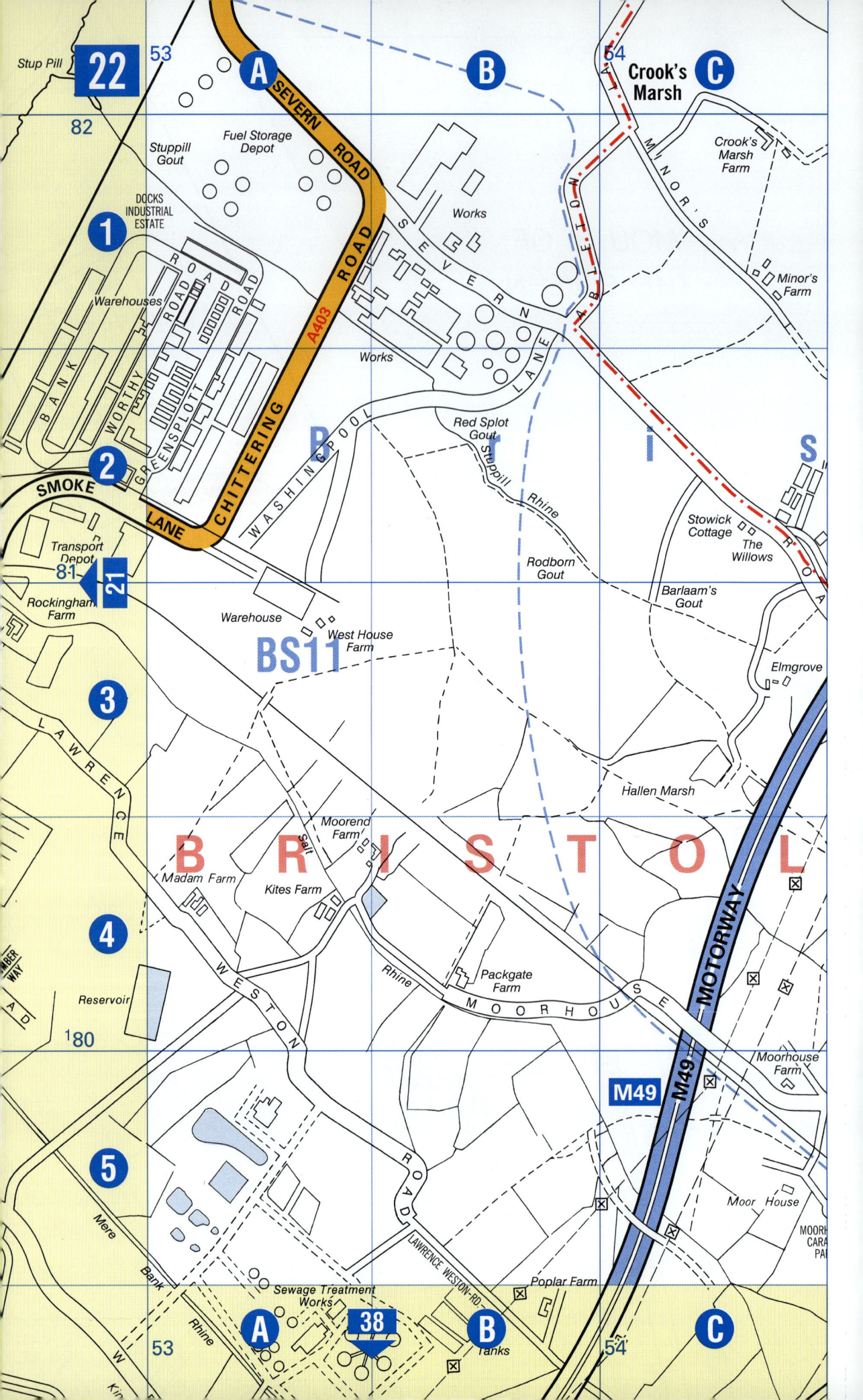

Stup Pill

53

82

A SEVERN ROAD

B

54 Crook's Marsh **C**

Crook's Marsh Farm

Stuppill Gout

Fuel Storage Depot

Minor's Farm

DOCKS INDUSTRIAL ESTATE **1**

Works

Warehouses

ROAD

ROAD

ROAD

SEVERN

A403 ROAD

CHITTERING

Red Splot Gout

Stowick Cottage

The Willows

Works

2

SMOKE LANE

BANK

WORTHY ROAD

GREENSPLOTT

WASHINGPOOL

Stuppill Rhine

B R I S

Rodborn Gout

Barlaam's Gout

Elmgrove

Transport Depot 81

21

Rockingham Farm

Warehouse

West House Farm

BS11

3

LAWRENCE

Hallen Marsh

4

UMBER WAY

ROAD

Reservoir

180

WESTON

Moorend Farm

Salt

Madam Farm

Kites Farm

B R I S T O L

Rhine

Packgate Farm

MOORHOUSE

MOTORWAY

M49

Moorhouse Farm

5

Mere

Bank

ROAD

LAWRENCE WESTON RD

Moor House

MOORH CARA PA

Sewage Treatment Works

A

38

B

Tanks

54

C

53

Poplar Farm

Rhine

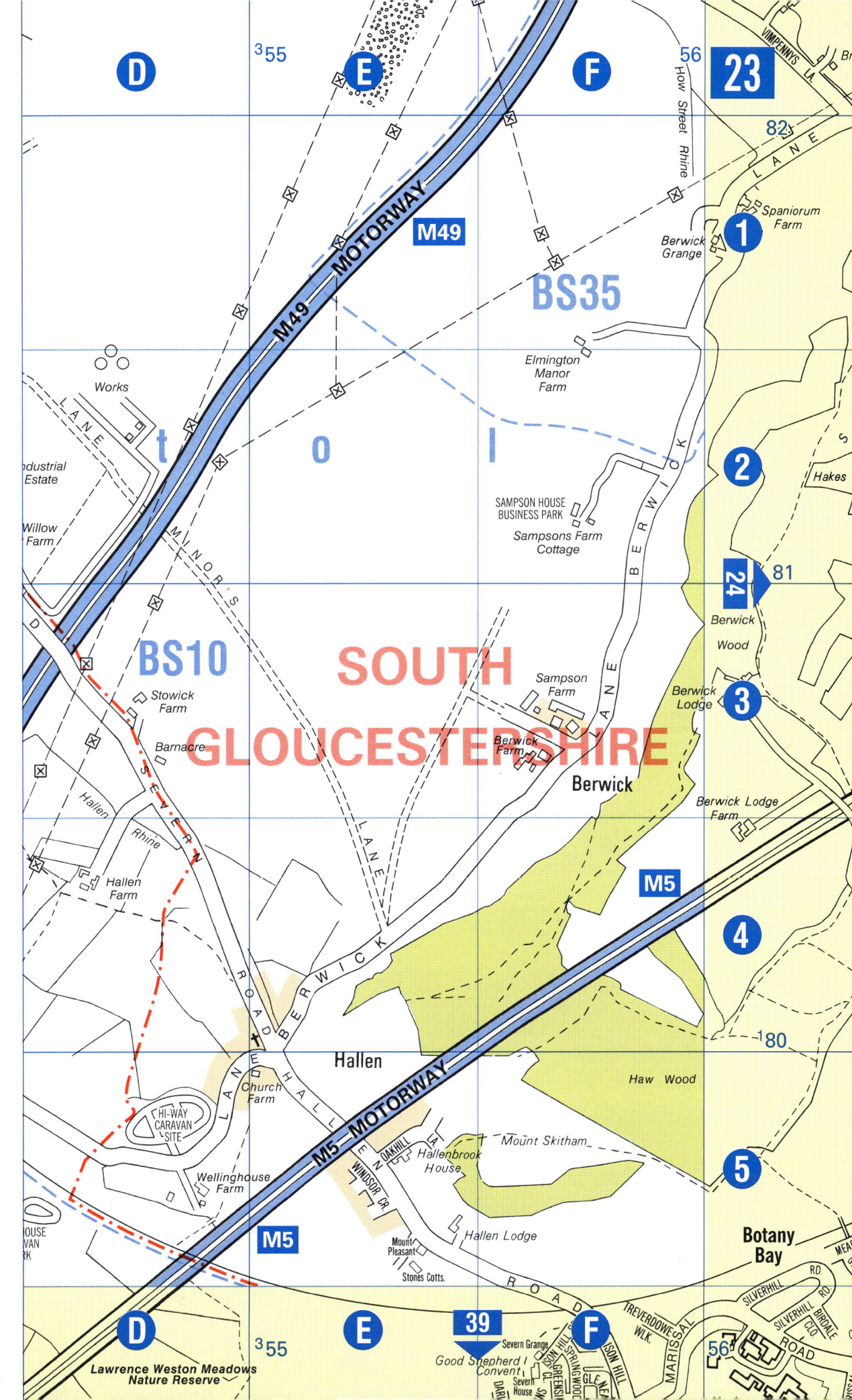

D
E
F
355
56
23
82
81
180
1
2
3
4
5
24
39
M49 MOTORWAY
M49
M5
M5 MOTORWAY
BS35
BS10
SOUTH
GLOUCESTERSHIRE
VIMPENNYS LA.
LANE
How Street Rhine
Spaniorum Farm
Berwick Grange
Elmington Manor Farm
Works
Industrial Estate
Willow Farm
SAMPSON HOUSE BUSINESS PARK
Sampsons Farm Cottage
Hakes
MINOR'S LANE
BERWICK LANE
Berwick Wood
Berwick Lodge
Sampson Farm
Berwick Farm
Berwick
Berwick Lodge Farm
Stowick Farm
Barnacre
Hallen Rhine
Hallen Farm
SEVERN ROAD
BERWICK
Hallen
Church Farm
HALLEN LANE
HI-WAY CARAVAN SITE
Haw Wood
Mount Skitham
OAKHILL LA.
Hallenbrook House
WINDSOR CR.
Wellinghouse Farm
Hallen Lodge
Mount Pleasant
Stones Cotts.
ROAD
Botany Bay
SILVERHILL RD.
SILVERHILL ROAD
BIRDALE CLO.
TREVERDOWE WLK.
MARISSAL
Severn Grange
Good Shepherd Convent
Severn House
Lawrence Weston Meadows Nature Reserve
t
o
l

Compton Greenfield
Church Farm
Brookland Villa
Lyde Brook
Ford
Rectory
Bishop's Farm
Spaniorum Farm
Berwick Grange
Compton House
BS35
Manor Farm
Briery Brake
The Lyde
Hakes Brake
Hakes Hill Wood
Bangley Wood
Hollyhill Wood
Hollywood Tower
Tower
Chandler's Brake
Langett
South Hill Wood
Berwick Wood
Camp
Mayfield
Cribbs Lodge
Compton Lodge
BS10
Catbrain
CRIBBS CAUSEWAY CENTRE (IND. EST.)
Berwick Lodge
Berwick
Berwick Lodge Farm
M5 MOTORWAY
Elmsleigh
Cribbs Causeway
Highdene School (The Laurels)
Cribbs Farm
Brent Knoll
SOUTH GLOU
Kingsheath
Deorham
Rugby Football Ground
Sports Ground
Rugby Football Grd.
North Hill Cottage
Haw Wood
Weir
A4018
B4055
Roman Road
Botany Bay
BRISTOL

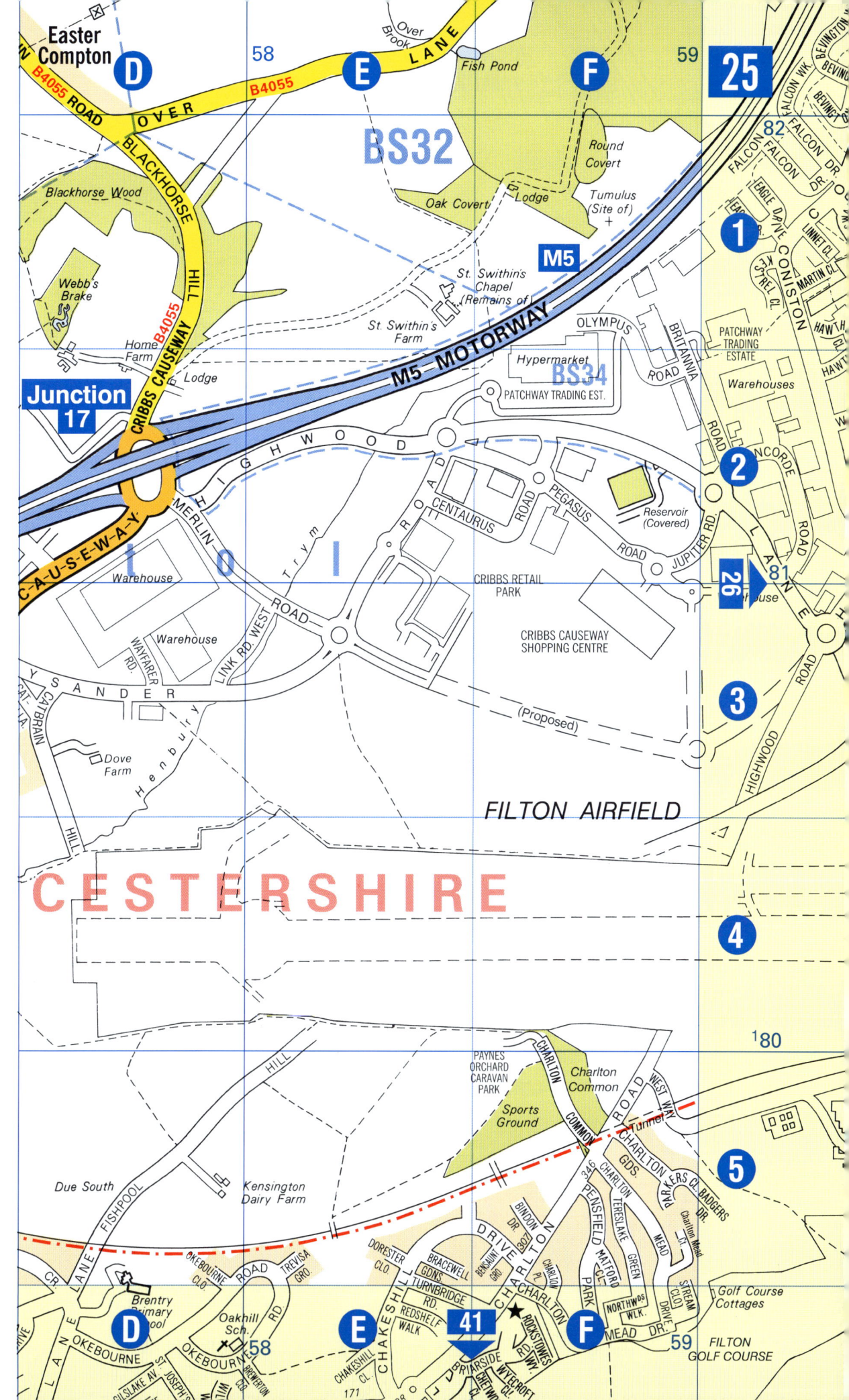

Easter Compton
D
E
F
58
59
25
B4055 ROAD
OVER
B4055
LANE
Over Brook
Fish Pond
BS32
Round Covert
Blackhorse Wood
BLACKHORSE HILL
Oak Covert
Lodge
Tumulus (Site of)
M5
Webb's Brake
St. Swithin's Chapel (Remains of)
St. Swithin's Farm
M5 MOTORWAY
B4055
Home Farm
CRIBBS CAUSEWAY
Lodge
Junction 17
OLYMPUS
BRITANNIA ROAD
Hypermarket
BS34
PATCHWAY TRADING EST.
PATCHWAY TRADING ESTATE
Warehouses
HIGHWOOD ROAD
CENTAURUS ROAD
PEGASUS ROAD
Reservoir (Covered)
JUPITER RD.
MERLIN ROAD
Trym
Warehouse
Warehouse
CRIBBS RETAIL PARK
CRIBBS CAUSEWAY SHOPPING CENTRE
26
81
82
WAYFARER RD.
LINK RD. WEST
LYSANDER
CATBRAIN
(Proposed)
Dove Farm
Henbury
HILL
FILTON AIRFIELD
HIGHWOOD ROAD
FALCON
FALCON DR.
EAGLE DRIVE
CONISTON
LINNET CL.
MARTIN CL.
KESTREL CL.
CONCORDE
1
2
3
4
5
CESTERSHIRE
180
PAYNES ORCHARD CARAVAN PARK
CHARLTON COMMON
Charlton Common
Sports Ground
WEST WAY
ROAD
Tunnel
HILL
Due South
Kensington Dairy Farm
FISHPOOL
CHARLTON GDS.
PARKERS CL.
BADGERS DR.
PENSFIELD PARK
TERESLAKE GREEN
MATFORD CL.
MEAD
Charlton Mead Ct.
STREAM CLO.
Golf Course Cottages
BINDON DR.
DRIVE
CHARLTON
DORESTER CLO.
BRACEWELL GDNS.
TURNBRIDGE RD.
REDSHELF WALK
CHAKESHILL
OKEBOURNE CLO.
ROAD
TREVISA GRO.
Brentry Primary School
Oakhill Sch.
OKEBOURNE
LANE
CHARLTON
NORTHWOODS WLK.
MEAD DR.
FILTON GOLF COURSE
41
ROCKSTOWES WY.
BRIARSIDE
WYECROFT CL.
CHAKESHILL CL.
171

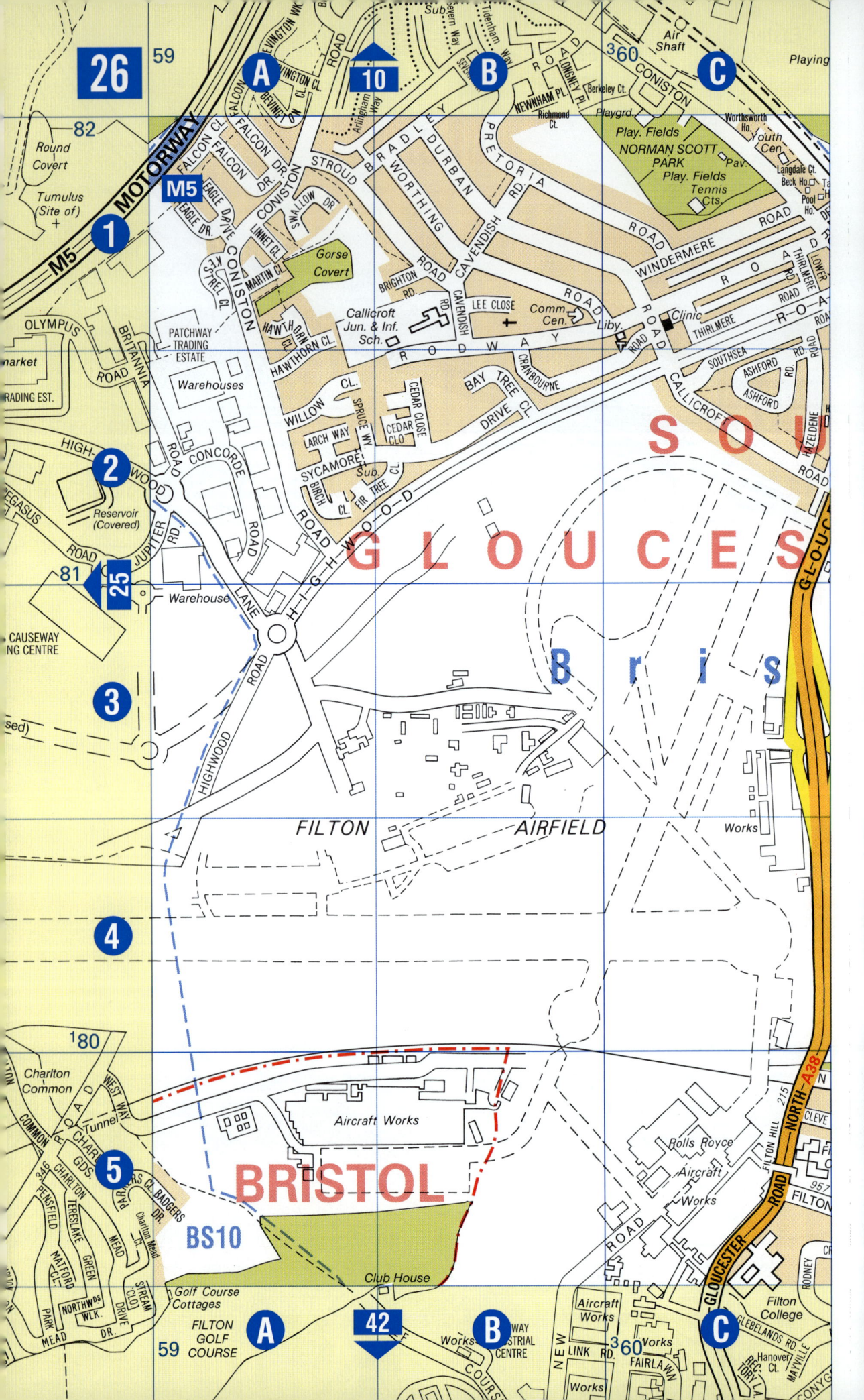

M5 MOTORWAY
Round Covert
Tumulus (Site of)
PATCHWAY TRADING ESTATE
Warehouses
Reservoir (Covered)
Warehouse
CAUSEWAY
Gorse Covert
Callicroft Jun. & Inf. Sch.
Comm. Cen.
Clinic
Liby.
Air Shaft
NORMAN SCOTT PARK
Play. Fields
Tennis Cts.
Youth Cen.
Playing
GLOUCESTER
Bristol
FILTON AIRFIELD
Works
Aircraft Works
Rolls Royce Aircraft Works
BRISTOL
BS10
Club House
Golf Course Cottages
FILTON GOLF COURSE
Charlton Common
Filton College
HIGHWOOD ROAD
CONISTON ROAD
RODWAY ROAD
CALLICROFT ROAD
WINDERMERE ROAD
GLOUCESTER ROAD NORTH A38
FILTON HILL
NEW LINK RD.
FAIRLAWN

10
25
42

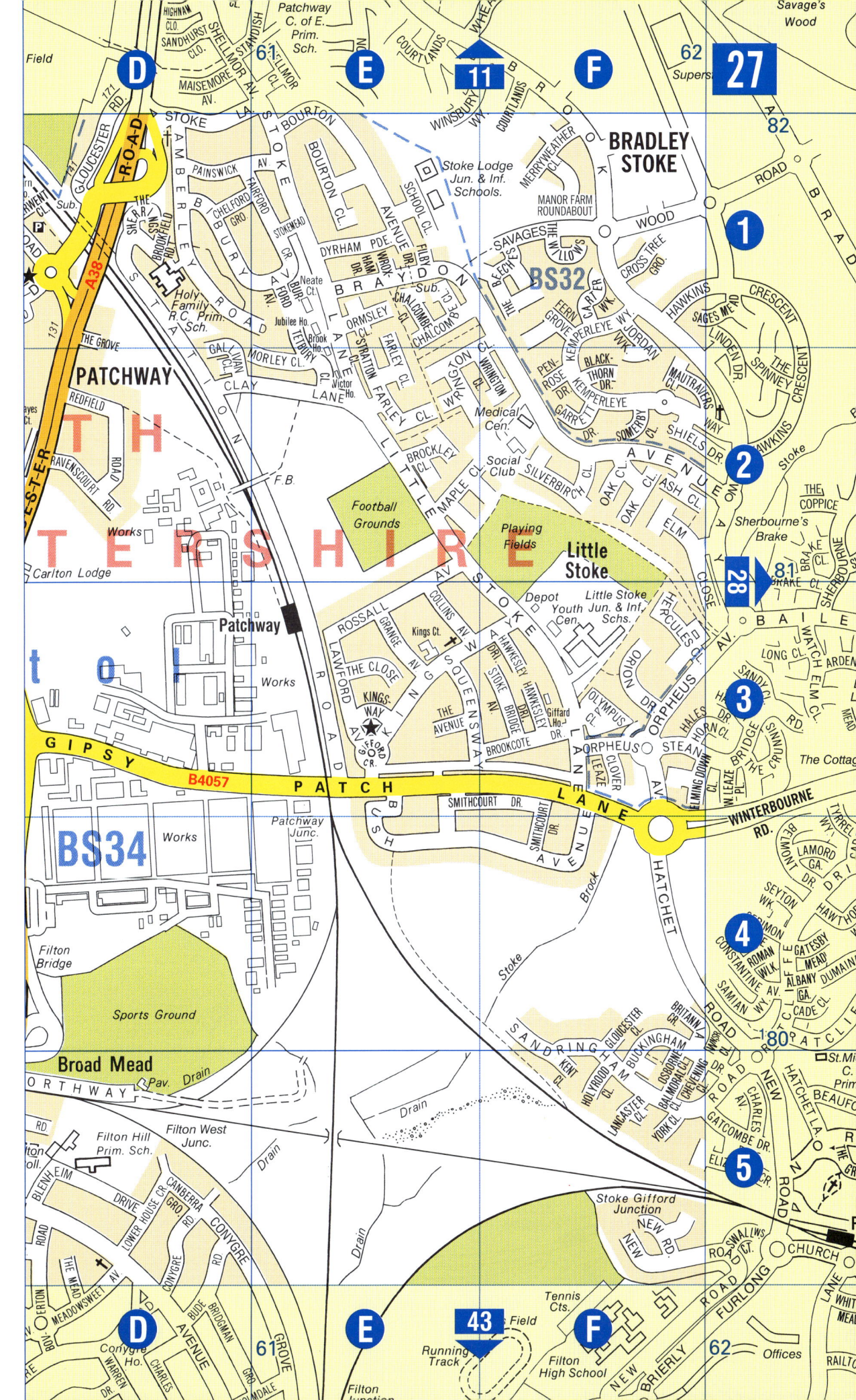

D
E
F
11
61
62
Supers
Patchway C. of E. Prim. Sch.
Savage's Wood
Field
HIGHNAM CLO.
SANDHURST CLO.
SHELLMOR AV.
STANDISH
MAISEMORE AV.
COURTLANDS
WINSBURY WY.
BRADLEY STOKE
A82
ROAD
BRAD
GLOUCESTER RD.
A38
ROAD
STOKE
AMBERLEY ROAD
BOURTON
BOURTON CL.
PAINSWICK AV.
FAIRFORD
CHELFORD GRO.
STOKEMEAD
SCHOOL CL.
Stoke Lodge Jun. & Inf. Schools.
MERRYWEATHER CL.
MANOR FARM ROUNDABOUT
WOOD
1
SAVAGES
THE WILLOWS
THE BEECHES
CROSS TREE GRO.
BS32
HAWKINS
CRESCENT
SAGES MEAD
LINDEN DR.
THE SPINNEY
DYRHAM PDE.
AVENUE DR.
FILBY DR.
BRAYDON
Sub.
Holy Family R.C. Prim. Sch.
Neate Ct.
Jubilee Ho.
TETBURY CL.
Brook Ho.
ORMSLEY CL.
CHALCOMBE CL.
FARLEY CL.
STRATTON
FERN GROVE
CARTER WK.
KEMPERLEYE WY.
JORDAN WK.
BLACKTHORN DR.
PENROSE DR.
MAUTRAVERS CL.
THE GROVE
PATCHWAY
REDFIELD
STATION ROAD
GALLIVAN CL.
MORLEY CL.
CLAY LANE
Victor Ho.
WRINGTON CL.
Medical Cen.
GARRETT DR.
SOMERBY CL.
SHIELS DR.
WAY
2
Stoke
RAVENSCOURT RD.
ROAD
F.B.
BROCKLEY CL.
LITTLE
MAPLE CL.
Social Club
SILVERBIRCH CL.
OAK CL.
ASH CL.
AVENUE
THE COPPICE
Sherbourne's Brake
Works
Football Grounds
Playing Fields
Little Stoke
ELM
CLOSE
TERSHIRE
Carlton Lodge
28
81
BRAKE CL.
SHERBOURNE
Patchway
ROSSALL AV.
COLLINS AV.
GRANGE AV.
Kings Ct.
Depot
Youth Cen.
Little Stoke Jun. & Inf. Schs.
HERCULES CL.
BAILEY
LONG CL.
WATCH ELM CL.
ARDEN
3
ORION DR.
ORPHEUS AV.
SANDY CL.
Works
LAWFORD AV.
THE CLOSE
KINGSWAY
QUEENSWAY
HAWKESLEY DRI.
STOKE BRIDGE AV.
Giffard Ho.
OLYMPUS CL.
HALES HORN CL.
BRIDGE
THE CRUNNIS
RD.
MEAD
GIPSY PATCH LANE
B4057
THE AVENUE
GIFFORD CR.
BROOKCOTE DR.
ORPHEUS
STEAN
CLOVER LEAZE
FLEMING DOWN CL.
The Cottage
WINTERBOURNE RD.
TYRREL WY.
BUSH
SMITHCOURT DR.
AVENUE
HATCHET
BS34
Works
Patchway Junc.
Brook
BELMONT DR.
LAMORD GA.
SEYTON WK.
HAWTHO
4
CONSTANTINE AV.
ROMAN WLK.
GATESBY MEAD
ALBANY GA.
DUMAINE
SAMIAN WY.
CADE CL.
Filton Bridge
Sports Ground
Stoke
SANDRINGHAM
GLOUCESTER CL.
KENT CL.
BUCKINGHAM
BRITANNIA CR.
ROAD
80
St.Mic C. Prim
Broad Mead
Pav.
Drain
NORTHWAY
HOLYROOD CL.
OSBORNE
BALMORAL CL.
CHEVENING CL.
WINDSOR
CHARLES AV.
HATCHET LA.
BEAUFO
NEW ROAD
RD.
Filton Hill Prim. Sch.
Filton West Junc.
Drain
LANCASTER CL.
YORK CL.
GATCOMBE DR.
ELIZ
CR.
5
BLENHEIM DRIVE
LOWER HOUSE CR.
CANBERRA GRO.
CONYGRE RD.
Stoke Gifford Junction
NEW RD.
NEW
ROAD
Drain
THE MEAD
MEADOWSWEET AV.
CONYGRE
RD.
BUDE
BRIDGMAN
ROAD
OSWALL CT.
CHURCH
FURLONG
LANE
WHITE MEAD
43
Field
Tennis Cts.
D
E
F
Conygre Ho.
CHARLES
AVENUE
WARREN DR.
GROVE
Running Track
Filton High School
NEW
BRIERLY
62
Offices
RAILTO
Filton Junction

28
12
44
27
A
B
C
62
63
82
81
80
1
2
3
4
5
Savage's Wood
Leyland Court Farm
BRADLEY STOKE
M4
M4 MOTORWAY
SOUTH GLOUCESTERSHIRE
BS32
BS34
Bristol
Webb's Wood
Little Stoke
Sherbourne's Brake
Cricket Grd.
Baileys Court Prim. Sch.
Little Leaze
The Cottage
B4057
WINTERBOURNE ROAD
Great Stoke
Stoke Gifford
Rock Lane Farm
Hill View Farm
Playing Field
St.Michael's C. of E. Prim. Sch.
Silverdale
Bristol Parkway
Stoke Gifford Junction
Depot & Works
Hillside Farm
Depot
Chequers Ct.
Offices
Works
BAILEYS COURT RD.
BRADLEY STOKE WAY
HORTHAM BROOK
HAMBROOK LANE
CURTIS LANE
NEW ROAD
CHURCH ROAD
HATCHET RD.
RATCLIFFE DRIVE
BRIERLY FURLONG
GIPSY PATCH LA.
SAVAGES WOOD ROAD
WEBBS WOOD RD.
ROCK LA.
HUNTS GROUND RD.
BARTON RD.
TREVELYAN WK.
NEWBRICK ROAD
BRAYDON AV.
LITTLE MEADOW
GREAT MEADOW RD.
BEAUFORT CR.
CERIMON GATE
ROMAN WLK.
GATESBY MEAD
DUMAINE AV.
TOUCHSTONE AV.
FABIAN DR.
TRAVERS WK.
SANDRINGHAM RD.
BUCKINGHAM GR.
GLOUCESTER CL.
HOLYROOD CL.
LANCASTER CL.
BALMORAL CL.
YORK CL.
GATCOMBE DR.
ELIZABETH CR.
CHARLES AV.
SWALLOWS CT.
WESTFIELD LANE
WHITLEY MEAD
RAILTON JONES CL.
KEMPERLEYE WY.
HAWKINS CRESCENT
THE SPINNEY
LINDEN DR.
SAGES MEAD
ORPHEUS AV.
HERCULES CL.
STEAN BRIDGE RD.
HAYELEY DR.
SANDY CL.
LONG CL.
WATCH ELM CL.
ARDEN CL.
PURSEY DR.
ROBBINS CL.
HUCKLEY WAY
THE VALLS
GOOSE ACRE
BERKELEYS MEAD
THE WORTHYS
CORIANDER DR.
TARRAGON PL.
PALMERS LEAZE
ELLAN HAY RD.
BREACHES GA.
BLUEBELLS
FOXCROFT CL.
BURDEN CL.
SHERBOURNE AV.
THE DELL
THE COPPICE
BRAKE CL.
KNIGHTWOOD RD.
ORCHARD CL.
SOMERSET CRES.
PARSONS AV.
COUZENS PL.
BAKERS GROUND
BARN OWL WAY
ROCKFIELD LA.
FARM CL.
BRINS CLOSE
THE GREEN
HATCHET LA.
SAMIAN WY.
CONSTANTINE AV.
SEYTON WK.
BELMONT DR.
LAMORD GA.
TYRREL WY.
GADSHILL DR.
MONTAGUE CL.
RICHMOND AV.
BRACKENBURY DR.
CHARBON GA.
DORCAS AV.
COURT AV.
HAWTHORN WY.
OIGHTON GA.
TYBALT WY.
LYSANDER WLK.
ALBANY GA.
CADE CL.
BRITANNIA GR.
WINDSOR DR.
Little Stoke Jun. & Inf. Schs.

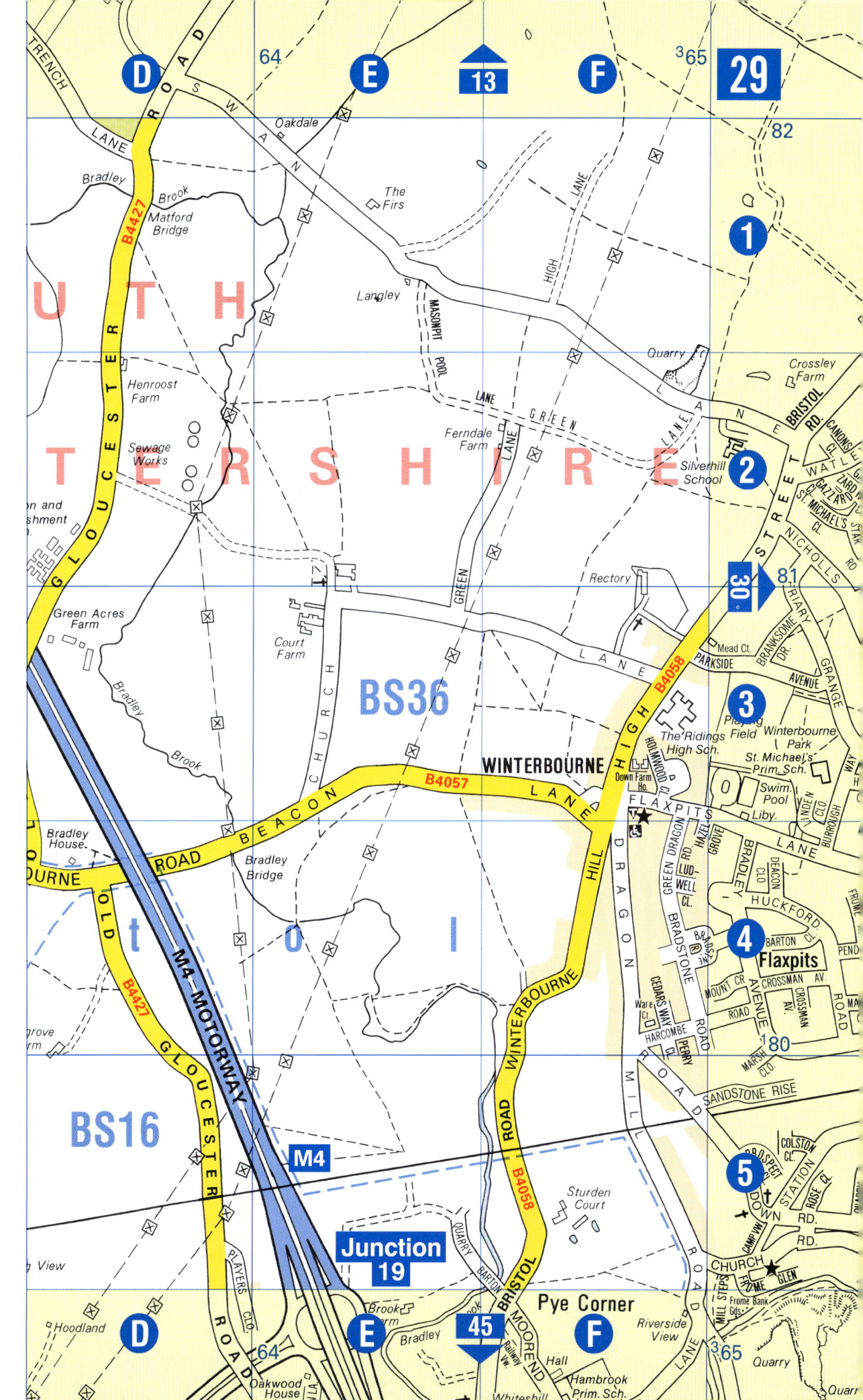
D
E
13
F
64
365
82
1
2
3
4
5
81
180
30
45
SOUTH GLOUCESTERSHIRE
BS36
BS16
WINTERBOURNE
Flaxpits
Pye Corner
Junction 19
M4 MOTORWAY
M4
B4427
B4057
B4058
Oakdale
The Firs
Langley
Quarry
Crossley Farm
Henroost Farm
Sewage Works
Ferndale Farm
Silverhill School
Rectory
Green Acres Farm
Court Farm
Bradley Brook
Matford Bridge
Bradley House
Bradley Bridge
The Ridings High Sch.
Playing Field
Winterbourne Park
St. Michael's Prim. Sch.
Swim. Pool
Liby.
Down Farm Ho.
Sturden Court
Riverside View
Hambrook Prim. Sch.
Oakwood House
Hoodland
Brook Farm
Frome Bank Gdns.
GLOUCESTER ROAD
BEACON LANE
SWAN LANE
HIGH STREET
BRISTOL RD.
HIGH LANE
GREEN LANE
MASONPIT POOL
CHURCH ROAD
WINTERBOURNE ROAD
BRISTOL ROAD
HIGH HILL
FLAXPITS LANE
DRAGON ROAD
MILL ROAD
MOOREND ROAD
PARKSIDE AVENUE
GRANGE AVENUE
SANDSTONE RISE
CROSSMAN AVENUE
HUCKFORD LANE
PROSPECT DOWN
STATION RD.
CHURCH RD.

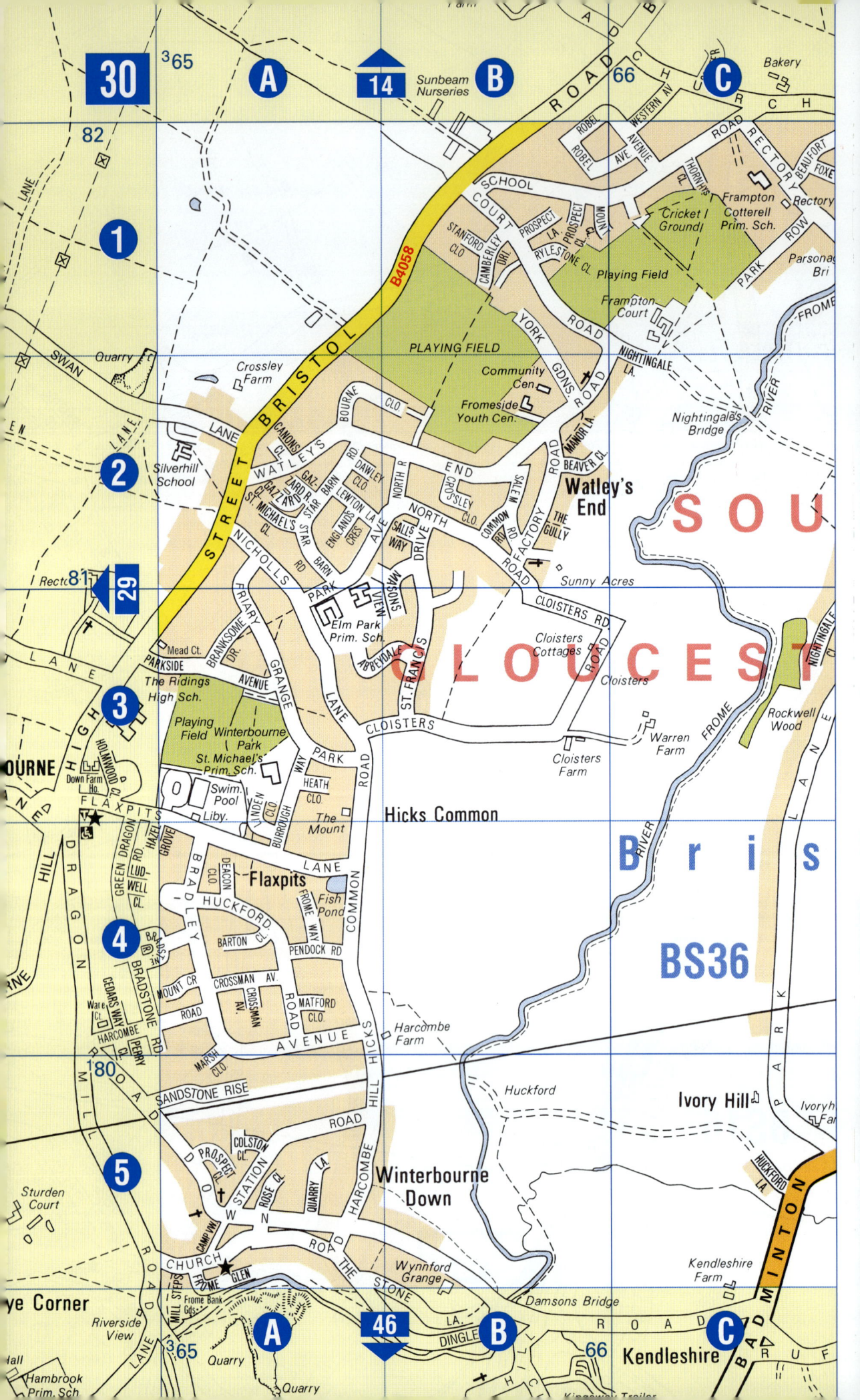

30

365
82

1

A

▲ 14 Sunbeam Nurseries

B

ROAD 66

C Bakery

SWAN LANE
Quarry
Crossley Farm
STREET BRISTOL LANE
Silverhill School

2

B4058

SCHOOL COURT
STANFORD CLO
CAMBERLEY
PROSPECT
RYLESTONE CL
PROSPECT LA.
PROSPECT CL.
MOUNT
THORNHS.
Cricket Ground
Frampton Cotterell Prim. Sch.
Rectory
RECTORY ROAD
WESTERN AV.
ROBEL
ROBEL LA.
AVE.
BEAUFORT
FOXE
PARK ROW
Parsonage Bri
Frampton Court
Playing Field

PLAYING FIELD
Community Cen.
Fromeside Youth Cen.
YORK GDNS.
ROAD
NIGHTINGALE LA.
MANOR LA.
BEAVER CL.
Watley's End
THE GULLY
Sunny Acres

FROME
River
Nightingale Bridge
Nightingale

S O U

G L O U C E S T

81 Recto
◀ 29

NICHOLLS RD.
FRIARY
BRANKSOME DR.
GRANGE LANE
PARK
CANONSLEY
WATLEYS
GAZ. R.
BOURNE RD.
DAWLEY CLO.
CLO.
STAR BARN
GAZZARD
ZARD R.
LEWTON LA.
ENGLANDS CRES.
SALLS WAY
WASONS
VIEW
NORTH R
CROSSLEY CLO.
NORTH DRIVE
COMMON RD.
SALEM RD.
FACTORY RD.
THE
END
ST. MICHAEL'S CL.
ST. BARN
Elm Park Prim. Sch.
ABBEYDALE
ST. FRANCIS
CLOISTERS RD.
Cloisters Cottages
Cloisters
ROAD

C L O U C E S T

Mead Ct.
PARKSIDE
The Ridings High Sch.
Playing Field
Winterbourne Park
St. Michael's Prim. Sch.
CLOISTERS
Cloisters Farm
Warren Farm
Rockwell Wood

3

HIGH
BOURNE
HOLMWOOD CL.
Down Farm Ho.
FLAXPITS
DRAGON HILL
GREEN DRAGON RD.
HAZEL GROVE
LUDWELL CL.
BRADLEY
DEACON CLO.
HUCKFORD RD.
FROME WAY
PARK WAY
HEATH CLO.
LINDEN CLO.
BURROUGH
The Mount
Swim. Pool
Liby.
Hicks Common

River FROME
B **r i s**

4

BRADSTONE RD.
BRANKSEA
MOUNT CR.
ROAD
CEDARS WAY
HARCOMBE CL.
PERRY CL.
Ware Ct.
BARTON CLO.
CROSSMAN AV.
CROSSMAN AV.
Flaxpits
Fish Pond
PENDOCK RD.
MATFORD CLO.
HICKS COMMON ROAD
ROAD

BS36

180
SANDSTONE RISE
MARSH CLO.
AVENUE
Harcombe Farm
Huckford
Ivory Hill
Ivory Fa
HUCKFORD LA.
PARK LA.

5

Sturden Court
PROSPECT
COLSTON CL.
STATION ROAD
ROSE CL.
QUARRY LA.
DOW
CAMP VW.
HARCOMBE HILL
Winterbourne Down
Wynnford Grange
Kendleshire Farm
BADMINTON ROAD
HUCKFORD LA.

ye Corner
Riverside View
365
MILL STEPS
FROME GLEN
Frome Bank Gds.
CHURCH
ROAD
THE STONE
DINGLE LA.

A

▼ 46

B

ROAD 66

C

Quarry
Quarry
Hambrook Prim. Sch.
Damsons Bridge
Kendleshire
BRUF

Mayshill

D 67 E ↑15 F 68

Weir

Church Bri.

Works

Frampton End

WINCHCOMBE RD.

BROOKSIDE DRIVE

MEADOW MEAD

MEADOW MEAD

Church Bri.

CHURCH CL. CHURCH CL.

CLYDE

ROAD

FRAMPTON COTTERELL

Framptonend Farm

Mayshill Farm

Oakleigh

Ox Bridge

FROG

82

1

ROAD

Highcroft Jun. Sch.

RYECROFT RD.

ROCKSIDE GDNS.

GODSELL

BARLEY CL.

DOWNFID.

THE RYECROFT

THE ORCHARD

Hall

LOWER STONE CLO.

STONE MEADOW

WATERMORE CLO.

VIEW

GLEBEMOOR DR.

ROAD

2

ALEXANDRA

CAUSEWAY

LARKFID.

RUSHTON DRI.

WAYLEAZE

A432

WOODSIDE

COALVILLE RD.

RD.

Works

32 81

FRAMPTON

LOWER STONE CLO.

Frogla Farm

SUNNYSIDE

SOUTH

ST. PETER'S CR.

BROCKRIDGE LA.

GLADSTNE. ROAD

WOODEND ROAD

HILLSIDE LA.

WEST RIDGE

HILLSDE. CL.

THE LAND

WOODEND

RIDGEWAY

BOUNDARY DRI.

MAIN RD.

HEATHCOTE DR.

ROSE OAK LA.

BACK LANE

Rose Oak Farm

FROME VIEW

BARTON

THE SPINNEY

FOOTS LA.

WAYSIDE CL.

LANGTHORN CLO.

MILL CL.

CHAPEL LANE

UPR. CHAPEL LA.

NEWLANDS AV.

THE LAND

THE

OAK-LEAZE

ROSE LA.

WAY

WATTERS CL.

T H

HARRIS

PARK AVE.

PARK AVE.

HEATHER AVE.

MEDWAY DRIVE

MEDWAY DRI.

FOOTS LA.

WILLOW WAY

OLDLANDS AV.

FERNLEAZE

CHURCH LA.

SOUTH VIEW CR.

DORMER CL.

SOUTH VIEW RISE

WAY

ST. ANNES DRI.

E R S H I R E

Coalpit Heath

LOWER BELL

THE RIDINGS

THE RIDINGS

MANOR CLO.

THE CLO.

ROAD

Rec. Grd.

The Manor Prim. Sch.

3

VICARAGE RD.

BADMINTON

VICARAGE

Blackberry Brake

THE BRAKE

STATION RD.

HEATH GDNS.

ROAD

t o l

Woodlands Farm

RATHBONE CLOSE

RAM HILL

BROAD LANE

4

A432

ROAD

Hotwater Brake

The Pines

Lansbury

HENFIELD ROAD

Wireless Beacon

Ram Hill

RAM HILL

GREENACRES CARAVAN PARK

180

Ramhill Wood

5

Boxhe Farr

SERRIDGE LANE

Hall

Martin Croft Brake

Serridge House

HENFIELD

Bitterwell Lake

Weig

D 67 E ↓47 F 68

The Clamp

New Engine Yard

BITTERWELL CL.

Boxh Cot

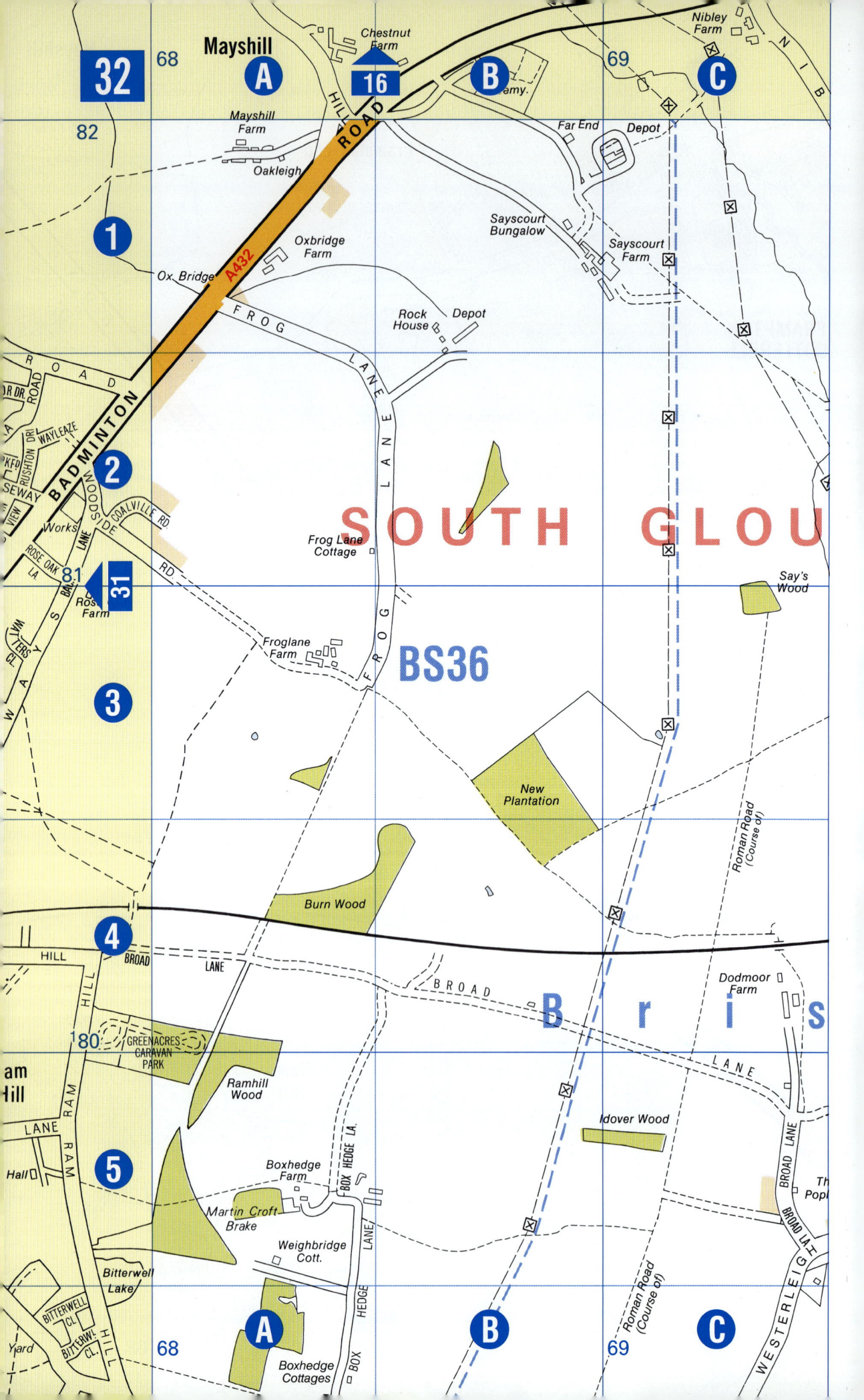

Mayshill
Chestnut Farm
16
Nibley Farm
68
69
A
B
C
82
Mayshill Farm
Oakleigh
ROAD
Far End
Depot
1
Sayscourt Bungalow
Oxbridge Farm
Sayscourt Farm
Ox Bridge
A432
FROG
Rock House
Depot
LANE
ROAD
BADMINTON
WAYLEAZE
RUSHTON DRI
SEWAY
2
WOODSIDE
COALVILLE RD
Works
LANE
SOUTH GLOU
Frog Lane Cottage
ROSE OAK LA.
81
31
RD
Farm
Say's Wood
Froglane Farm
FROG
BS36
3
WAY
New Plantation
Roman Road (Course of)
Burn Wood
4
HILL
BROAD
LANE
BROAD
Dodmoor Farm
Bris
HILL
180
GREENACRES CARAVAN PARK
LANE
Ramhill Wood
Idover Wood
LANE
RAM
5
Hall
Boxhedge Farm
BOX HEDGE LA.
BROAD LANE
Martin Croft Brake
Weighbridge Cott.
LANE
BROAD LA.
Bitterwell Lake
HEDGE
BITTERWELL CL.
BITTERWL CL.
HILL
Yard
Roman Road (Course of)
WESTERLEIGH
Boxhedge Cottages
BOX

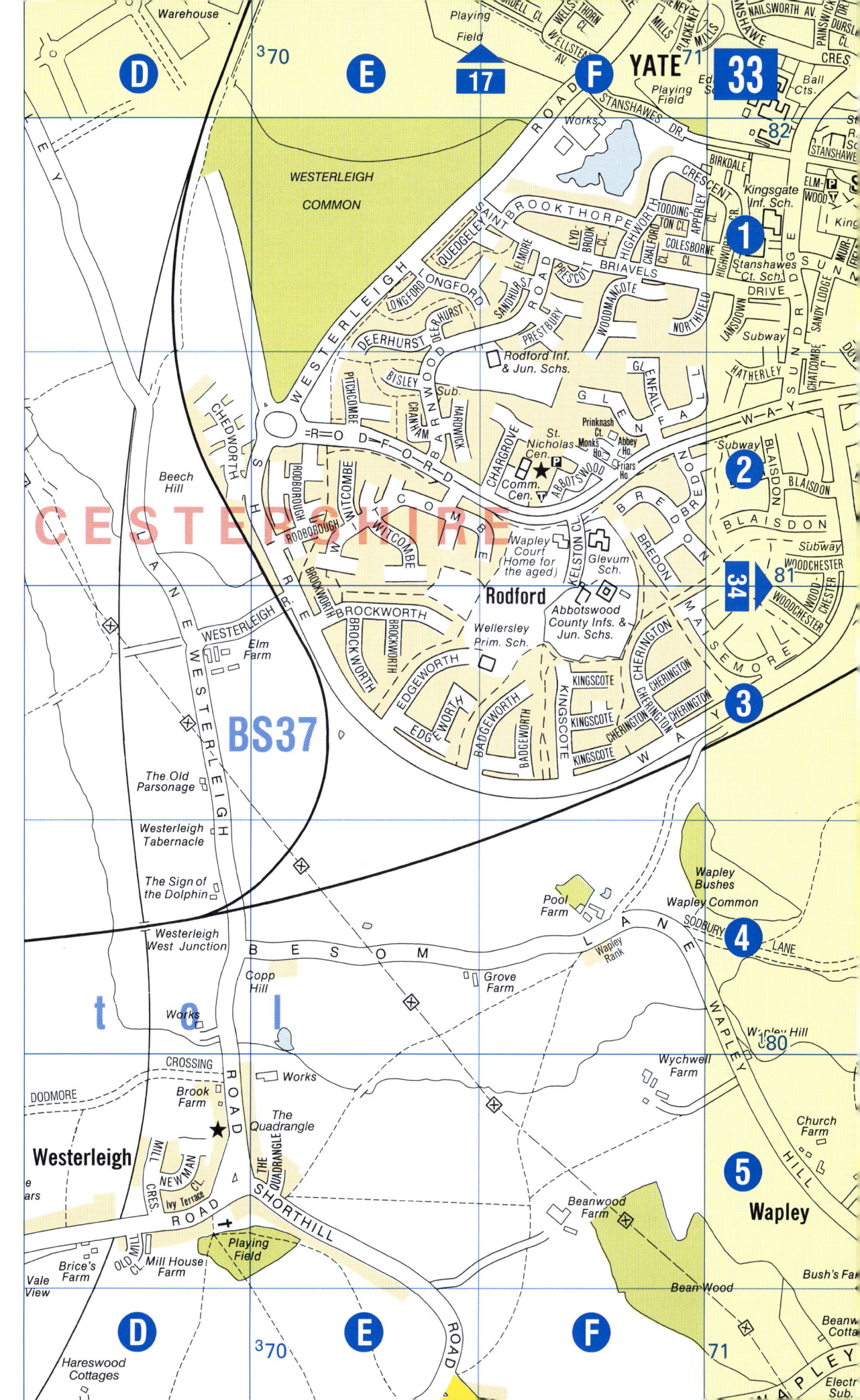

Warehouse

³70

Playing Field

17

YATE 71

82

Playing Field

WESTERLEIGH COMMON

Works

Stanshawes Dr.

BIRKDALE

Kingsgate Inf. Sch.

1

Stanshawes Ct. Sch.

CRESCENT

APPERLEY

TODDING TON CL.

COLESBORNE CL.

CHALFORD

HIGHWORTH

NORTHFIELD

LANSDOWN

DRIVE

Subway

Sandy Lodge

SUNDRIDGE

BROOKTHORPE

QUEDGELEY

SAINT

LONGFORD

ELMORE

LYD BROOK

BRIAVELS

CL.

WOODMANCOTE

HATHERLEY

CHATCOMBE

Longford

DEERHURST

SANDHURST

ROAD

PRESTBURY

GLENFALL

WAY

Subway

BLAISDON

2

BLAISDON

PITCHCOMBE

BISLEY

Sub.

CRANHAM

HARDWICK

Rodford Inf. & Jun. Schs.

St. Nicholas Cen.

Prinknash Ct.

Monks Ho.

Abbey Ho.

Friars Ho.

GLEN

BLAISDON

Subway

WOODCHESTER

WOODCHESTER

81

CHEDWORTH

Beech Hill

R O D F O R D

RODBOROUGH

RODBOROUGH

WITCOMBE

WITCOMBE

C O M B E

CHARGROVE

Comm. Cen.

KELSTON CL.

ABBOTSWOOD

BREDON

REDON

34

WESTERLEIGH

Wapley Court (Home for the aged)

Glevum Sch.

BREDON

MAISEMORE

C E S T E R S H I R E

BROCKWORTH

BROCKWORTH

BROCKWORTH

Rodford

Wellersley Prim. Sch.

Abbotswood County Infs. & Jun. Schs.

CHERINGTON

CHERINGTON

CHERINGTON

3

WESTERLEIGH

Elm Farm

EDGEWORTH

BADGEWORTH

BADGEWORTH

KINGSCOTE

KINGSCOTE

CHERINGTON

CHERINGTON

WAY

BS37

EDGE WORTH

BADGEWORTH

KINGSCOTE

KINGSCOTE

The Old Parsonage

Westerleigh Tabernacle

Wapley Bushes

Wapley Common

The Sign of the Dolphin

SODBURY

LANE

4

Westerleigh West Junction

B E S O M

L A N E

Pool Farm

Wapley Rank

WAPLEY

Copp Hill

Grove Farm

Wapley Hill

80

t

c

l

Works

Wychwell Farm

CROSSING

Works

HILL

Church Farm

DODMORE

Brook Farm

ROAD

The Quadrangle

5

MILL

NEW MAN CL.

The Quadrangle

Beanwood Farm

Wapley

Westerleigh

IVY TERRACE

THE

Bush's Fm.

Brice's Farm

OLD MILL CL.

Mill House Farm

CRES.

ROAD

SHORTHILL

Playing Field

Vale View

Bean Wood

Beanw. Cotta.

Electri.

³70

71

Hareswood Cottages

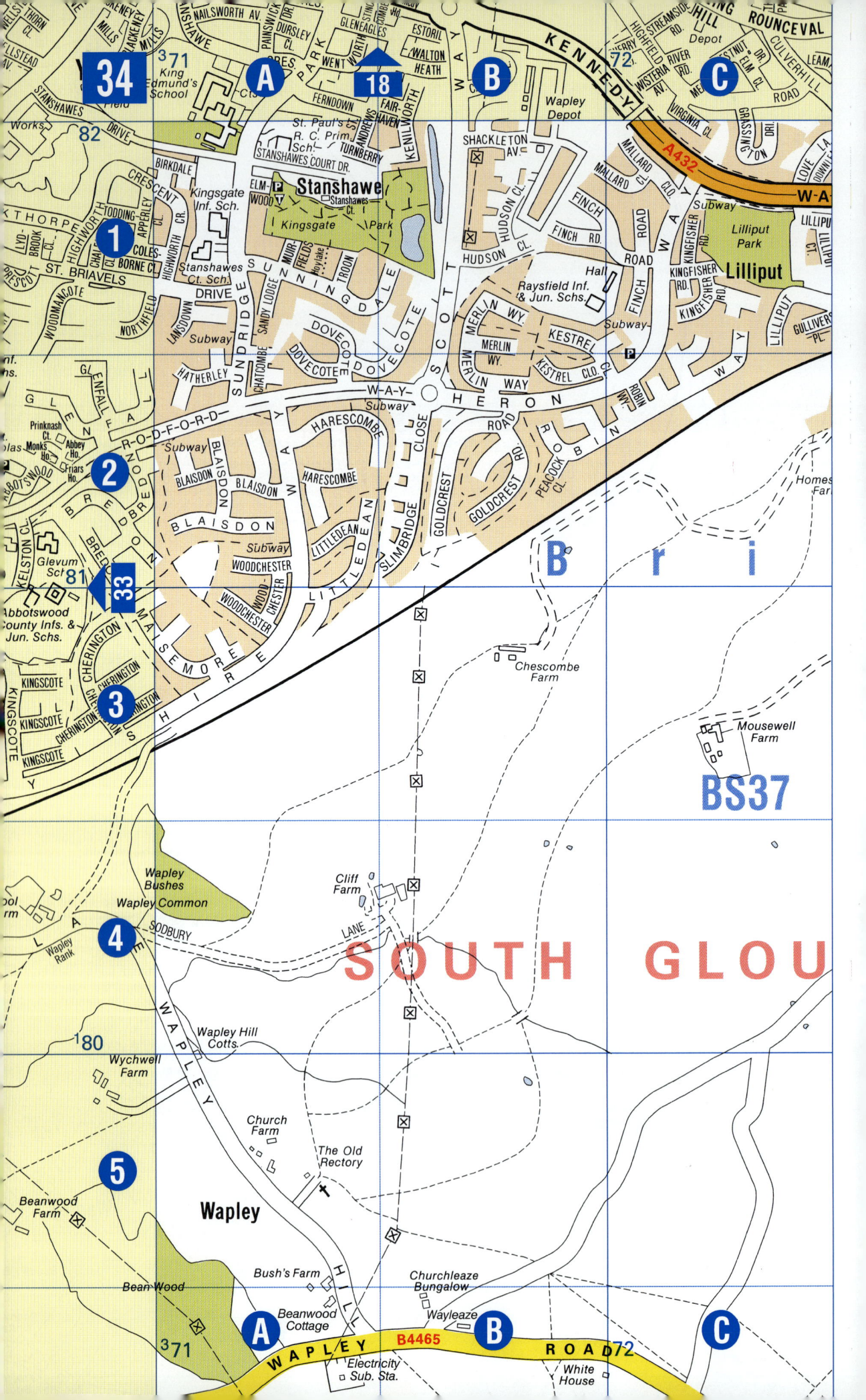

18
33
A
B
C
1
2
3
4
5
371
372
82
81
80
Stanshawe
Kingsgate Park
Stanshawes Ct.
Kingsgate Inf. Sch.
Stanshawes Ct. Sch.
St. Paul's R. C. Prim. Sch.
King Edmund's School
Works
Wapley Depot
Depot
Raysfield Inf. & Jun. Schs.
Hall
Lilliput Park
Lilliput
Glevum Sch.
Abbotswood County Infs. & Jun. Schs.
Prinknash Ct.
Monks Ho.
Abbey Ho.
Friars Ho.
KENNEDY
WAY
A432
RODFORD WAY
HERON WAY
SCOTT WAY
SUNNINGDALE
SUNDRIDGE
BLAISDON
WOODCHESTER
LITTLEDEAN
SLIMBRIDGE
HARESCOMBE
DOVECOTE
GOLDCREST
ROBIN WAY
MERLIN WAY
KESTREL CLO.
FINCH RD.
FINCH ROAD
HUDSON CL.
SHACKLETON AV.
MALLARD CL.
KINGFISHER RD.
MAISEMORE
BREDON
KINGSCOTE
CHERINGTON
ST. BRIAVELS DRIVE
STANSHAWES DRIVE
NAILSWORTH AV.
GLENEAGLES
WALTON HEATH
ESTORIL
FERNDOWN
TURNBERRY
KENILWORTH
ROUNCEVAL
CULVERHILL ROAD
Subway
Chescombe Farm
Mousewell Farm
Cliff Farm
Wapley Bushes
Wapley Common
SODBURY LANE
Wapley Rank
Wapley Hill Cotts.
Wychwell Farm
Church Farm
The Old Rectory
Wapley
Beanwood Farm
Bean Wood
Bush's Farm
Beanwood Cottage
Churchleaze Bungalow
Wayleaze
WAPLEY HILL
WAPLEY ROAD
B4465
Electricity Sub. Sta.
White House
BS37
Bri
SOUTH GLOU

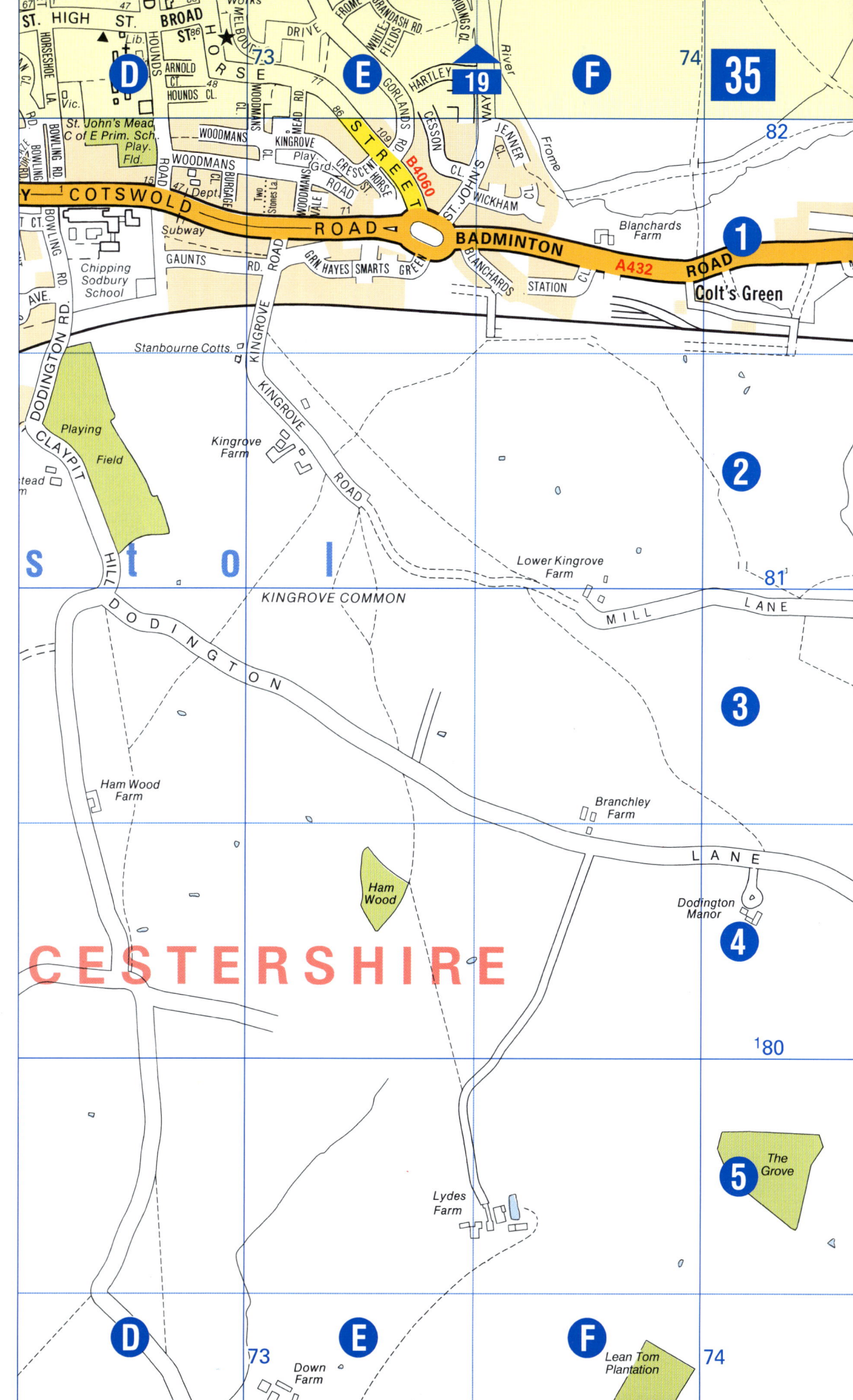
35
19
ST. HIGH ST.
BROAD ST.
HORSE ST.
HORSESHOE LA.
HOUNDS RD.
ARNOLD CT.
HOUNDS CL.
Lib.
Vic.
MELBOURNE
DRIVE
FROME
BRANDASH RD.
WHITE FIELDS
RIDINGS CL.
HARTLEY
GORLANDS RD.
CESSON CL.
WAY
River Frome
JENNER CL.
St. John's Mead C of E Prim. Sch.
Play. Fld.
WOODMANS
WOODMANS CL.
KINGROVE
Play. Grd.
MEAD RD.
CRESCENT
HORSE ST.
STREET
B4060
ST. JOHN'S
WICKHAM CL.
BOWLING RD.
WOODMANS CL.
BURGAGE
Dept.
Two Stones La.
WOODMANS VALE
ROAD
COTSWOLD ROAD
BADMINTON ROAD
A432
Blanchards Farm
Colt's Green
Subway
Chipping Sodbury School
GAUNTS RD.
GRN. HAYES
SMARTS GREEN
BLANCHARDS
STATION CL.
AVE.
DODINGTON RD.
Stanbourne Cotts.
KINGROVE ROAD
Kingrove Road
Playing Field
Kingrove Farm
CLAYPIT HILL
Lower Kingrove Farm
KINGROVE COMMON
MILL LANE
DODINGTON LANE
Ham Wood Farm
Branchley Farm
Ham Wood
Dodington Manor
CESTERSHIRE
The Grove
Lydes Farm
Down Farm
Lean Tom Plantation
D
E
F
1
2
3
4
5
73
74
82
81
80

350   A   B   51   C

1

179

Oil Jetty (disused)

Lighthouse

North Pier

Lighthouse

South Pier

Mill

Swash Channel

2

B · R · I

Fuel Depot

West Wharf

Fuel Depot

Graving Dock

Entrance Lock

AVONMOUTH DOCKS

Royal Edward Dock

East Pier

West Pier (Disused)

B

Junction Cut

r

KING AV

P

KING ST.

RICHM

NAPIER SQ.

QUEEN ST.

CLAYTON ST.

MEADOW ST.

EAST ST.

Richmond

GLOUCESTER

P

Avonm

Avonm

3

RESERVOIR

78

ROAD

RIVER

SEA BANK

Sea Bank East

Lock

River Quay

Lock

Avonmouth Old Dock

Nelson Point

R I V E R

4

ROYAL PORTBURY DOCK

BS20

ROAD

Gordano Quay

GORDANO RD.

St. George's Quay

Sheephouse Farm

NORTH SOMERSET

5

51

Sheephouse Caravan Park

Old Sea Ba

ST.

GEORGE'S

MARSH LA.

WEST DOCK RD.

77

350   A   52   B   51   C

PORTBURY SAWMILLS ESTATE

Rhyne

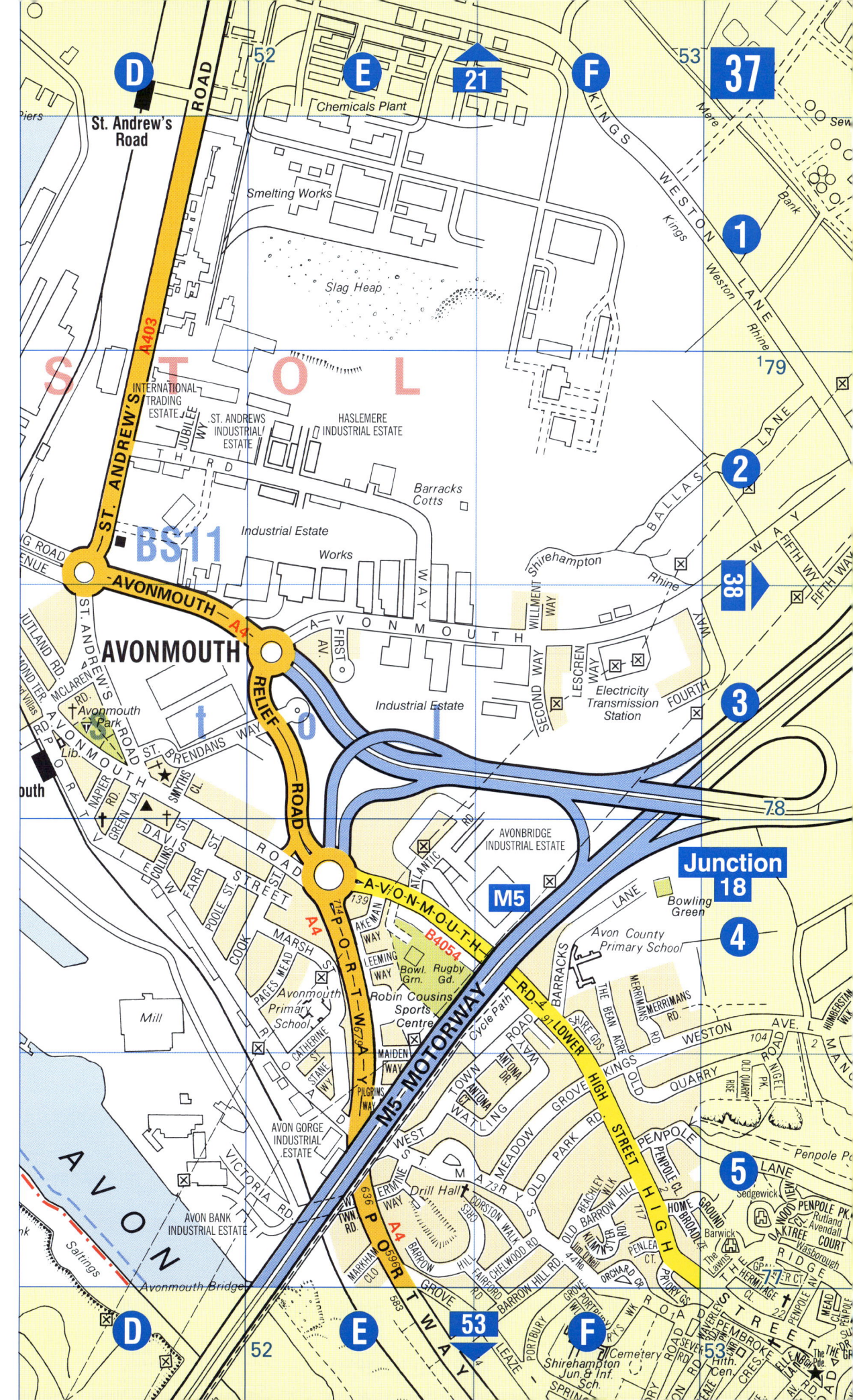

St. Andrew's Road
Chemicals Plant
Smelting Works
Slag Heap
INTERNATIONAL TRADING ESTATE
ST. ANDREWS INDUSTRIAL ESTATE
HASLEMERE INDUSTRIAL ESTATE
Barracks Cotts
Industrial Estate
Works
BS11
AVONMOUTH
Avonmouth Park
Industrial Estate
Electricity Transmission Station
AVONBRIDGE INDUSTRIAL ESTATE
Junction 18
Bowling Green
Avon County Primary School
Avonmouth Primary School
Robin Cousins Sports Centre
Bowl. Grn.
Rugby Gd.
Mill
AVON GORGE INDUSTRIAL ESTATE
AVON BANK INDUSTRIAL ESTATE
Avonmouth Bridge
Saltings
AVON
Drill Hall
M5 MOTORWAY
Shirehampton Jun.& Inf. Sch.
Cemetery
ST. ANDREW'S ROAD
AVONMOUTH RELIEF ROAD
PORTWAY
AVONMOUTH RD.
LOWER HIGH STREET
HIGH STREET
KINGS WESTON LANE
BALLAST LANE

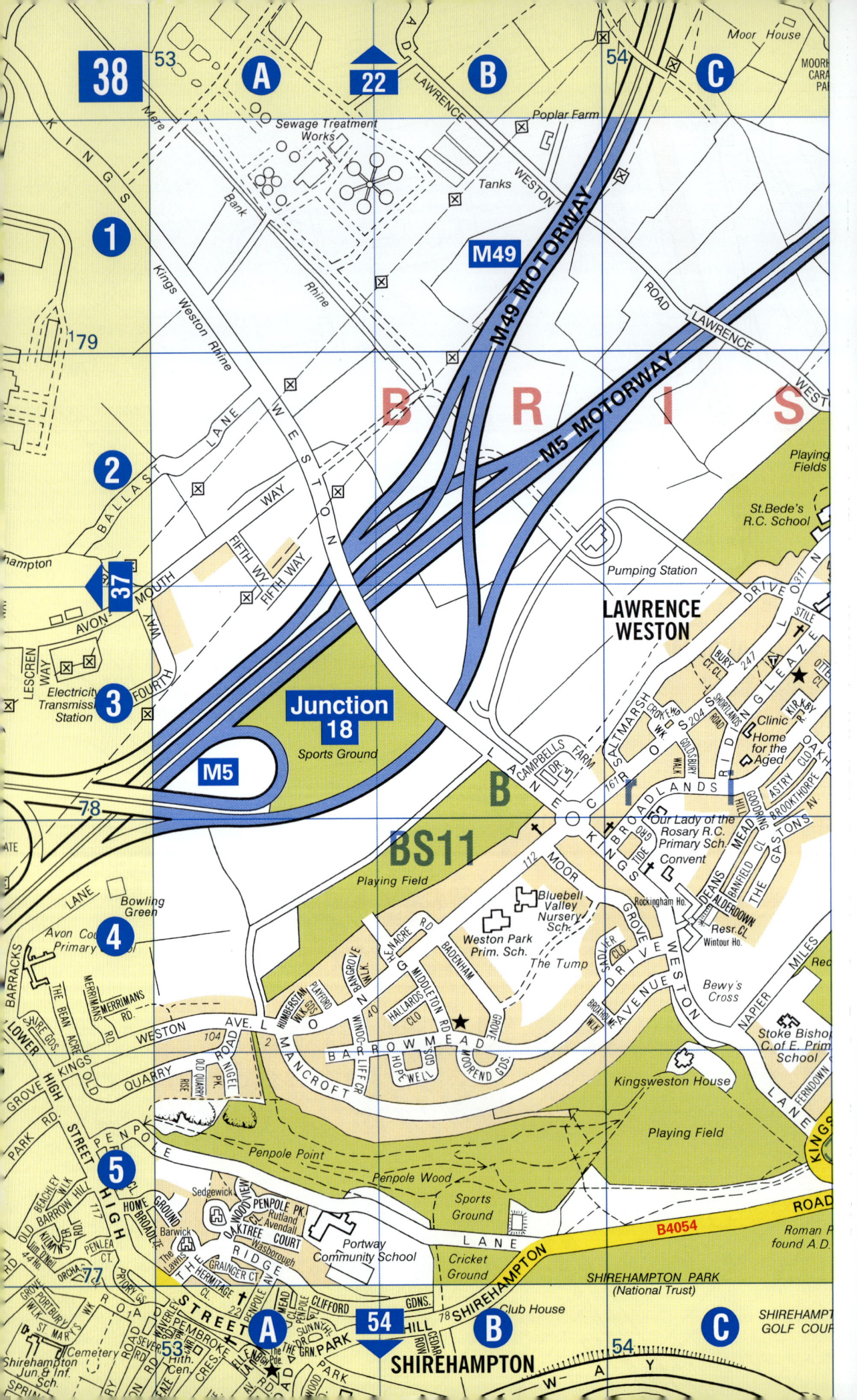

A
B
C
1
2
3
4
5
22
37
54
Sewage Treatment Works
Poplar Farm
Tanks
Moor House
M49
M49 MOTORWAY
M5 MOTORWAY
M5
Junction 18
Sports Ground
LAWRENCE WESTON
Pumping Station
Playing Fields
St.Bede's R.C. School
BRIS
BS11
Playing Field
Bowling Green
Electricity Transmission Station
Clinic
Home for the Aged
Our Lady of the Rosary R.C. Primary Sch.
Convent
Bluebell Valley Nursery Sch.
Weston Park Prim. Sch.
The Tump
Bewy's Cross
Stoke Bishop C.of E. Prim School
Kingsweston House
Playing Field
Penpole Point
Penpole Wood
Sports Ground
Portway Community School
Cricket Ground
SHIREHAMPTON PARK (National Trust)
Club House
B4054
SHIREHAMPTON
Shirehampton Jun.& Inf. Sch.
Cemetery
KINGS WESTON LANE
LAWRENCE WESTON ROAD
BALLAST LANE
AVONMOUTH WAY
FIFTH WAY
FOURTH WAY
SALTMARSH DRIVE
MOOR GROVE
NAPIER MILES
DEANS MEAD
BARROWMEAD
MANCROFT
WESTON AVE.
HIGH STREET
SHIREHAMPTON ROAD
PENPOLE LANE

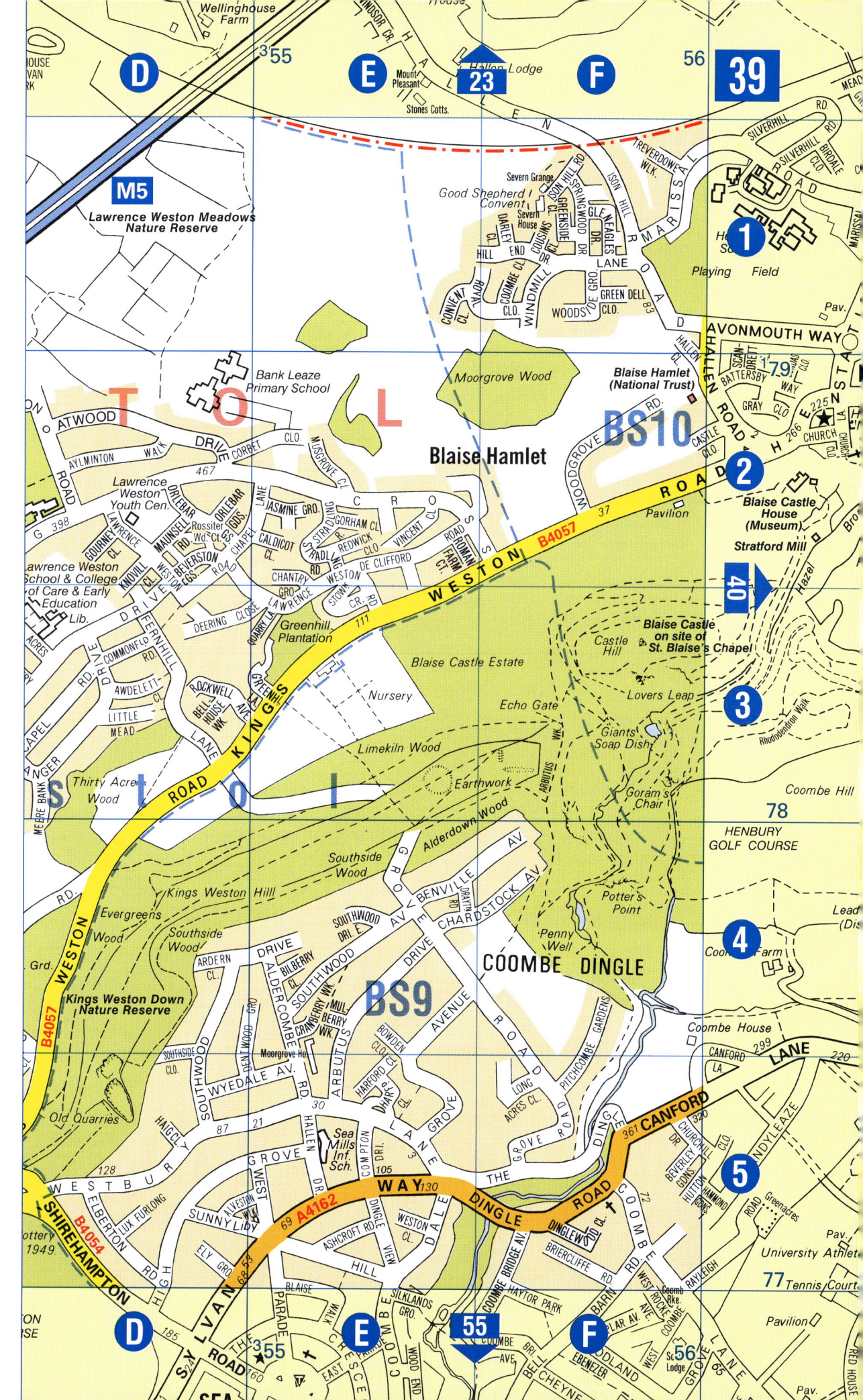

D
E
F
23
355
56
Wellinghouse Farm
Mount Pleasant
Stones Cotts.
Hallen Lodge
M5
Lawrence Weston Meadows Nature Reserve
Good Shepherd Convent
Severn Grange
Severn House
Playing Field
AVONMOUTH WAY
Moorgrove Wood
Bank Leaze Primary School
Blaise Hamlet
Blaise Hamlet (National Trust)
BS10
Blaise Castle House (Museum)
Stratford Mill
Pavilion
Lawrence Weston Youth Cen.
Lawrence Weston School & College of Care & Early Education
Lib.
Greenhill Plantation
Blaise Castle Estate
Nursery
Castle Hill
Blaise Castle on site of St. Blaise's Chapel
Lovers Leap
Echo Gate
Giants Soap Dish
Limekiln Wood
Earthwork
Goram's Chair
Thirty Acre Wood
Coombe Hill
HENBURY GOLF COURSE
Alderdown Wood
Southside Wood
Kings Weston Hill
Evergreens Wood
Potter's Point
Penny Well
COOMBE DINGLE
Kings Weston Down Nature Reserve
BS9
Old Quarries
Coombe House
Sea Mills Inf. Sch.
University Athletic
Tennis Court
Pavilion
WESTON ROAD
KINGS WESTON ROAD
B4057
A4162
B4054
CANFORD LANE
DINGLE ROAD
SHIREHAMPTON
40
55
78
77

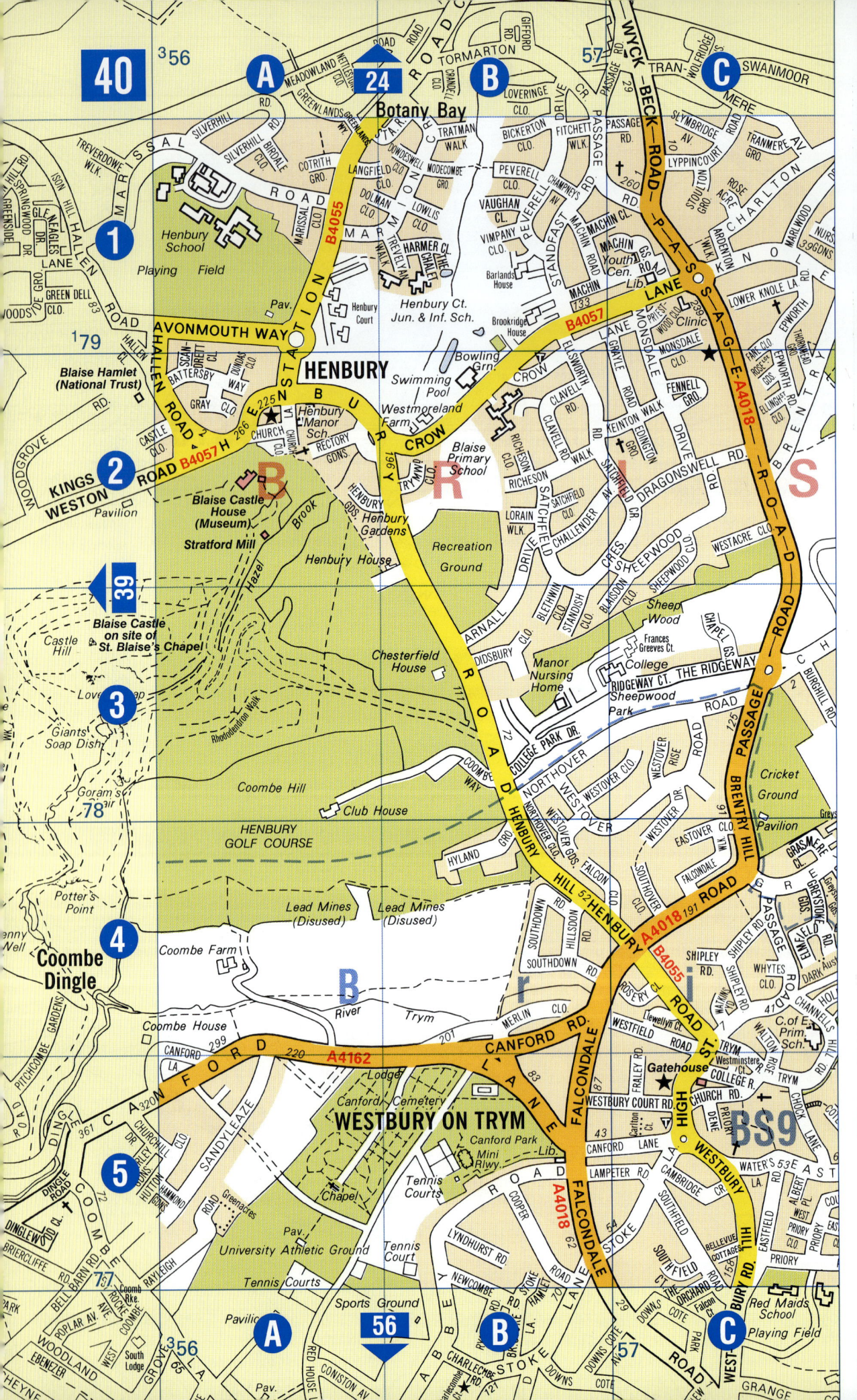
24
56
39
A
B
C
1
2
3
4
5
Botany Bay
HENBURY
WESTBURY ON TRYM
BS9
Henbury School
Playing Field
Henbury Ct. Jun. & Inf. Sch.
Blaise Hamlet (National Trust)
Blaise Castle House (Museum)
Stratford Mill
Blaise Primary School
Henbury Manor Sch.
Swimming Pool
Bowling Grn.
Recreation Ground
Henbury House
Henbury Gardens
Blaise Castle on site of St. Blaise's Chapel
Castle Hill
Lovers Leap
Giants Soap Dish
Goram's Chair
Potter's Point
Coombe Dingle
Coombe Hill
Club House
HENBURY GOLF COURSE
Lead Mines (Disused)
Coombe Farm
Coombe House
River Trym
Chesterfield House
Manor Nursing Home
Frances Greeves Ct. College
Sheep Wood
Sheepwood Park
Cricket Ground
Pavilion
Canford Cemetery
Canford Park
Mini Rlwy.
Lodge
Chapel
Tennis Courts
University Athletic Ground
Sports Ground
Red Maids School
Playing Field
Gatehouse
C. of E. Prim. Sch.
Machin Youth Cen.
Lib.
Clinic
Barlands House
Brookridge House
Westmoreland Farm
AVONMOUTH WAY
STATION ROAD
HENBURY ROAD
HENBURY HILL
KINGS WESTON ROAD
HALLEN ROAD
CRANFORD ROAD
CANFORD LANE
FALCONDALE ROAD
PASSAGE ROAD
BRENTRY HILL
WYCK BECK ROAD
PASSAGE RD.
CROW LANE
MARISSAL ROAD
MARMION CRES.
TORMARTON RD.
SWANMOOR CRES.
CHARLTON AV.
KNOLE LANE
CHARLTON ROAD
DRAGONSWELL RD.
SHEEPWOOD RD.
THE RIDGEWAY
COLLEGE PARK DR.
NORTHOVER RD.
WESTOVER RD.
HIGH ST.
WESTBURY HILL
WESTBURY RD.
STOKE LANE
COOMBE LANE
DINGLE ROAD
B4055
B4057
A4018
A4162
A4018
3 56
57
1 79
78

Southmead
Brentry
Eastfield
Henleaze
BS10
SOUTHMEAD HOSPITAL
FILTON GOLF COURSE
Pen Park School
Brentry Primary School
Oakhill Sch.
Dunmail Primary School
Embleton Rd. Jun. & Inf. Sch.
Fonthill County Infant & Junior Schools
Badock's Wood County Primary School
Greenway Comm. Cen.
Horfield C.of E. Prim. Sch.
St. Teresa's Primary Sc
BRENTRY HOSPITAL
Southmead Health Cen.
Badocks Wood
Wildlife Park
Running Track
Sports Ground
Playing Field
Playing Fields
Golf Course Cottages
Pen Park Hole (site of)
Pen Park Manor House
Kensington Dairy Farm
Due South
Adult Training Cen.
Government Offices
Port Elizabeth House
Manor House
Old Peoples Home
Nurses Home
Childs. Centre
Arncliffe Flats
B4056
SOUTHMEAD ROAD
DONCASTER RD.
CHARLTON RD.
PEN PARK ROAD
DUNMAIL RD.
TWENTY ACRES
OKEBOURNE RD.
WELLINGTON HILL
SOUTHMEAD ROAD

25
42
57

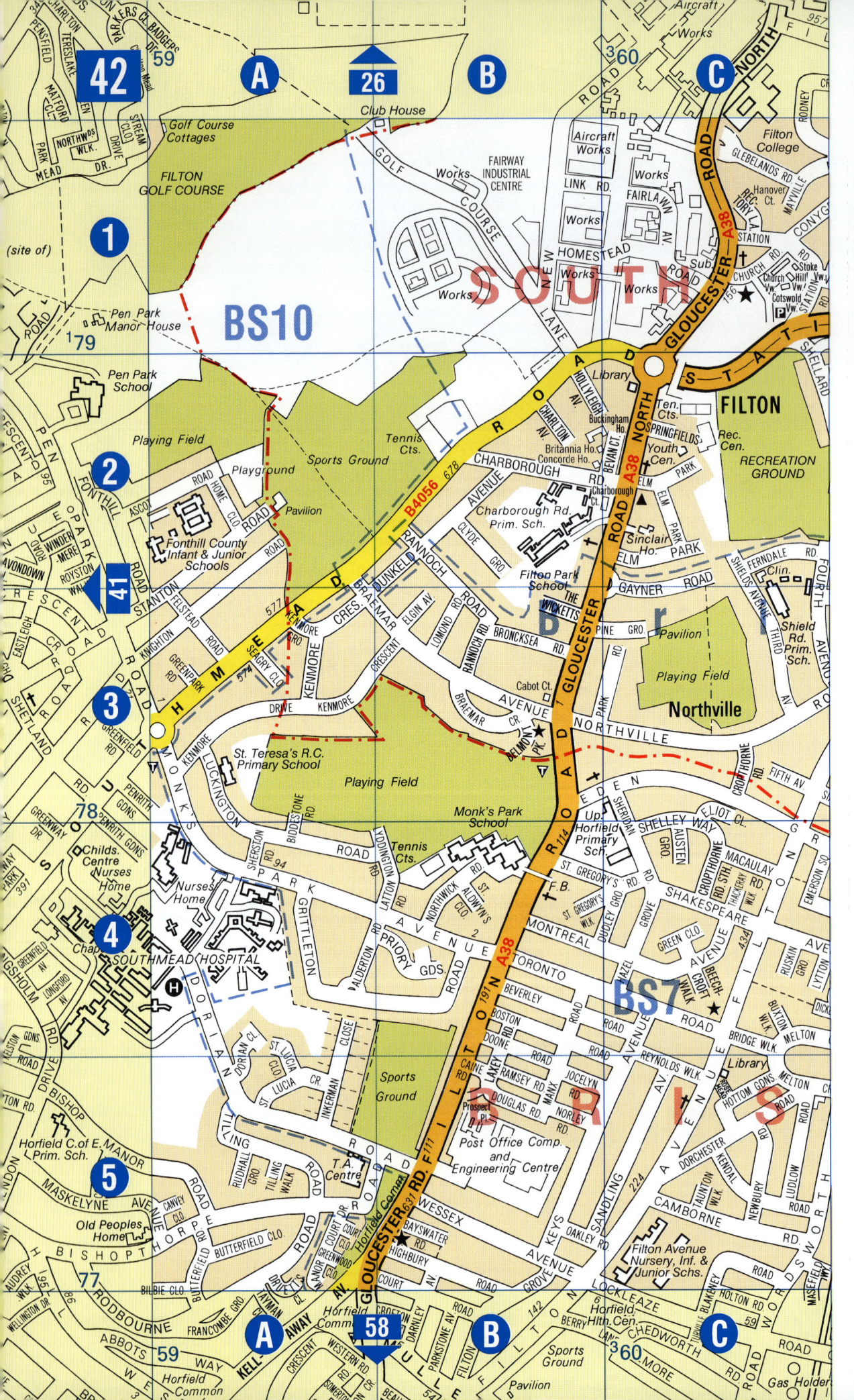
FILTON GOLF COURSE
BS10
SOUTH
FILTON
Northville
BS7
HORFIELD
Filton College
Pen Park School
Fonthill County Infant & Junior Schools
St. Teresa's R.C. Primary School
Monk's Park School
SOUTHMEAD HOSPITAL
Charborough Rd. Prim. Sch.
Filton Park School
Shield Rd. Prim. Sch.
Up. Horfield Primary Sch.
Horfield C.of E. Prim. Sch.
Post Office Comp. and Engineering Centre
Filton Avenue Nursery, Inf. & Junior Schs.
RECREATION GROUND
GLOUCESTER ROAD
A38
B4056
26
41
58

GLOUCESTERSHIRE
Filton
Newleaze
BS34
Harry Stoke
Filton Abbey Wood
M.O.D. (Abbey Wood)
Splatts Abbey Wood
Filton High School
Filton Junction
Stoke Gifford Junction
AVONSMERE RESIDENTIAL PARK
UNIVERSITY OF THE WEST OF ENGLAND (Frenchay Campus)
Stanley Farm
Harry Stoke Farm
Lockleaze School
Long Wood
Hermitage Wood
Barn Wood
Star Hill
Obelisk
Long Barrow
Adventure Playground
STOKE PARK
BS16
Lockleaze
Pale Plantation
Pond Field
The Bristol Home
Pastime Centre
M32 MOTORWAY
FILTON ROAD
A4174
Parkway
Factory
Superstore
Sports Field
Playing Field
Sports Ground
Sports Grounds

27
44
59

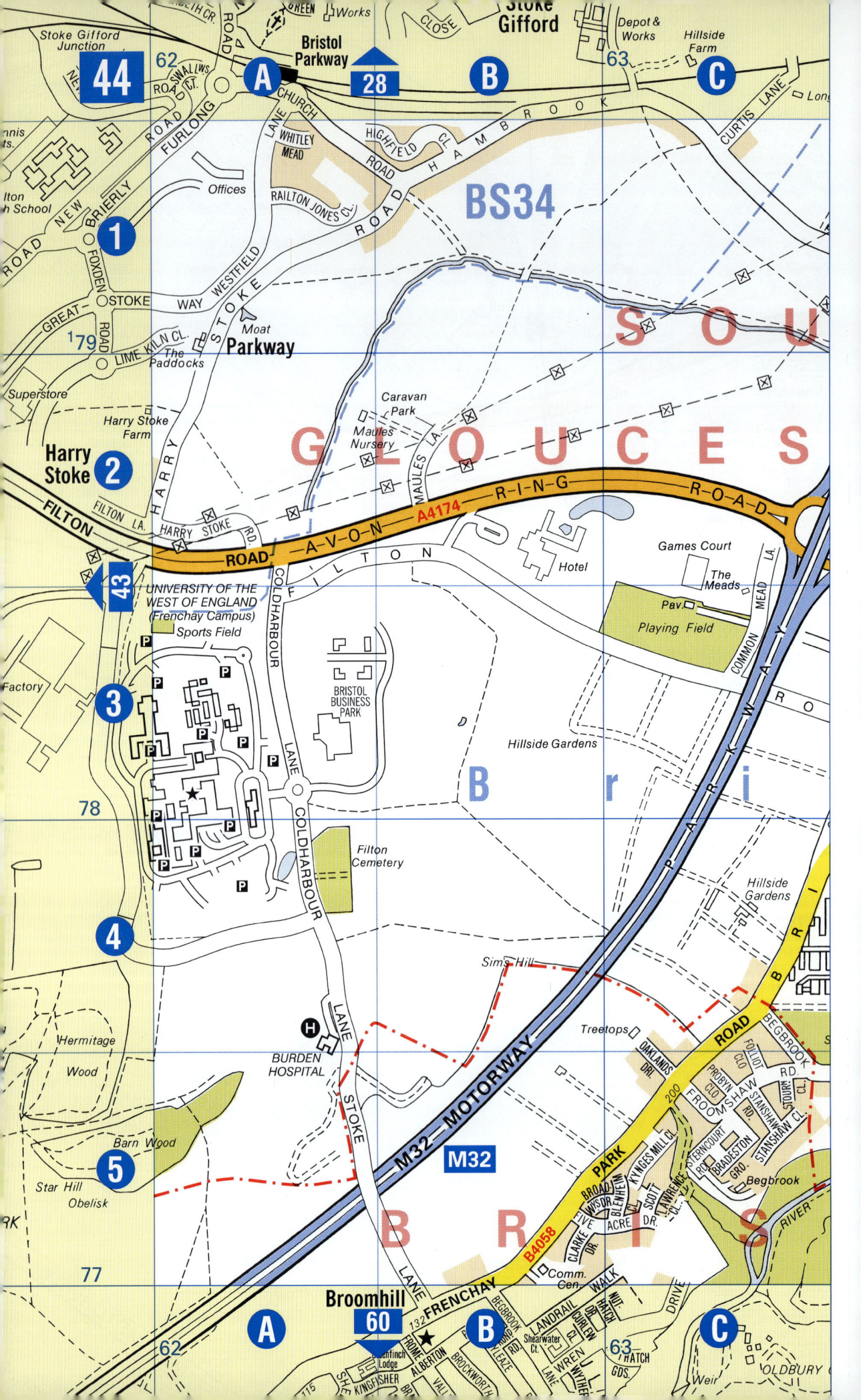
Stoke Gifford Junction
Bristol Parkway
28
Stoke Gifford
Depot & Works
Hillside Farm
A
B
C
62
63
CHURCH
BRIERLY FURLONG
NEW ROAD
WHITLEY MEAD
HIGHFIELD CL.
HAMBROOK ROAD
CURTIS LANE
Offices
RAILTON JONES CL.
BS34
FOXDEN ROAD
GREAT STOKE WAY
WESTFIELD
STOKE LANE
Moat
Parkway
LIME KILN CL.
The Paddocks
179
Superstore
Harry Stoke Farm
Harry Stoke
Caravan Park
Maules Nursery
MAULES LA.
SOUTH GLOUCESTERSHIRE
FILTON
FILTON LA.
HARRY STOKE RD.
AVON RING ROAD
A4174
Hotel
Games Court
The Meads
Pav.
Playing Field
COMMON MEAD LA.
43
UNIVERSITY OF THE WEST OF ENGLAND (Frenchay Campus)
Sports Field
FILTON ROAD
COLDHARBOUR LANE
BRISTOL BUSINESS PARK
Factory
Hillside Gardens
PARKWAY
78
Filton Cemetery
Sims Hill
Treetops
OAKLANDS DRI.
BURDEN HOSPITAL
Hermitage Wood
M32 MOTORWAY
M32
Barn Wood
Star Hill Obelisk
77
BRISTOL
B4058
PARK ROAD
BEGBROOK
FOLLIOT CLO.
PROBYN CLO.
FROOMSHAW RD.
STANSHAW CL.
STOURTON
BRADESTON GRO.
STERNCOURT RD.
Begbrook
KYNGES MILL CL.
BLENHEIM
BROAD WAY
WYSDR.
SCOTT DR.
LAWRENCE CL.
ACRE
FIVE
CLARKE DR.
Comm. Cen.
RIVER FROME
Broomhill
60
FRENCHAY
132
Shearwater Ct.
LANDRAIL
CURLEW
HATCH
DRIVE
WALK
BEGBROOK LEAZE
ALBERTON
BROCKWORTH
WREN
WYTHER
OLDBURY
Weir
1
2
3
4
5

45
29
61
46
D
E
F
1
2
3
4
5
64
365
179
78
77
Pye Corner
Whiteshill
Hambrook
Bromley Heath
Frenchay
Downend
Junction 19
Junction 1
M32
M4
M32-MOTORWAY
M4-MOTORWAY
AVON RING ROAD
A4174
A4017
B4427
B4058
GLOUCESTER ROAD
BRISTOL ROAD
BROMLEY HEATH ROAD
CLEEVE HILL
BS16
RIVER FROME
Frenchay Hospital
Hambrook Prim. Sch.
Frenchay C of E Prim. Sch.
Oldbury Court Jun. & Inf. Sch.
Sports Ground
Pavilion
Playing Field
Lincombe Barn Woods
Frenchay Mill
Sturden Court
Riverside View
Waterfall Farm
Hambrook Grove
Hambrook Farm
The Homestead
Lyntonfields
Manor House
Bromley Farm
Mill House
Frenchay House
Frenchay Common
Tennis Courts

Winterbourne Down
Kendleshire
Moorend
SOUTH GL
Bromley Heath
Blackhorse
Downend
Bury Hill
Kingsway Trailer Caravan Park
Buryhill Farm
M4 MOTORWAY
RING ROAD A4174
BADMINTON ROAD A432
Bromley Heath Inf. & Jun. School
St. Augustine of Canterbury R.C. Prim. Sch.
Badminton Road Play. Field
Downend Sports Centre
Downend Sch.
Cemetery
King George's Field
Blackhorse Prim. Sch.
Stockwell Hill
Hambrook Prim. Sch.
Waterfall Farm
The Elms
Baugh Farm
Leap Bridge
Village Park (Prop.)
30
45
62

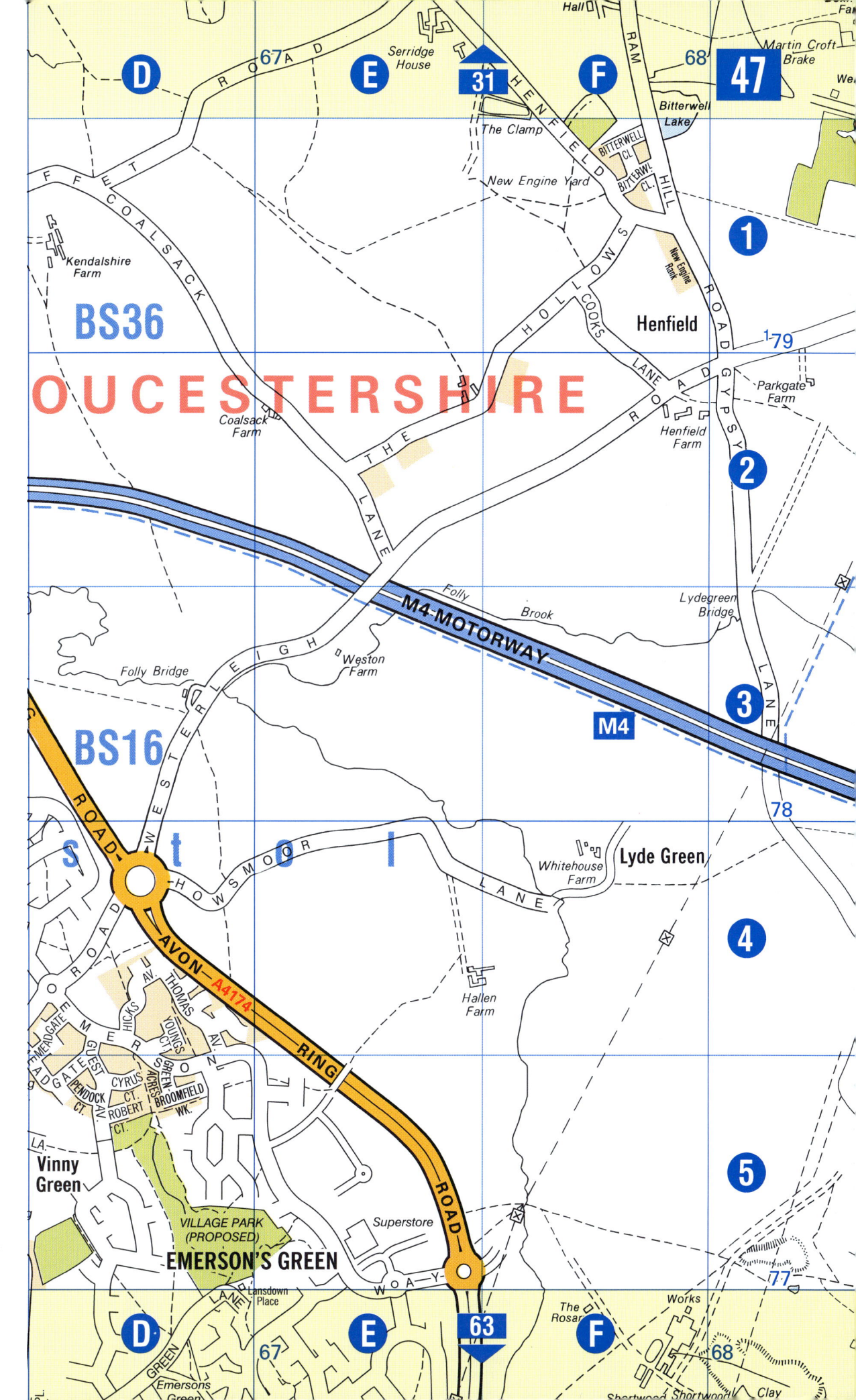

D **E** **31** **F** 68

67 A D

Serridge House

The Clamp

New Engine Yard

Kendalshire Farm

COALSACK

FFET

BS36

Martin Croft Brake

Bitterwell Lake

BITTERWELL CL.

BITTERWELL CL.

New Engine Rank

Henfield

1

¹79

Parkgate Farm

Henfield Farm

2

GYPSY

THE LANE

COOKS LANE

HOLLOWS

HENFIELD

RAM

HILL

ROAD

ROAD

OUCESTERSHIRE

Coalsack Farm

Folly Brook

Lydegreen Bridge

M4 MOTORWAY

M4

3

LANE

78

WESTERLEIGH

Folly Bridge

Weston Farm

BS16

s t o l

ROAD

HOWSMOOR

LANE

Whitehouse Farm

Lyde Green

4

Hallen Farm

AVON

A4174

RING

5

ROAD

OAKMEDGATE

EMERSON'S GATE ROAD

GUEST

HICKS AV.

THOMAS AV.

YOUNGS CT.

GREEN

ACRES

CYRUS CT.

PENDOCK CT.

ROBERT CT.

BROOMFIELD WK.

LA.

Vinny Green

VILLAGE PARK (PROPOSED)

EMERSON'S GREEN

Superstore

Lansdown Place

GREEN LANE

WOA Y

D **E** **63** **F** 68

67

The Rosary

Works

77

Emersons Green

Shortwood Shortwood Clay

44

A

B

3 45

C

1

**MOUTH OF
THE SEVERN**

77

2

Sugar Loaf Beach

MARINERS PATH

**APPROACH
GOLF COURSE**

Black Nore

Lighthouse

Playing
Field

SEAVIEW RD.

NICHOL'S RD.

BELTON RD.

ASHDOWN RD.

CABOT RISE

FROBISH

NORE

PINECROFT

RIVERLY

PARK

NORW
GR.

IVY CT.

CABOT RS.

DRAKES

Swimming
Pool

G'LENWOOD

SEVERN
MEAD

SOMERSET
RD.

FROBISHER

BLACK

BRENDON

MENDIP

3

N O R T H

The Lodge

BEECHWOOD RD.

DEVONSHIRE
DR.

HAWTHORN

DENNY

MEADOWS CL.

VIEW

BRUTON
AV.

HOLLY RIDGE

DOWNLEAZE

EVERALL
CL.

High Dow
Infants an
Junior Sch

76

MARINERS PATH

BEECHWOOD
DR.

WOODSIDE

BEECHWOOD RD.

331

KINGSWAY

ROAD

MARCO

DOWN
CL.

DENNY
CL.

N

TOWER
CL.

HIGH

SAGE
CL.

GUNS

ROAD

NEWPORT
CL.

MONMOUTH CL.

BEDW CL.

MERLIN

RIDGE

ROAD

VIEW

HALL

WELL
RD.

King's

KING'S
RD.

DOM

MERLIN

PK.

PARK

HILLTOP

4

**Redcliff
Bay**

LITTLE HALL

Queen's
WY.

HILLCREST

Queen's
RD.

SEAVIEW
RD.

HARMONY
DR.

RANCHW

MERLIN

MERLIN
PK.

MERLIN PK.

WATER-
SIDE

NEW-
HAVEN

ST. AUGUSTINE'S
CL.

HILL
GAY

GAUNTS
CL.

Park

NEWHAVEN

ROAD
RD.

CEDARHURST RD.

OTHERLY

**POLICE
H.Q.**

PORTISHEAD DOWN

HILLSIDE

PEMBROKE

RED CLIFFE
CL.

HOMESTEAD

BADGER
END

RISE

B r i

BS20

HILLSID

NORTHFIELD
RD.

CHESLEFIELD
CT.

BADGER
RISE

BROCK
END

NIGHTINGALE RISE

BRANS
COMBE CL.

DOWN

Caravan
Park

308

HIGHFIELD
DRIVE

CHESLE
WY.

BROCK

**Manor
Farm**

R O A D

Nightingale
Valley

5

VALLEY

51

75

44

A

Down
Cottage

BLACKBERRY LA.

B

3 45

Black Rock Quarry
(disused)

VALLEY

ROAD

C

**WESTON BIG W
NATURE RES**

Brockley
Cottage

PORTISHEAD
Woodhill
West Hill
North Weston
Portishead Point
Lighthouse
Battery Point
Swimming Pool
Woodhill Bay
Kilkenny Bay
Marine Lake
Lake Grounds
Bowling Grn.
Picnic Area
Putting Grn.
Ten. Cts.
St. Joseph's R.C. Prim. Sch.
Welly Bottom
Dry Hill
St. Barnabas C. of E. Prim. Sch.
The Triangle
Portishead Prim. Sch.
Somerset Hall
The Precinct
Playgrnd
Health Cen.
Folk Hall
Prim. Sch.
Rectory
Clarence Ho. (Club)
Fore Hill
Gordano School
Tennis Courts
Pavilion
Sports Ground
Playing Field
Portishead Burial Grnd.
West Wood
Black Rock Quarry (disused)
Playground
Parish Wharf Trading Estate
Kingsway Caravan Park
East Wood
Timber Wharf
Factory
Depot
Works
Depots
STATION RD.
WYNDHAM WAY
HIGH STREET
BRISTOL ROAD
CLEVEDON ROAD
B3124
A369
SOMERSET
BRISTOL
50

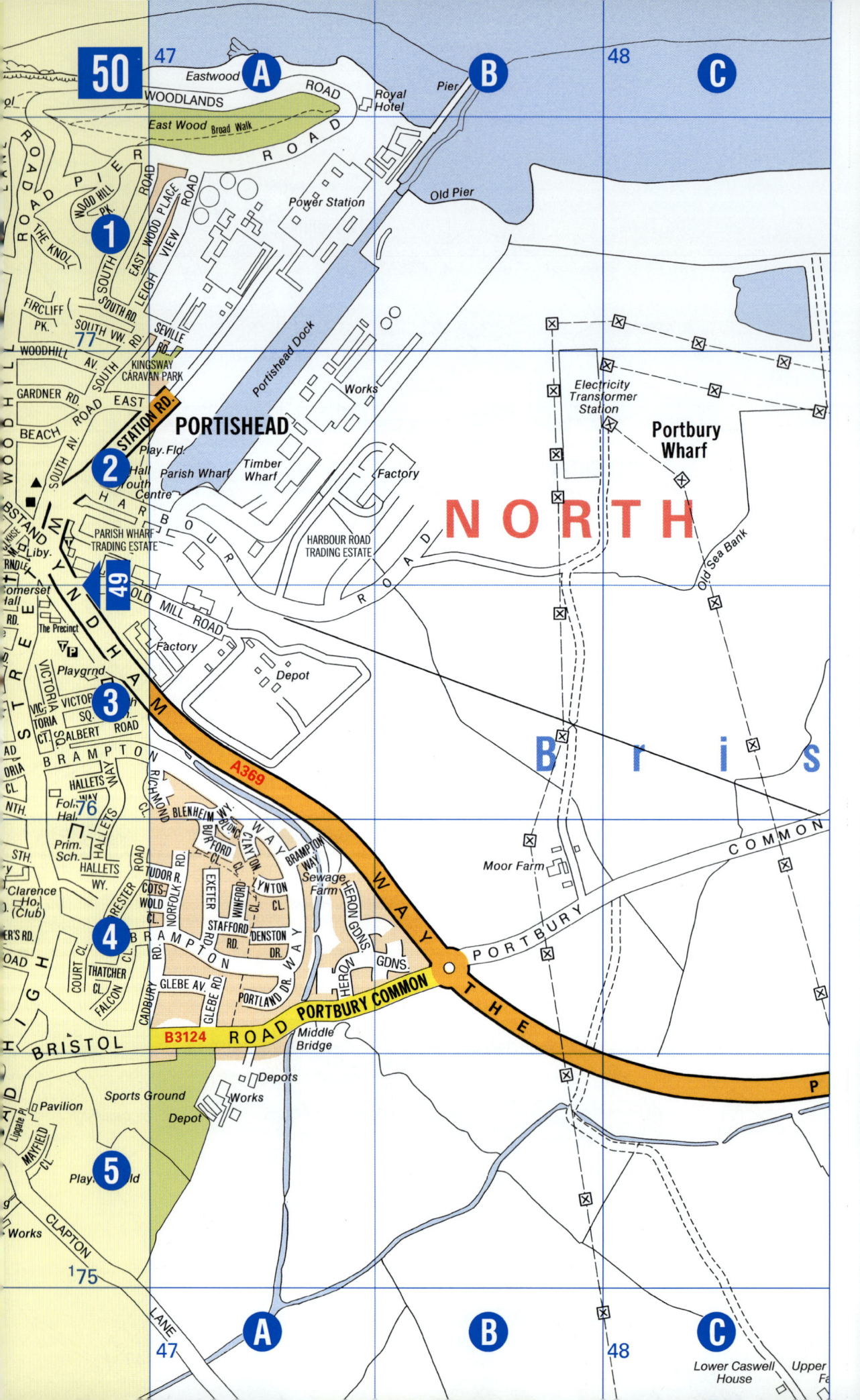

PORTISHEAD
NORTH
Portbury Wharf
Power Station
Portishead Dock
Works
Electricity Transformer Station
Old Pier
Pier
Royal Hotel
Eastwood
WOODLANDS ROAD
East Wood
Broad Walk
Parish Wharf
Timber Wharf
Factory
HARBOUR ROAD
HARBOUR ROAD TRADING ESTATE
PARISH WHARF TRADING ESTATE
OLD MILL ROAD
Depot
Old Sea Bank
Moor Farm
Sewage Farm
PORTBURY COMMON
A369
THE WAY
WYNDHAM WAY
B3124
BRISTOL ROAD
Middle Bridge
Depots
Sports Ground
Pavilion
CLAPTON LANE
Lower Caswell House
STATION RD.
KINGSWAY CARAVAN PARK
Play. Fld.
Hall
Youth Centre
The Precinct
Playgrnd
HIGH STREET
SOUTH ROAD
PIER ROAD
THE KNOLL
WOOD HILL PK.
EAST WOOD PLACE
LEIGH VIEW ROAD
SOUTH RD.
FIRCLIFF PK.
SOUTH VW. RD.
SEVILLE RD.
WOODHILL AV.
WOODHILL
GARDNER RD.
EAST ROAD
BEACH ROAD
SOUTH AV.
VICTORIA SQ.
VICTORIA CT.
ALBERT ROAD
BRAMPTON WAY
HALLETS WAY
RICHMOND CL.
BLENHEIM WY.
BURFORD CL.
CLAYTON CL.
BRAMPTON WAY
LYNTON CL.
HERON GDNS.
TUDOR R.
COTSWOLD CL.
NORFOLK RD.
EXETER RD.
WINFORD CL.
STAFFORD RD.
DENSTON DR.
PORTLAND DR.
GLEBE AV.
GLEBE RD.
CADBURY RD.
THATCHER CL.
FALCON CL.
COURT CL.
Prim. Sch.
Clarence Ho. (Club)
Liby.
Somerset Hall
MAYFIELD CL.
Works
Upper
A
B
C
47
48
1
2
3
4
5
77
76
75

49

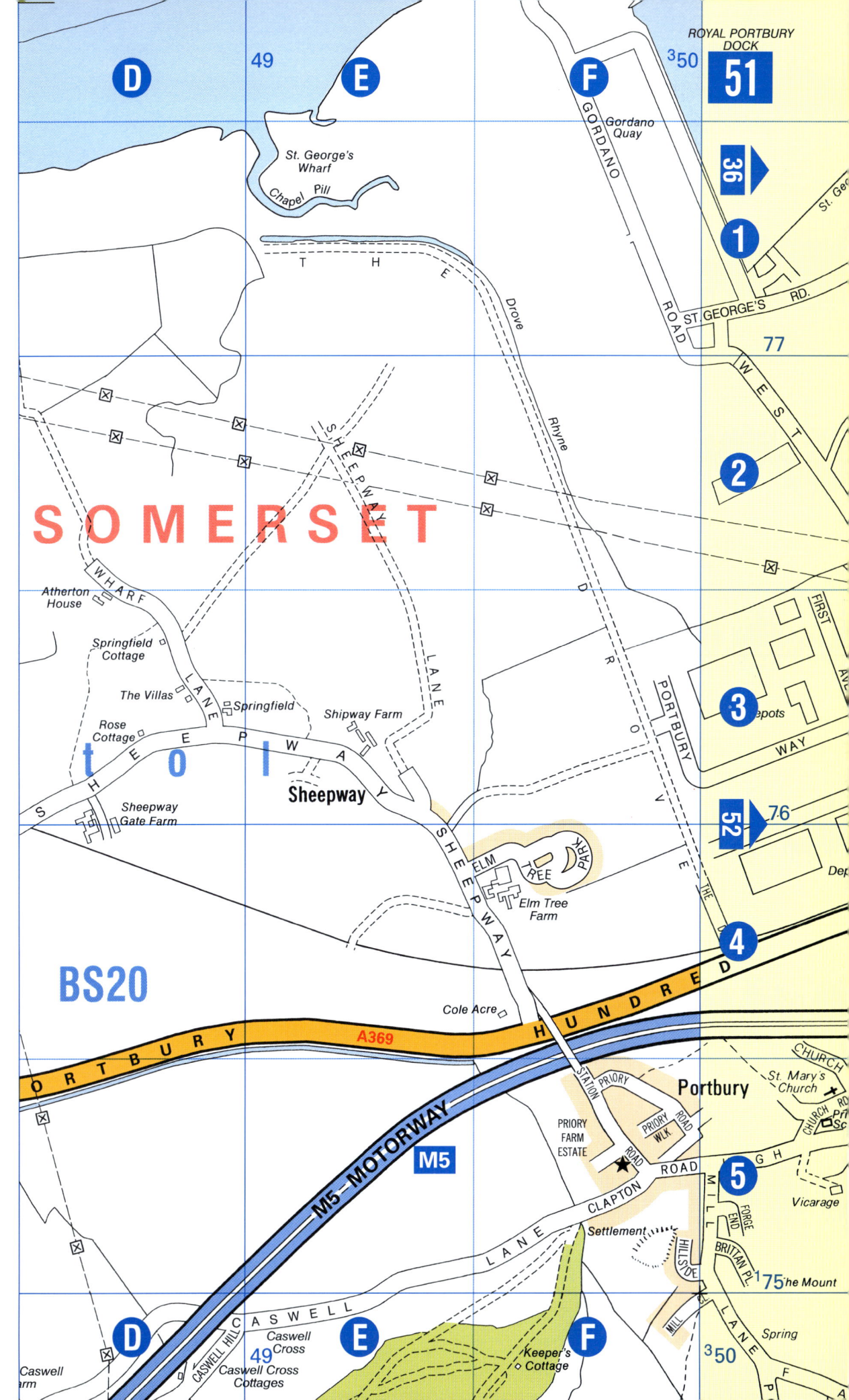

ROYAL PORTBURY DOCK

D
49
E
F
GORDANO
Gordano Quay

36

1

St. George's Wharf

Chapel Pill

THE
Drove

ROAD
ST. GEORGE'S
ST. GEORGE'S RD.
St. Ge

77

WEST

Rhyne

SHEEPWAY

2

SOMERSET

WHARF
Atherton House
Springfield Cottage
The Villas
Rose Cottage
LANE
Springfield
Shipway Farm
LANE
PORTBURY
FIRST AVE.
epots
3
WAY

SHEEPWAY
to l
Sheepway
Sheepway Gate Farm
SHEEPWAY
ROVE
52
76
Dep

ELM TREE PARK
Elm Tree Farm
THE
4

BS20

Cole Acre
HUNDRED
CHURCH
St. Mary's Church
CHURCH RD.
Pri Sc

PORTBURY
A369
Portbury

STATION
PRIORY
PRIORY WLK
ROAD
CHURCH

M5 MOTORWAY
M5
PRIORY FARM ESTATE
★
ROAD
ROAD
MILL
FORGE END
5
Vicarage

CLAPTON
LANE
Settlement
HILLSIDE
BRITTAN PL.

D
49
CASWELL HILL
Caswell Cross
E
Keeper's Cottage
F
MILL LANE
75 he Mount
Spring

Caswell Farm
Caswell Cross Cottages
50

36
51
Junction 19
M5 MOTORWAY
M5
Gordano Service Area
NORTH SO
Bri
Portbury
PORTBURY HUNDRED
A369
THE
ST. GEORGE'S
MARSH
WEST DOCK
PORTBURY SAWMILLS ESTATE
REDLAND RD.
MARSH LANE
Works
Depots
Depot
FIRST AVENUE
GARDNER WAY
PORTBURY WAY
ROYAL PORTBURY DOCK RD.
ROAD
DROVE
THE DROVE
PARK
Court House Farm
BEECHWOOD
CHURCH LANE
CHURCH ROAD
MANOR CLO.
COURT
St. Georges Hill
WALNUT CL.
ST. GEORGES HILL
ST. GEORGES
COMBE RD.
CHURCH RD.
St. Mary's Church
Prim. Sch.
STREET
HIGH
STATION
PRIORY ROAD
PRIORY WLK.
PRIORY FARM ESTATE
CLAPTON ROAD
MILL
FORGE END
BRITTAN PL.
HILLSIDE
Settlement
Vicarage
Bullings Wood
Longlands Wood
The Mount
Hails Wood
LANE
Old Quarry
Spring
MILL LANE
FAILAND LANE
PORTBURY LANE
Honor Farm
COOMBE
Oakham Farm
Old Sea Ba
Summer Ho Wood
350
51
77
76
175

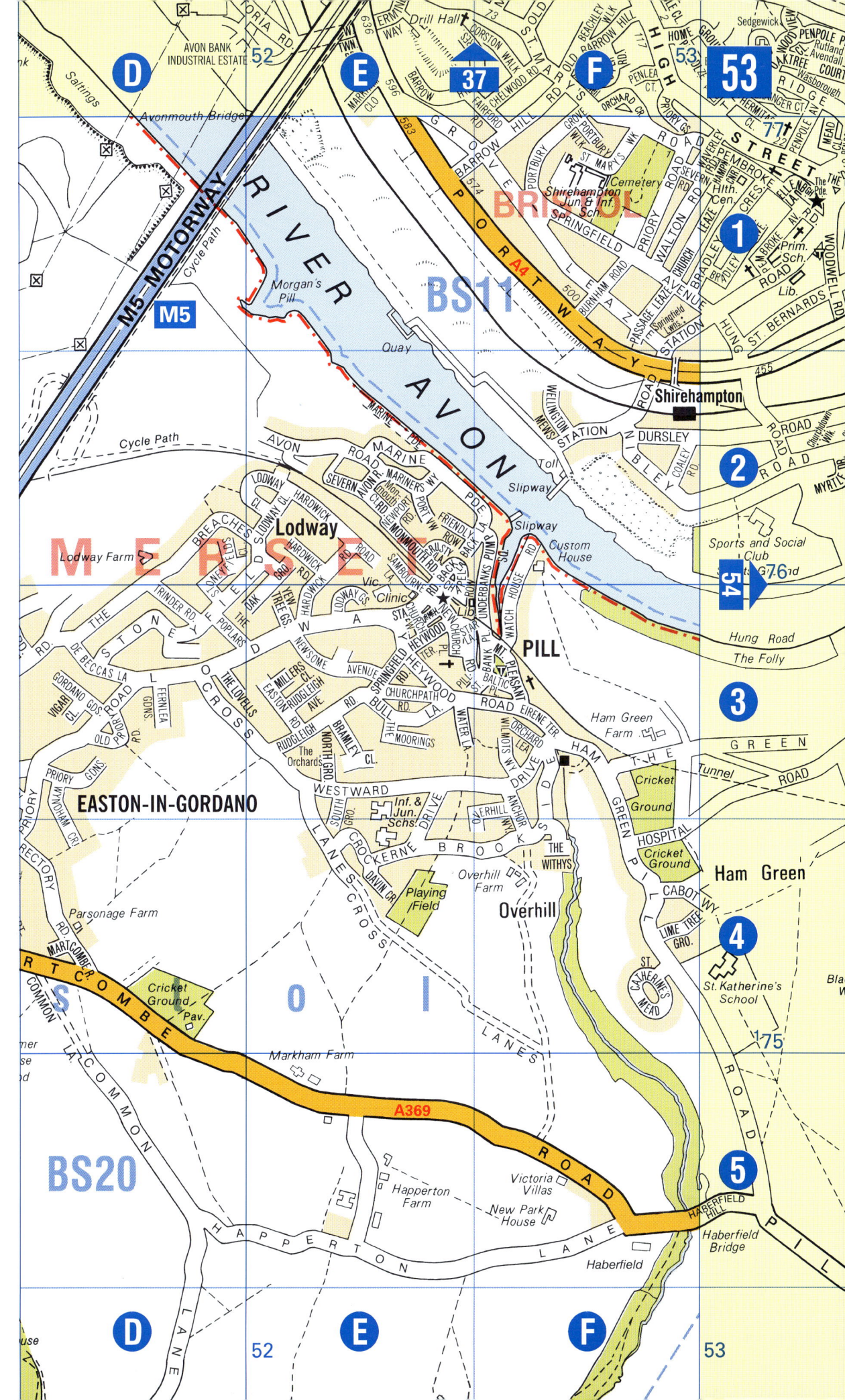

D
E
F
53
37
52
53
1
2
3
4
5
54
BRISTOL
BS11
BS20
M5 MOTORWAY
M5
RIVER AVON
AVON BANK INDUSTRIAL ESTATE
Saltings
Avonmouth Bridge
Cycle Path
Morgan's Pill
Quay
Toll
Slipway
Custom House
Shirehampton
PORTWAY
A4
HIGH STREET
Shirehampton Jun & Inf. Sch.
Cemetery
Springfield Lwns.
Sports and Social Club
Hung Road
The Folly
Lodway
Lodway Farm
SOMERSET
PILL
EASTON-IN-GORDANO
Ham Green Farm
Cricket Ground
Ham Green
St. Katherine's School
Overhill Farm
Overhill
Playing Field
Parsonage Farm
Cricket Ground
Pav.
Markham Farm
A369
PORTBURY COMMON
Happerton Farm
Victoria Villas
New Park House
Haberfield
Haberfield Bridge
HAPPERTON LANE
MARTCOMBE ROAD

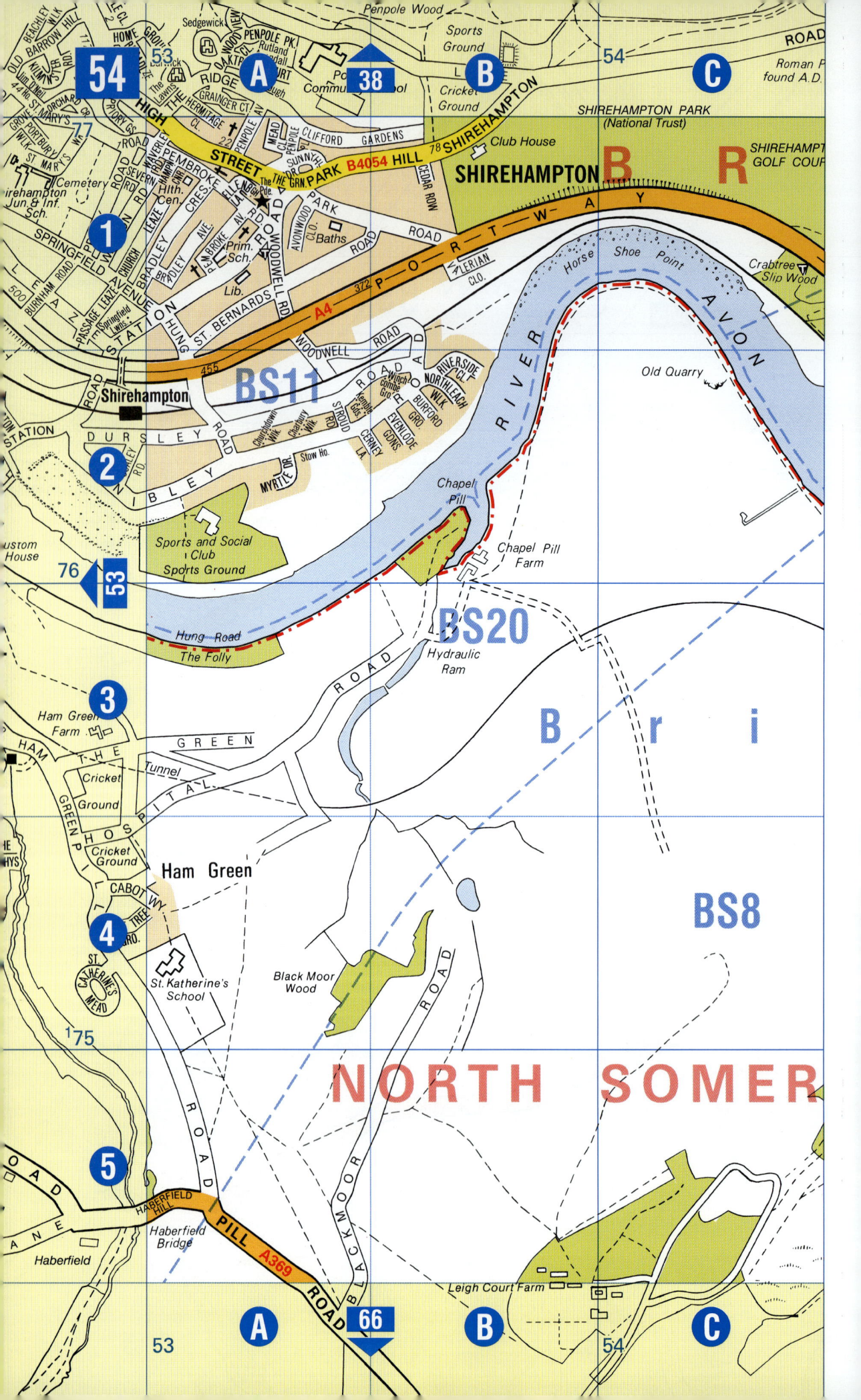

Penpole Wood
Sports Ground
Cricket Ground
38
54
53
A
B
C
ROAD
Roman P found A.D.
SHIREHAMPTON PARK (National Trust)
SHIREHAMPTON GOLF COUR
Club House
SHIREHAMPTON
HIGH STREET
PARK B4054 HILL
SHIREHAMPTON
CLIFFORD GARDENS
CEDAR ROW
PORTWAY
A4
Horse Shoe Point
Crabtree Slip Wood
RIVER AVON
Old Quarry
BS11
Shirehampton
STATION ROAD
DURSLEY ROAD
NIBLEY
MYRTLE DR.
Stow Ho.
Chapel Pill
Chapel Pill Farm
Sports and Social Club Sports Ground
Custom House
76
53
Hung Road
The Folly
BS20
Hydraulic Ram
Ham Green Farm
THE GREEN
HAM
Tunnel
Cricket Ground
HOSPITAL ROAD
GREEN PILL
Ham Green
CABOT WY
St. Katherine's School
ST. CATHERINE'S MEAD
Black Moor Wood
BLACKMOOR ROAD
BS8
175
NORTH SOMER
HABERFIELD HILL
Haberfield Bridge
Haberfield
PILL A369 ROAD
Leigh Court Farm
66
1
2
3
4
5

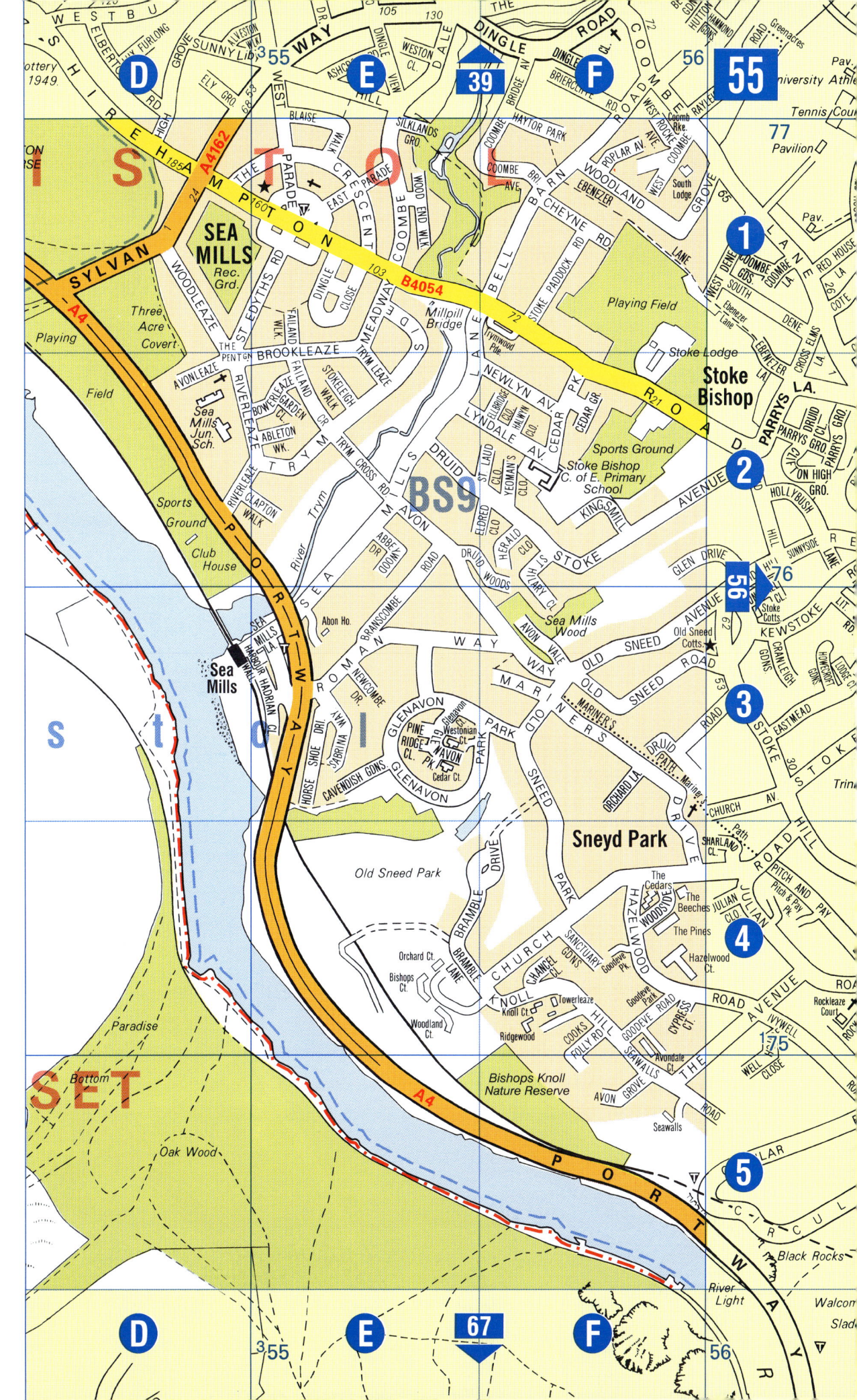

D
E
F
39
55
56
Sea Mills
Stoke Bishop
Sneyd Park
BS9
Playing Field
Sports Ground
Old Sneed Park
Bishops Knoll Nature Reserve
Oak Wood
Paradise Bottom
River Light
Black Rocks
Sea Mills Wood
Three Acre Covert
Stoke Lodge
Stoke Bishop C. of E. Primary School
Sea Mills Jun. Sch.
Club House
Millpill Bridge
A4
A4162
B4054
PORTWAY
SYLVAN WAY
SHIREHAMPTON ROAD
STOKE HILL
Pitch and Pay Pk.
Pavilion
Tennis Court
University Athl
1
2
3
4
5
67

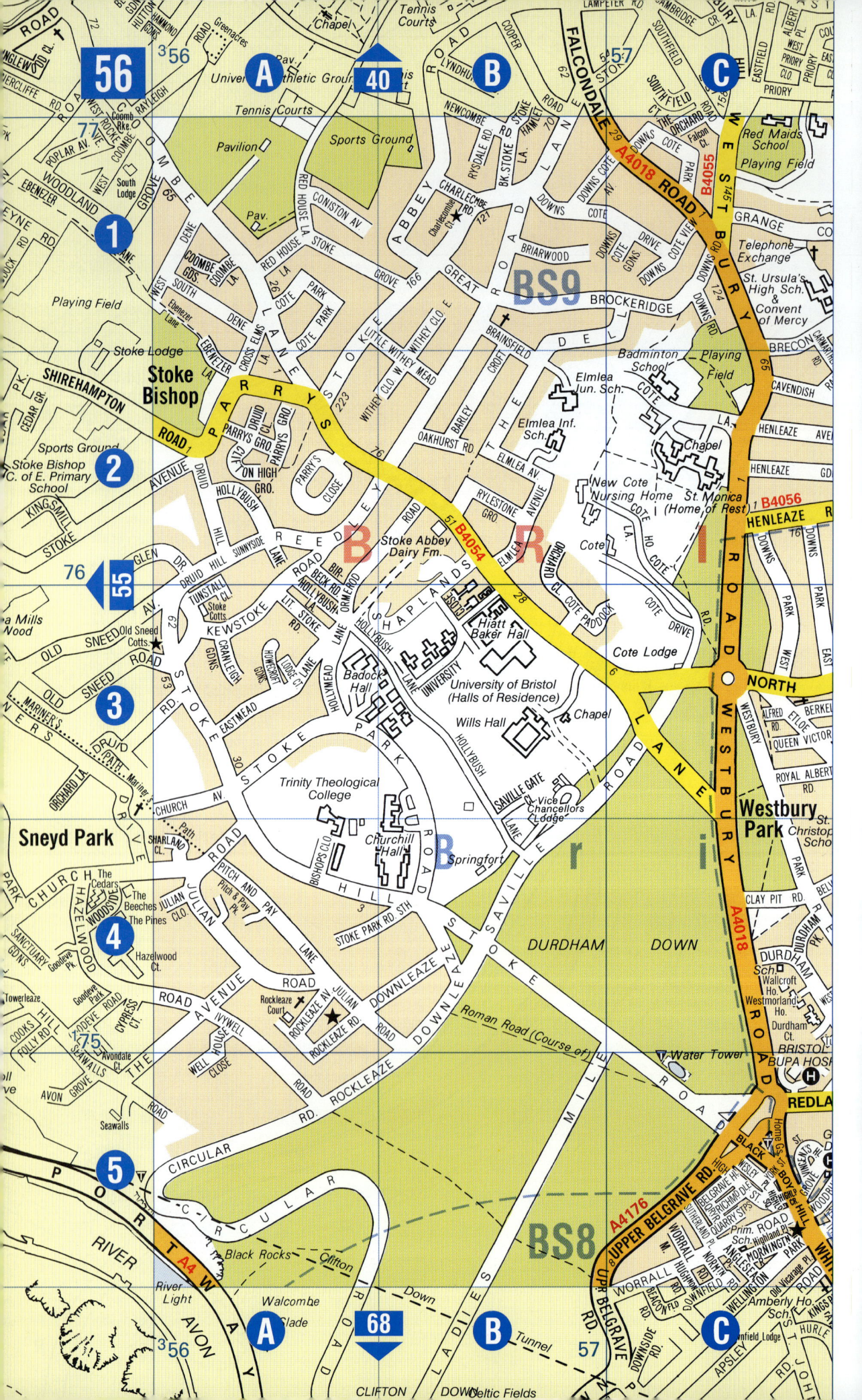
56
40
68
55
A
B
C
1
2
3
4
5
BS9
BS8
Stoke Bishop
Sneyd Park
Westbury Park
DURDHAM DOWN
University of Bristol (Halls of Residence)
Trinity Theological College
Wills Hall
Badock Hall
Churchill Hall
Hiatt Baker Hall
Stoke Abbey Dairy Fm.
Cote Lodge
Stoke Lodge
Sports Ground
Playing Field
Tennis Courts
Red Maids School
St. Ursula's High Sch. & Convent of Mercy
Badminton School
Elmlea Jun. Sch.
Elmlea Inf. Sch.
New Cote Nursing Home
St. Monica (Home of Rest)
Telephone Exchange
Stoke Bishop C. of E. Primary School
Springfort
Vice Chancellors Lodge
Water Tower
Roman Road (Course of)
Black Rocks
Clifton Down Tunnel
Walcombe Slade
River Light
RIVER AVON
PORTWAY
A4
A4018
A4176
B4054
B4055
B4056
SHIREHAMPTON ROAD
PARRYS LANE
STOKE LANE
FALCONDALE ROAD
WESTBURY ROAD
NORTH VIEW
HENLEAZE ROAD
STOKE PARK ROAD
STOKE HILL
SAVILLE ROAD
CIRCULAR ROAD
ROCKLEAZE
UPPER BELGRAVE RD.
BLACK BOY HILL
LADIES MILE
CLIFTON

Henleaze
Golden Hill
Horfield Common
Bishopston
Redland
BS7
BS6
H.M. Prison
Claremont Sch.
Henleaze Inf. & Jun. Schs.
St. Bonaventure's R.C. Prim. Sch.
Redland High Sch.
St. John Reade Hostel Playing Fields
Univ. of the W. of England
Colston's Girls Sch.
HENLEAZE ROAD
KELLAWAY AVENUE
CRANBROOK ROAD
COLDHARBOUR ROAD
CHELTENHAM ROAD
LINDEN ROAD
REDLAND ROAD
B4056
B4468
B4054
A38
41
69
58
59
76
77
175

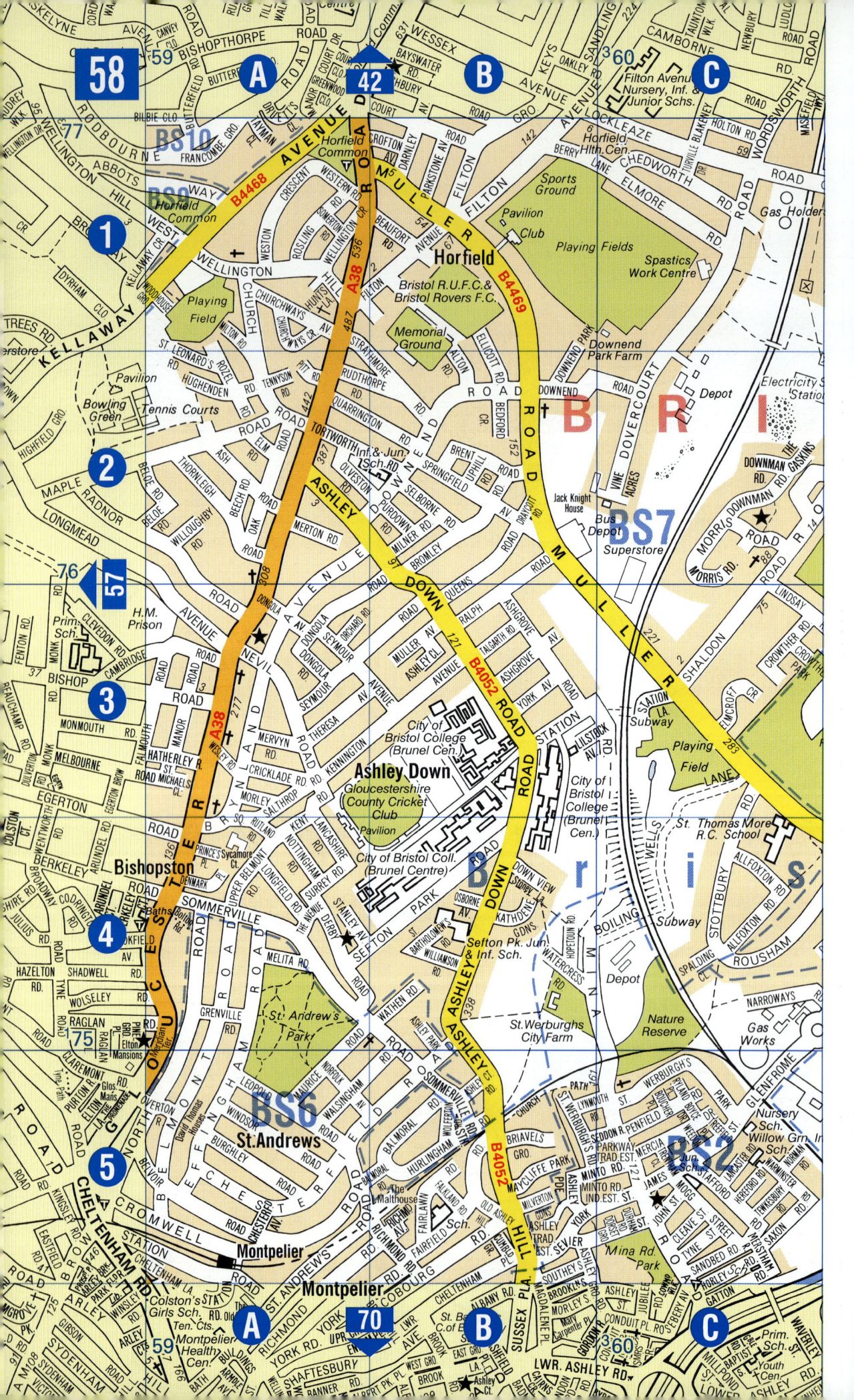
A
B
C
42
59
60
77
76
75
57
70
59
60
1
2
3
4
5
BS10
BS9
BS7
BS6
BS2
B R I
B r i s
Horfield
Horfield Common
Horfield Hlth.Cen.
Sports Ground
Pavilion
Club
Playing Fields
Spastics Work Centre
Gas Holder
Bristol R.U.F.C.& Bristol Rovers F.C.
Memorial Ground
Downend Park Farm
Depot
Electricity Station
Playing Field
Pavilion
Bowling Green
Tennis Courts
Inf.& Jun. Sch.
Jack Knight House
Bus Depot
Superstore
H.M. Prison
Prim. Sch.
Filton Avenue Nursery, Inf. & Junior Schs.
City of Bristol College (Brunel Cen.)
Ashley Down
Gloucestershire County Cricket Club
Pavilion
City of Bristol Coll. (Brunel Centre)
City of Bristol College (Brunel Cen.)
Subway
Playing Field
St. Thomas More R.C. School
Bishopston
Baths
Sefton Pk. Jun. & Inf. Sch.
Depot
Nature Reserve
Gas Works
St.Werburghs City Farm
St. Andrew's Park
Elton Mansions
St.Andrews
Nursery Sch.
Willow Grn Inf. Sch.
Jun. Sch.
Mina Rd. Park
The Malthouse
Montpelier
Montpelier
Colston's Girls Sch.
Ten. Cts.
Montpelier Health Cen.
Prim. Sch.
Youth Cen.
B4468
A38
B4469
B4052
GLOUCESTER ROAD
MULLER ROAD
ASHLEY DOWN ROAD
ASHLEY HILL
KELLAWAY AVENUE
WELLINGTON HILL WEST
WELLINGTON HILL
FILTON AVENUE
LOCKLEAZE ROAD
DOWNEND ROAD
STATION ROAD
CHELTENHAM ROAD
CROMWELL ROAD
SOMMERVILLE ROAD
NEVIL ROAD
BISHOP ROAD
ZETLAND ROAD
FIELDING ROAD
STAPLETON ROAD

STOKE PARK
Star Hill Obelisk
Lockleaze
Pale Plantation
Pond Field Wood
PUR DOWN
M32 MOTORWAY
Purdown Camp (disused)
Elm Tree Farm
Cricket Ground
Stoke Park
Heath House Covert
HEATH HOUSE PRIORY HOSPITAL
Highwood
Colston's Collegiate & Preparatory Schs.
STAPLETON
BS16
Playing Field
Glenfrome Farm Primary Sch.
Stapleton Bridge
River Frome
Boat House
Recreation Ground
Army Cadet Centre
Library
Eastville
Junction 2
EASTVILLE PARK
Cemetery Chapel
Superstore
EASTGATE CENTRE
BS5
Eastville (Bristol) Stadium (Greyhound Track)
GLENFROME HO.
Waste Paper Depot
Baptist Mills
Eastville Hlth.Cen.
Greenbank Cemetery
Chapel
Clay Bottom
Frome Bridge
Frome Valley Nature Trail
Wickham Bri.
Weir
Stapleton Rd.
Lower Easton
Rose Green
Playing Field
Tennis Courts
EAST PARK TRADING EST.
FISHPONDS RD.
PARK HILL
MULLER RD.
STAPLETON RD.
ROYATE HILL
ROSE GRN.
B4058
B4469
A432
43
71
60
76
61
62
75
77

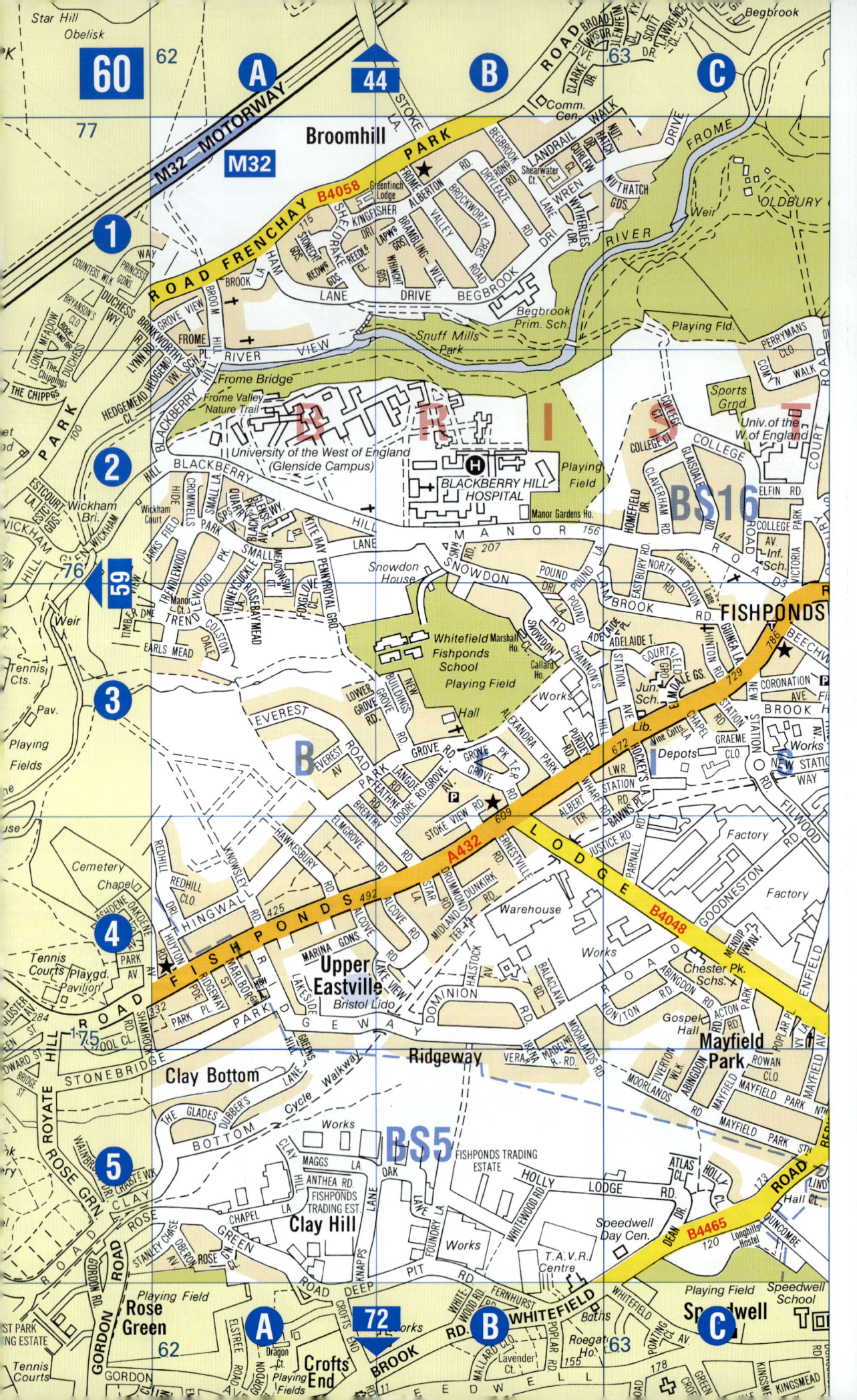

Star Hill
Obelisk
62
A
44
B
63
C
Begbrook
77
Broomhill
M32 MOTORWAY
M32
FRENCHAY PARK ROAD
B4058
STOKE LA.
Greenfinch Lodge
KINGFISHER
SHELDRAKE
ALBERTON RD.
BROCKWORTH CRES.
BEGBROOK DRIVE
LANDRAIL WALK
Shearwater Ct.
CURLEW
NUTHATCH GDS.
WREN DRI.
WYTHERLIES DR.
Comm. Cen.
CLARKE DR.
SCOTT
LAWRENCE
FRENCHAY
FROME
RIVER FROME
OLDBURY
Weir
COUNTESS WLK.
PRINCESS GDNS.
DUCHESS WY.
BRYANSON'S CLO.
LONG MEADOW
The Chippings
THE CHIPPINGS
PARK
BRINKWORTHY RD.
LYNN RD.
HEDGEMEAD CL.
BROOK LA.
HAM LA.
GROVE VIEW
BROOM HILL
FROME PL.
RIVER VIEW
Begbrook Prim. Sch.
Snuff Mills Park
Playing Fld.
PERRYMANS CLO.
COWN WALK
Frome Bridge
Frome Valley Nature Trail
BLACKBERRY HILL
University of the West of England (Glenside Campus)
BLACKBERRY HILL HOSPITAL
Playing Field
Manor Gardens Ho.
Sports Grnd.
Univ. of the W. of England
COLLEGE CT.
COLLEGE RD.
ELFIN RD.
BS16
BRISTOL
Wickham Bri.
Wickham Court
ESTCOURT LA.
WICKHAM GLEN
HIDE
CROMWELLS
SMALL LA.
QUARRY
KITE HAY
MANOR ROAD
156
207
SNOWDON RD.
Snowdon House
POUND DRI.
POUND LA.
LAMBROOK RD.
EASTBURY RD.
NORTH DEVON RD.
Guinea Lane
COLLEGE AV.
Inf. Sch.
VICTORIA PARK
FISHPONDS
HOMEFIELD DR.
CLAVERHAM RD.
GLAISDALE RD.
76
59
TRENDLEWOOD PK.
Manor Ct.
TREND
HONEYSUCKLE LA.
ROSEBAY MEAD
MEADOWSWEET CT.
FOXGLOVE CL.
PENNYROYAL GRO.
TIMBER DENE
EARLS MEAD
COLSTON DALE
Weir
Tennis Cts.
Pav.
Playing Fields
Whitefield Fishponds School Playing Field
Marshall Ho.
Callard Ho.
SNOWDON CL.
CHANNON'S HILL
ADELAIDE PL.
ADELAIDE T.
STATION AVE.
COURTFIELD GRO.
ELMDALE GS.
HINTON RD.
GUINEA LA.
BEECHWOOD
786
729
CORONATION AVE
BROOK
Works
Jun. Sch.
Lib.
EVEREST RD.
EVEREST AV.
LOWER GROVE RD.
NEW BUILDINGS
GROVE RD.
GROVE PK. TER.
ALEXANDRA PARK
PURDEY RD.
672
Vine Cotts.
Depots
GRAEME CLO.
NEW STATION WAY
NEW STATION RD.
FILWOOD RD.
LWR. STATION RD.
ROCKEY'S LA.
PARK RD.
LANGDOWN
FEATHERSTONE RD.
LODORE RD.
STOKE VIEW RD.
609
ALBERT TER.
WHARF RD.
BAWNS PL.
JUSTICE RD.
PARNALL RD.
Factory
HAWKESBURY RD.
ELMGROVE RD.
BRENTRY RD.
KNOWSLEY RD.
A432
LODGE ROAD
B4048
GOODNESTON RD.
Cemetery
Chapel
REDHILL DRI.
REDHILL CLO.
HINGWALL
ERNESTVILLE RD.
DRUMMOND RD.
DUNKIRK RD.
STAR LA.
MIDLAND TER.
Warehouse
Works
MENDIP VIEW AV.
FISHPONDS ROAD
425
492
ALCOVE RD.
ALCOVE
4
OAKDENE
ASHDENE
Tennis Courts
Playgd.
Pavilion
PARK AV.
HUYTON RD.
MARINA GDNS.
Upper Eastville
Bristol Lido
LAKE VIEW
HALSTOCK AV.
DOMINION RD.
BALACLAVA RD.
ABINGDON RD.
Chester Pk. Schs.
ACTON RD.
RIDGEWAY PDE.
MARLBOROUGH ST.
LAKESIDE
RIDGEWAY
PARK PL.
332
284
175
ROAD
POOL CL.
SHAMROCK RD.
HONITON RD.
Gospel Hall
Mayfield Park
POPLAR PL.
IVY LA.
MAYFIELD AV.
ENFIELD
GREENS HILL
Ridgeway
VERA RD.
IRENA RD.
MADELINE RD.
MOORLANDS RD.
TIVERTON WLK.
ABINGDON RD.
ROWAN CLO.
MAYFIELD PARK
STONEBRIDGE
Clay Bottom
DUBBER'S LANE
Cycle Walkway
THE GLADES
BOTTOM
ROYATE HILL
ROSE GRN.
WAINBROOK
CLAY
Works
BS5
FISHPONDS TRADING ESTATE
MAGGS LA.
ANTHEA RD.
FISHPONDS TRADING EST.
CLAY HILL
OAK LANE
HOLLY LODGE RD.
WHITEWOOD RD.
ATLAS CL.
HOLLY CL.
ROAD
173
Hall Ct.
CHAPEL LA
Clay Hill
FOUNDRY LA.
Works
Speedwell Day Cen.
DEAN DR.
B4465
120
Longhills Hostel
DUNCOMBE
ROSE GREEN
STANLEY CHASE
OBERON AV.
ROSE GN. CL.
KNAPPS LANE
PIT RD.
T.A.V.R. Centre
ROAD
GORDON ROAD
DEEP PIT
Playing Field
Rose Green
ST PARK TRADING ESTATE
62
Tennis Courts
GORDON
ELSTREE ROAD
Dragon Ct.
Playing Fields
Crofts End
CROFTS END
72
Works
BROOK RD.
WHITEWOOD RD.
FERNHURST RD.
WHITEFIELD
MALLARD CLO.
Lavender Ct.
POPLAR RD.
Baths
Roegate Ho.
155
63
WHITEFIELD AV.
PONTING CL.
178
Playing Field
Speedwell School
Speedwell
KINGSMEAD
FEDWELL
1
2
3
5

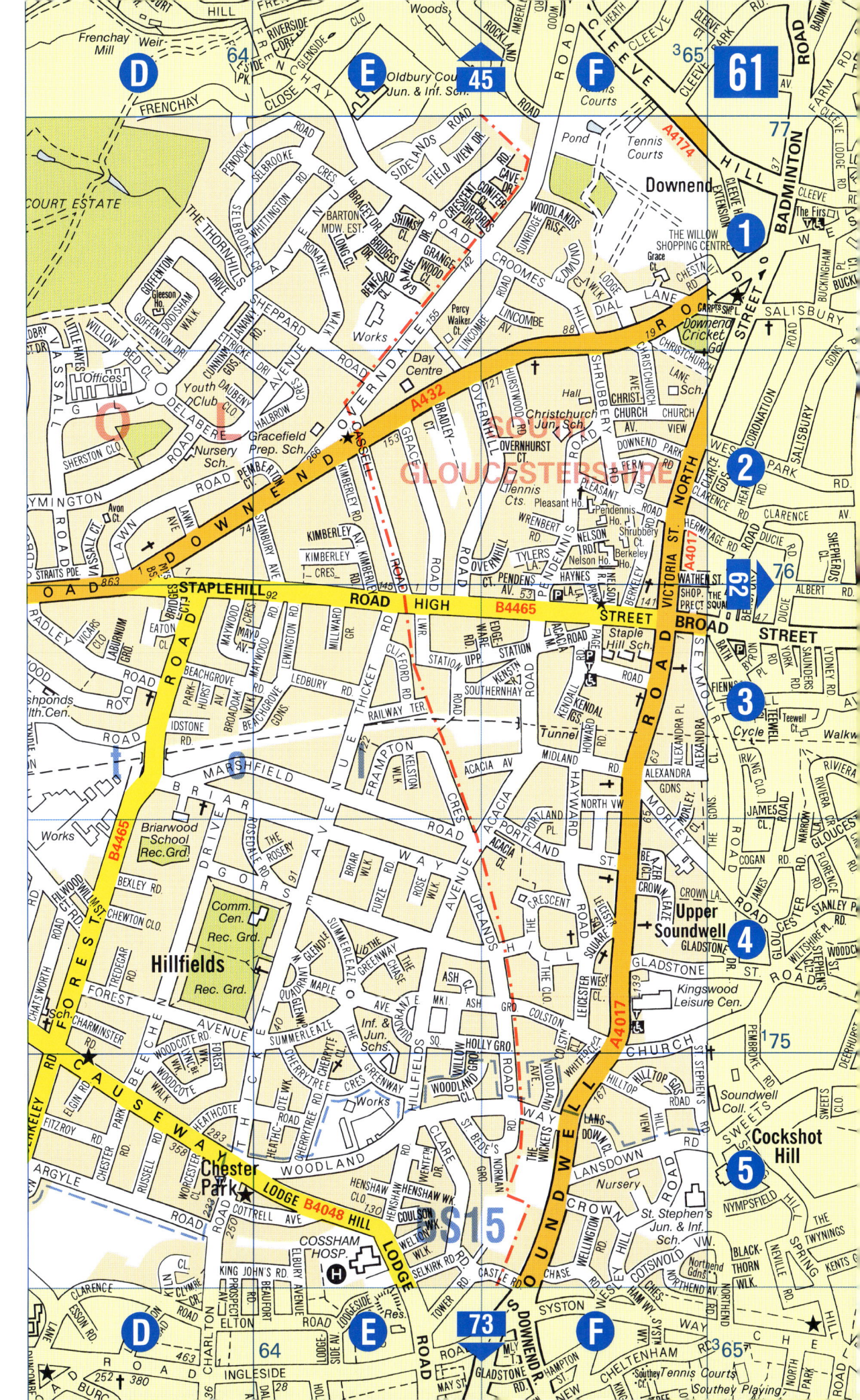
D
E
F
45
73
62
76
1
2
3
4
5
64
365
77
175
Frenchay Mill
Weir
FRENCHAY
Oldbury Court Jun. & Inf. Sch.
Tennis Courts
Downend
THE WILLOW SHOPPING CENTRE
Downend Cricket Gd.
CLEEVE HILL
BADMINTON ROAD
COURT ESTATE
SOUTH GLOUCESTERSHIRE
DOWNEND ROAD
A432
A4174
A4017
B4465
B4048
STAPLEHILL ROAD
HIGH STREET
BROAD STREET
NORTH STREET
VICTORIA ST.
Staple Hill Sch.
Christchurch Jun. Sch.
Gracefield Prep. Sch.
Youth Club
Nursery Sch.
Day Centre
Works
Offices
Tunnel
Cycle Walkway
MARSHFIELD RD.
Briarwood School Rec. Grd.
Comm. Cen.
Rec. Grd.
Hillfields
Rec. Grd.
FOREST ROAD
Inf. & Jun. Schs.
Upper Soundwell
Kingswood Leisure Cen.
SOUNDWELL ROAD
Soundwell Coll.
Cockshot Hill
Nursery
St. Stephen's Jun. & Inf. Sch.
Chester Park
LODGE HILL
COSSHAM HOSP.
BS15
WOODLAND ROAD
CHURCH ROAD
LANSDOWN
CROWN HILL
DOWNEND RD.
Southey Tennis Courts
Southey Playing

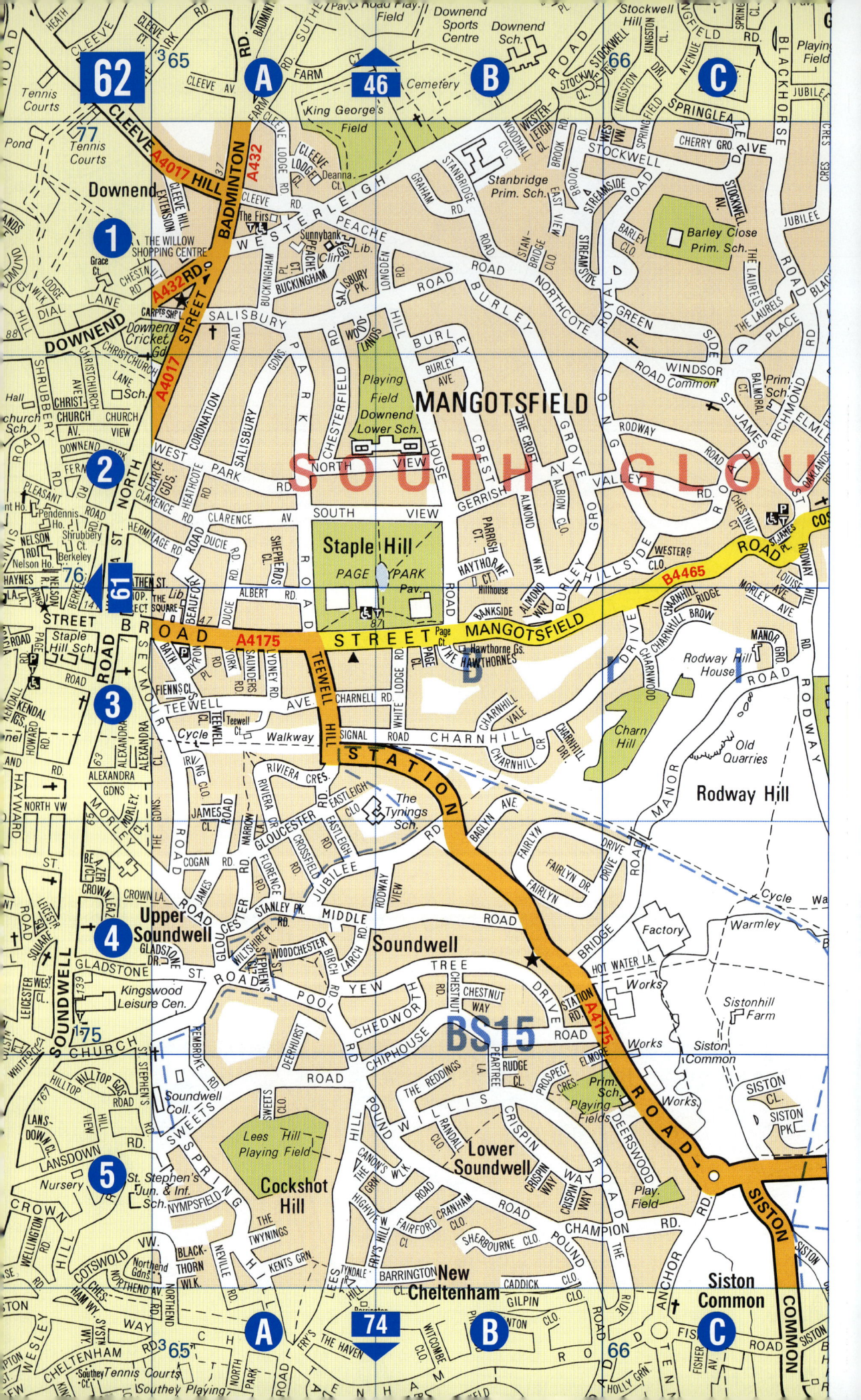62
46
74
61
A
B
C
1
2
3
4
5
65
66
77
76
75
Downend
MANGOTSFIELD
SOUTH GLOU
Staple Hill
Soundwell
Upper Soundwell
Lower Soundwell
Cockshot Hill
New Cheltenham
Siston Common
Rodway Hill
BS15
A4017
A432
A4175
B4465
CLEEVE HILL
BADMINTON RD.
NORTH STREET
DOWNEND RD.
WESTERLEIGH RD.
PEACHE ROAD
SALISBURY RD.
BROAD STREET
MANGOTSFIELD STREET
TEEWELL HILL
STATION ROAD
SOUNDWELL ROAD
SISTON COMMON
Downend Sports Centre
Downend Sch.
King George's Field
Cemetery
Stanbridge Prim. Sch.
Barley Close Prim. Sch.
THE WILLOW SHOPPING CENTRE
Downend Cricket Gd.
Playing Field Downend Lower Sch.
Page Park
The Tynings Sch.
Staple Hill Sch.
Charn Hill
Old Quarries
Rodway Hill House
Factory
Works
Sistonhill Farm
Kingswood Leisure Cen.
Soundwell Coll.
Lees Hill Playing Field
St. Stephen's Jun. & Inf. Sch.
Tennis Courts
Cycle Walkway

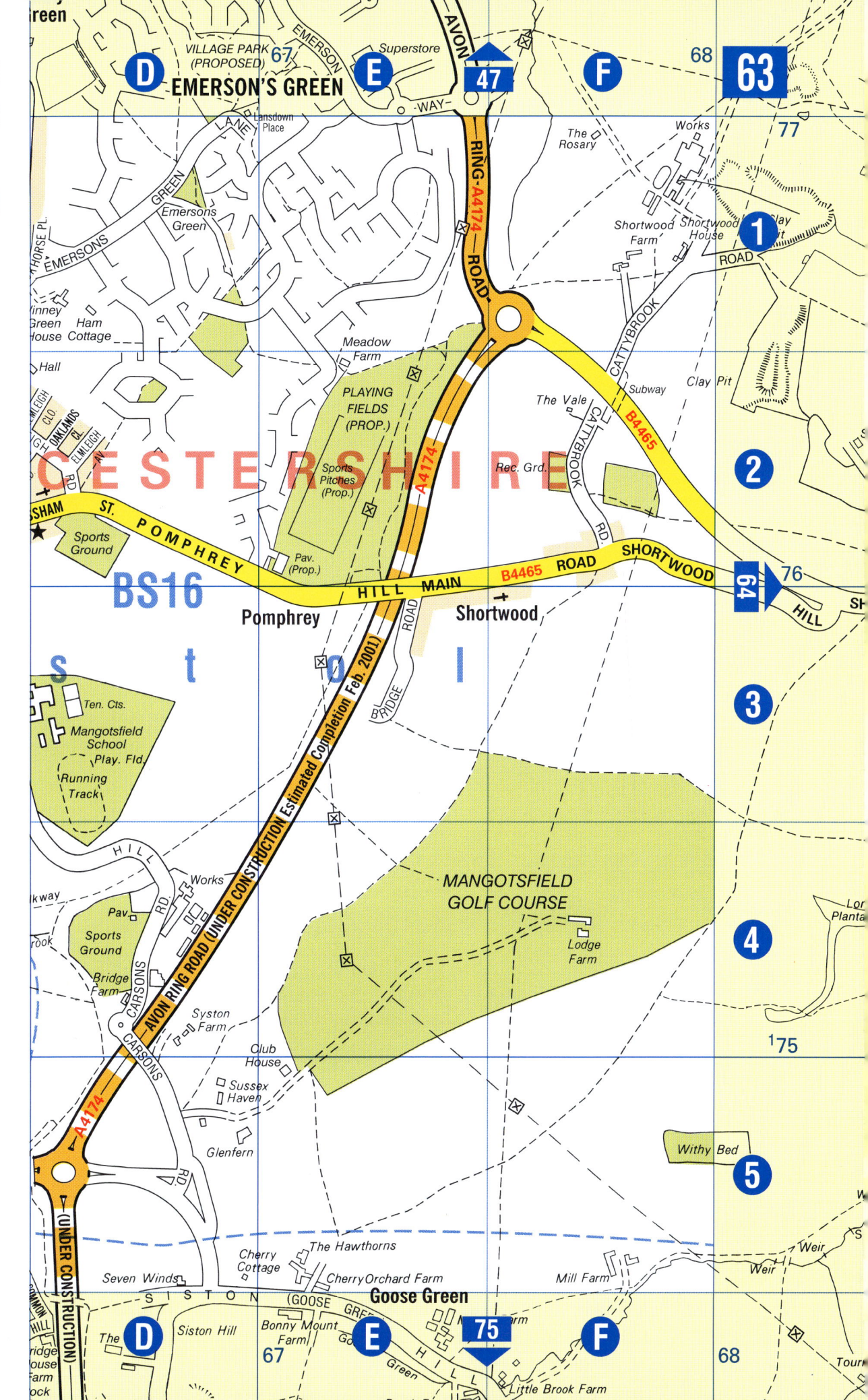

EMERSON'S GREEN
VILLAGE PARK (PROPOSED)
Superstore
EMERSON WAY
AVON RING ROAD A4174
47
Lansdown Place
LANE
GREEN
EMERSONS
Emersons Green
The Rosary
Works
Shortwood Farm
Shortwood House
Clay Pit
ROAD
Meadow Farm
PLAYING FIELDS (PROP.)
Sports Pitches (Prop.)
Pav. (Prop.)
CATTYBROOK
Subway
The Vale
B4465
Rec. Grd.
CESTERSHIRE
Sports Ground
POMPHREY ST.
HILL
MAIN ROAD
SHORTWOOD HILL
BS16
Pomphrey
Shortwood
64
Bristol
ROAD
BRIDGE
Ten. Cts.
Mangotsfield School
Play. Fld.
Running Track
Estimated Completion Feb. 2001
AVON RING ROAD (UNDER CONSTRUCTION)
Works
MANGOTSFIELD GOLF COURSE
Lodge Farm
Pav.
Sports Ground
Bridge Farm
CARSONS RD.
Syston Farm
Club House
Sussex Haven
Glenfern
Withy Bed
(UNDER CONSTRUCTION)
The Hawthorns
Cherry Cottage
Cherry Orchard Farm
Mill Farm
Weir
Seven Winds
SISTON
(GOOSE GREEN)
Goose Green
75
Siston Hill
Bonny Mount Farm
Little Brook Farm
D
E
F
1
2
3
4
5
67
68
77
76
75

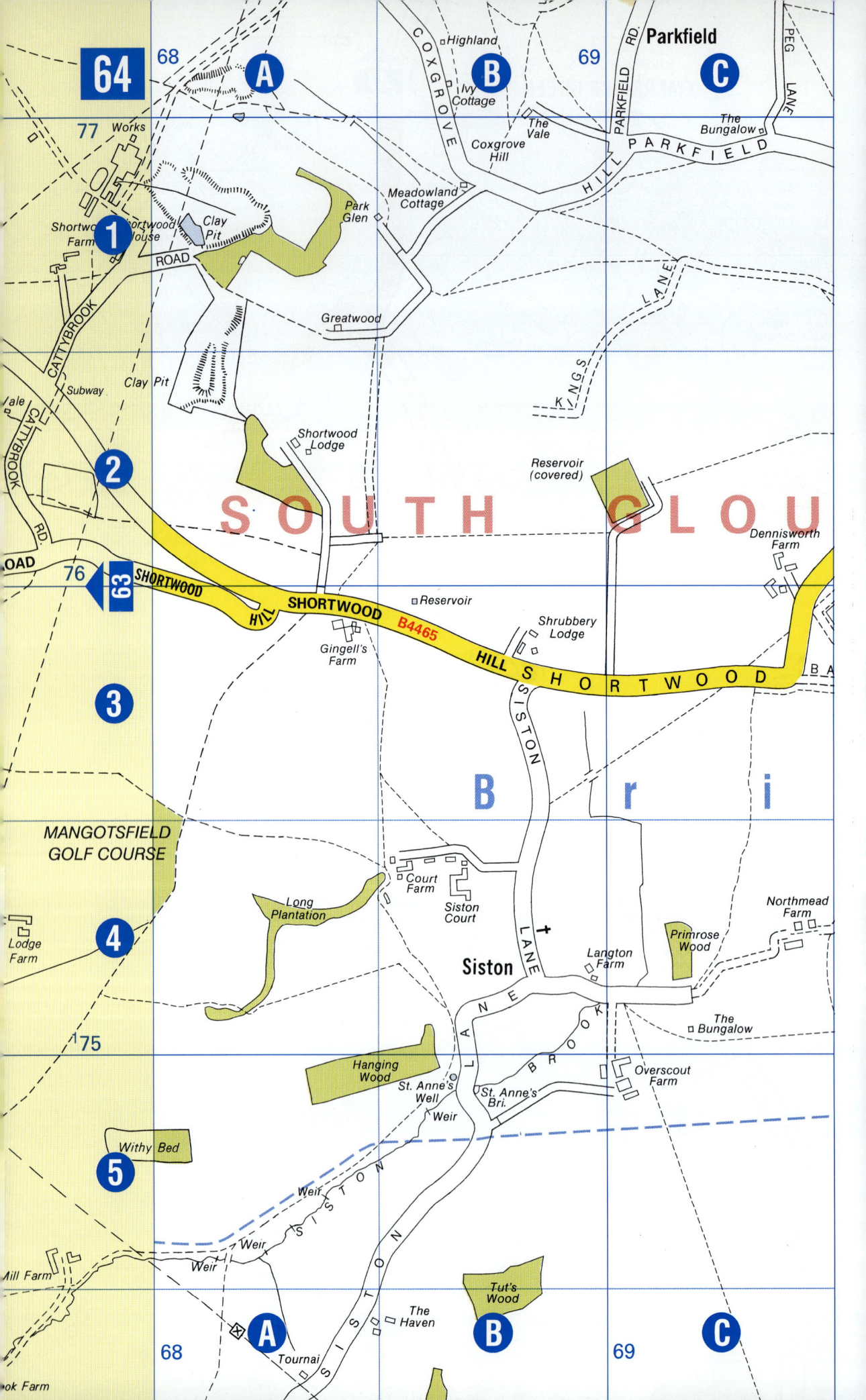

68
A
B
69
C
Parkfield
Highland
Ivy Cottage
COXGROVE HILL
The Vale
Coxgrove Hill
PARKFIELD RD.
PEG LANE
The Bungalow
PARKFIELD
77
Works
Shortwood Farm
Shortwood House
Clay Pit
ROAD
Park Glen
Meadowland Cottage
CATTYBROOK
Greatwood
KINGS LANE
Subway
Clay Pit
Vale
CATTYBROOK RD.
Shortwood Lodge
Reservoir (covered)
SOUTH GLOU
Dennisworth Farm
ROAD
76
63
SHORTWOOD HILL
SHORTWOOD
B4465
Reservoir
Gingell's Farm
Shrubbery Lodge
HILL SHORTWOOD
BA
SISTON LANE
B r i
MANGOTSFIELD GOLF COURSE
Court Farm
Siston Court
Long Plantation
Northmead Farm
Primrose Wood
Lodge Farm
Langton Farm
Siston
LANE
The Bungalow
75
Hanging Wood
BROOK
Overscout Farm
St. Anne's Well
St. Anne's Bri.
Weir
Withy Bed
Weir
SISTON
Weir
Weir
Mill Farm
Tut's Wood
The Haven
Tournai
ok Farm
68
69

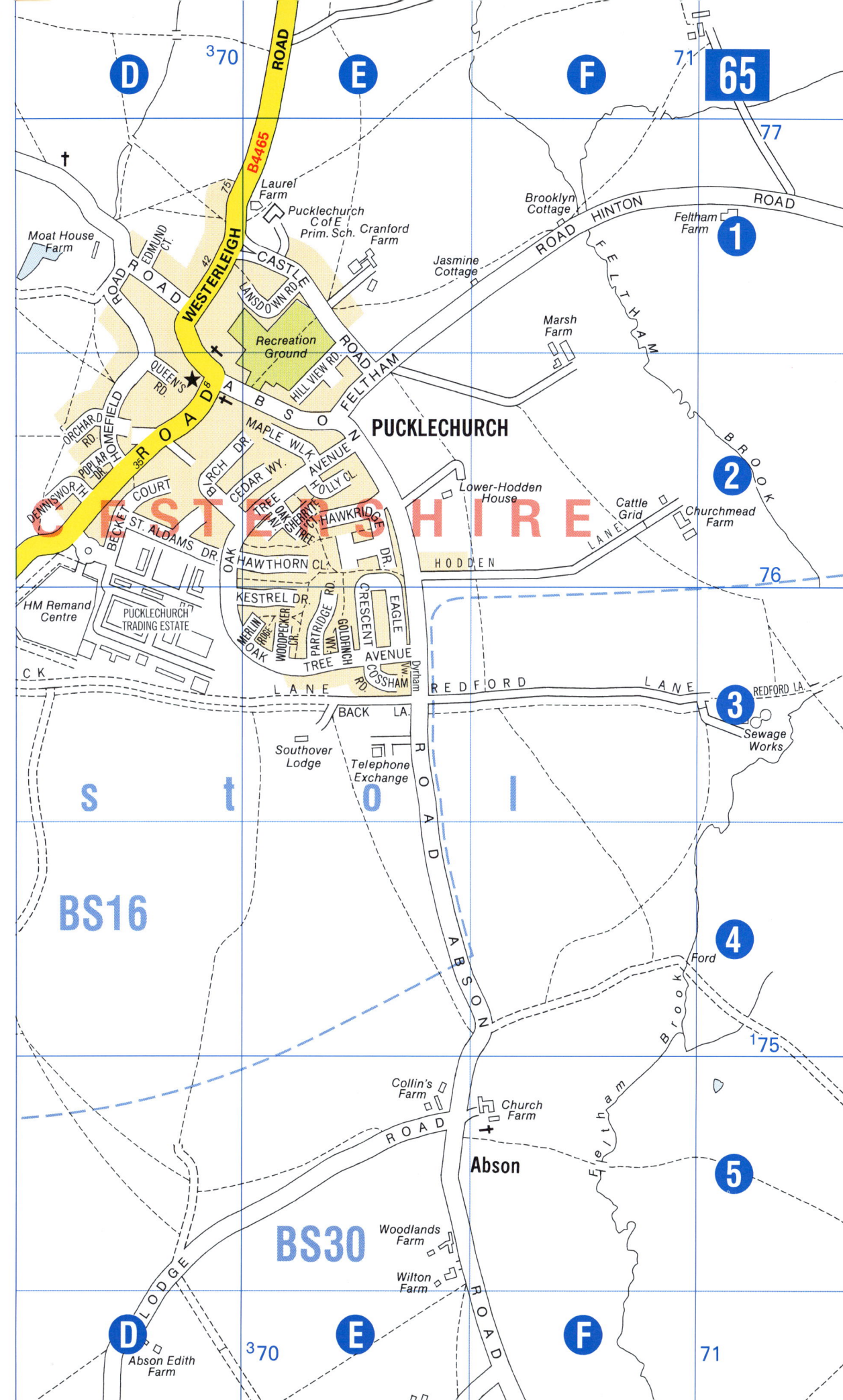

D

E

F

370

71

77

B4465 ROAD

WESTERLEIGH

†

Moat House Farm

Laurel Farm

Pucklechurch C of E Prim. Sch.

Cranford Farm

EDMUND CT.

42

751

CASTLE

LANSDOWN RD.

ROAD

ROAD

Brooklyn Cottage

HINTON ROAD

ROAD

FELTHAM

Feltham Farm

1

Jasmine Cottage

Marsh Farm

Recreation Ground

Hill View Rd.

FELTHAM ROAD

ABSON ROAD

†

QUEEN'S RD.

★

D'b

ORCHARD RD.

POPLAR DR.

HOMEFIELD

DENNISWORTH

351

ROAD

MAPLE WLK.

BIRCH DR.

CEDAR WY.

AVENUE

HOLLY CL.

OAK TREE AV.

CHERRY TREE

Hawkridge

PUCKLECHURCH

Lower-Hodden House

LANE

Cattle Grid

Churchmead Farm

2

76

G C E S T E R S H I R E

BECKET COURT

ST. ALDAMS DR.

OAK

HAWTHORN CL.

KESTREL DR.

MERLIN RIDGE

OAK

WOODPECKER

PARTRIDGE RD.

GOLDFINCH RD.

CRESCENT

EAGLE DR.

COSSHAM

HODDEN

Dyrham Wy.

HM Remand Centre

PUCKLECHURCH TRADING ESTATE

LANE

BACK LA.

AVENUE

REDFORD LANE

REDFORD LA.

3

Sewage Works

C K

Southover Lodge

Telephone Exchange

s t o l

ABSON ROAD

BS16

4

Ford

Brook

FELTHAM

175

Collin's Farm

Church Farm

†

5

Abson

ROAD

FELTHAM Brook

BS30

Woodlands Farm

Wilton Farm

ROAD

LODGE

D

370

E

71

F

Abson Edith Farm

53 Haberfield Bridge
Haberfield
A
54
B
54
C

PIALL
R D.
BLACKMOOR
A369
ROAD

1

1 74

O L D   P A R K

2

Vowles Bottom

DENNY VIEW RD.
Poundbatch Farm
CHURCH

N O R T H

KNIGHTCOTT RD.
LANE
MANOR
Harris
LANE
The Priory
Abbots Leigh
Parish Hall

GLEN AV.

Old Park Wood

THE MANOR CL.
ROAD
ABBOTS
Manor House

Old Park
Three Cornered Wood
Old Park House
Glen Farm
Glen House
Playing Field

3

SANDY

Snakes Well Wood
Abbot's Pond

East Tanpit Wood
73
Snake's Well Plantation
FISH POND WOOD

LANE
Warren House Plantation

WEIR
Scutche's Plantation
Yew Tree Plantation
B r i s   s

MANOR

4

LANE
WEIR
Round Hill Clump
Quarry Plantation
BS8
Up Fa

Round Hill Leg
Sports Ground

Kingcott Farm

5 BRISTOL & CLIFTON
GOLF COURSE

FIFTY ACRE WOOD
B3129
Bu

72
Club House
A
76
LANE   BEGGAR
B Resr. (covered)
Pavilion
Spo 54 Ground
C

BUSH
53

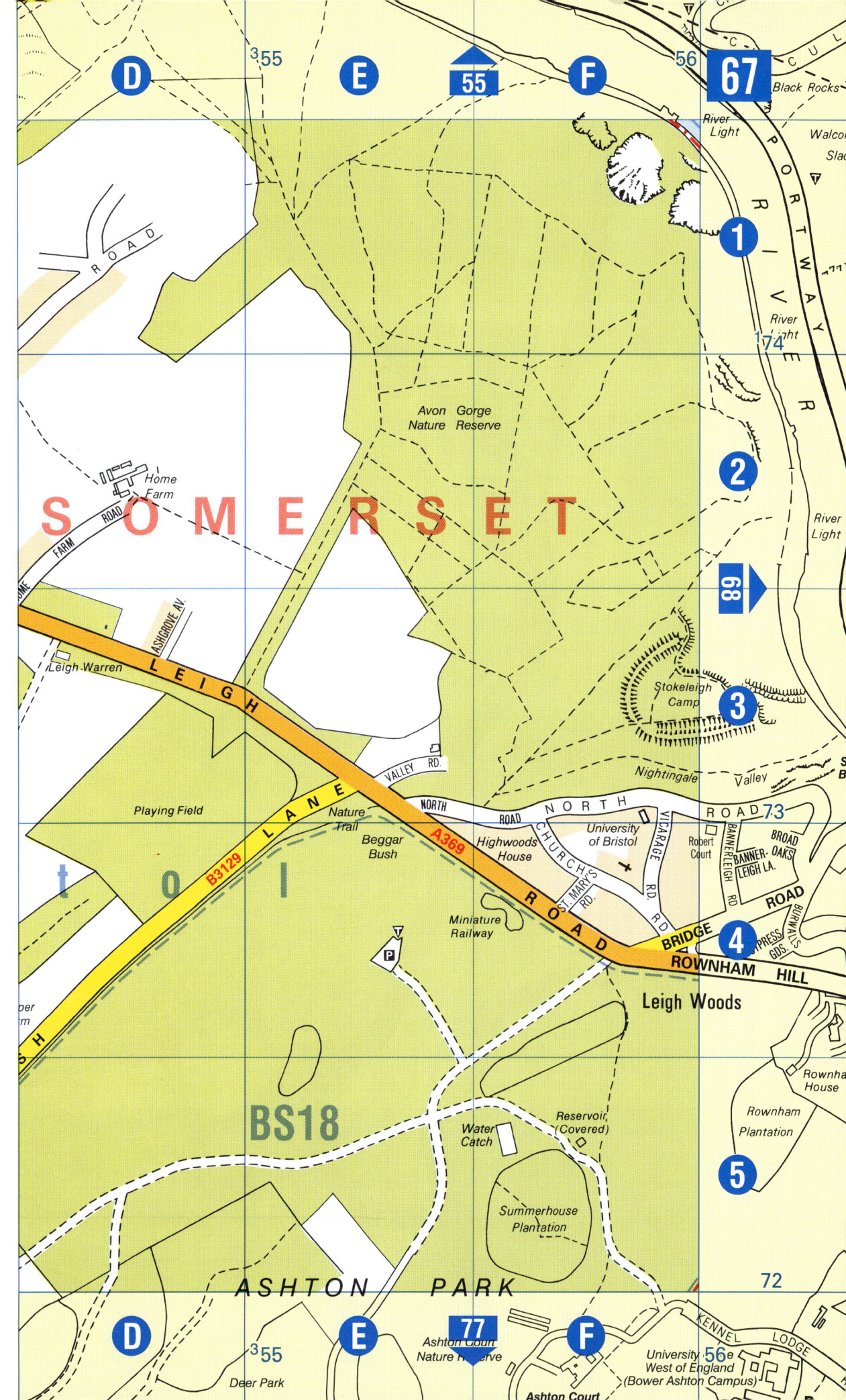

D
E
55
F
56
Black Rocks

River
Light
Walco...
Slad...

1

River
Light
174

2

S O M E R S E T

River
Light

89

Home
Farm

Leigh Warren

LEIGH

ASHGROVE AV.

FARM ROAD

Avon Gorge
Nature Reserve

Stokeleigh
Camp

3

Nightingale   Valley

Playing Field

Nature
Trail

VALLEY RD.

NORTH   ROAD

NORTH

CHURCH'S   ROAD

N O R T H   R O A D   73

University
of Bristol

Robert
Court

BROAD
OAKS

VICARAGE RD.

BANNERLEIGH

LEIGH LA.

BANNER-

ROAD

Beggar
Bush

Highwoods
House

B3129

LANE

A369

ST. MARY'S RD.

RD.

BURWALLS ROAD

LEIGH   ROAD

BRIDGE

4

ROWNHAM   HILL

Miniature
Railway

P

CYPRESS GDS.

...per
...m

...SH

Leigh Woods

Rownham
House

BS18

Water
Catch

Reservoir
(Covered)

Rownham
Plantation

Summerhouse
Plantation

5

72

A S H T O N   P A R K

D
E
77
F
56e

³55

Deer Park

Ashton Court
Nature Reserve

University
West of England
(Bower Ashton Campus)

Ashton Court

A
B
C
56
57
1
2
3
4
5
74
73
72
67
78
CLIFTON
BRISTOL
NORTH SOMERSET
Leigh Woods
Hotwells
Clifton Wood
RIVER AVON
PORTWAY
HOTWELL ROAD
BRIDGE VALLEY ROAD
CLIFTON DOWN
CLIFTON DOWN ROAD
PEMBROKE ROAD
UPPER BELGRAVE RD.
SUSPENSION BRIDGE RD
Clifton Suspension Bridge (Toll)
ROWNHAM HILL
CLANAGE ROAD
BRUNEL WAY
CUMBERLAND RD.
HOTWELL RD
QUEEN'S RD
Bristol Zoo
Clifton College
Clifton Prep. Sch.
Clifton High Sch.
Observatory
St. Vincent's Rocks
Jack's Hole
Celtic Fields
Walcombe Slade
River Light
Stokeleigh Camp
Nightingale Valley
Rownham House
Rownham Plantation
Reservoir (Covered)
University of West of England (Bower Ashton Campus)
University of Bristol
Cumberland Basin
Plimsoll Bri.
Avon Bridge
Baltic Wharf Leisure Cen.
Floating Harbour
R.C. Cath.
Univ.
Library
Clinic Day Hosp.
BS8
BS18
BS3
A4
A4176
A369
B3129
B4467
A3029

69
57
70
79
4
D
E
F
1
2
3
4
5
58
59
Redland
Cotham
BS6
BS2
BS1
Clifton Down
Victoria Park
Tyndall's Park
Kingsdown
Canon's Marsh
Southville
Montpelier
Cheltenham Road
Whiteladies Road
Queen's Road
Park Row
Perry Rd. B4051
Up. Maudlin St.
Marlborough St.
Baldwin St. B4053
Anchor Road
Cumberland Road
Coronation Road
A4018
A4
A370
B4466
Bristol Royal Infirmary
Bristol Royal Hosp.
University of Bristol
City Museum & Art Gallery
Cabot Tower
Brandon Hill Nature Park
Maritime Heritage Centre
S.S. Great Britain
Arnolfini Gallery
Industrial Museum
Exhibition Centre
Cathedral
Council Ho.
Theatre Royal
Guildhall
Broadmead Shop. Precinct
Castle Green
Queen Square
Floating Harbour
Bristol General Hosp.
Redcliffe Wy.
Victoria St.
Bond St.
Horsefair
Cotham Grammar School
Broadcasting House
Georgian Ho.
Red Lodge
Bristol Bri.
Bathurst Wharf
Phoenix Wharf
Princes Wharf
Prince St.
Temple
Jamaica St.
Stokes Croft
Wells Road
Jacob's Wells Road
Berkeley Pl.
Triangle
Park St.
College Gn.
Colston St.
St. Augustine's Parade
Broad Quay
Narrow Quay
Redcliffe
Queen Charlotte St.
Back
Welsh Back
King St.
Anchor Rd
Canons Road
Bedminster Pde.
Mardyke Western Wharf
Chatham Wharf
Albion Docks
Boatyard
Bristol Harbour Railway
New Cut
Avon

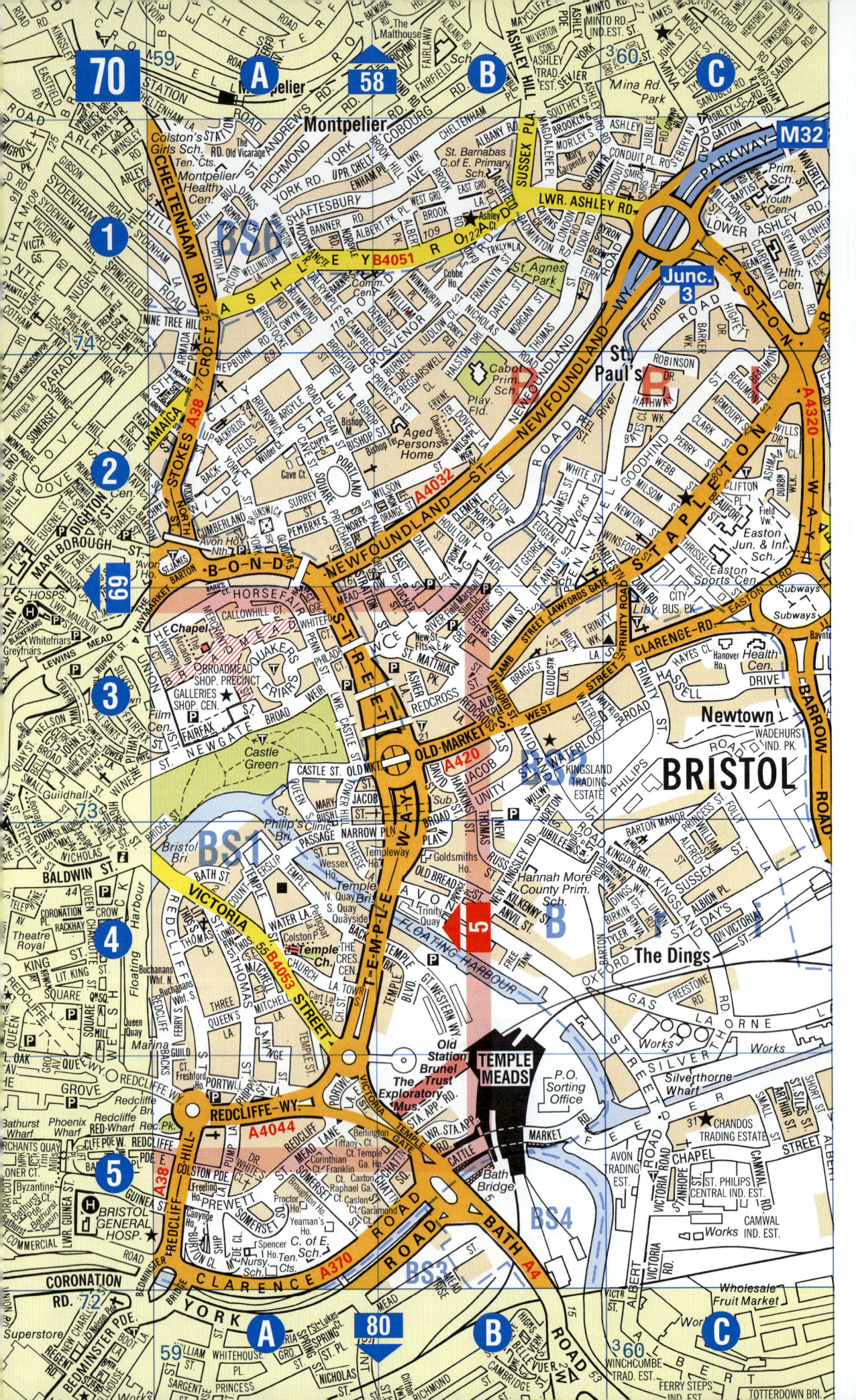
A
B
C
58
59
60
1
2
3
4
5
69
73
72
74
80
Montpelier
Montpelier Sta.
CHELTENHAM RD.
ASHLEY RD.
B4051
LWR. ASHLEY RD.
M32
Junc. 3
PARKWAY
EASTON WAY
A4320
BS6
BS2
BS1
BS3
BS4
St. Paul's
STOKES CROFT
A38
JAMAICA ST.
NEWFOUNDLAND ST.
A4032
NEWFOUNDLAND WY.
STAPLETON RD.
BOND ST.
Cabot Prim. Sch.
St. Agnes Park
Aged Persons Home
Play. Fld.
PORTLAND SQUARE
BROADMEAD
BROADMEAD SHOP. PRECINCT
GALLERIES SHOP. CEN.
QUAKERS FRIARS
Castle Green
OLD MARKET ST.
A420
Newtown
BRISTOL
KINGSLAND TRADING ESTATE
BARROW ROAD
LAWFORDS GATE
CLARENCE RD.
Easton Sports Cen.
Health Cen.
CITY BUS. PK.
WADEHURST IND. PK.
VICTORIA STREET
B4053
TEMPLE WAY
Temple Ch.
FLOATING HARBOUR
Hannah More County Prim. Sch.
The Dings
TEMPLE MEADS
Old Station Brunel Trust
The Exploratory Mus.
P.O. Sorting Office
Silverthorne Wharf
CHANDOS TRADING ESTATE
FEEDER RD.
AVON TRADING EST.
ST. PHILIPS CENTRAL IND. EST.
CAMWAL IND. EST.
Wholesale Fruit Market
REDCLIFFE WY.
A4044
REDCLIFF HILL
CLARENCE ROAD
A370
BATH ROAD
A4
Bath Bridge
BRISTOL GENERAL HOSP.
CORONATION RD.
YORK RD.
Superstore
WINCHCOMBE TRAD. EST.
TOTTERDOWN BRI.
Theatre Royal
Floating Harbour
Queen Square
Marina
Redcliffe Wharf
Guildhall
BALDWIN ST.
Bristol Bri.
Temple Quay
Goldsmiths Ho.
MARLBOROUGH ST.
Colston's Girls Sch.
Montpelier Health Cen.

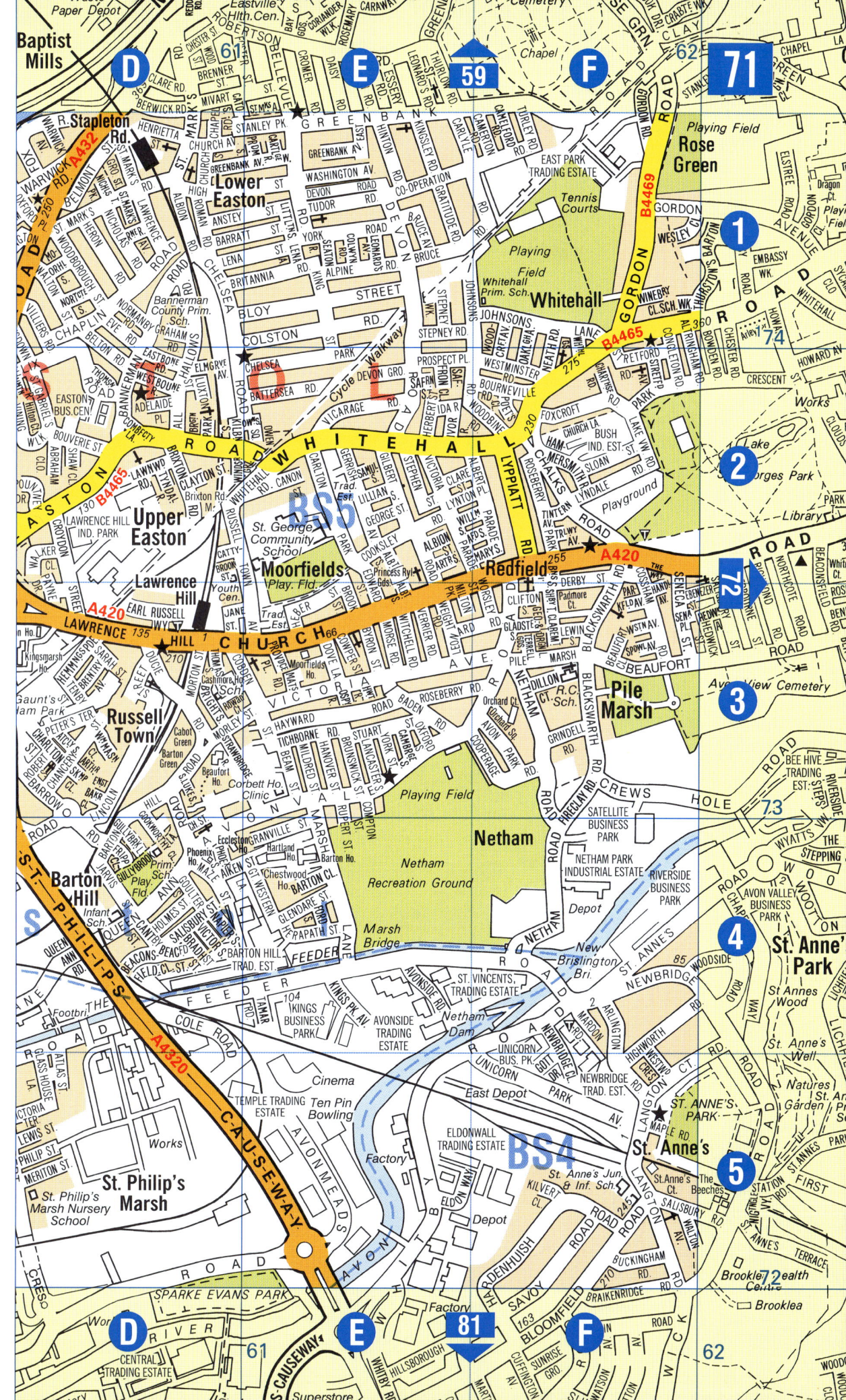

59
81
72
D
E
F
61
62
73
74
1
2
3
4
5
Baptist Mills
Paper Depot
Eastville Hlth.Cen.
Cemetery
Chapel
Stapleton Rd.
Lower Easton
Rose Green
Playing Field
EAST PARK TRADING ESTATE
Tennis Courts
Whitehall Prim. Sch.
Whitehall
GREENBANK RD.
WASHINGTON AV.
CO-OPERATION RD.
GRATITUDE RD.
GORDON RD.
GORDON ROAD
B4469
B4465
A432
A420
A4320
Bannerman County Prim. Sch.
EASTON BUS.CEN.
Cycle Walkway
WHITEHALL ROAD
LYPPIATT RD.
ROSEBERRY PK.
BUSH IND. EST.
Playground
Library
St. Georges Park
Lake
Works
CRESCENT
HOWARD AV.
WHITEHALL RD.
BS5
Upper Easton
LAWRENCE HILL IND. PARK
St. George Community School
Moorfields Play. Fld.
Lawrence Hill
Redfield
Princess Ryl. Gds.
CHURCH RD.
LAWRENCE HILL
EARL RUSSELL WY.
Youth Cen.
Pile Marsh
R.C. Sch.
BEAUFORT RD.
Avon View Cemetery
BEE HIVE TRADING EST.
Russell Town
Barton Green
Cabot Green
Corbett Ho. Clinic
Playing Field
Netham
Netham Recreation Ground
SATELLITE BUSINESS PARK
NETHAM PARK INDUSTRIAL ESTATE
RIVERSIDE BUSINESS PARK
AVON VALLEY BUSINESS PARK
CREWS HOLE ROAD
Depot
Barton Hill
Infant Sch.
Prim. Sch.
BARTON HILL TRAD. EST.
FEEDER RD.
Marsh Bridge
New Brislington Bri.
ST. ANNE'S RD.
NEWBRIDGE RD.
St. Anne's Park
St Annes Wood
St. Anne's Well
Natures Garden
ST. PHILIPS CAUSEWAY
COLE ROAD
KINGS BUSINESS PARK
AVONSIDE TRADING ESTATE
ST. VINCENTS TRADING ESTATE
Netham Dam
UNICORN BUS. PK.
UNICORN PARK AV.
NEWBRIDGE TRAD. EST.
East Depot
Cinema
TEMPLE TRADING ESTATE
Ten Pin Bowling
ELDONWALL TRADING ESTATE
BS4
St. Anne's
St. Anne's Jun. & Inf. Sch.
ST. ANNE'S PARK
The Beeches
Factory
Works
St. Philip's Marsh
St. Philip's Marsh Nursery School
AVONMEADS
Depot
HARDENHUISH RD.
BUCKINGHAM RD.
BRAIKENRIDGE RD.
Brooklea Health Centre
Brooklea
SPARKE EVANS PARK
RIVER
CENTRAL TRADING ESTATE
Superstore
HILLSBOROUGH
BLOOMFIELD RD.
WICK ROAD
STATION RD.
FIRST AV.

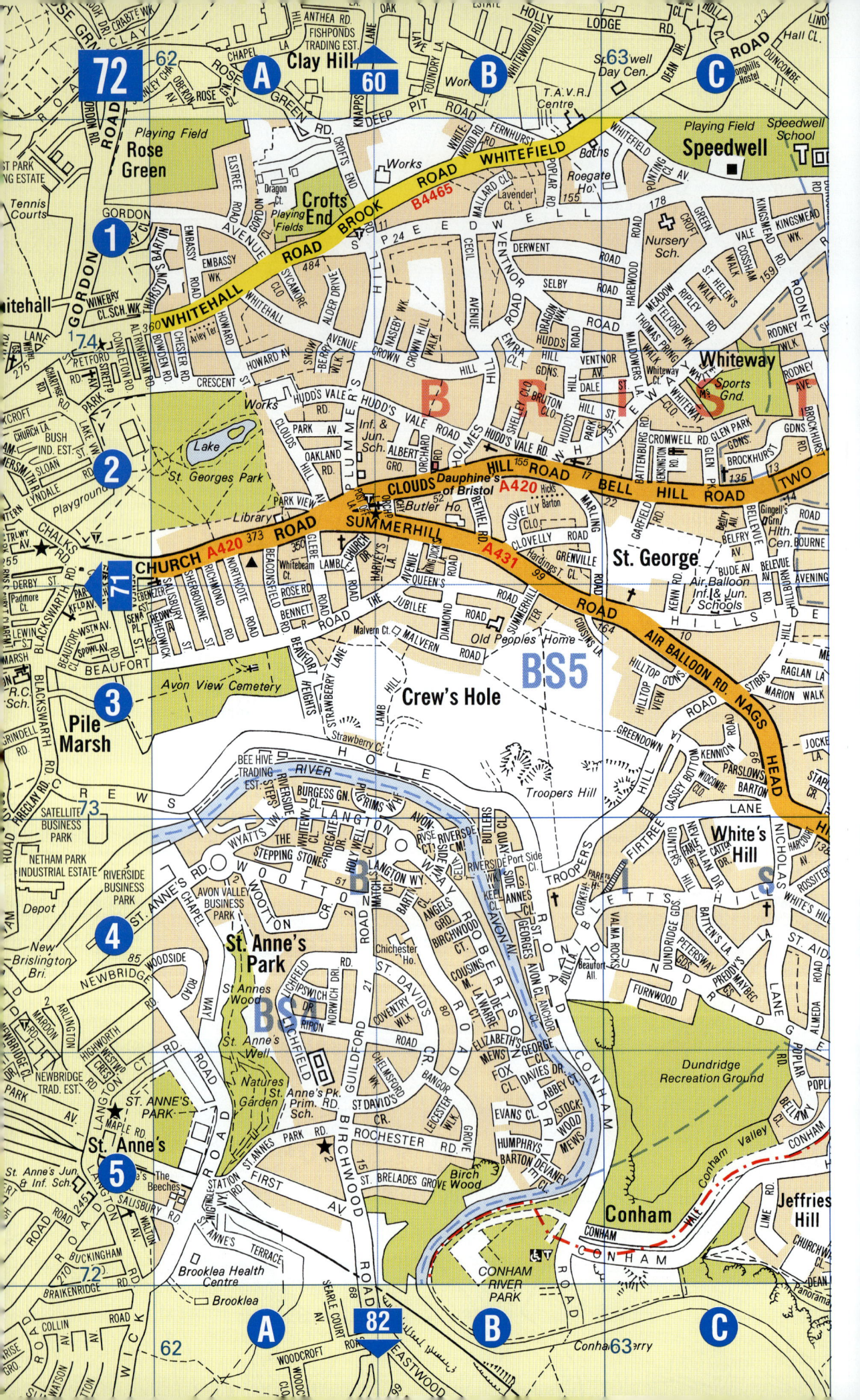

72
60
71
82
A
B
C
1
2
3
4
5
62
63
73
74
Clay Hill
Rose Green
Crofts End
Speedwell
Whiteway
St. George
Crew's Hole
Troopers Hill
White's Hill
Pile Marsh
St. Anne's Park
St. Anne's
Conham
Jeffries Hill
BS5
BS4
BRISTOL
WHITEHALL ROAD
WHITEFIELD ROAD
BROOK ROAD
CHURCH ROAD
CLOUDS HILL ROAD
BELL HILL ROAD
SUMMERHILL ROAD
AIR BALLOON RD.
NAGS HEAD HILL
CREWS HOLE ROAD
CONHAM ROAD
BIRCHWOOD ROAD
WOOTTON ROAD
NEWBRIDGE ROAD
A420
A431
B4465
St. Georges Park
Avon View Cemetery
Dundridge Recreation Ground
Conham River Park
Conham Valley
Fishponds Trading Est.
Satellite Business Park
Netham Park Industrial Estate
Riverside Business Park
Avon Valley Business Park
Newbridge Trad. Est.
Brooklea Health Centre
Speedwell School
Speedwell Day Cen.
Nursery Sch.
Inf. & Jun. Sch.
Air Balloon Inf. & Jun. Schools
St. Anne's Pk. Prim. Sch.
Old Peoples Home
Playing Field
Playing Fields
Sports Gnd.
Tennis Courts
Works
Baths
Library
Natures Garden
St. Annes Wood
St. Anne's Well
Birch Wood

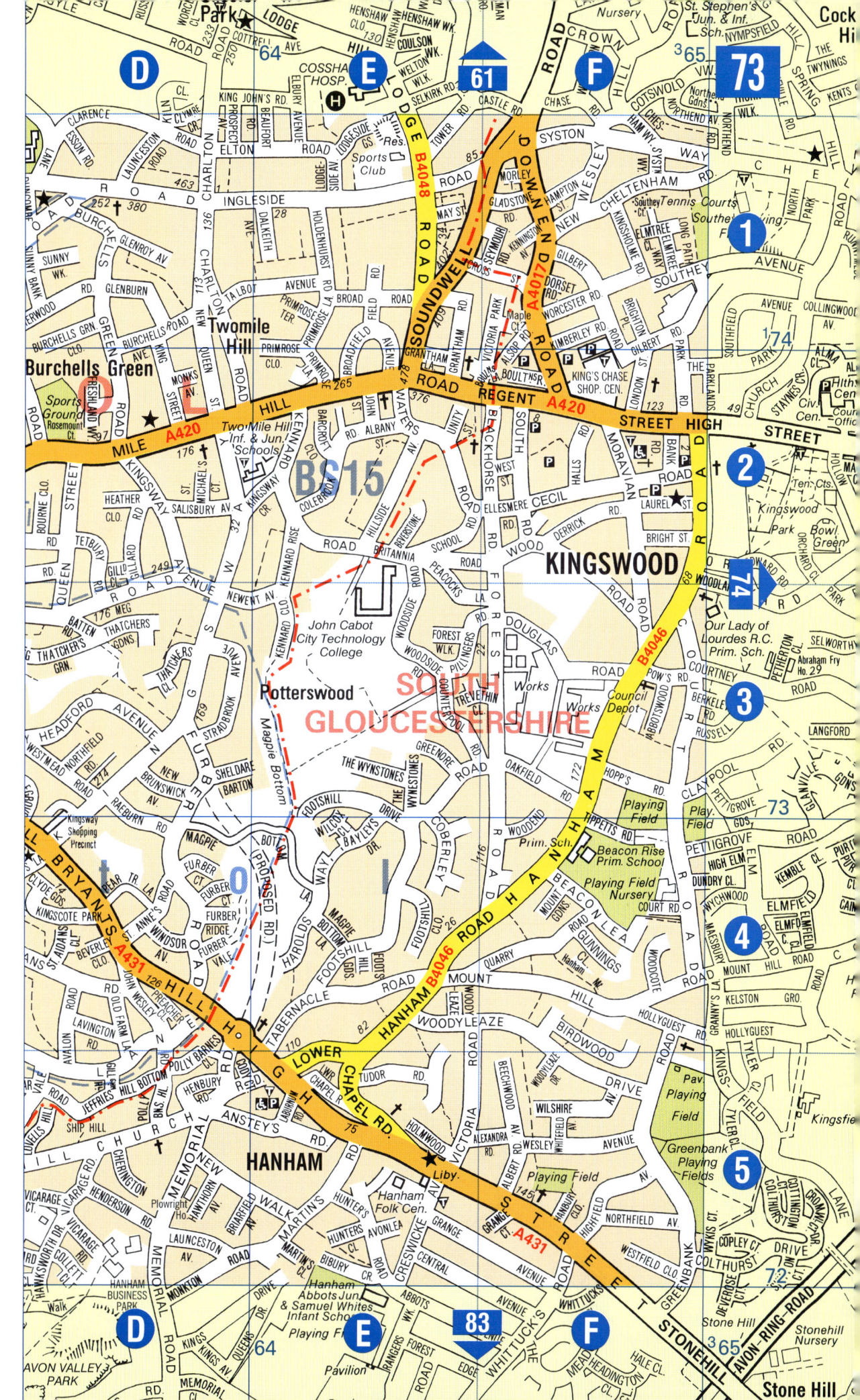
61
83
74
D
E
F
1
2
3
4
5
64
365
174
73
72
BS15
Twomile Hill
Burchells Green
KINGSWOOD
HANHAM
Potterswood
SOUTH GLOUCESTERSHIRE
Cossham Hosp.
Sports Club
Sports Ground
Rosemount Ct.
Two Mile Hill Inf. & Jun. Schools
John Cabot City Technology College
King's Chase Shop. Cen.
Kingswood Park
Ten. Cts.
Bowl. Green
Our Lady of Lourdes R.C. Prim. Sch.
Abraham Fry Ho. 29
Council Depot
Works
Playing Field
Beacon Rise Prim. School
Playing Field Nursery
Woodend Prim. Sch.
Kingsway Shopping Precinct
Magpie Bottom
Hanham Folk Cen.
Liby.
Plowright Ho.
Hanham Business Park
Hanham Abbots Jun. & Samuel Whites Infant School
Pavilion
Avon Valley Park
Greenbank Playing Fields
Pav. Playing Field
Stone Hill
Stonehill Nursery
St. Stephen's Jun. & Inf. Sch.
Nursery
Tennis Courts
Civ. Cen.
Court Office
A420
A4017
B4048
B4046
A431
Soundwell Road
Downend Road
Regent Street
High Street
Two Mile Hill Road
Hanham Road
High Street
Church Road
Memorial Road
Bryants Hill
Lower Chapel Rd.
Mount Hill Road
Woodyleaze
Stonehill
Avon Ring Road
Cecil Road
Moravian Road
Kingsway
Furber Road
Footshill Road
Forest Road
Court Road
Southey Avenue
Cheltenham Road
Ingleside Road
Charlton Road
Lodge Road
Crown Hill
Syston Way

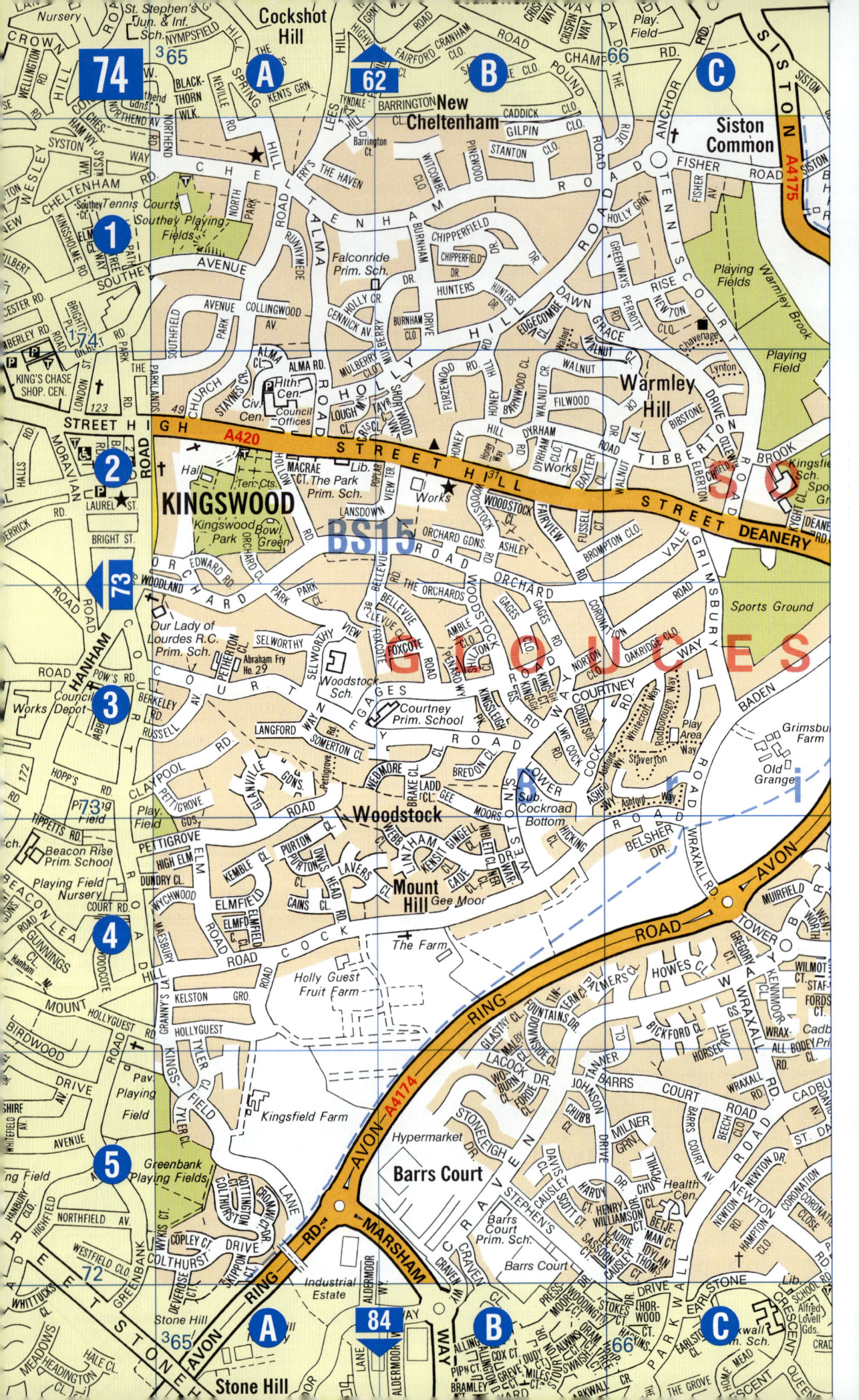

74
62
73
84
A
B
C
1
2
3
4
5
365
66
72
Cockshot Hill
New Cheltenham
Siston Common
Warmley Hill
KINGSWOOD
BS15
Woodstock
Mount Hill
Barrs Court
Stone Hill
Cockroad Bottom
GLOUCESTER
BRISTOL
St. Stephen's Jun. & Inf. Sch.
Southey Playing Fields
Southey Tennis Courts
Falconride Prim. Sch.
King's Chase Shop. Cen.
Council Offices
Hlth. Cen.
Civ. Cen.
The Park Prim. Sch.
Kingswood Park
Bowl. Green
Ten. Cts.
Our Lady of Lourdes R.C. Prim. Sch.
Woodstock Sch.
Courtney Prim. School
Council Works Depot
Beacon Rise Prim. School
Playing Field
Nursery
Holly Guest Fruit Farm
The Farm
Kingsfield Farm
Greenbank Playing Fields
Hypermarket
Barrs Court Prim. Sch.
Industrial Estate
Health Cen.
Playing Fields
Sports Ground
Play Area
Grimsbury Farm
Old Grange
Warmley Brook
Works
Play. Field
CHELTENHAM ROAD
HIGH STREET
REGENT STREET
HILL STREET
DEANERY ROAD
ORCHARD ROAD
COURTNEY ROAD
COCK ROAD
HANHAM ROAD
AVON RING ROAD
MARSHAM WAY
HOLLY HILL ROAD
ALMA ROAD
TENNIS COURT ROAD
SISTON
FISHER ROAD
A420
A4174
A4175

63
85
Goose Green
Webbs Heath
Bridgeyate
WARMLEY
North Common
Cadbury Heath
OLDLAND
BS30
SISTON (GOOSE GREEN) HILL
WEBBS HEATH
LONDON RD.
HIGH ST
A420
A4174
A4175
AVON RING ROAD (UNDER CONSTRUCTION Estimated Completion Feb. 2001)
COMMON RD.
STANLEY RD.
BATH ROAD
HIGH STREET
TOWER ROAD NORTH
TOWER ROAD SOUTH
TOWER LANE
MILL LANE
VICTORIA ROAD
CANN LANE
Seven Winds
Cherry Cottage
Cherry Orchard Farm
Mill Farm
Siston Hill
The Firs
Bonny Mount Farm
Myrtle Farm
Brook Farm
Little Brook Farm
Webb's Heath Farm
Meadow Farm
Moundscourt Farm
Varniters
Bridge Farm
Springfield Farm
Grimsbury Park Sch.
The Grange School
Crown Industrial Estate
Bakery
Works
Bridgeyate Common
Manor Farm
Kingsway Trailer Park
Football Grd.
Woodfield
Meadow Edge
Cann Farm
Orchard Lodge
Coronation Park
Youth Cen.
Playing Field
Warmley Golf Course (Pitch & Putt)
Weston Court Farm
Harver's Lye
Red Lodge Prim. Sch.

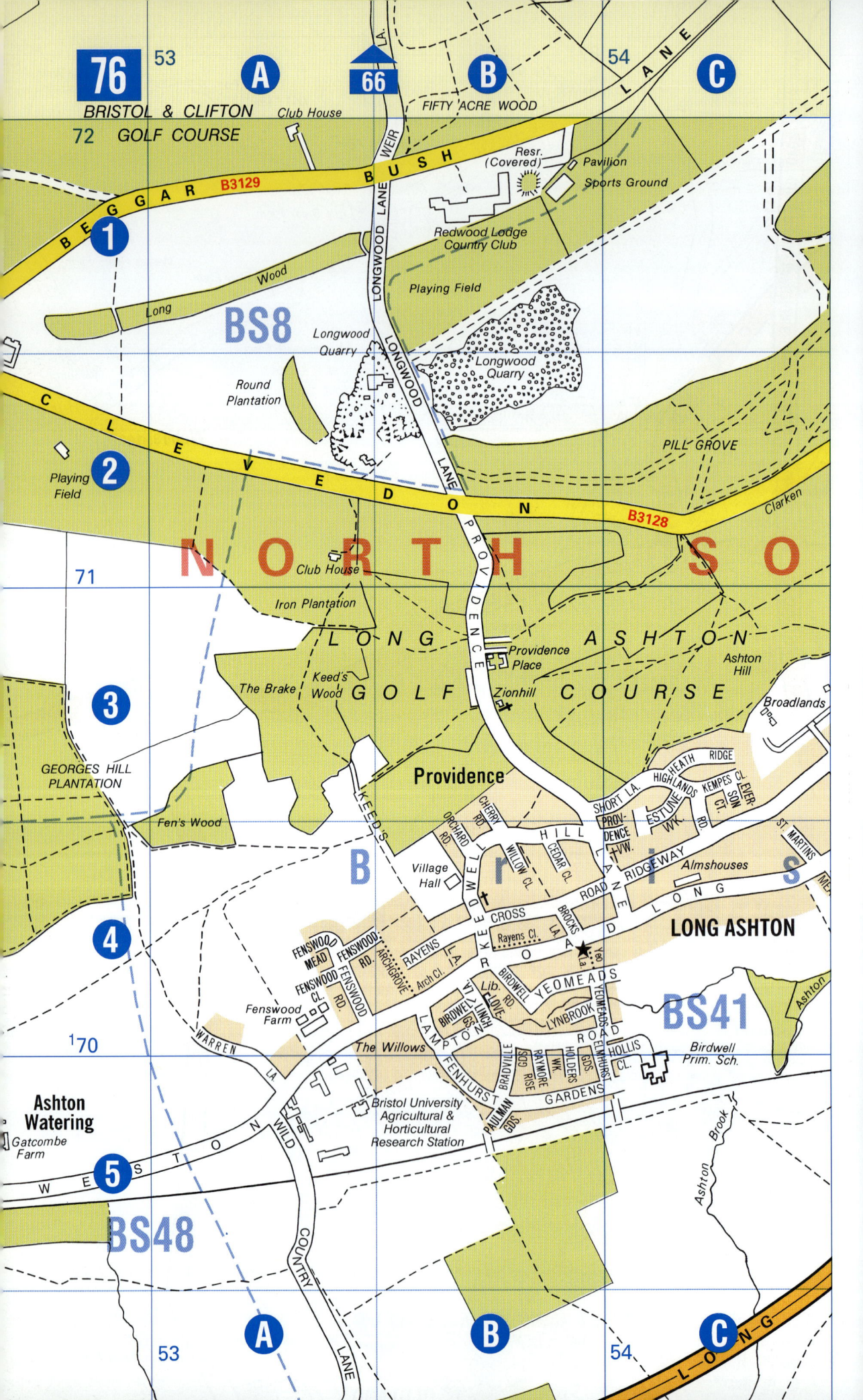

A

66

B 54

C

BRISTOL & CLIFTON
72 **GOLF COURSE**

Club House

FIFTY ACRE WOOD

1

BEGGAR B3129 BUSH LANE WEIR

Long Wood

Longwood Quarry

Longwood LANE

BS8

Round Plantation

Resr. (Covered)

Pavilion

Sports Ground

Redwood Lodge Country Club

Playing Field

Longwood Quarry

2

CLEVEDON

Playing Field

PROVIDENCE

PILL GROVE

B3128 Clarken

71

N O R T H   S O

Club House

Iron Plantation

L O N G   A S H T O N

Providence Place

Zionhill

Ashton Hill

3

The Brake

Keed's Wood

G O L F   C O U R S E

Broadlands

GEORGES HILL PLANTATION

Fen's Wood

Providence

SHORT LA. HEATH RIDGE
HIGHLANDS KEMPES CLEVER
ESTUNE WK. SON CT.
PROVI- DENCE RD. ST. MARTINS
VW. RIDGEWAY Almshouses LONG MS

CHERRY RD.
ORCHARD RD.
WILLOW CL.
CEDAR CL.
HILL ROAD

B

Village Hall

4

FENSWOOD MEAD
FENSWOOD CL.
FENSWOOD RD.

RAVENS

CROSS
Rayens Cl.
BROCKS LA.

KEEDWELL

ARCHGROVE
Arch Cl.

BIRDWELL LA.
LINCH
LOVE

LIB.
BIRDWELL RD.

YEOMEADS
LVNBROOK
YEOMEADS ROAD
LAMPTON

LONG ASHTON

BS41

Ashton

Fenswood Farm

The Willows

FENHURST GARDENS
PAULMAN GDS.
BRADVILLE
RAYMORE WK. RISE
HOLDERS GDS.
HOLLIS CL.

Birdwell Prim. Sch.

¹70

WARREN LA.

Ashton Watering

Gatcombe Farm

Bristol University Agricultural & Horticultural Research Station

WESTON WILD COUNTRY LANE

5

BS48

Ashton Brook

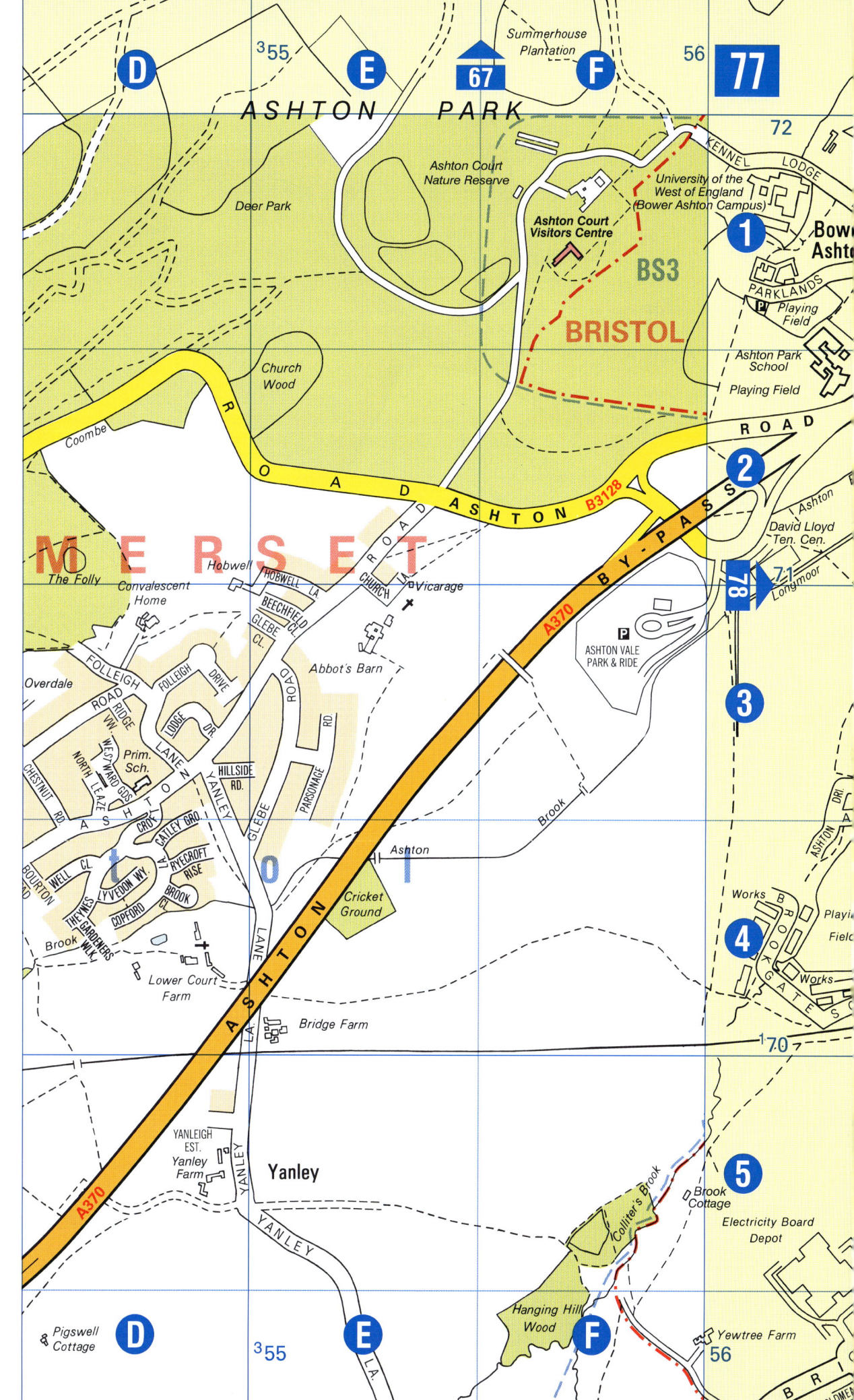

ASHTON PARK

Summerhouse Plantation

67

355

56

72

D

E

F

Deer Park

Ashton Court Nature Reserve

University of the West of England (Bower Ashton Campus)

KENNEL LODGE

1

Bow Ashto

Church Wood

Ashton Court Visitors Centre

BS3

PARKLANDS

Playing Field

BRISTOL

Ashton Park School

Playing Field

Coombe

R O A D

ROAD ASHTON B3128

R O A D

2

Ashton

David Lloyd Ten. Cen.

M E R S E T

The Folly

Convalescent Home

Hobwell

HOBWELL LA.

Church

Vicarage

BY-PASS

78

71

Longmoor

Overdale

FOLLEIGH

ROAD

RIDGE

VW.

FOLLEIGH DRIVE

BEECHFIELD CL.

GLEBE CL.

A370

ASHTON VALE PARK & RIDE

3

LODGE DR.

LANE

Prim. Sch.

HILLSIDE RD.

GLEBE

PARSONAGE RD.

ROAD

Abbot's Barn

Brook

CHESTNUT RD.

NORTH LEAZE

WES'WARD GDS.

CROFT

CATLEY GRO.

LANE

RYECROFT RISE

LANE

ASHTON

Ashton

Works

Works

B R O O K G A T E S

ASHTON DRI

Playi Field

BOURTON RD

WELL CL.

LYVEDOM WY.

COPFORD CL.

BROOK

Cricket Ground

THEYNES GARDENERS WLK.

Brook

Lower Court Farm

LANE

170

4

Bridge Farm

ASHTON

YANLEIGH EST.

Yanley Farm

YANLEY

Yanley

Colliter's Brook

Brook Cottage

5

A370

YANLEY

Electricity Board Depot

Pigswell Cottage

D

355

E

Hanging Hill Wood

F

56

Yewtree Farm

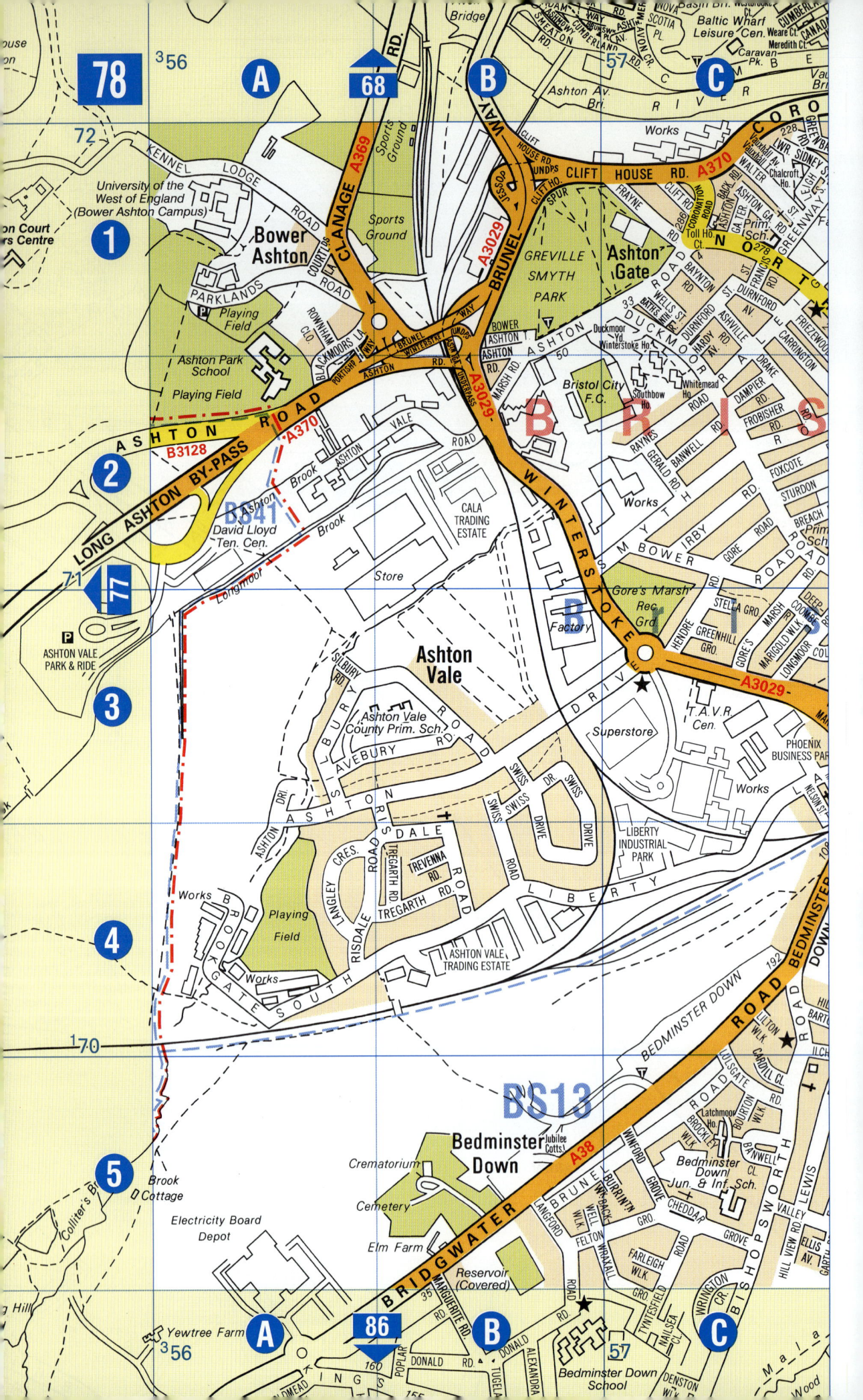

78
68
77
86
A
B
C
1
2
3
4
5
356
57
72
71
170
University of the
West of England
(Bower Ashton Campus)
Bower
Ashton
KENNEL LODGE ROAD
PARKLANDS
COURT LA.
ROWNHAM CLO.
BLACKMOORS LA.
Playing
Field
Ashton Park
School
Playing Field
CLANAGE RD.
A369
Sports
Ground
Sports
Ground
Bridge
JESSOP
CLIFT HOUSE RD.
CLIFT HOUSE RD.
A370
BRUNEL WAY
A3029
GREVILLE
SMYTH
PARK
Ashton
Gate
Ashton Av.
Bri.
RIVER
Baltic Wharf
Leisure Cen.
Caravan
Pk.
SMEATON RD.
CUMBERLAND
SCOTIA PL.
AVON CR.
Works
CORONATION ROAD
NORTH
Toll Ho.
Ct.
ASHTON GA. RD.
BACK RD.
GATER
Prim.
Sch.
FRAYNE
Chalcroft
Ho.
GREENWAY
SIDNEY
DURNFORD ST.
FRANCIS
DURNFORD AV.
ASHVILLE
CARRINGTON
FRIEZEWOOD
BAYNTON RD.
WELLS ST.
BATHS
DUCKMOOR
HARDY AV.
DURNFORD RD.
Duckmoor
Yd.
Winterstoke Ho.
Whitemead
Ho.
Southbow
Ho.
Bristol City
F.C.
BRISTOL
DRAKE
DAMPIER RD.
FROBISHER RD.
RAYNES
GERALD RD.
BANWELL RD.
FOXCOTE
STURDON
BREACH
IRBY RD.
GORE RD.
BOWER
ROAD
Works
ASHTON RD.
MARSH RD.
BOWER ASHTON
WINTERSTOKE
ASHTON ROAD
A370
B3128
ASHTON
LONG ASHTON BY-PASS
BS41
David Lloyd
Ten. Cen.
Ashton Brook
Brook
Longmoor
ASHTON VALE ROAD
CALA
TRADING
ESTATE
Store
Factory
Gore's Marsh
Rec.
Grd.
STELLA GRO.
GREENHILL GRO.
HENDRE
GORE'S
MARSH
COOMBE
DEEP
MARIGOLD WLK.
LONGMOOR
A3029
P
ASHTON VALE
PARK & RIDE
Ashton
Vale
SILBURY RD.
SILBURY ROAD
Ashton Vale
County Prim. Sch.
AVEBURY RD.
ASHTON DRIVE
T.A.V.R.
Cen.
Superstore
PHOENIX
BUSINESS PAR
Works
SWISS
DR.
SWISS DRIVE
SWISS ROAD
LIBERTY
INDUSTRIAL
PARK
LIBERTY
ASHTON DRI.
RISDALE ROAD
TREGARTH RD.
TREVENNA RD.
LANGLEY CRES.
TREGARTH RD.
Works
Playing
Field
Works
BROOKGATE
SOUTH
ASHTON VALE
TRADING ESTATE
BEDMINSTER DOWN
BEDMINSTER ROAD
192
LILTON WLK.
CARDILL CL.
BS13
Bedminster
Down
Jubilee
Cotts.
Crematorium
Cemetery
Elm Farm
Brook
Cottage
Electricity Board
Depot
Colliter's Br.
Reservoir
(Covered)
BRIDGWATER ROAD
A38
MARGUERITE RD.
35
LANGFORD
BRUNEL
WINFORD GROVE
BURRINGTON
WALK
WELL
FELTON
WRAXALL
GRO.
CHEDDAR
GROVE
Latchmoor
Ho.
BROCKLEY WLK.
BOURTON WLK.
BANWELL CL.
Bedminster
Down
Jun. & Inf. Sch.
BISHOPSWORTH
VALLEY
LEWIS
HILL VIEW RD.
ELLIS AV.
FARLEIGH WLK.
ROAD
WRINGTON CR.
TYNTESFIELD
NAILSEA CL.
Yewtree Farm
KING
160
155
POPLAR
DONALD RD.
DONALD
ALEXANDRA
TUGELA
Bedminster Down
School
DENSTON WLK.
Malago
Wood

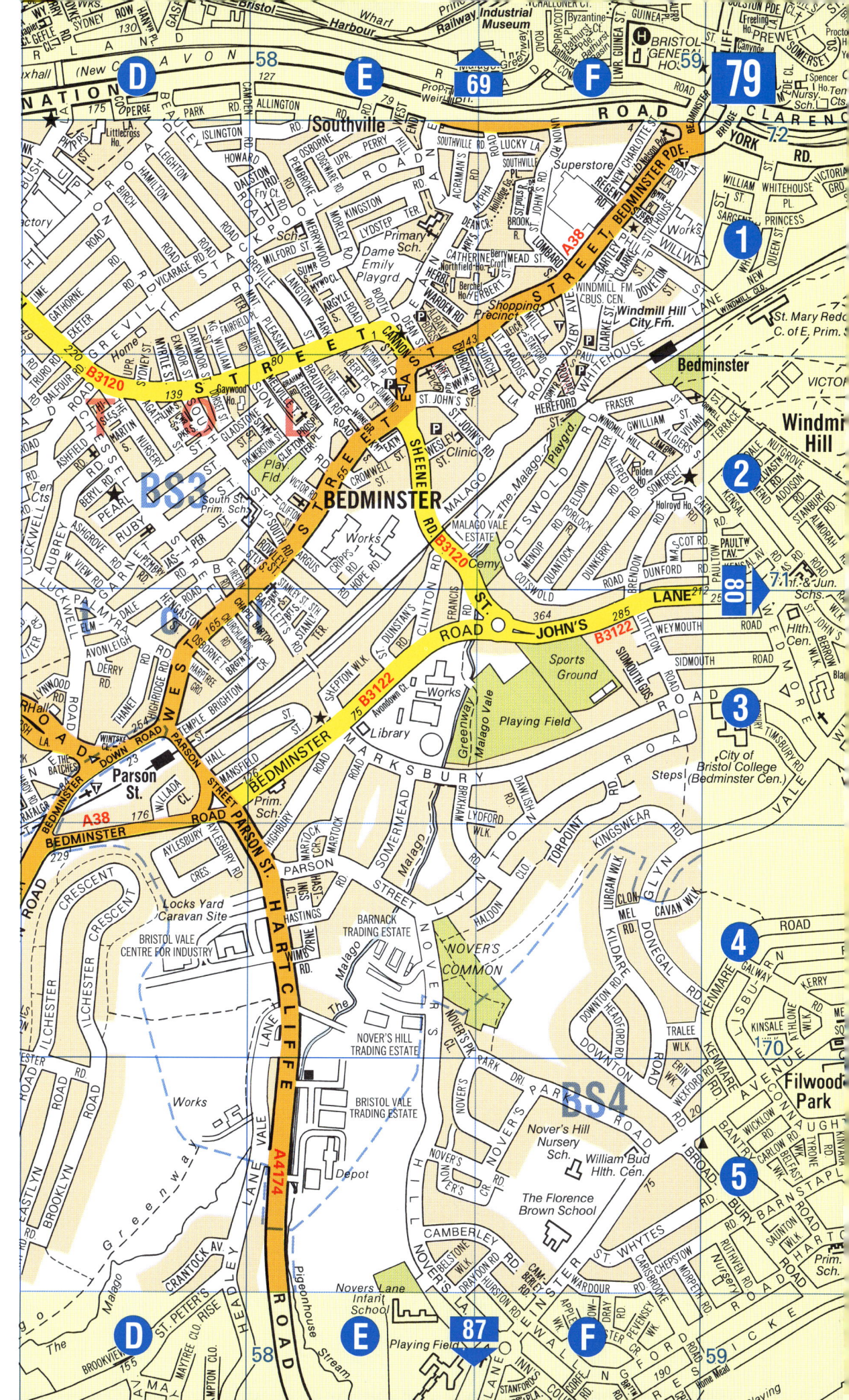
Southville
BEDMINSTER
Bedminster
Windmill Hill City Fm.
Parson St.
BS3
BS4
Filwood Park
Sports Ground
Playing Field
Library
City of Bristol College (Bedminster Cen.)
BARNACK TRADING ESTATE
NOVER'S HILL TRADING ESTATE
BRISTOL VALE TRADING ESTATE
BRISTOL VALE CENTRE FOR INDUSTRY
Locks Yard Caravan Site
The Florence Brown School
NOVER'S COMMON
Industrial Museum
69
80
87

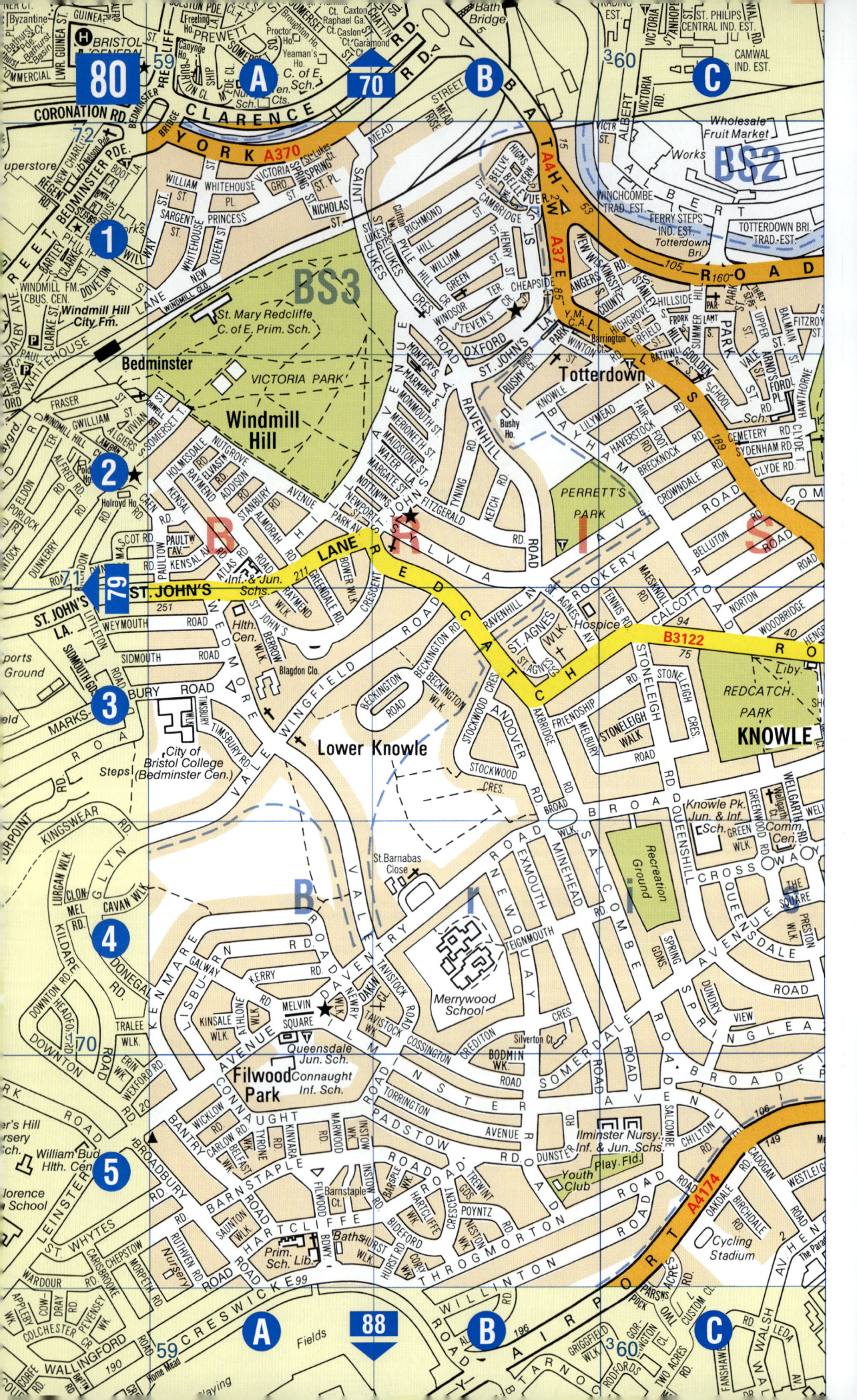
BS3
BS2
Bedminster
Windmill Hill
Totterdown
Lower Knowle
KNOWLE
Filwood Park
VICTORIA PARK
PERRETT'S PARK
REDCATCH PARK
Recreation Ground
Merrywood School
City of Bristol College (Bedminster Cen.)
St. Mary Redcliffe C. of E. Prim. Sch.
Windmill Hill City Fm.
Wholesale Fruit Market
Cycling Stadium
CORONATION RD.
YORK RD A370
BATH RD. A4 A37
WELLS RD.
REDCATCH RD. B3122
ST. JOHN'S LA.
AIRPORT RD. A4174
TOTTERDOWN BRI. TRAD. EST.
WINCHCOMBE TRAD. EST.
FERRY STEPS IND. EST.
ST. PHILIPS CENTRAL IND. EST.
CAMWAL IND. EST.
70
79
88

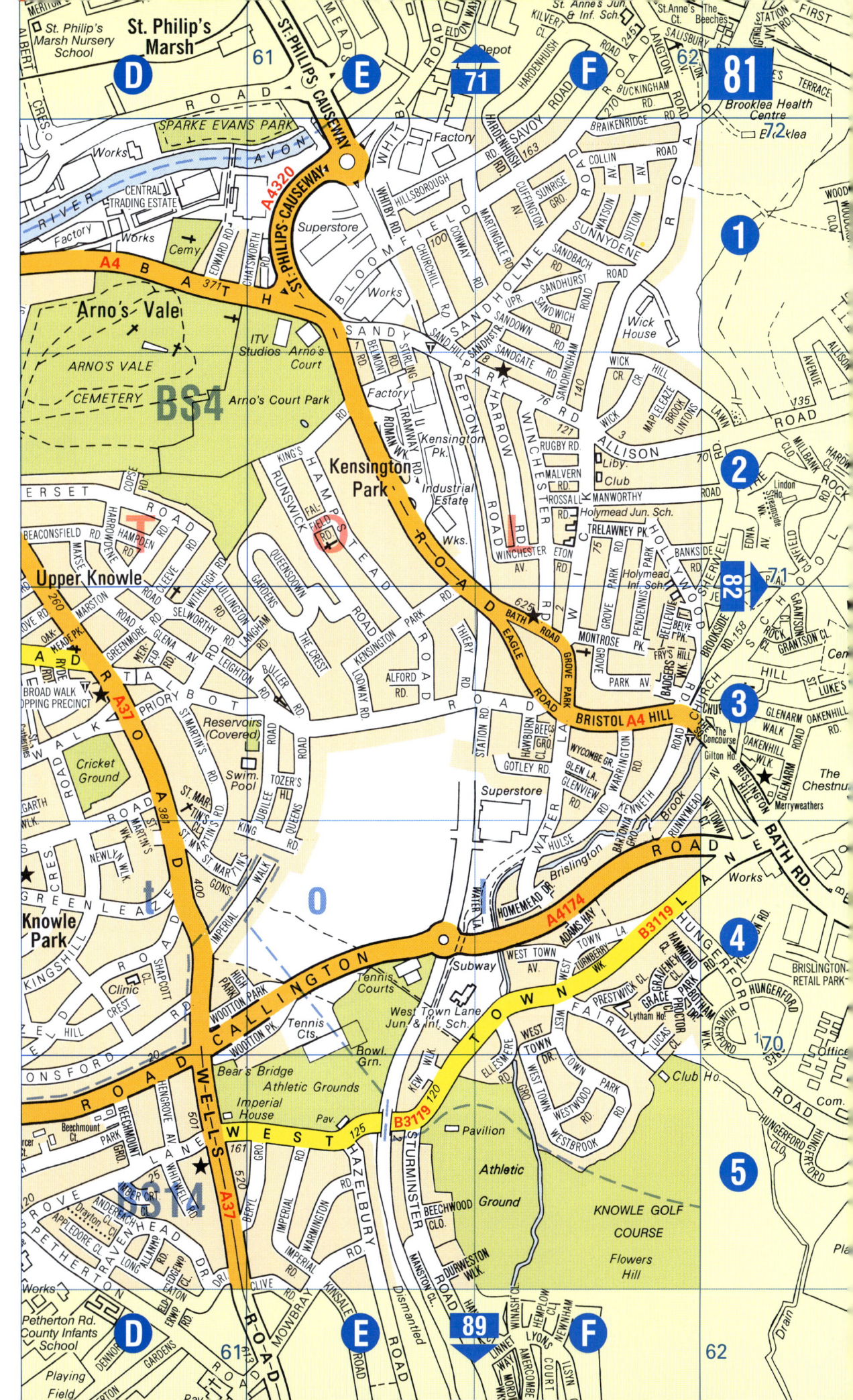

81
71
82
89
D
E
F
1
2
3
4
5
61
62
St. Philip's Marsh
St. Philip's Marsh Nursery School
ST. PHILIPS CAUSEWAY
SPARKE EVANS PARK
RIVER AVON
CENTRAL TRADING ESTATE
Works
Factory
Cemy
A4320
Superstore
BATH ROAD
A4
Arno's Vale
ARNO'S VALE CEMETERY
BS4
ITV Studios
Arno's Court
Arno's Court Park
Kensington Park
Kensington Pk.
Industrial Estate
Wks.
SANDY PARK ROAD
BLOOMFIELD
WHITBY RD.
HILLSBOROUGH
CHURCHILL
CONWAY
MARTINGALE RD.
CUFFINGTON AV.
SUNRISE GRO.
HARDENHUISH RD.
SAVOY ROAD
BRAIKENRIDGE
COLLIN
SUNNYDENE
SANDHOLME
SANDBACH RD.
SANDHURST
SANDWICH
SANDOWN
SANDGATE
SANDRINGHAM
Wick House
WICK CR.
WICK ROAD
ALLISON ROAD
MAPLELEAZE
BROOK LINTONS
RUGBY RD.
MALVERN RD.
ROSSALL
MANWORTHY
Liby.
Club
Holymead Jun. Sch.
Holymead Inf. Sch.
TRELAWNEY PK.
HAMPSTEAD ROAD
RUNSWICK
QUEENSDOWN GARDENS
THE CREST
KENSINGTON PARK ROAD
LODWAY RD
ALFORD RD.
THIERY RD.
STATION RD.
ROMAN WK.
TRAMWAY RD.
REPTON ROAD
HARROW ROAD
WINCHESTER RD.
EAGLE ROAD
BATH ROAD
BRISTOL A4 HILL
GROVE PARK
MONTROSE PK.
PARK AV.
PENDENNIS PK.
BELLEVUE PK.
FRY'S HILL
BADGERS WK.
BROOKSIDE RD.
CHURCH HILL
GRANTSON CL.
ROCK CL.
The Concourse
Gilton Ho.
BRISLINGTON HILL
GLENARM WALK
OAKENHILL
OAKENHILL RD.
The Chestnuts
Merryweathers
ST. LUKE'S
Lindon Ho.
EDNA AV.
Upper Knowle
BEACONSFIELD RD.
HAMPDEN RD.
MARSTON ROAD
SELWORTHY RD.
WITHLEIGH RD.
LULLINGTON RD.
LANGHAM RD.
LEIGHTON RD.
BULLER RD.
PRIORY BOT
BROAD WALK SHOPPING PRECINCT
A37
WELLS ROAD
Cricket Ground
Reservoirs (Covered)
Swim. Pool
TOZER'S HL.
JUBILEE ROAD
ST. MARTIN'S RD.
IMPERIAL WALK
Knowle Park
GREEN LEAZE
KINGSHILL ROAD
Clinic
CREST
SHAPCOTT CL.
WOOTTON PARK
WOOTTON PK.
CALLINGTON ROAD
A4174
BRISLINGTON ROAD
Superstore
GOTLEY RD.
WYCOMBE GR.
GLEN LA.
GLENVIEW RD.
WARRINGTON RD.
KENNETH RD.
HAWBURN CL.
BEECHES GRO.
Brook
HULSE RD.
HOMEMEAD DR.
WATER LA.
Subway
ADAMS HAY
WEST TOWN AV.
WEST TOWN LA.
TURNBERRY WK.
B3119
WEST TOWN LANE
HUNGERFORD ROAD
HAMMOND GDNS.
PRESTWICK CL.
GRACE PARK RD.
Lytham Ho.
FAIRWAY
LUCAS CL.
PROCTOR CL.
BOTHAM DR.
BRISLINGTON RETAIL PARK
HUNGERFORD CL.
Club Ho.
Com.
Works
Tennis Courts
Tennis Cts.
West Town Lane Jun. & Inf. Sch.
Bowl. Grn.
Bear's Bridge Athletic Grounds
Imperial House
Pav.
Pavilion
Athletic Ground
KNOWLE GOLF COURSE
Flowers Hill
WEST TOWN DR.
WESTWOOD RD.
WESTBROOK
ELLESMERE RD.
KEW WLK.
STURMINSTER ROAD
BEECHWOOD CLO.
DURWESTON WLK.
MANSTON CL.
Dismantled
HAZELBURY ROAD
KINSALE ROAD
MOWBRAY ROAD
IMPERIAL RD.
WARMINGTON RD.
BERYL GRO.
CLIVE RD.
BEECHMOUNT GRO.
Beechmount Ct.
HENGROVE AV.
WHITWELL RD.
BS14
PETHERTON RD.
Petherton Rd. County Infants School
Playing Field
RAVENHEAD DR.
APPLEDORE CL.
Drayton Cl.
EATON CL.
Drain

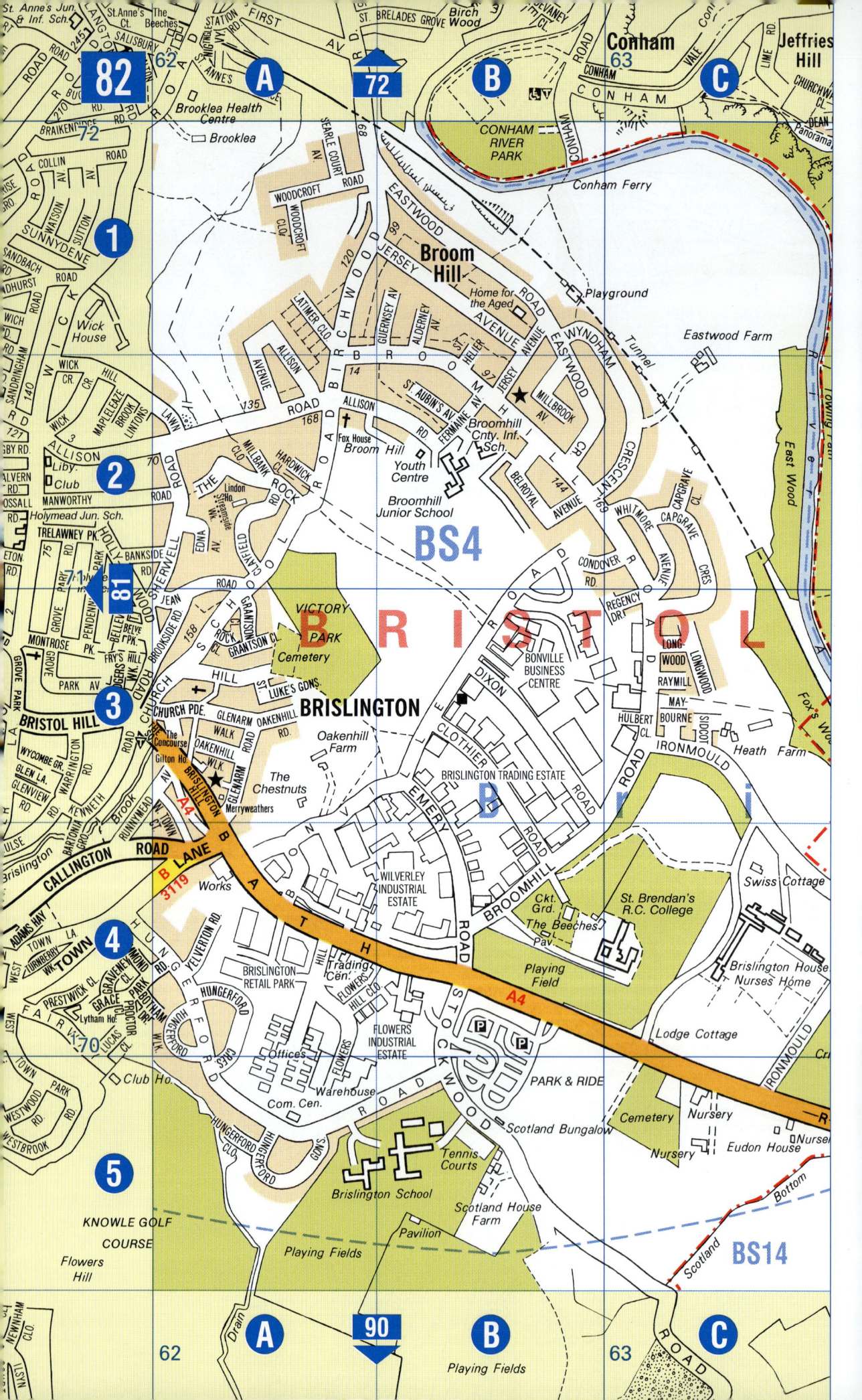

72
90
81
BRISTOL
BS4
BS14
BRISLINGTON
Broom Hill
Conham
Jeffries Hill
CONHAM RIVER PARK
Conham Ferry
Eastwood Farm
East Wood
VICTORY PARK
Cemetery
BONVILLE BUSINESS CENTRE
BRISLINGTON TRADING ESTATE
WILVERLEY INDUSTRIAL ESTATE
BRISLINGTON RETAIL PARK
FLOWERS INDUSTRIAL ESTATE
St. Brendan's R.C. College
Brislington House Nurses' Home
Broomhill Junior School
Broomhill Cnty. Inf. Sch.
Youth Centre
Home for the Aged
Brooklea Health Centre
Oakenhill Farm
The Chestnuts
Heath Farm
Swiss Cottage
Lodge Cottage
PARK & RIDE
Scotland Bungalow
Brislington School
Scotland House Farm
Playing Fields
KNOWLE GOLF COURSE
Flowers Hill
BATH ROAD
A4
B 3119
CALLINGTON ROAD
BRISLINGTON HILL
BRISTOL HILL

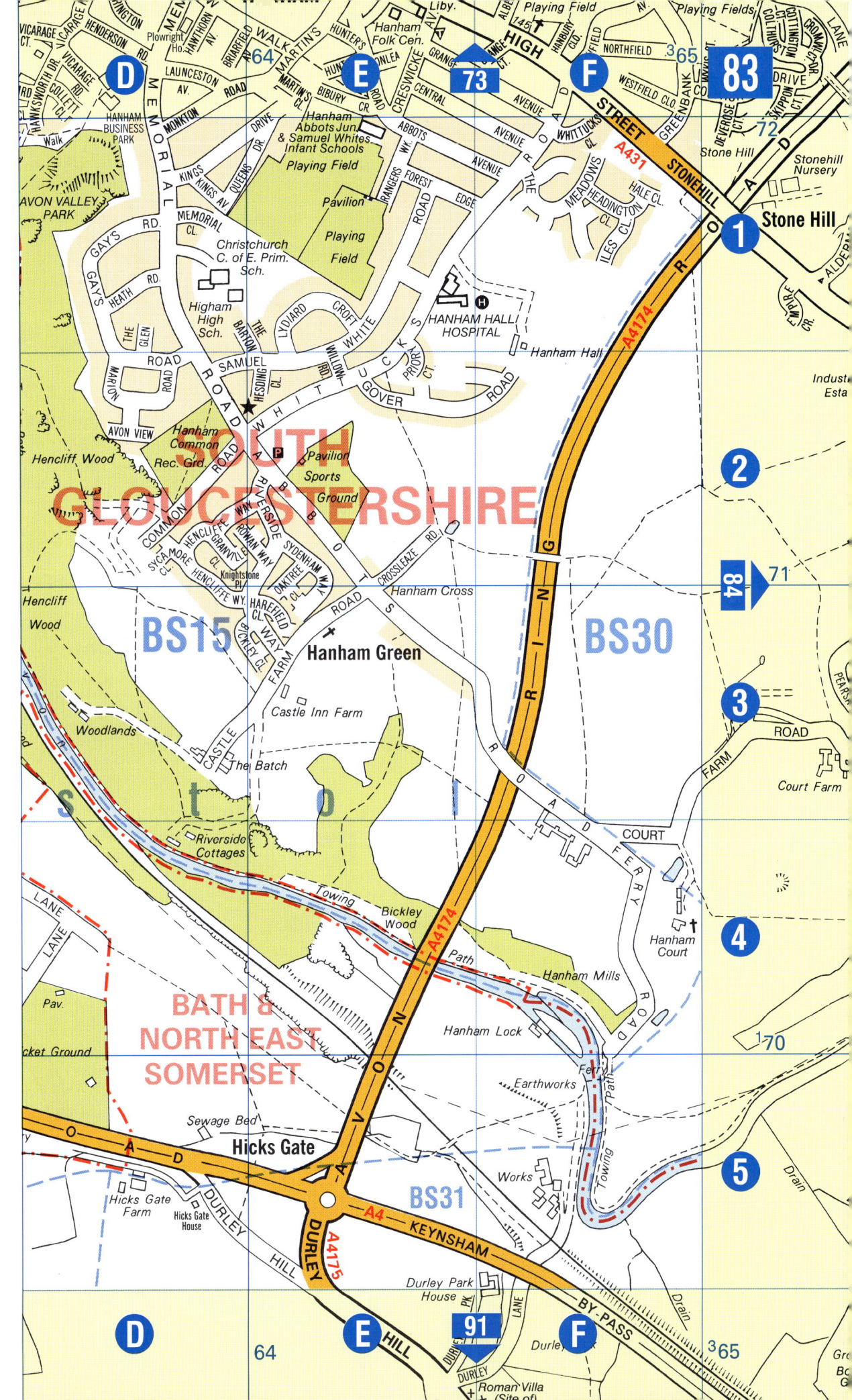

83
73
91
84
D
E
F
1
2
3
4
5
64
365
72
71
170
SOUTH GLOUCESTERSHIRE
BATH & NORTH EAST SOMERSET
BS15
BS30
BS31
Stone Hill
Hanham Green
Hicks Gate
HIGH STREET
STONEHILL
A431
A4174
A4
A4175
RING ROAD
AVON RING ROAD
KEYNSHAM BY-PASS
DURLEY HILL
MEMORIAL ROAD
WHITTUCKS ROAD
ABBOTS AVENUE
CENTRAL AVENUE
FOREST EDGE
RANGERS WK.
GOVER ROAD
PRIORY CT.
WHITE CROFT
LYDIARD CROFT
WILLOW RD.
HESDING CL.
SAMUEL WHITE ROAD
COMMON ROAD
ABBOTS ROAD
CROSSLEAZE RD.
RIVERSIDE WAY
SYDENHAM WAY
HAREFIELD CL.
FARM WAY
CASTLE FARM
COURT FARM ROAD
FERRY ROAD
COURT ROAD
GAY'S RD.
HEATH RD.
THE GLEN
MARION ROAD
AVON VIEW
KINGS AV.
QUEENS DR.
MONKTON DRIVE
LAUNCESTON AV.
HENDERSON RD.
VICARAGE CT.
VICARAGE RD.
HAWKSWORTH DR.
COLLETT CL.
MARTIN'S WALK
HUNTER'S
BIBURY CR.
CRESWICKE ROAD
GRANGE AV.
NORTHFIELD AV.
WESTFIELD CLO.
GREENBANK
WHITTUCKS CL.
MEADOWS CL.
HEADINGTON CL.
HALE CL.
ILES CL.
EMPIRE CR.
DRIVE
Liby.
Playing Field
Playing Fields
Hanham Folk Cen.
Plowright Ho.
HANHAM BUSINESS PARK
AVON VALLEY PARK
Hanham Abbots Jun. & Samuel Whites Infant Schools
Pavilion
Christchurch C. of E. Prim. Sch.
Higham High Sch.
HANHAM HALL HOSPITAL
Hanham Hall
Hanham Common Rec. Grd.
Sports Ground
Hencliff Wood
Hanham Cross
Castle Inn Farm
The Batch
Woodlands
Riverside Cottages
Towing Path
Bickley Wood
Hanham Mills
Hanham Lock
Hanham Court
Court Farm
Stonehill Nursery
Stone Hill
Indust. Esta
Ferry
Earthworks
Sewage Bed
Works
Hicks Gate Farm
Hicks Gate House
Durley Park House
Roman Villa (Site of)
Pav.
Drain
Sch.
Knightstone Pl.
HENCLIFFE WY.

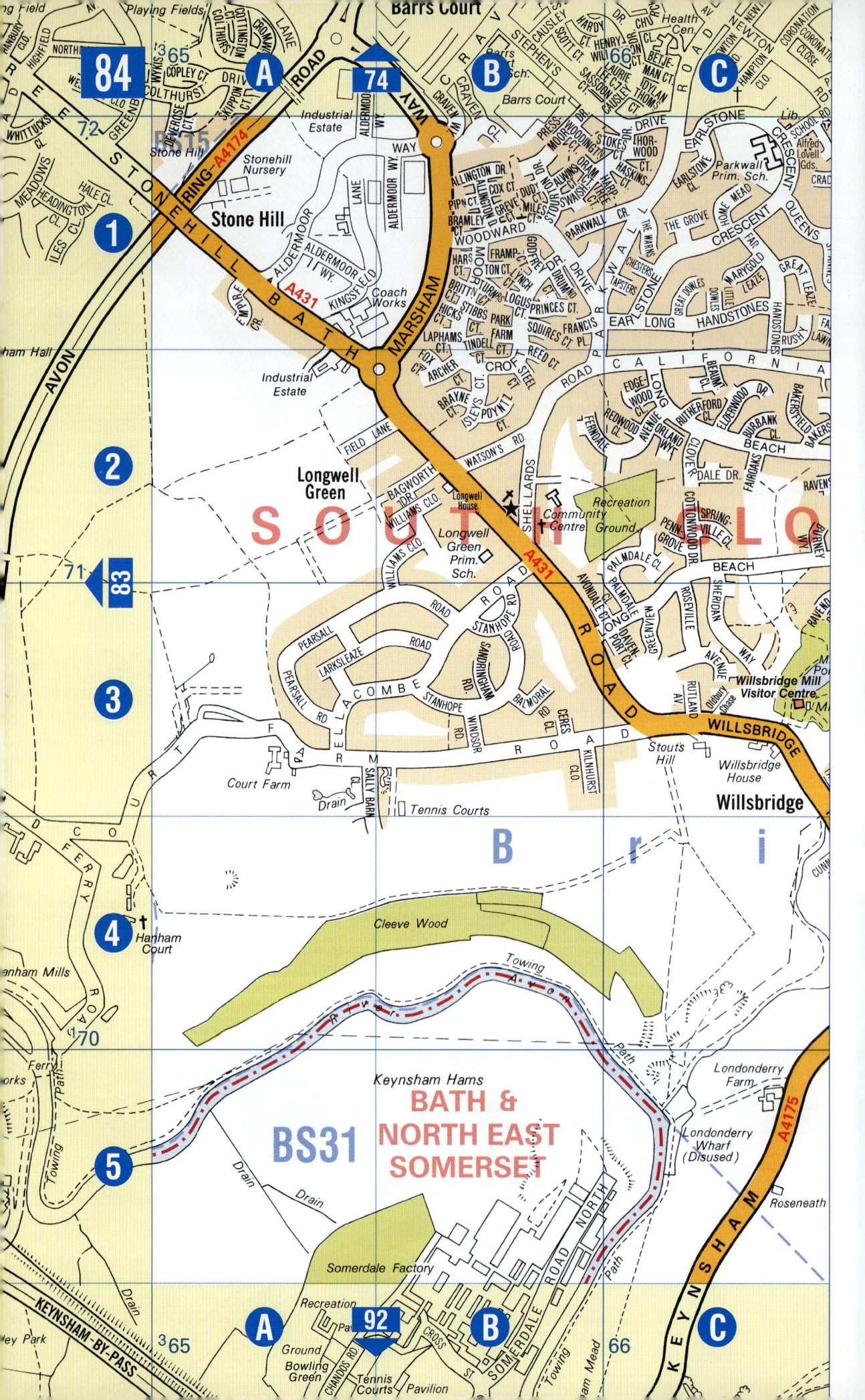

84
Barrs Court
Stone Hill
Longwell Green
SOUTH GLO
Willsbridge
Willsbridge Mill Visitor Centre
Cleeve Wood
Keynsham Hams
BATH & NORTH EAST SOMERSET
BS31
Somerdale Factory
Court Farm
Hanham Court
Londonderry Farm
Londonderry Wharf (Disused)
Roseneath
A431
A4174
A4175
74
83
92
KEYNSHAM-BY-PASS

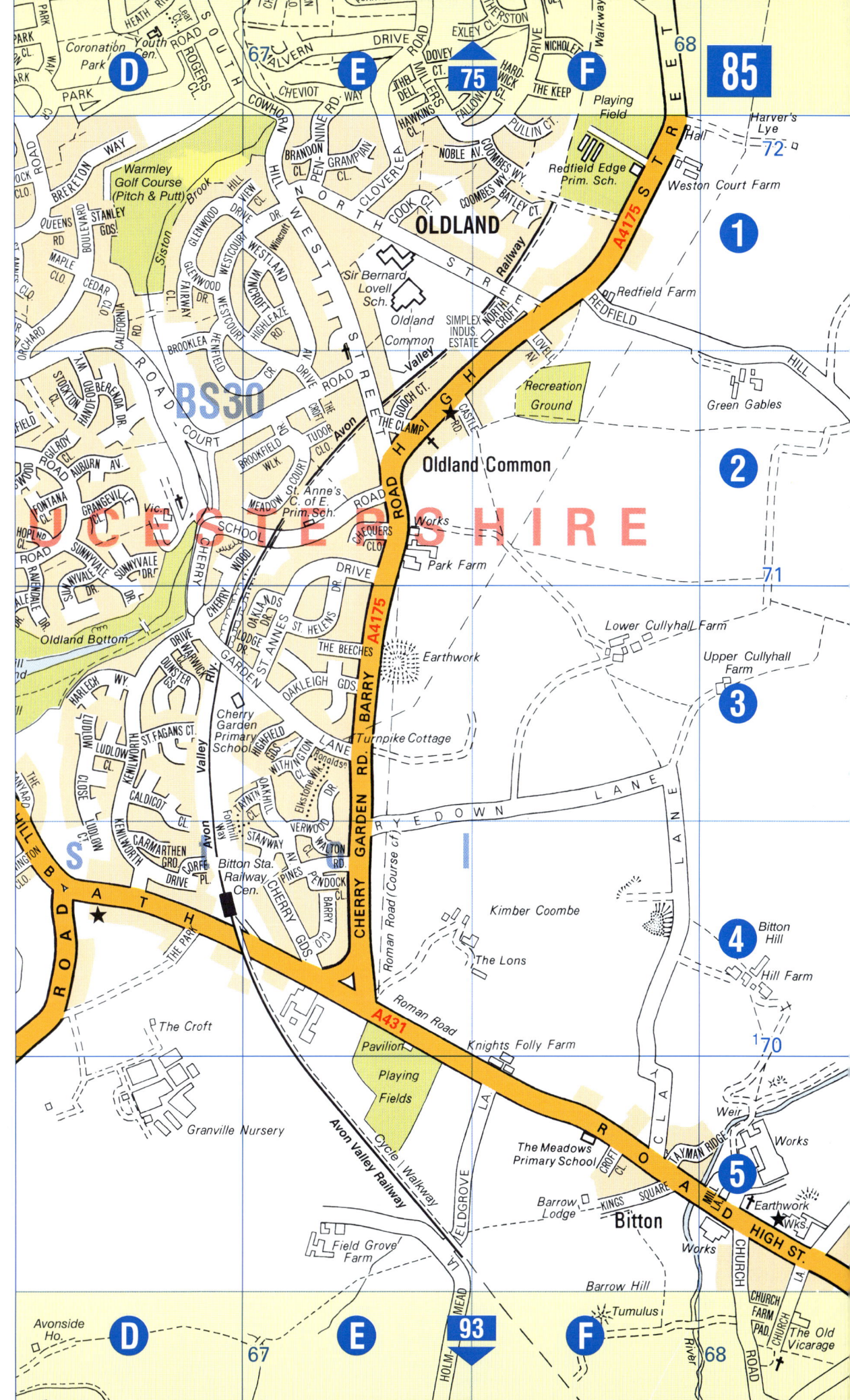
75
OLDLAND
Oldland Common
BS30
Bitton
Warmley Golf Course (Pitch & Putt)
Sir Bernard Lovell Sch.
Redfield Edge Prim. Sch.
Weston Court Farm
Redfield Farm
Green Gables
Recreation Ground
Park Farm
Lower Cullyhall Farm
Upper Cullyhall Farm
Earthwork
Turnpike Cottage
Cherry Garden Primary School
Bitton Sta. Railway Cen.
Kimber Coombe
The Lons
Hill Farm
Bitton Hill
Knights Folly Farm
Pavilion
Playing Fields
The Croft
Granville Nursery
The Meadows Primary School
Barrow Lodge
Field Grove Farm
Barrow Hill
Tumulus
Avonside Ho.
The Old Vicarage
Avon Valley Railway
Cycle Walkway
A4175
A431
93

78
57
356
Cemetery
Electricity Board Depot
Brook Cottage
Reservoir (Covered)
Yewtree Farm
Castle Farm
Winford Bridge
169
BRIDGWATER ROAD
A38
KINGS HEAD LANE
Bedminster Down School
Playing Field
Kings Head Park
Home Farm
Bowling Grn.
Tennis Cts.
Giffords Hill
Lib.
Manor Wood
Malago
BISHOPSWORTH ROAD
Old Peoples Home
Highridge
Highridge Farm
BS41
Highridge Inf. Sch.
Bishopsworth Jun. Sch.
Swim. Pool
WHITCHURCH ROAD
HIGHRIDGE COMMON
Grove House
Bishopsworth
St. Pius X R.C. Prim. Sch.
KING GEORGE'S RD.
Oaktree Farm
Reservoirs (covered)
The Peart
68
Four Acres County Prim. Sch.
Youth Cen.
Clinic
Gay Elms Primary School
Tennis Courts
Highridge
Keedwell Farm
Highridge Farm
Withywood
Withywood Adventure Playground
NORTH SOMERSET
Winifred Cottage
67
Dundry
Hillside Farm
STRAWBERRY LANE
BROADOAK
Sch.

87
79
88
D
E
F
1
2
3
4
5
58
59
169
68
67
The Florence Brown School
Novers Lane Infant School
Playing Field
Novers Lane Jun. Sch.
Playing Fields
Headley Park
Community Centre
Headley Park Prim. Sch.
T.A.V.R. Centre
TRADING ESTATE
Inn's Court
Bristol Sixhundred (Pastime Centre for the Disabled)
Works
A4174
HARTCLIFFE WAY
HENGROVE WAY
Subway
BS4
BS13
BS14
HENGROVE PARK
Recreation Ground
HAWKFIELD BUSINESS PARK
Willmotte Park
Tennis Courts
Bowling Green
Whitehouse Prim. Sch.
Fulford Special Sch.
Hartcliffe
Hlth. Cen.
Hareclive Nursy. Sch.
Hareclive Prim. Sch.
Play. Fld.
Lib.
PLAYING FIELD
City of Bristol College (Hartcliffe Centre)
Teyfant Primary School
Withywood School
Fair Furlong Prim. Sch.
BRISTOL

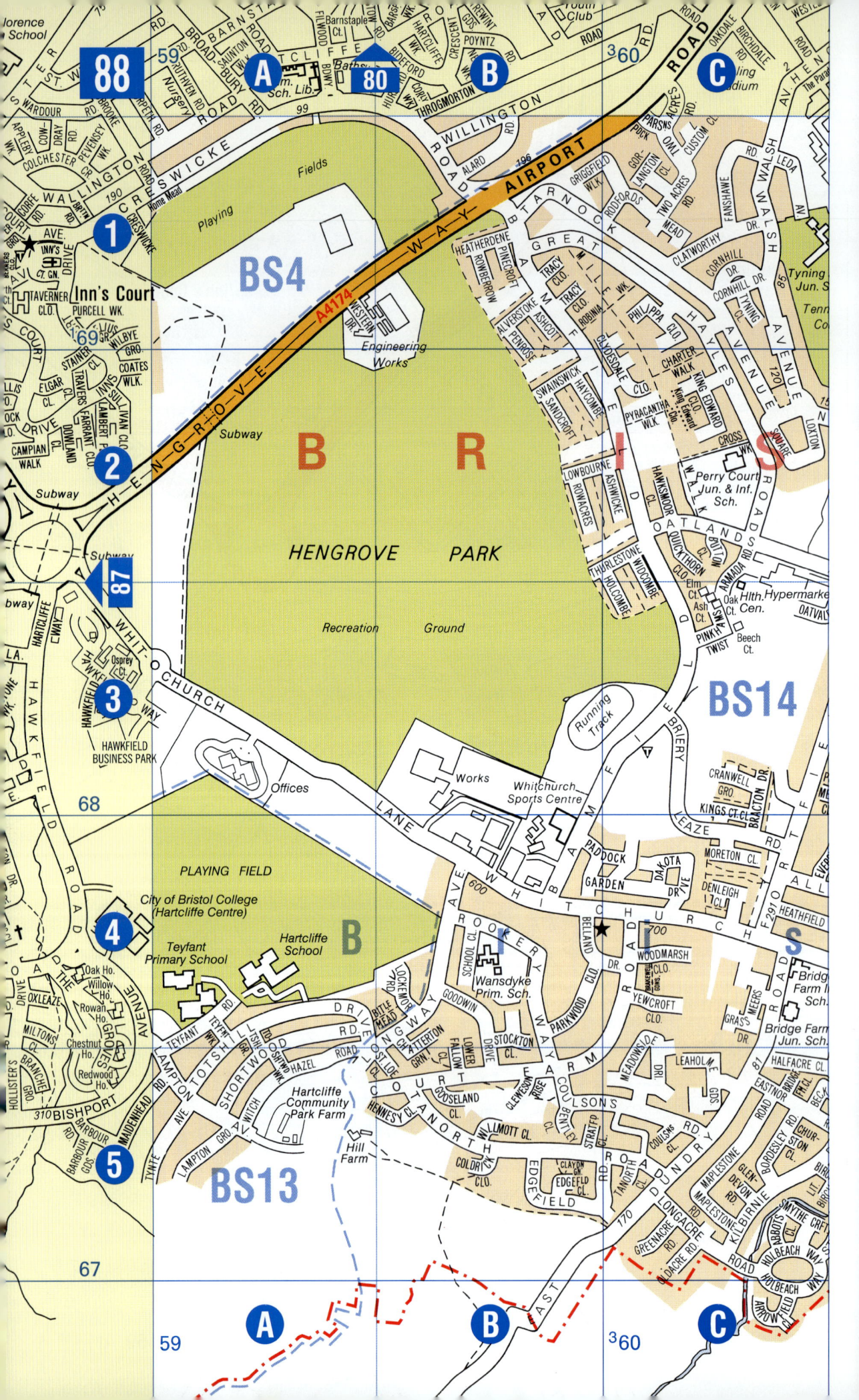

80
87
A
B
C
1
2
3
4
5
59
360
69
68
67
BS4
BS14
BS13
B R I S
B I S
HENGROVE PARK
Recreation Ground
Playing Fields
PLAYING FIELD
A4174
HENGROVE WAY
AIRPORT ROAD
Subway
Engineering Works
Works
Offices
Whitchurch Sports Centre
Running Track
City of Bristol College (Hartcliffe Centre)
Teyfant Primary School
Hartcliffe School
Hartcliffe Community Park Farm
Hill Farm
Wansdyke Prim. Sch.
Perry Court Jun. & Inf. Sch.
Hlth. Cen.
Hypermarket
HAWKFIELD BUSINESS PARK
Inn's Court
Lib.
Baths
Bridge Farm Jun. Sch.
Tyning Jun. S
Florence School
CRESWICKE ROAD
WILLINGTON ROAD
WALLINGTON
COLCHESTER CR.
WARDOUR
THROGMORTON
BROADBURY RD.
STARNOCK
GREAT HAYLES ROAD
HAYLES
WALSH AVENUE
FANSHAWE
CLATWORTHY DR.
CORNHILL DR.
TYNING CL.
HAMFIELD
HAWKSMOOR
OATLANDS AVE.
BRIERY LEAZE RD
CRANWELL GRO.
KINGS CT. CL.
BRACTON DR.
MORETON CL.
DENLEIGH CL.
HEATHFIELD
WHITCHURCH LANE
WHITCHURCH WAY
HAWKFIELD ROAD
HARTCLIFFE WAY
BISHPORT AVENUE
TOTSHILL DRIVE
SHORTWOOD
HAZEL
LAMPTON AVE.
LAMPTON GRO.
TEYFANT RD.
MAIDENHEAD RD.
TINTE
BARBOUR RD.
BARBOUR GDS
ROOKERY WAY
GOODWIN
STOCKTON CL.
PARKWOOD
YEWCROFT CLO.
WOODMARSH CLO.
LEAHOLME GDS
COULSONS RD
FARM ROAD
TANORTH ROAD
HENNESSY CL.
WILLMOTT CL.
COLDRICK CLO.
EDGEFIELD
DUNDRY ROAD
LONGACRE
GREENACRE RD.
MAPLESTONE
KILBIRNIE
HOLBEACH WAY
ARROWFIELD CL.
PADDOCK GARDEN
DAKOTA DRIVE
BELLAND DR.
EASTNOR ROAD
BORDESLEY RD.
HALFACRE CL.
THURLESTONE
HOLCOMBE
WIDCOMBE
QUICKTHORN CLO.
ROWACRES
ASHWICKE
LOWBOURNE
SWAINSWICK
SANDCROFT
HAYCOMBE
PYRACANTHA WLK.
PHILIPPA CLO.
CHARTER WALK
KING EDWARD CLO.
CROSS WK.
LOXTON SQUARE
HEATHERDENE
PINECROFT
ROMBERROW
ALVERSTOKE
ASHCOTT
PENROSE
TRACY CLO.
ROBINIA
CLYDESDALE CLO.
ALARD RD
RODFORDS
TWO ACRES RD.
MEAD
OAKDALE
BIRCHDALE RD.
Oak Ho.
Willow Ho.
Rowan Ho.
Chestnut Ho.
Redwood Ho.
OXLEAZE
MILTONS CL.
BRANCHE GRO.
HOLLISTER'S DRIVE
THE GROVES
ELGAR CL.
CAMPIAN WALK
INNS CT. DRIVE
PURCELL WK.
TAVERNER CLO.

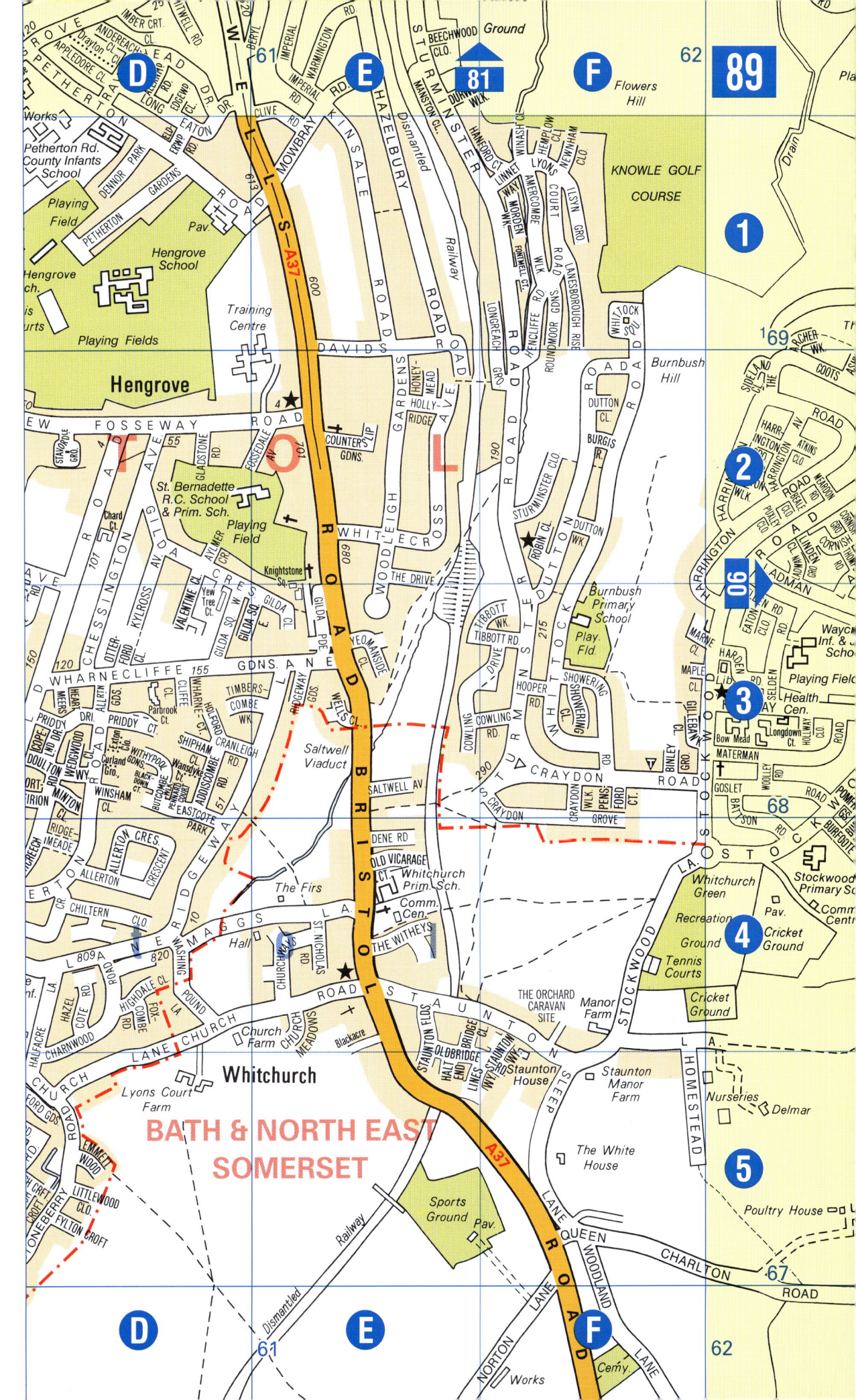

89
81
90
D
E
F
1
2
3
4
5
61
62
169
68
67
Hengrove
Whitchurch
BATH & NORTH EAST SOMERSET
BRISTOL
A37
WELLS ROAD
BRISTOL ROAD
FOSSEWAY
WHARNECLIFFE GDNS.
STURMINSTER ROAD
STOCKWOOD ROAD
CRAYDON ROAD
MAGGS LA.
STAUNTON LA.
CHURCH LANE
CHURCH ROAD
QUEEN CHARLTON ROAD
WOODLAND LANE
NORTON LANE
SLEEP LANE
HOMESTEAD
RIDGEWAY
HAZELBURY ROAD
KINSALE ROAD
MOWBRAY ROAD
PETHERTON ROAD
PETHERTON GARDENS
DENNOR PARK
CHESSINGTON AVE
GILDA CRES
WHITECROSS AVE
WOODLEIGH GARDENS
DUTTON ROAD
WHITTOCK ROAD
HARRINGTON ROAD
Flowers Hill
KNOWLE GOLF COURSE
Burnbush Hill
Burnbush Primary School
Petherton Rd. County Infants School
Playing Field
Playing Fields
Hengrove School
Training Centre
St. Bernadette R.C. School & Prim. Sch.
Knightstone Sq.
Saltwell Viaduct
Whitchurch Prim. Sch.
Comm. Cen.
The Firs
Hall
Whitchurch Green
Recreation Ground
Tennis Courts
Cricket Ground
Stockwood Primary Sch.
THE ORCHARD CARAVAN SITE
Manor Farm
Staunton House
Staunton Manor Farm
Nurseries
Delmar
The White House
Poultry House
Lyons Court Farm
Church Farm
Blackacre
Sports Ground
Pav.
Dismantled Railway
Railway
Cemy.
Works
Health Cen.
Lib.

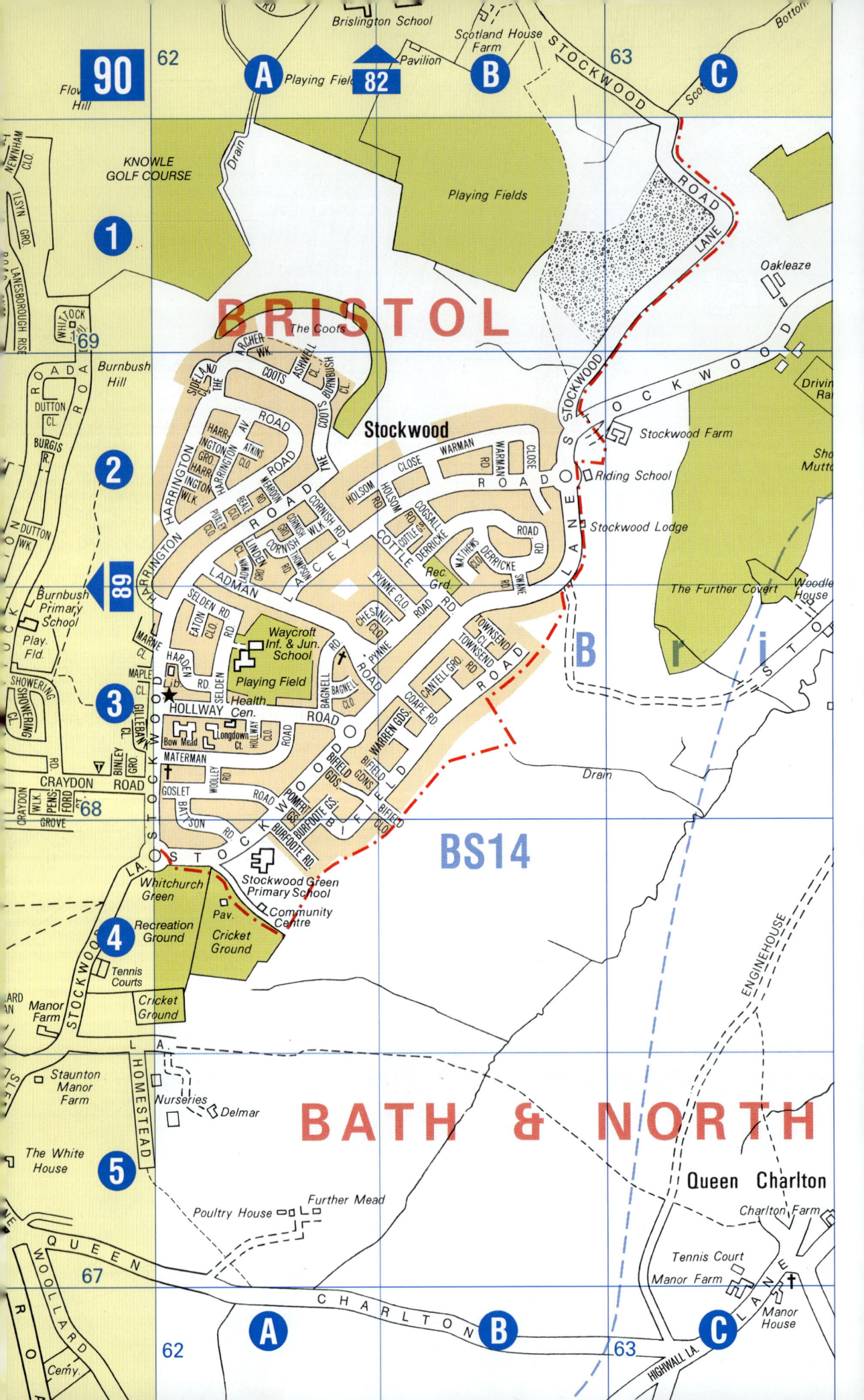

62

A

82

B

STOCKWOOD

63

C

Brislington School

Scotland House Farm

Pavilion

Flox Hill

Newnham CLO.

ILSYN GRO.

LANESBOROUGH RISE

1

KNOWLE GOLF COURSE

Drain

Playing Fields

Oakleaze

Driving Ra

69

WHITLOCK

Burnbush Hill

The Coots

B R I S T O L

ARCHER WK.

Stockwood

Stockwood Farm

Sho Mutto

DUTTON CLO.

BURGIS R.

SIDELAND

THE

ASHWELL CL.

COOTS BURNBUSH CL.

COOTS

ROAD

HARRINGTON GRO.

ATKINS AV.

ATKINS CLO.

HOLSOM CLOSE WARMAN ROAD

WARMAN CLOSE

WARMAN RD.

STOCKWOOD

Riding School

ROAD

2

DUTTON WK.

HARRINGTON HARRINGTON WLK.

HARRINGTON GRO.

BEALE CLO.

PURLEY CLO.

HERDON CLO.

HOLSOM RD.

HOLSOM RD.

COGSALL

COTTLE GRO.

DERRICKE

ROAD

Stockwood Lodge

89

Burnbush Primary School

Play. Fld.

HARRINGTON

CORNISH WK.

CORNISH RD.

CORNISH GRO.

LINDEN DRI.

MARCEY

CORNISH CL.

COTTLE

DERRICKE

MATTHEWS GRO.

DERRICKE RD.

SWANE

ROAD

The Further Covert

Woodle House

ROAD

LADMAN

PYNNE CLO.

Rec. Grd.

ROAD

TOWNSEND CLE.

3

SHOWERING

SHOWERING CLO.

SELDEN RD.

EATON CLO.

SELDEN RD.

MARNE CLO.

HARDEN RD.

SELDEN

Waycroft Inf. & Jun. School

CHESTNUT CLO.

PYNNE

PYNNE CLO.

TOWNSEND RD.

TOWNSEND R.

B r i

MAPLE CLO.

Lib.

HOLLWAY

Health Cen.

Playing Field

BAGNELL RD.

BAGNELL CLO.

ROAD

CANTELL GRO.

CANTELL GRO.

Bow Mead

Longdown Ct.

HOLLWAY CLO.

ROAD

COAPE RD.

BINLEY GRO.

GILLEBANK CL.

MATERMAN RD.

HOLLWAY ROAD

WOOLLEY RD.

ROAD

WARREN GDNS.

BIFIELD RD.

BIFIELD GDNS.

BS14

CRAYDON ROAD

68

CRAYDON WLK.

PENSFORD CT.

GROVE

BATTSON RD.

GOSLET RD.

POMEROY RD.

BURFOOTE GDNS.

BIFIELD CL.

Drain

CHARLTON

Stockwood Green Primary School

BURFOOTE RD.

STOCKWOOD LA.

Whitchurch Green

Pav.

Community Centre

4

Recreation Ground

Tennis Courts

Cricket Ground

Cricket Ground

ENGINEHOUSE

Manor Farm

HOMESTEAD LA.

LA.

BATH & NORTH

Staunton Manor Farm

Nurseries

Delmar

Queen Charlton

5

The White House

Charlton Farm

Further Mead

Poultry House

Tennis Court

Manor Farm

QUEEN

67

WOOLLARD ROAD

62

A

CHARLTON

B

63

C

HIGHWALL LA.

Manor House

Cemy.

Queen Charlton LANE

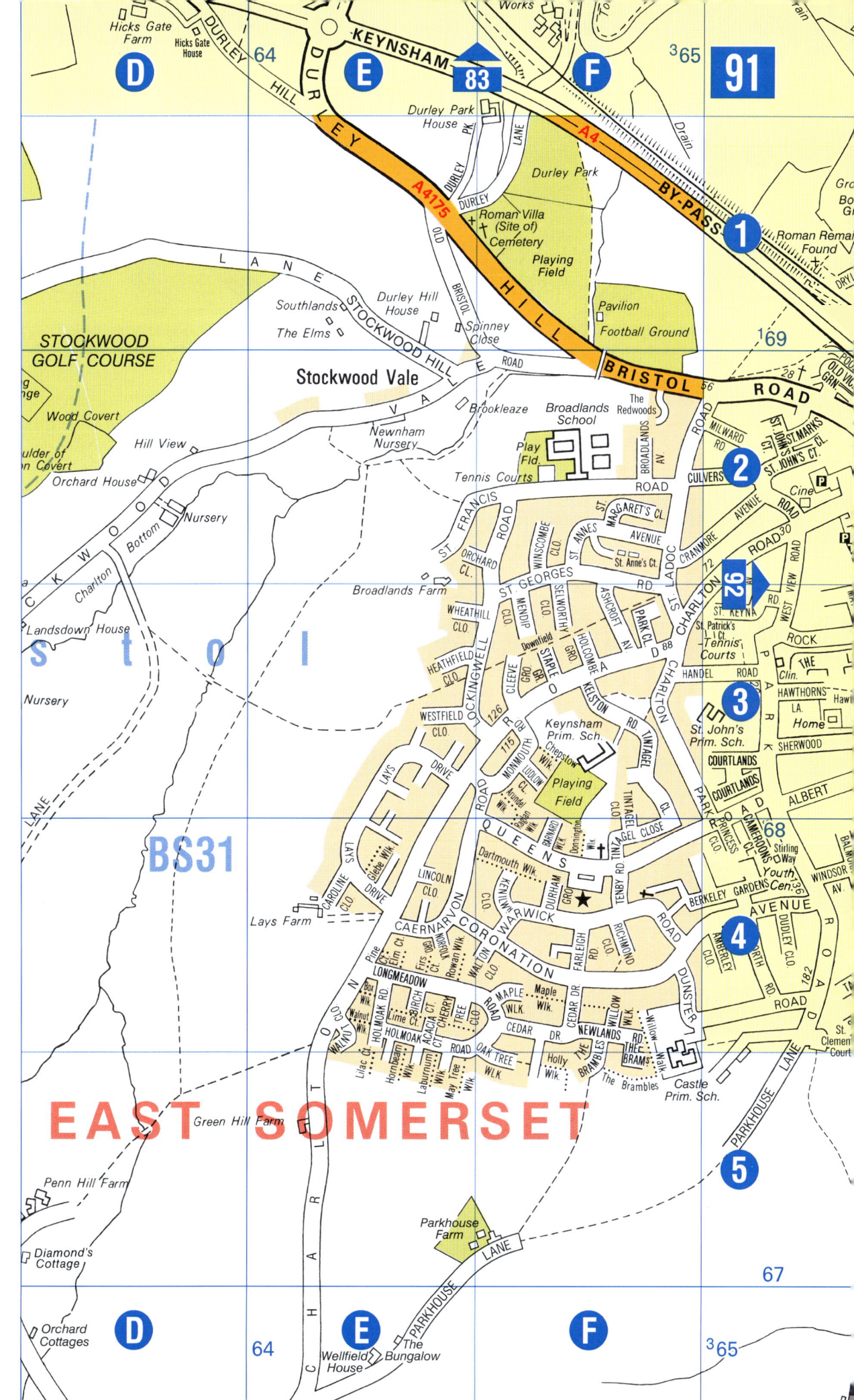
91
83
92
D
E
F
64
365
169
68
67
1
2
3
4
5
Hicks Gate Farm
Hicks Gate House
DURLEY HILL
KEYNSHAM
BY-PASS
A4
A4175
Works
Drain
Durley Park House
DURLEY PK.
LANE
DURLEY
Durley Park
Roman Villa (Site of)
Cemetery
Playing Field
Roman Remains Found
OLD BRISTOL
Pavilion
Football Ground
BRISTOL ROAD
56
28
OLD VIC GRN.
STOCKWOOD GOLF COURSE
LANE
Southlands
The Elms
Durley Hill House
Spinney Close
STOCKWOOD HILL
ROAD
Stockwood Vale
VALE
Wood Covert
Hill View
Orchard House
Nursery
Brookleaze
Newnham Nursery
Broadlands School
The Redwoods
BROADLANDS AV.
Play Fld.
Tennis Courts
MILWARD RD.
ST. JOHN'S CT.
ST. MARKS CL.
ST. JOHN'S CT.
CULVERS ROAD
Cine
STOCKWOOD
Bottom
Charlton
Landsdown House
Nursery
BS31
ST. FRANCIS ROAD
ST. MARGARET'S CL.
ST. ANNES AVENUE
WINSCOMBE CLO.
St. Anne's Ct.
ST. LADOC
CRANMORE AVENUE
ROAD
30
WEST VIEW ROAD
ORCHARD CL.
ST. GEORGES RD.
Broadlands Farm
72
CHARLTON
ST. KEYNA RD.
AV.
St. Patrick's Ct.
Tennis Courts
WHEATHILL CLO.
MENDIP CLO.
SELWORTHY CLO.
ASHCROFT AV.
PARK CL.
Downfield
STAPLE GR.
HOLCOMBE GRO.
88
ROCK
HEATHFIELD CLO.
LOCKINGWELL
CLEEVE GRO.
ROAD
HANDEL ROAD
Clin.
THE HAWTHORNS
LA.
Home
PARK
126
KELSTON RD.
CHARLTON
St. John's Prim. Sch.
SHERWOOD
WESTFIELD CLO.
Keynsham Prim. Sch.
Chepstow Wlk.
TINTAGEL
COURTLANDS
LAYS DRIVE
115
MONMOUTH RD.
LUDLOW CL.
Arundel Wlk.
Playing Field
Raglan Wlk.
ALBERT
ROAD
BARNARD WLK.
Donnington Wlk.
TINTAGEL CLO.
TINTAGEL CLOSE
PRINCESS CLO.
CAMERONS CL.
Stirling Way
QUEENS
Dartmouth Wlk.
BALMORAL
LAYS DRIVE
Glebe Wlk.
LINCOLN CLO.
KENILWORTH CLO.
DURHAM GRO.
TENBY RD.
BERKELEY GARDENS
Youth Cen.
136
WINDSOR AV.
AVENUE
CAROLINE CLO.
Lays Farm
CAERNARVON
CORONATION
WARWICK
ROAD
DUDLEY CLO.
NORTH RD.
AMBERLEY CLO.
FARLEIGH RD.
CLO.
RICHMOND
Pine Ct.
Elm Ct.
Firs Ct.
NORFOLK GRO.
Rowan Wlk.
WALTON CLO.
LONGMEADOW
Box Wlk.
Walnut Wlk.
HOLMOAK RD.
BIRCH
Lime Ct.
ACACIA CT.
CHERRY TREE CLO.
MAPLE WLK.
Maple Wlk.
CEDAR DR.
WILLOW WLK.
NEWLANDS RD.
DUNSTER
ROAD
182
Willow Walk
THE BRAMBLES
THE BRAMS
CEDAR DR.
WALNUT CLO.
HOLMOAK
ROAD
OAK TREE WLK.
Lilac Ct.
Hornbeam Wlk.
Laburnum Wlk.
May Tree Wlk.
Holly Wlk.
The Brambles
Castle Prim. Sch.
St. Clements Court
PARKHOUSE LANE
EAST SOMERSET
Green Hill Farm
CHARLTON
Penn Hill Farm
Parkhouse Farm
LANE
Diamond's Cottage
PARKHOUSE
Orchard Cottages
Wellfield House
The Bungalow

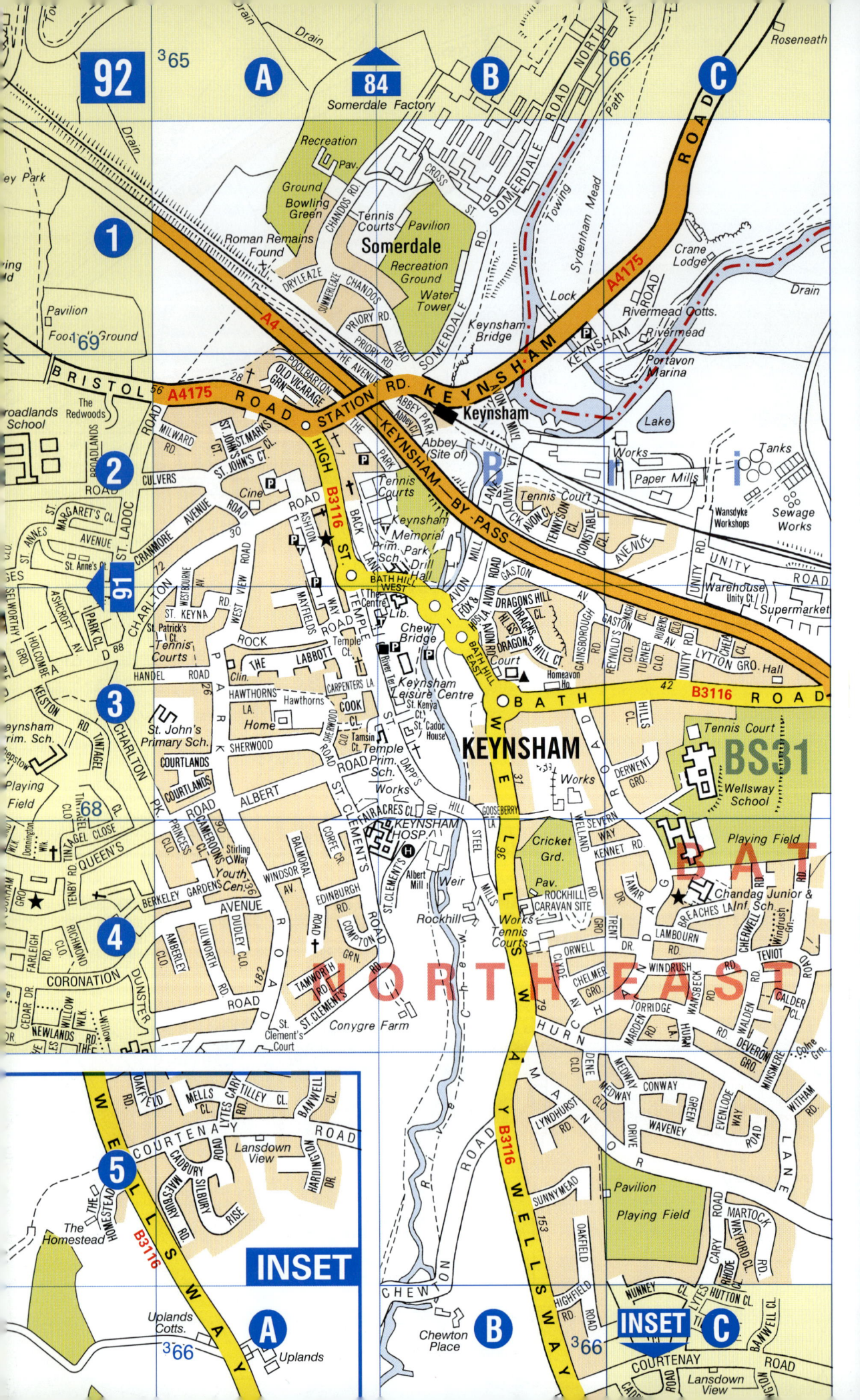

92
84
91
A
B
C
1
2
3
4
5
365
66
69
68
366
Somerdale Factory
Recreation Ground
Pav.
Bowling Green
Roman Remains Found
Tennis Courts
Pavilion
Somerdale
Recreation Ground
Water Tower
Drain
Roseneath
Crane Lodge
Rivermead Cotts.
Rivermead
Portavon Marina
Lock
Keynsham Bridge
Towing Path
Sydenham Mead
Pavilion
Football Ground
Keynsham
Abbey (Site of)
Lake
Works
Paper Mills
Tanks
Wansdyke Workshops
Sewage Works
Warehouse
Unity Ct.
Supermarket
Hall
Tennis Court
BS31
Wellsway School
Playing Field
Chandag Junior & Inf. Sch.
KEYNSHAM
Works
Cricket Grd.
Pav.
ROCKHILL CARAVAN SITE
Tennis Courts
Rockhill
Weir
Albert Mill
KEYNSHAM HOSP.
Temple Prim. Sch.
Keynsham Leisure Centre
St. Cadoc House
Chew Bridge
The Centre
Lib.
Keynsham Memorial Park
Prim. Sch.
Drill Hall
Cine
Tennis Courts
St. John's Primary Sch.
Youth Cen.
Conygre Farm
St. Clement's Court
The Redwoods
Broadlands School
Keynsham Prim. Sch.
Playing Field
Homeavon Ho.
Pavilion
Playing Field
Chewton Place
The Homestead
Uplands Cotts.
Uplands
Lansdown View
INSET
BRISTOL ROAD
A4175
A4
STATION RD.
KEYNSHAM BY-PASS
KEYNSHAM ROAD
HIGH ST.
B3116
BATH HILL WEST
BATH HILL EAST
BATH ROAD
WELLSWAY
CHARLTON ROAD
PARK ROAD
ALBERT ROAD
ROCK ROAD
HANDEL ROAD
CULVERS ROAD
CRANMORE AVENUE
ST. LADOC
QUEEN'S ROAD
BERKELEY GARDENS
AVENUE ROAD
CORONATION ROAD
DUNSTER ROAD
HURN ROAD
MANOR ROAD
CHANDAG ROAD
UNITY ROAD
COURTENAY ROAD
CHEWTON ROAD
BATH NORTH EAST

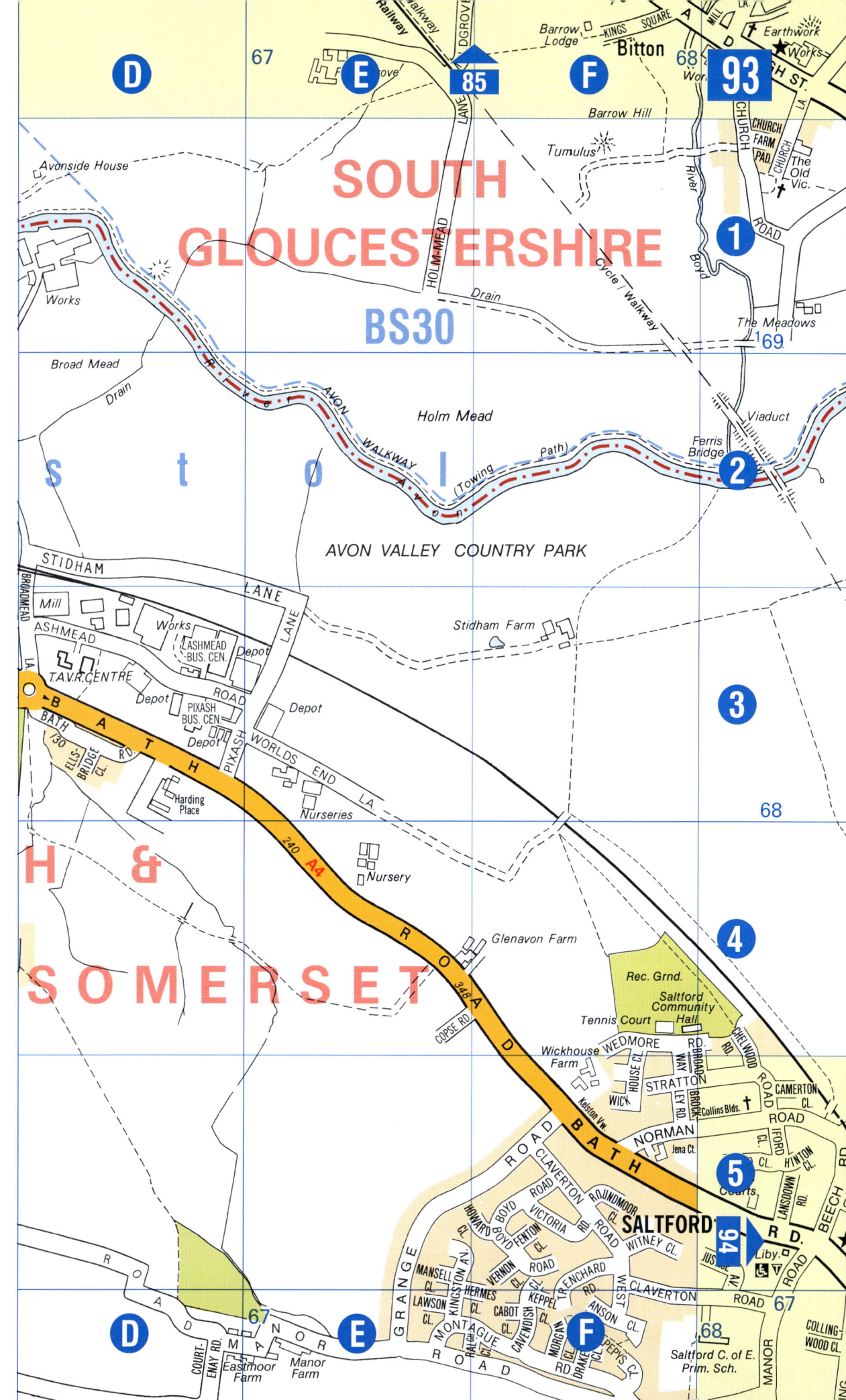
SOUTH GLOUCESTERSHIRE
BS30
BATH & NORTH EAST SOMERSET
Bitton
Barrow Lodge
KINGS SQUARE
Barrow Hill
Tumulus
Earthwork
Works
CHURCH RD.
CHURCH FARM PAD.
The Old Vic.
River Boyd
The Meadows
Avonside House
Works
HOLM-MEAD LANE
Drain
Cycle / Walkway
Broad Mead
River AVON WALKWAY
Avon (Towing Path)
Holm Mead
Viaduct
Ferris Bridge
AVON VALLEY COUNTRY PARK
STIDHAM LANE
Stidham Farm
BROADMEAD LA.
Mill
ASHMEAD ROAD
Works
ASHMEAD BUS. CEN.
Depot
T.A.V.R.CENTRE
PIXASH BUS. CEN.
PIXASH LA.
WORLDS END LA.
Nurseries
BATH RD.
ELLS-BRIDGE CL.
Harding Place
BATH ROAD
A4
Nursery
Glenavon Farm
COPSE RD.
Rec. Grnd.
Saltford Community Hall
Tennis Court
Wickhouse Farm
WEDMORE RD.
CHELWOOD RD.
STRATTON RD.
WICK HOUSE CL.
BROADLEY WAY
BROCK RD.
Collins Blds.
CAMERTON CL.
NORMAN ROAD
Jena Ct.
Kelston Vw.
CLAVERTON ROAD
ROUNDMOOR CL.
SALTFORD
VICTORIA RD.
HOWARD CL.
BOYD RD.
FENTON CL.
VERNON CL.
MANSELL CL.
KINGSTON AV.
HERMES CL.
LAWSON CL.
CABOT CL.
MONTAGUE RD.
CAVENDISH CL.
KEPPEL CL.
TRENCHARD RD.
ANSON CL.
WEST RD.
WITNEY CL.
CLAVERTON ROAD
MORGAN CL.
DRAKE RD.
PEPYS CL.
RALEIGH CL.
GRANGE ROAD
MANOR ROAD
COURTENAY RD.
Eastmoor Farm
Manor Farm
Saltford C. of E. Prim. Sch.
LANSDOWN RD.
HINTON CL.
IFORD CL.
BEECH RD.
Courts
Liby.
JUSTICE AV.
COLLINGWOOD CL.
85
94
67
68
69

A
B
C
68
69
1
2
3
4
5
93
SALTFORD
Bristol
BS31
BA2
BATH & NORTH
CORSTON
Ashton Hill
SALTFORD GOLF COURSE
BATH ROAD
A4
A39
WELLS ROAD
Rec. Grnd.
Tennis Courts
Saltford Court
Vine Cottage
Kelston Lock
Marina
Boat Houses
Tennant's Wood
Saltford C. of E. Prim. Sch.
Hill Farm
Club House
Folly Wood
Ashton Leaze
Avonmead Cottage
Avonwood
North Breach
South Breach
Windy Ridge
Brigadoon
Swiss Cottage
Homemead
Church Farm
Manor Farm
Batchelor's Farm
Lime Works
Corston Field
Woodenhouse Covert
THE SHALLOWS
HIGH STREET
NORMAN ROAD
CLAVERTON ROAD
MANOR ROAD
UPLANDS ROAD
THE GLEN
THE FOLLY
THE BARTON
GOOLD CL.
66
67
165

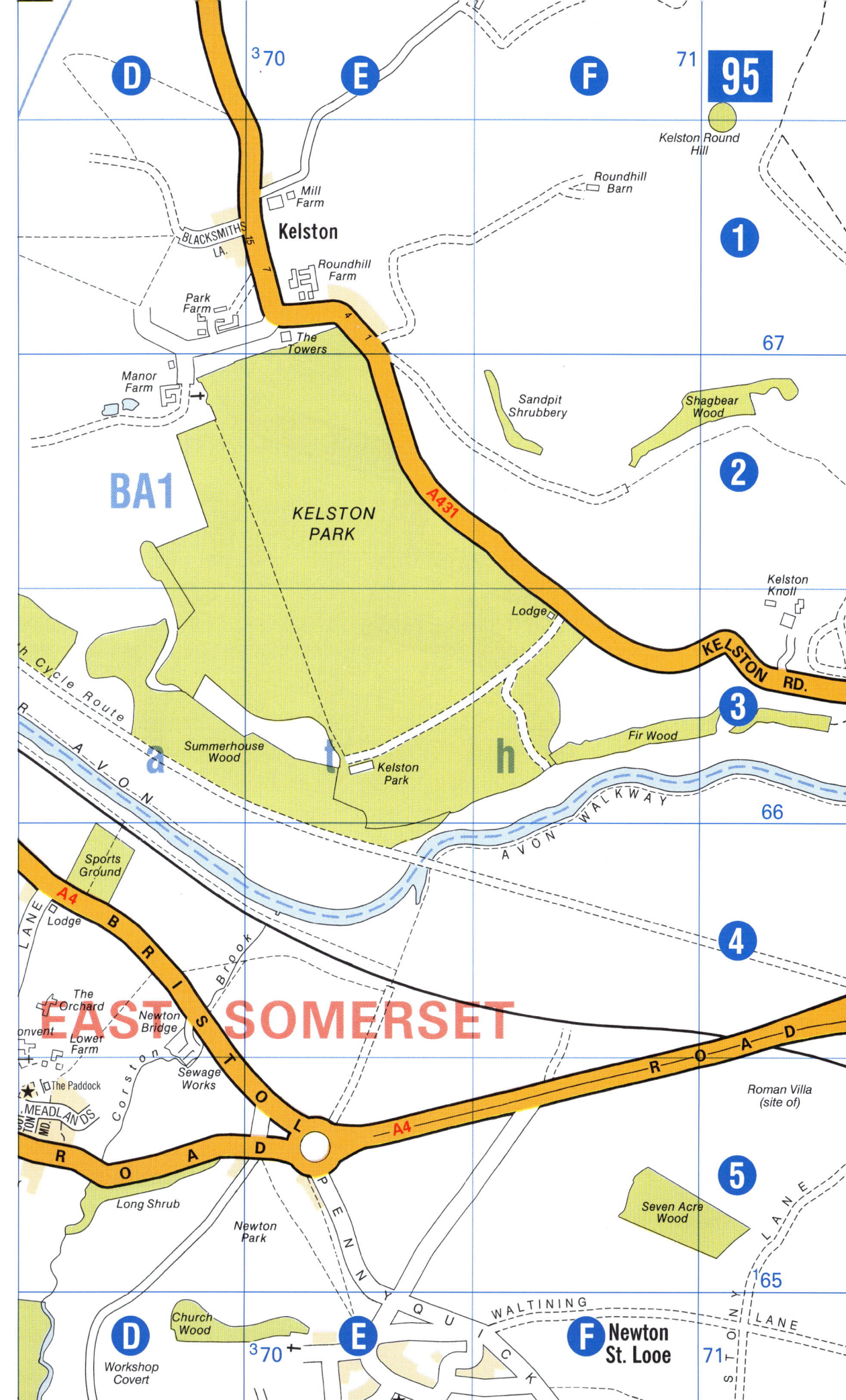

D
E
F
370
71
Kelston Round Hill
Roundhill Barn
Mill Farm
Kelston
BLACKSMITHS LA.
Roundhill Farm
Park Farm
The Towers
Manor Farm
Sandpit Shrubbery
Shagbear Wood
BA1
KELSTON PARK
A431
Kelston Knoll
Lodge
KELSTON RD.
Cycle Route
R. AVON
Summerhouse Wood
Kelston Park
Fir Wood
AVON WALKWAY
Sports Ground
A4
Lodge
LANE
BRISTOL ROAD
Brook
The Orchard
Newton Bridge
EAST SOMERSET
Convent
Lower Farm
Corston
Sewage Works
The Paddock
MEADLANDS
A4
ROAD
Roman Villa (site of)
Long Shrub
Newton Park
PENNY QUICK
Seven Acre Wood
LANE
Church Wood
WALTINING LANE
STONY
Newton St. Looe
Workshop Covert
1
2
3
4
5
67
66
65

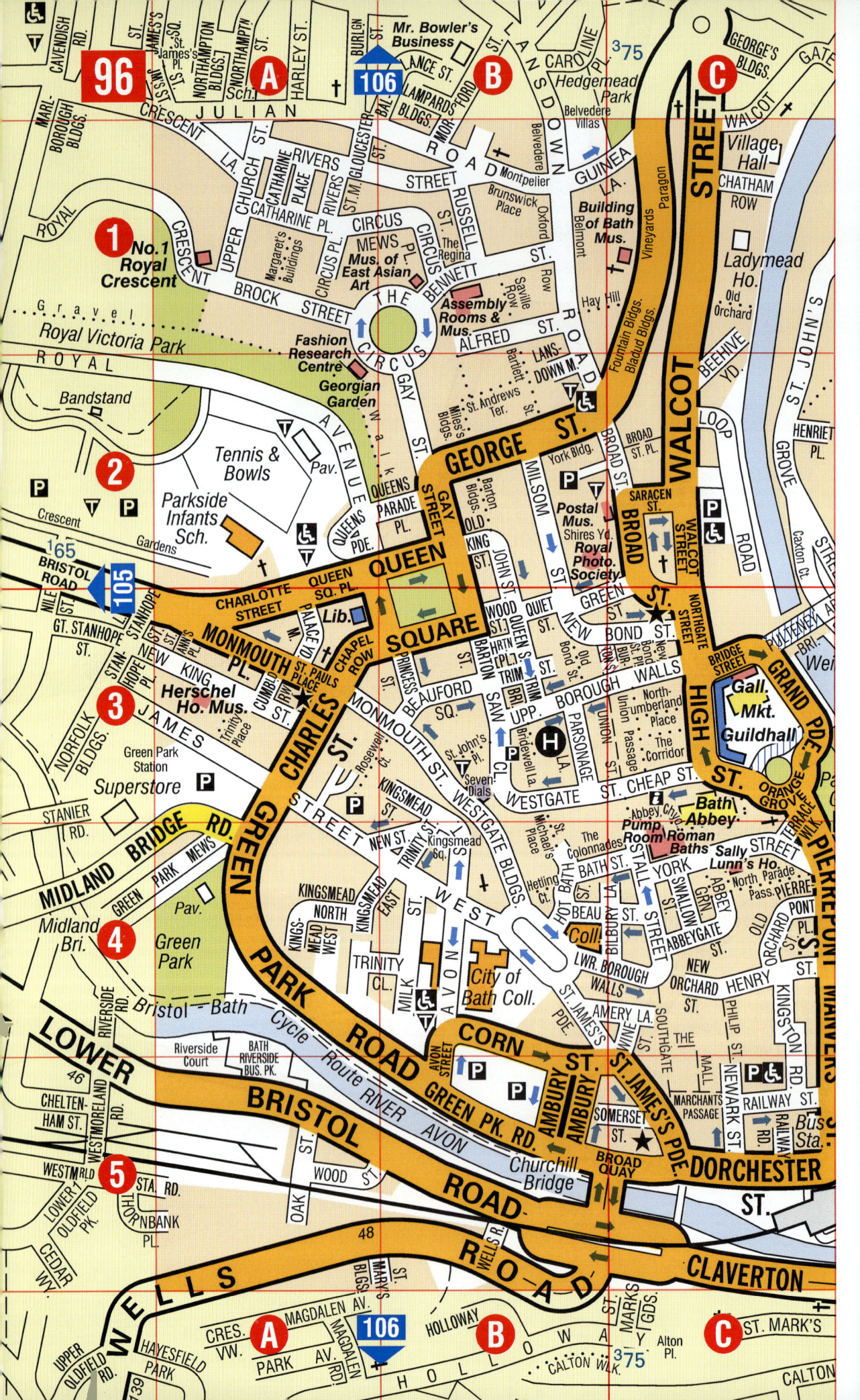

No.1 Royal Crescent
Royal Victoria Park
Bandstand
Tennis & Bowls
Parkside Infants Sch.
Fashion Research Centre
Georgian Garden
Mus. of East Asian Art
Assembly Rooms & Mus.
Building of Bath Mus.
Postal Mus.
Royal Photo. Society
Herschel Ho. Mus.
Green Park Station
Superstore
Midland Bri.
Green Park
City of Bath Coll.
Bath Abbey
Pump Room
Roman Baths
Sally Lunn's Ho.
Guildhall
Mkt.
Gall.
Churchill Bridge
Bus Sta.
Bristol - Bath Cycle Route
RIVER AVON
GEORGE ST.
QUEEN SQUARE
CHARLES ST.
WALCOT STREET
LANSDOWN ROAD
BRISTOL ROAD
GREEN PARK ROAD
MIDLAND BRIDGE RD.
LOWER BRISTOL ROAD
WELLS ROAD
CLAVERTON
DORCHESTER ST.
MONMOUTH PL.
MONMOUTH ST.
JAMES STREET WEST
BROCK STREET
JULIAN ROAD
THE CIRCUS
GAY ST.
MILSOM ST.
BROAD ST.
HIGH ST.
WESTGATE ST.
CHEAP ST.
CORN ST.
PIERREPONT ST.
MANVERS ST.
GRAND PDE.
HOLLOWAY
Mr. Bowler's Business
Hedgemead Park
Village Hall
Ladymead Ho.
Lib.
Pav.

106
105
106

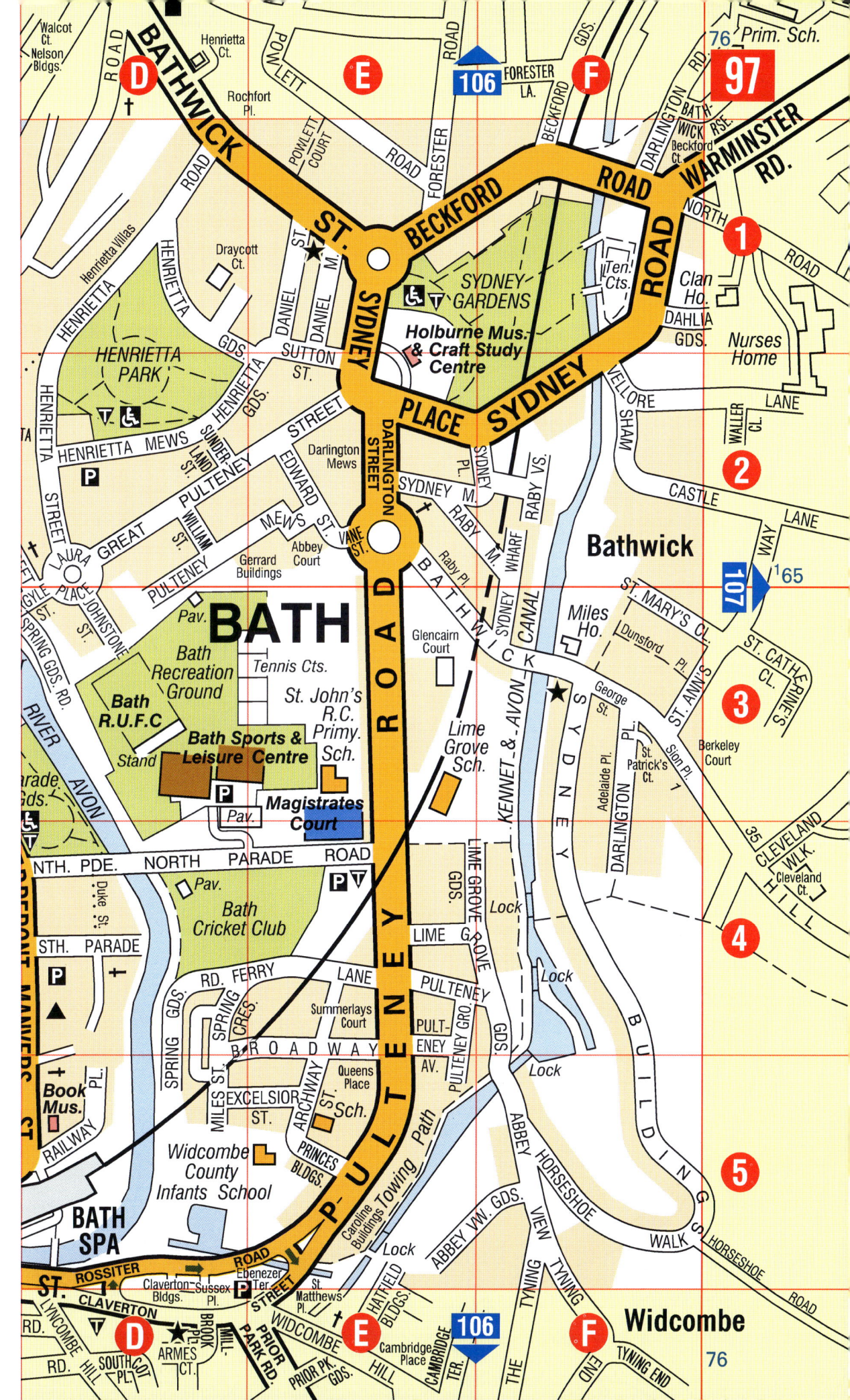

BATH
Bathwick
Widcombe
BATH SPA
SYDNEY GARDENS
Holburne Mus. & Craft Study Centre
HENRIETTA PARK
Bath Recreation Ground
Bath R.U.F.C
Bath Sports & Leisure Centre
Magistrates Court
Bath Cricket Club
St. John's R.C. Primy. Sch.
Lime Grove Sch.
Widcombe County Infants School
BATHWICK ST.
BECKFORD ROAD
SYDNEY ROAD
SYDNEY PLACE
DARLINGTON STREET
PULTENEY ROAD
WARMINSTER RD.
NORTH PARADE ROAD
GREAT PULTENEY ST.
HENRIETTA MEWS
CLAVERTON STREET
ROSSITER ROAD
KENNET & AVON CANAL
RIVER AVON
SYDNEY BUILDINGS
106
107
76
65

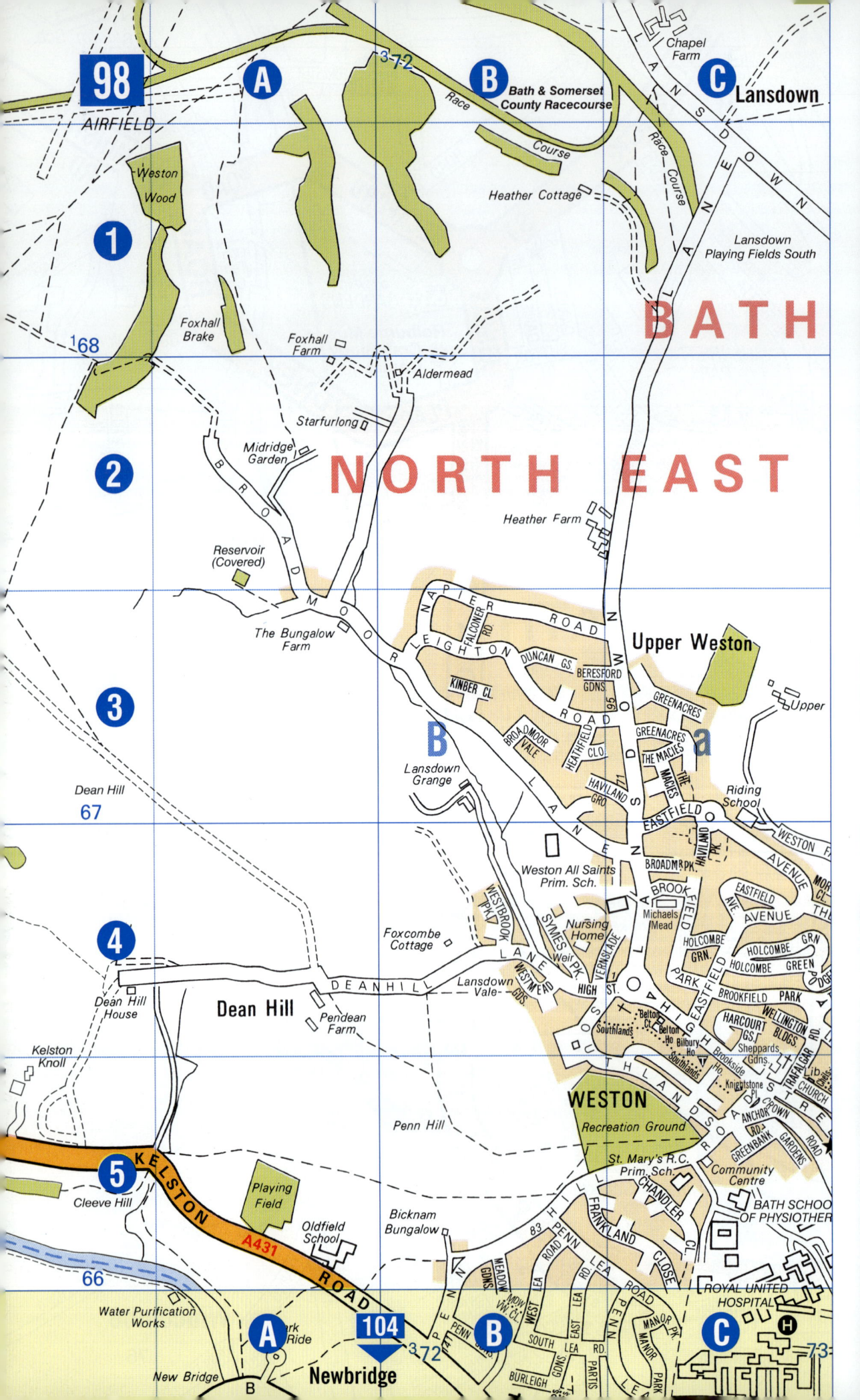

AIRFIELD

A

3·72

B Bath & Somerset
County Racecourse

Chapel
Farm

C Lansdown

B **A** **T** **H**

Weston
Wood

1

Race
Course

Heather Cottage

Race
Course

Lansdown
Playing Fields South

Foxhall
Brake

Foxhall
Farm

Aldermead

168

N **O** **R** **T** **H**   **E** **A** **S** **T**

Starfurlong

2

Midridge
Garden

Heather Farm

Reservoir
(Covered)

The Bungalow
Farm

NAPIER   ROAD

FALCONER   RD.

LEIGHTON

DUNCAN   GS.

BERESFORD
GDNS.

Upper Weston

B

KINBER CL.

BROADMOOR
VALE

HEATHFIELD   CLO.

GREENACRES

GREENACRES

THE   MACIES

Upper

3

Lansdown
Grange

BROADMOOR   ROAD

LANSDOWN   LANE

HAVILAND
GRO.

THE   MACIES

a

Riding
School

Dean Hill

67

EASTFIELD

HAVILAND   PK.

WESTON   F

AVENUE

MOR

Weston All Saints
Prim. Sch.

BROADMR   PK.

BROOK

FIELD

EASTFIELD
AVE.

HOLCOMBE   GRN.

EASTFIELD   AVENUE

CL.

4

Foxcombe
Cottage

WESTBROOK   PK.

SYMES   RD.

Nursing
Home

Weir Pk.

Michaels
Mead

HOLCOMBE
GRN.

HOLCOMBE   GREEN

THE

Dean Hill
House

DEANHILL

Lansdown
Vale

LANE

WEST   MEAD
GDNS.

VERNSLADE

HIGH

HOLCOMBE   GREEN

BROOKFIELD   PARK

WELLINGTON
BLDGS.

RD.

Dean Hill

Pendean
Farm

ST.

HIGH

PARK

HARCOURT
GS.

TRAFALGAR

Sheppards
Gdns.

CHURCH

Kelston
Knoll

Belton
Ct.
Southlands

Belton
Ho.

Bilbury
Ho.

Brookside
Gdns.

Lib.

ROAD

SOUTHDOWN

Southlands

Knightstone
Pl.

WESTON

5

Cleeve Hill

KELSTON

Recreation Ground

St. Mary's R.C.
Prim. Sch.

ANCHOR
RD.

CROWN
RD.

GREENBANK
GARDENS

STREET

Community
Centre

BATH SCHOOL
OF PHYSIOTHER

Penn Hill

Playing
Field

Bicknam
Bungalow

A431

ROAD

Oldfield
School

HILL

83

PENN
ROAD

FRANKLAND

CHANDLER

CLOSE

ROYAL UNITED
HOSPITAL

66

Water Purification
Works

A Park
Ride

104 3·72

Newbridge

New Bridge

B

PENN

MEADOW
GDNS.

MDW
VW. CL.

WEST   LEA

PENN   LEA

B

WEST
LEA
SOUTH

PENN   LEA

LEA
RD.   EAST

PARTIS

MANOR
PK.

MANOR   PARK

PENN   LEA

C

H

73·

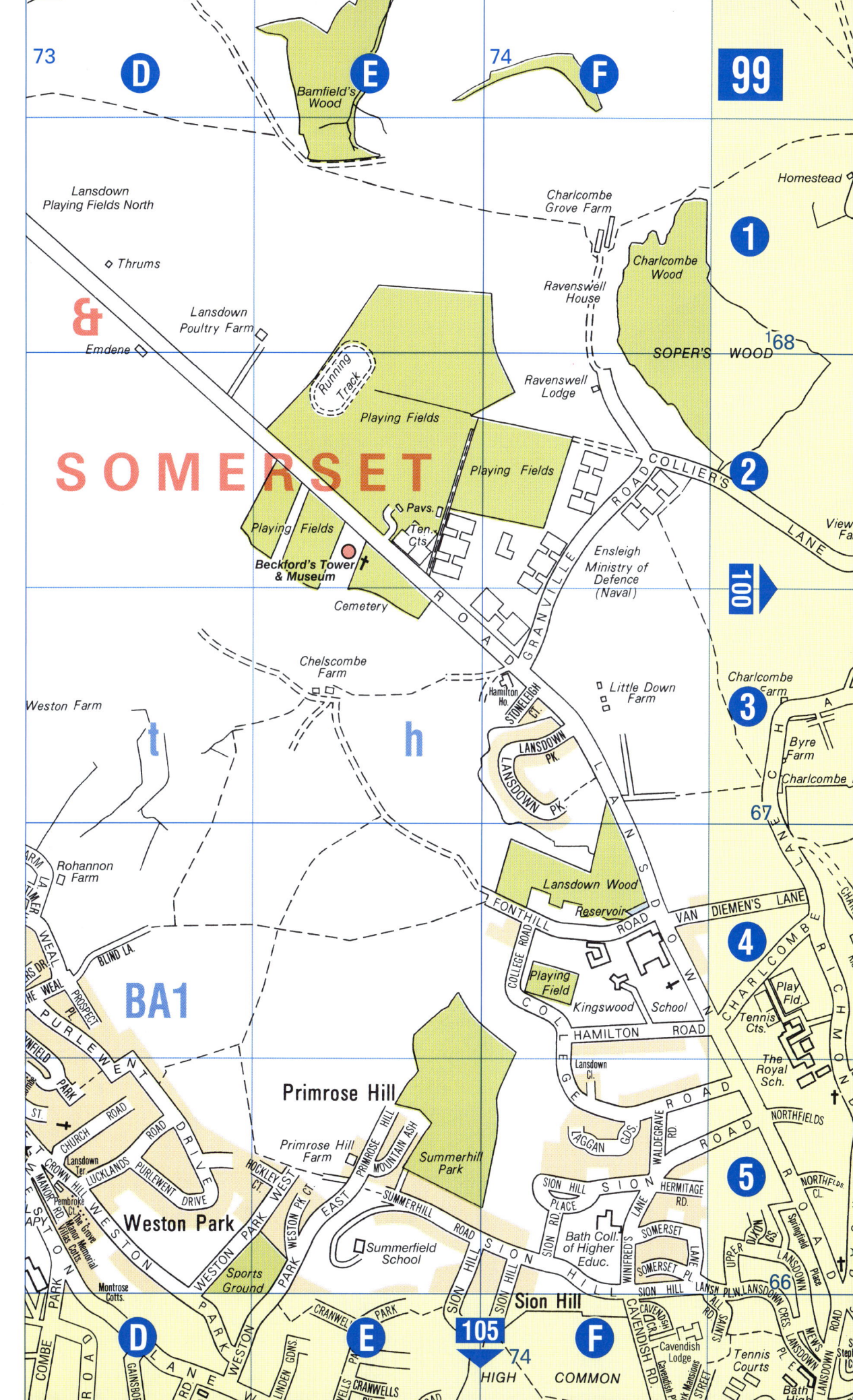

Bamfield's Wood

E

Homestead

Charlcombe Grove Farm

1

Lansdown Playing Fields North

◊ Thrums

Charlcombe Wood

Ravenswell House

Lansdown Poultry Farm

Emdene

SOPER'S WOOD

168

Running Track

Ravenswell Lodge

COLLIER'S

2

Playing Fields

ROAD

View Fa

LANE

SOMERSET

Playing Fields

Playing Fields

GRANVILLE

100

Playing Fields

Pavs.

Ten. Cts.

Ensleigh Ministry of Defence (Naval)

Beckford's Tower & Museum

Cemetery

Chelscombe Farm

Hamilton Ho.

Little Down Farm

Charlcombe Farm

3

Weston Farm

t

h

STONELEIGH CT.

LANSDOWN PK.

Byre Farm

LANSDOWN PK.

Charlcombe

CHARLCOMBE LANE

67

Rohannon Farm

Lansdown Wood

Reservoir

VAN DIEMEN'S LANE

RICHMOND

BLIND LA.

FONTHILL ROAD

LANSDOWN ROAD

4

COLLEGE ROAD

Playing Field

Kingswood School

Tennis Cts.

Play Fld.

The Royal Sch.

BA1

COLLEGE

HAMILTON ROAD

NORTHFIELDS

Lansdown Cl.

Primrose Hill

Summerhill Park

AGGAN

GDS

WALDEGRAVE RD.

ROAD

ROAD

NORTHFLDS. CL.

5

Primrose Hill Farm

MOUNTAIN ASH

PRIMROSE HILL

SION HILL PLACE

SION HILL

HERMITAGE RD.

PARK

DRIVE

CHURCH ROAD

LUCKLANDS ROAD

PURLEWENT

Lansdown Ter.

PURLEWENT DRIVE

HOCKLEY CT.

WESTON PK. CT.

WESTON PARK

EAST

SUMMERHILL ROAD

SION ROAD

SION HILL LANE

SOMERSET PL.

Weston Park

Summerfield School

SION HILL

Bath Coll. of Higher Educ.

UPPER DIXON

SPRINGFIELD

LANSDOWN CRES

LANSDOWN

Montrose Cotts.

Sports Ground

WINIFRED'S LANE

SION HILL

LANSN. PLW.

66

CRANWELL PARK

HIGH

Sion Hill

74

CAVENDISH RD.

COMMON

Cavendish Lodge

Tennis Courts

ALL SAINTS

MEWS

LANSDOWN PL E

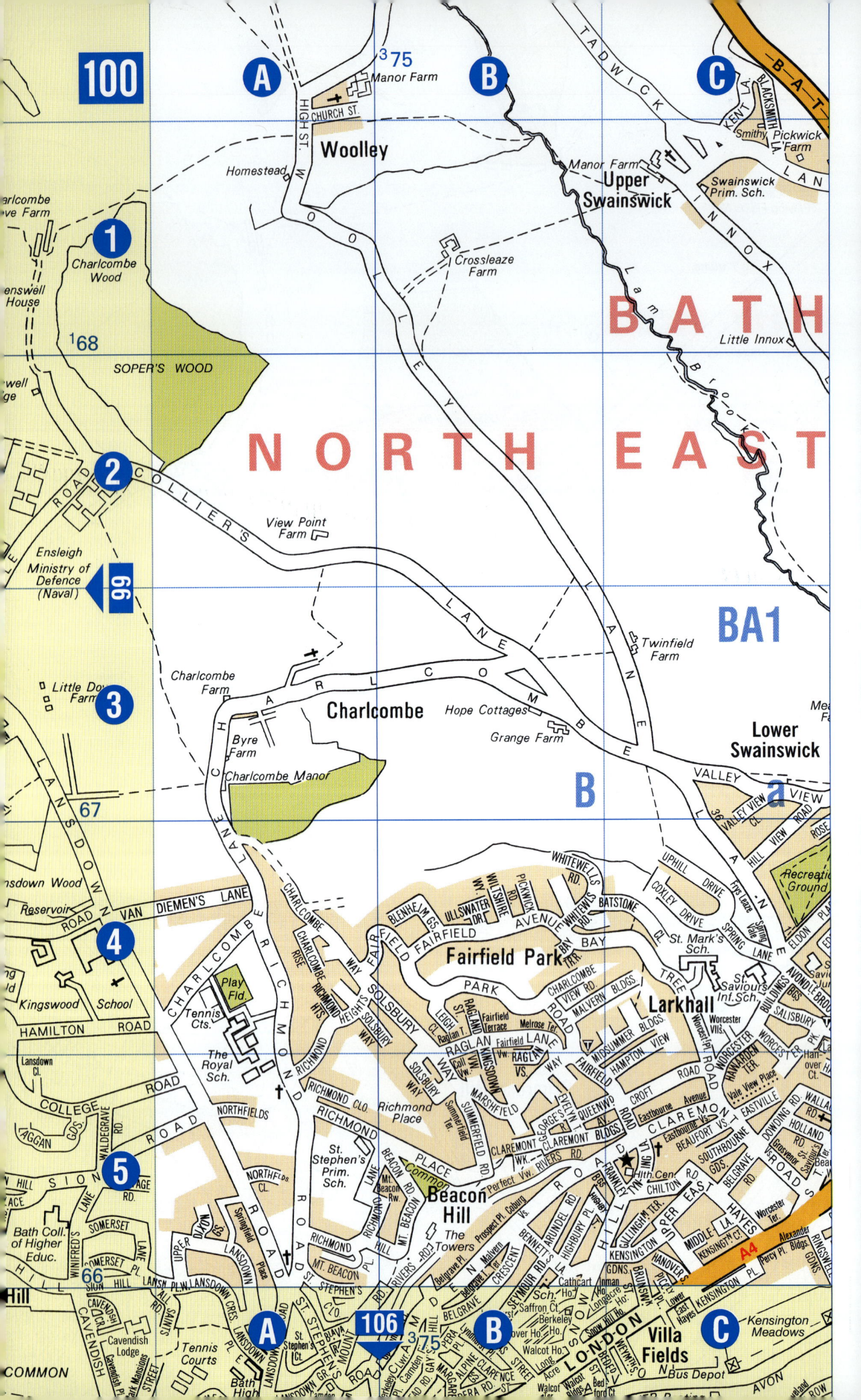

100

A   B   C

³75   Manor Farm

CHURCH ST.
Homestead

Woolley

Crossleaze Farm

Manor Farm
Upper Swainswick
Swainswick Prim. Sch.

Smithy   Pickwick Farm

Blacksmith LA.

KENT LA.

B·A·T

Charcombe ve Farm

1
Charlcombe Wood

enswell House

¹68

Little Innox

B A T H

SOPER'S WOOD

well ge

N O R T H   E A S T

2
ROAD

COLLIER'S

View Point Farm

Ensleigh
Ministry of Defence (Naval)

99

BA1

3
Little Do Farm

LANSDOWN

Charlcombe Farm

Byre Farm

Charlcombe Manor

CHARLCOMBE   LANE

Charlcombe

Hope Cottages

Grange Farm

Twinfield Farm

Lower Swainswick

VALLEY   VIEW

B   **a**

VALLEY VIEW CL.

HILL VIEW ROAD

ROSE

Lansdown Wood

Reservoir

ROAD

VAN   DIEMEN'S   LANE

CHARLCOMBE

BRICKFIELD

CHARLCOMBE   RISE

CHARLCOMBE

WHITEWELLS RD.

WILTSHIRE

PICKWICK RD.

WHITEW'LS RD.

BATSTONE

UPHILL   DRIVE

First base

COXLEY   DRIVE

SPRING   LANE

St. Mark's Sch.

ELDON

AVONDLE BRO

Recreation Ground

4
¹67

Kingswood   School

HAMILTON   ROAD

Lansdown Cl.

Play Fld.

Tennis Cts.

The Royal Sch.

RICHMOND   HTS.

RICHMOND

RICHMOND

SOLSBURY   WAY

FAIR   FIELD

BLENHEIM GS.

ULLSWATER

WY.

FAIRFIELD

AVENUE

CHARLCOMBE

Fairfield Park

PARK

ROAD

MALVERN

VIEW RD.

St. Saviours Inf. Sch.

BUILDINGS BGS.

SALISBURY

PK.

Larkhall

Worcester Vlls.

HAWARDEN TER.

WORCESTER

WORCESTER

PL.

Han- over Ct.

COLLEGE

AGGAN

WALDEGRAVE RD.

NORTHFIELDS

RICHMOND CLO.

SOLSBURY   WAY

LEIGH   ST.

RAGLAN T.

Fairfield Terrace

Melrose Ter.

RAGLAN   LANE

Fairfield

VS.

RAGLAN

WAY

KINGSDOWN

MIDSUMMER BLDGS.

HAMPTON   VIEW

FAIRFIELD

ROAD

WORCESTER   ROAD

Vale View Place

EASTVILLE

DOWDING RD.

HOLLAND RD.

WALLA

5
SION

WINIFRED'S

SOMERSET LANE

Bath Coll. of Higher Educ.

¹66

Lansdown Ct.

St. Stephen's Prim. Sch.

NORTHFIELDS CL.

Springfield Place

LANSDOWN   ROAD

RICHMOND   LANE

RICHMOND   PLACE

Richmond Place

MT. BEACON RD.

MT. BEACON PL.

MT. BEACON RW.

SUMMERFIELD Ter.

SOLSBURY   WAY

MARSHFIELD   RD.

EVELYN   RD.

RIVERS   RD.

Perfect Pl.

Vw. Vw. Vs.

RIVERS RD.

GEORGE'S   PL.

CLAREMONT   BLDGS

QUEENWD. AV.

ROAD

CROFT

Eastbourne   Avenue

Eastbourne Vs.

CLAREMONT

WK.

BEAUFORT VS.

CHILTON

SOUTHBOURNE GDS.

GROSVENOR PL.

HAYES

The Towers

Belgrave

Malvern   Vs.

BELGRAVE

CRESCENT

Beacon Hill

Cohurn

Prospect Pl.

BENNETT'S LA.

HIGHBURY PL.

GALLINGHM TER.

KENSINGTON   TER.

PICCA.

MIDDLE   LA.

KENSINGTN CT.

Worcester Ter.

A4

Alexander PL.

Percy Pl. Bldgs.

RINSWELL GDNS

A   B   C

106   ³75

ST. STEPHEN'S

LONDON   ROAD   EAST

Villa Fields

Kensington Meadows

Cavendish Lodge

Tennis Courts

Bath High

COMMON

CAVENDISH

Hill

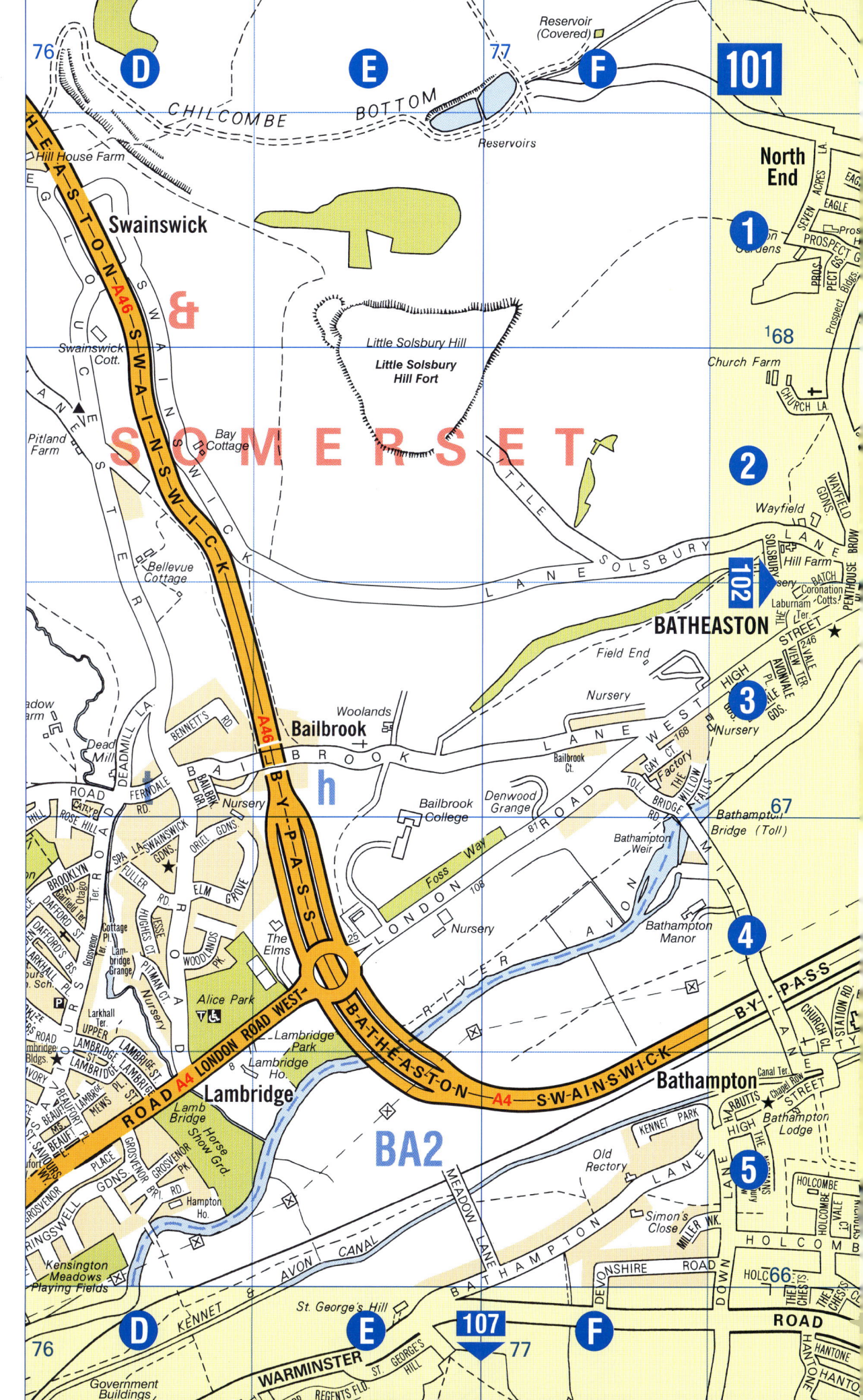

Reservoir
(Covered)

CHILCOMBE   BOTTOM

Reservoirs

**North
End**

1

Hill House Farm

Swainswick

&

Swainswick
Cott.

Little Solsbury Hill

**Little Solsbury
Hill Fort**

168

Church Farm

2

Wayfield

Pitland
Farm

Bellevue
Cottage

Bay
Cottage

S O M E R S E T

Hill Farm

102

BATHEASTON

Field End

Nursery

3

Nursery

Woolands

Bailbrook

BROOK

Bailbrook
Ct.

Dead
Mill

Nursery

h

Bailbrook
College

Denwood
Grange

Factory
THE

67

Bathampton
Bridge (Toll)

ROAD   ROAD

Foss

Way

Bathampton
Weir

Brooklyn

108

Bathampton
Manor

4

The
Elms

LONDON

25

Nursery

R-I-V-E-R   A-V-O-N

Alice Park

BY-P-A-S-S

Larkhall
Ter.

UPPER

ROAD   LONDON ROAD WEST

-B-A-T-H-E-A-S-T-O-N   **S-W-A-I-N-S-W-I-C-K**

Bathampton

Lambridge
Park

Lambridge
Ho.

Kennet Park

Station Rd.

Lambridge

Lamb
Bridge

Horse
Show Grd.

BA2

Bathampton
Lodge

5

Kensington
Meadows
Playing Fields

Hampton
Ho.

A-V-O-N   CANAL

Old
Rectory

Simon's
Close

HOLCOMBE

66

St. George's Hill

Government
Buildings

WARMINSTER

North End
BATHEASTON
BATH & NORTH
Bathampton
BA2
Batheaston
Swainswick
By-Pass
A4
A363
A36
Warminster
Road
Bradford Road
London Road
Fosse Lane
Bannerdown
High Street
Bathampton Prim. Sch.
Batheaston Prim. Sch.
Radford Farm
Starfall Farm
Eagle Farm
Church Farm
Easton Gardens
Elmhurst Estate
Eden Park
Bannerdown Cottages
The Mount
Bathampton Bridge (Toll)
Bathampton Weir
Stam Bridge
Avondale House
Bathford Bridge
Bathford Lodge
Bathampton Farm
Canal Farm
Timber Merchants
Lower House Farm
Holcombe Farm
Holcombe Lodge
Warleigh Lodge Farm
River Avon
Old Rectory
Simon's Close
Box Road Nursery
Field End
Nursery
Wayfield
Rylstone
Garth
Little Court
Vicarage

101

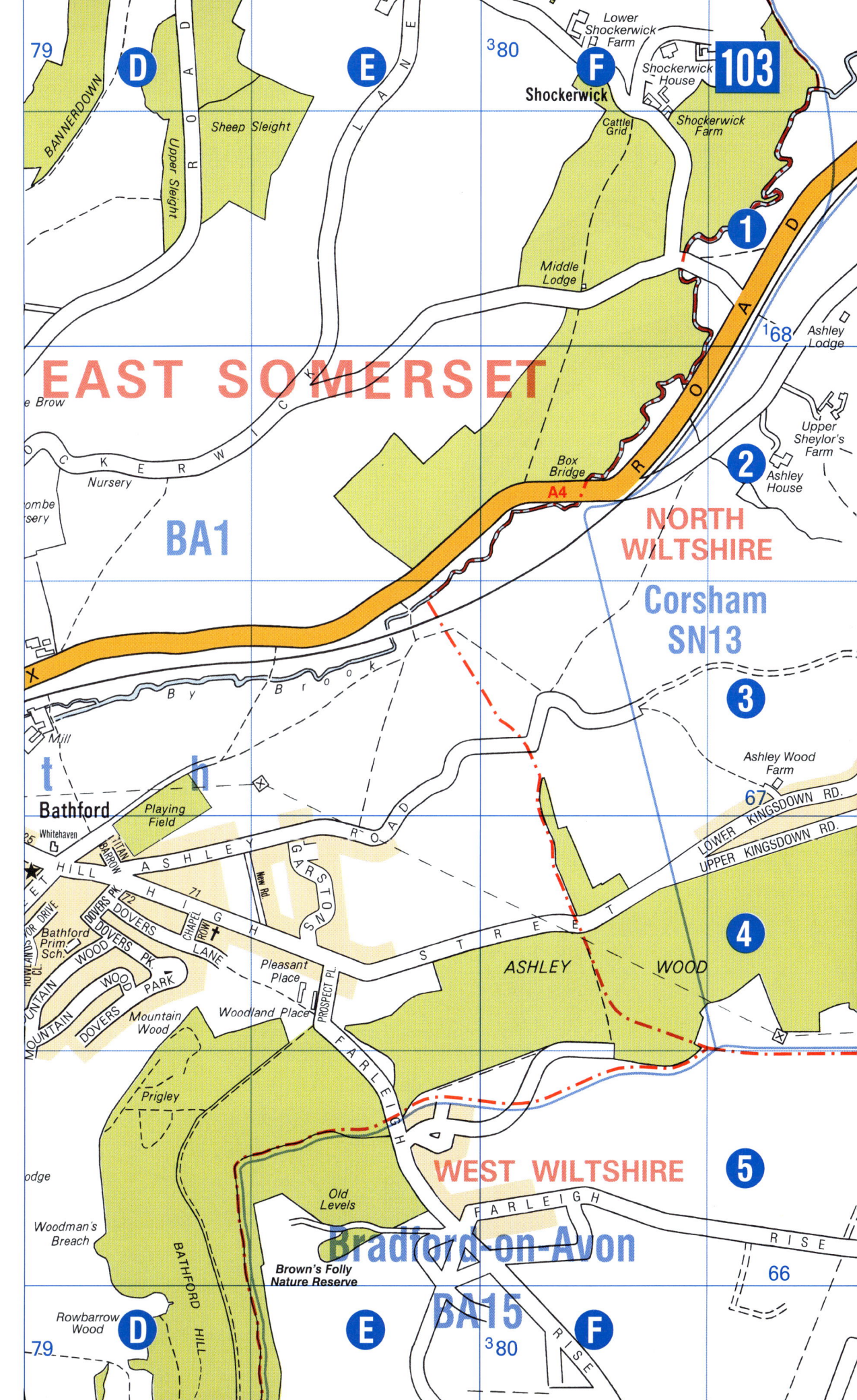

EAST SOMERSET
NORTH WILTSHIRE
WEST WILTSHIRE
Corsham SN13
BA1
Bradford-on-Avon
BA15
Shockerwick
Lower Shockerwick Farm
Shockerwick House
Shockerwick Farm
Cattle Grid
Middle Lodge
Sheep Sleight
Upper Sleight
BANNERDOWN
Box Bridge
A4
Ashley Lodge
Upper Sheylor's Farm
Ashley House
Nursery
By Brook
Mill
Bathford
Playing Field
Whitehaven
ASHLEY ROAD
HIGH STREET
GARSTONS
New Rd.
CHAPEL ROW
DOVERS LANE
DOVERS PK.
DOVERS PARK
WOOD
MOUNTAIN WOOD
Bathford Prim. Sch.
Pleasant Place
Woodland Place
PROSPECT PL.
FARLEIGH
FARLEIGH RISE
Mountain Wood
Prigley
Old Levels
Brown's Folly Nature Reserve
BATHFORD HILL
Woodman's Breach
Rowbarrow Wood
ASHLEY WOOD
Ashley Wood Farm
LOWER KINGSDOWN RD.
UPPER KINGSDOWN RD.
TITAN BARROW
HILL
ROAD
79
380
168
67
66
72
71

98
108
Newbridge
Whiteway
Twerton Hill
ROYAL UNITED HOSPITAL
BATH SCHOOL OF PHYSIOTHERAPY
Partis College
REDLAND PARK
HAYCOMBE CEMETERY
Haycombe Farm
Newton Mill
Pennyquick Bridge
Roman Villa (site of)
Water Purification Works
Park and Ride
New Bridge
Recreation Ground
Cricket Ground
Portway House
Newbridge Jun. & Newbridge St. John's C.of E. Inf. Schools
BRASSMILL LA. TRADING EST.
THE MALTINGS IND. EST.
NEWBRIDGE CARAVAN PARK
Twerton Park
Innox Park
BATH
NORTH EAST
BRISTOL RD.
NEWBRIDGE ROAD
LOWER BRISTOL ROAD
KELSTON ROAD
NEWTON ROAD
WHITEWAY ROAD
HAYCOMBE DRIVE
HAYCOMBE LANE
SHAWS WAY
HIGH STREET
LOCKSBROOK ROAD
Bristol - Bath Cycle Route
Weir
Lock
Mills
A4
A36
A431
66
65
64
372

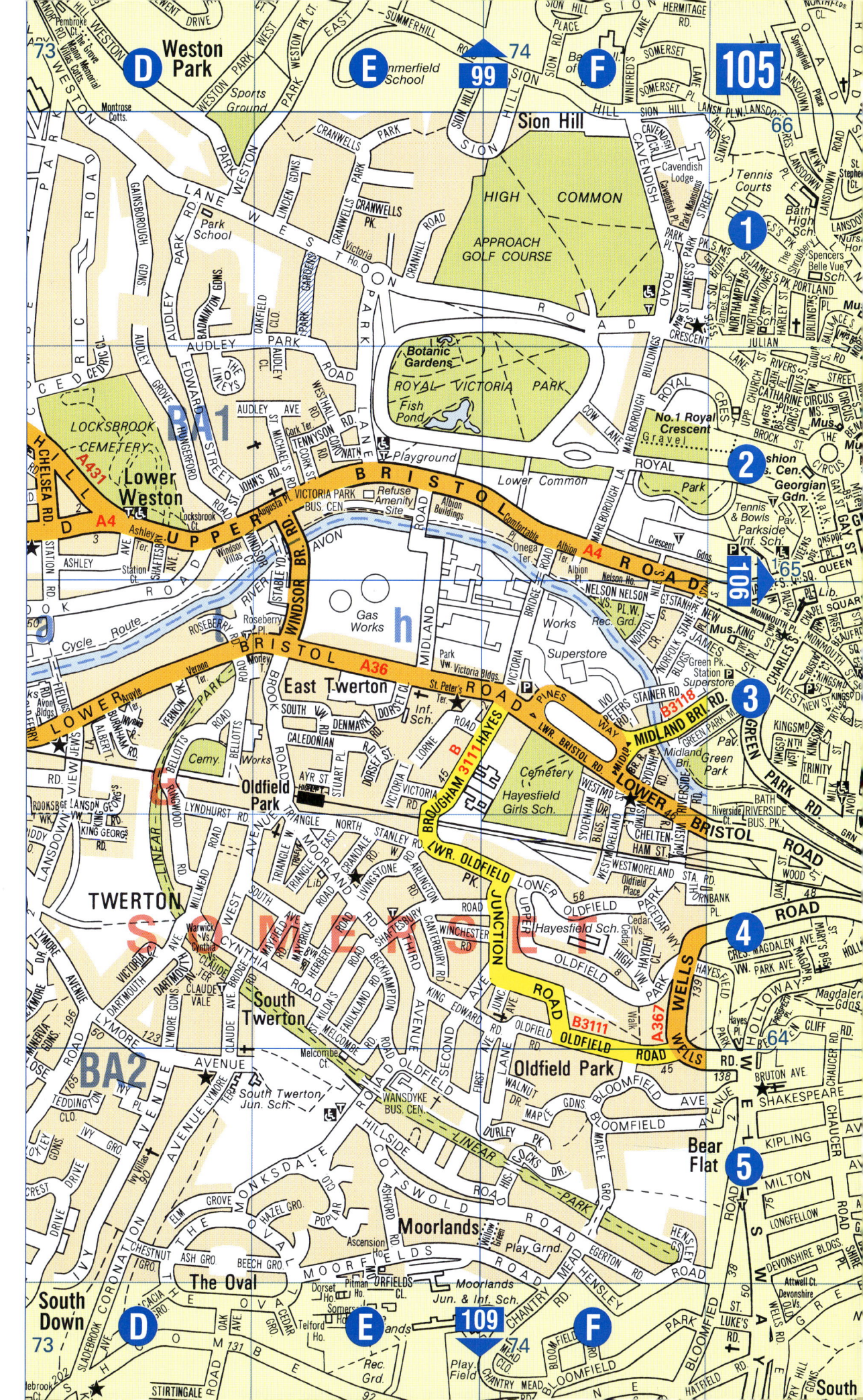

105
99
106
109
D
E
F
1
2
3
4
5
73
74
66
65
64
Weston Park
Sion Hill
Somerset Place
Sports Ground
Cranwells Park
High Common
Approach Golf Course
Cavendish Lodge
Tennis Courts
Bath High Sch.
Park School
Botanic Gardens
Royal Victoria Park
Fish Pond
Playground
No.1 Royal Crescent
Royal Crescent
Gravel Walk
Lower Common
Locksbrook Cemetery
BA1
Lower Weston
Upper Bristol Road
Refuse Amenity Site
Victoria Park Bus. Cen.
Cycle Route
River Avon
Gas Works
Works
Superstore
East Twerton
Lower Bristol Road
Midland Bri. Rd.
Green Park
Georgian Gdn.
Parkside Inf. Sch.
Tennis & Bowls
Queen Square
Mus.
Lib.
Cemy.
Oldfield Park
Cemetery
Hayesfield Girls Sch.
Bath Riverside Bus. Pk.
Brougham Hayes
Lwr. Oldfield Pk.
Junction Road
Hayesfield Sch.
Twerton
SOMERSET
Linear Park
Wells Road
Holloway
Magdalen Gdns.
South Twerton
South Twerton Jun. Sch.
BA2
Wansdyke Bus. Cen.
Oldfield Park
Bear Flat
Bloomfield Avenue
Shakespeare Ave.
Kipling
Milton
Longfellow
Devonshire Bldgs
Moorlands
Play Grnd.
Cotswold Road
Monksdale
The Oval
Moorlands Jun. & Inf. Sch.
South Down
Coronation Avenue
Rec. Grd.
Play. Field
Chantry Mead
Bloomfield
St. Luke's Rd.
South
A4
A36
A431
A367
B3111
B3118

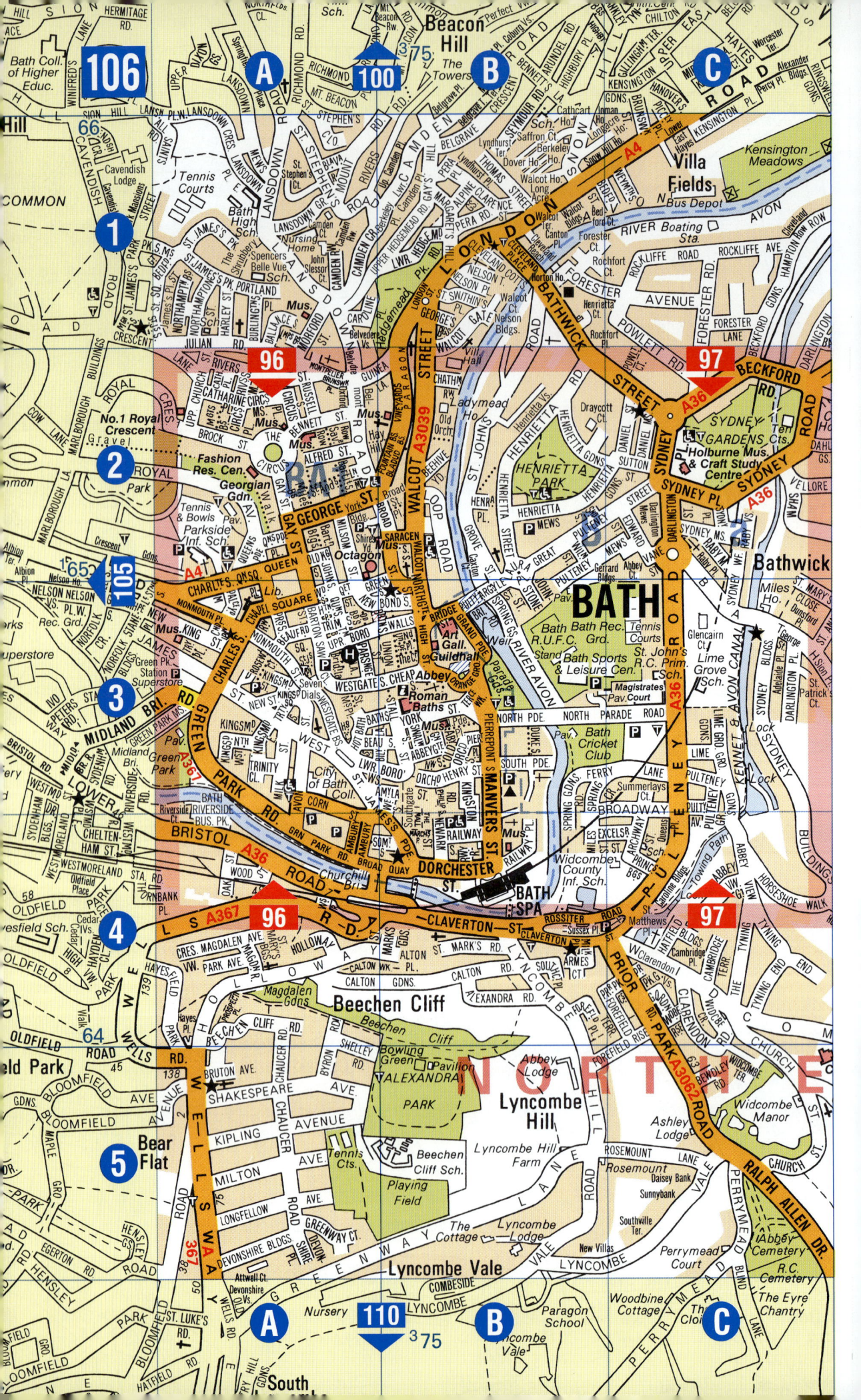
106
A
B
C
100
96
97
105
110
1
2
3
4
5
Beacon Hill
Bath Coll. of Higher Educ.
Villa Fields
Kensington Meadows
Bus Depot
Boating Sta.
RIVER AVON
LONDON ROAD
LONDON ST.
WALCOT ST.
PARAGON
LANSDOWN ROAD
CAMDEN RD.
No.1 Royal Crescent
Royal Victoria Park
Fashion Res. Cen.
Georgian Gdn.
THE CIRCUS
GEORGE ST.
GAY ST.
QUEEN SQUARE
CHARLES ST.
MILSOM ST.
Octagon
Mus.
Lib.
Art Gall.
Guildhall
Abbey
Roman Baths
Weir
BATH
Bath R.U.F.C. Grd.
Bath Rec. Grd.
Bath Sports & Leisure Cen.
Magistrates Court
Bath Cricket Club
HENRIETTA PARK
SYDNEY GARDENS
Holburne Mus. & Craft Study Centre
SYDNEY PL.
GREAT PULTENEY ST.
PULTENEY ROAD
NORTH PARADE ROAD
BATHWICK ST.
Bathwick
KENNET & AVON CANAL
Widcombe Manor
MIDLAND BRI. RD.
GREEN PARK RD.
BRISTOL ROAD
LOWER BRISTOL RD.
CLAVERTON ST.
DORCHESTER ST.
MANVERS ST.
BATH SPA
Southgate
BATH RIVERSIDE BUS. PK.
WELLS RD.
WELLSWAY
Beechen Cliff
ALEXANDRA PARK
Lyncombe Hill
Lyncombe Vale
Bear Flat
Beechen Cliff Sch.
Playing Field
PRIOR PARK ROAD
RALPH ALLEN DR.
Abbey Cemetery
R.C. Cemetery
Paragon School
WIDCOMBE
OLDFIELD ROAD
South
A4
A36
A367
A3039
A3062

101
77
111
77
Hampton Ho.
Kensington Meadows Playing Fields
KENNET & AVON CANAL
BATHAMPTON LANE
Simon's Close
MILLER WK.
DEVONSHIRE ROAD
HOLCOMBE
St. George's Hill
WARMINSTER ROAD
A36
Government Buildings
ST. GEORGE'S HILL
REGENTS FLD.
TROSSACHS DR.
MINSTER WAY
Prim. Sch.
ST. CHRISTOPHER'S CLO.
HANTONE HILL
Parade Grnd.
Ten Cts. Playing Field
King Edward's School
NORTH ROAD
Nurses Home
CASTLE LANE
WALKER CL.
Chatham Pk.
ST. CATHERINE'S CLO.
CLEVELAND WALK
Berkeley Ct.
Keverstone
Cleveland Ct.
BA2
The Priory
Fiesole Youth Hostel
Bathwick Wood
Bathampton Warren
BATHAMPTON DOWN
BATH GOLF COURSE
Club House
GOLF COURSE ROAD
Sham Castle
Bathampton Down Reservoir (Covered)
Quantock Ter.
Cotswold Ter.
Mendip Ter.
Conygre Ter.
Woltson Ter.
Eastwood Housing
QUARRY ROAD
The Parade
Playing Fields
Medical Centre
UNIVERSITY OF BATH
Open Air Theatre
South Building
CONVOCATION AVE.
Sports Pav.
Norwood Playing Fields
To American Museum (Claverton Manor)
THE AVENUE
Claverton Lodge
Upton Ho.
Oakwood
Woodland Pl.
Wood Hill Pl.
NORTH RD.
The Woodlands
WOODLAND GROVE
BEECH AVENUE
Smallcombe Farm
Cemetery
SMALLCOMBE WOOD
Combe Royal
Homefield
COPSELAND
OAKLEY
Widcombe
BATH & NORTH EAST SOMERSET
R.S.P.C.A. Cat & Dog Home
CLAVERTON DOWN ROAD
NORWOOD AVENUE
BATHWICK HILL
CLARENCE T.
All Saints Pl.
Beech Vw.
CLAVERTON CT.
Hall
QUARRY ROCK GARDENS CARAVAN PARK
Orphan Home
PROSPECT ROAD
MACAULAY BLDGS.
Macaulay
Walden
Violetbank Farm
Fairstowe
Rainbow Wood
Rainbow Wood Farm
CHURCH LANE
Fish
Rainbow Wood

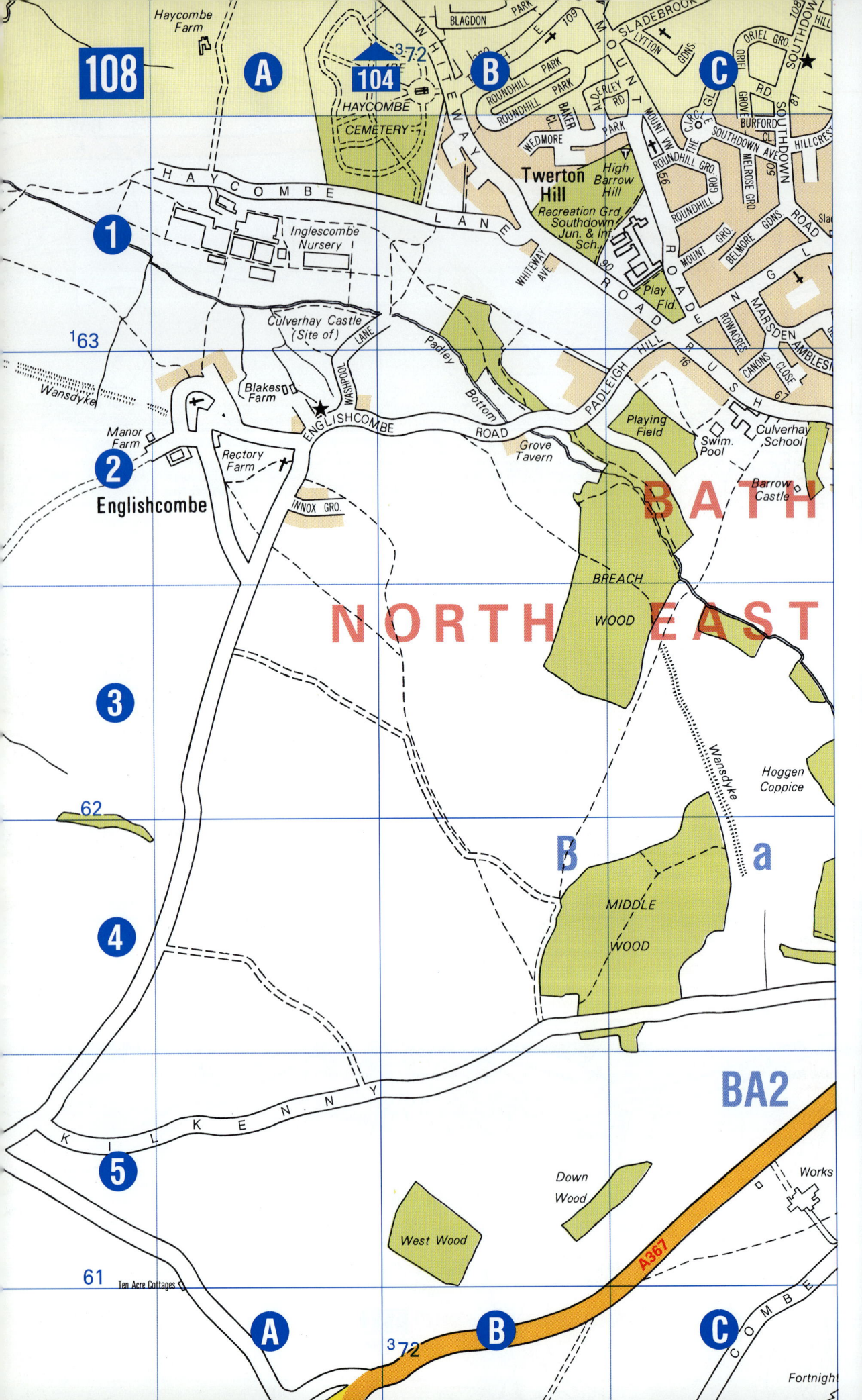

108

104

A   B   C

1

63

Haycombe Farm

HAYCOMBE CEMETERY

HAYCOMBE LANE

Inglescombe Nursery

BLAGDON

PARK

Roundhill Park

Roundhill Park

WEDMORE CL.

BAKER CL.

Twerton Hill

High Barrow Hill

Recreation Grd.
Southdown Jun. & Inf. Sch.

ALDERLEY RD.

MOUNT VW.

SLADEBROOK

LYTTON GDNS.

THE CIRCLE

ORIEL GRO.

ORIEL RD.

BURFORD CL.

SOUTHDOWN

SOUTHDOWN AVE.

MELROSE GRO.

HILLCREST

SOUTHDOWN HILL

MOUNT

ROAD

Culverhay Castle (Site of)

WASHPOOL LANE

Blakes Farm

Wansdyke

Manor Farm

2

Rectory Farm

Englishcombe

ENGLISHCOMBE

INNOX GRO.

Padley Bottom

PADLEY

ROAD

Grove Tavern

PADLEIGH HILL

RUSH

Play Fld.

MARSDEN ROAD

BELMORE GDNS.

MOUNT GRO.

ROUNDHILL GRO.

ROWACRES

CANONS CLOSE

AMBLESIDE

Playing Field

Swim. Pool

Culverhay School

BATH

NORTH WOOD EAST

BREACH WOOD

3

62

B   a

Hoggen Coppice

Wansdyke

4

MIDDLE WOOD

BA2

5

KILKENNY

Down Wood

Works

West Wood

A367

61   Ten Acre Cottages

A   B   C

372

COOMBE

Fortnight

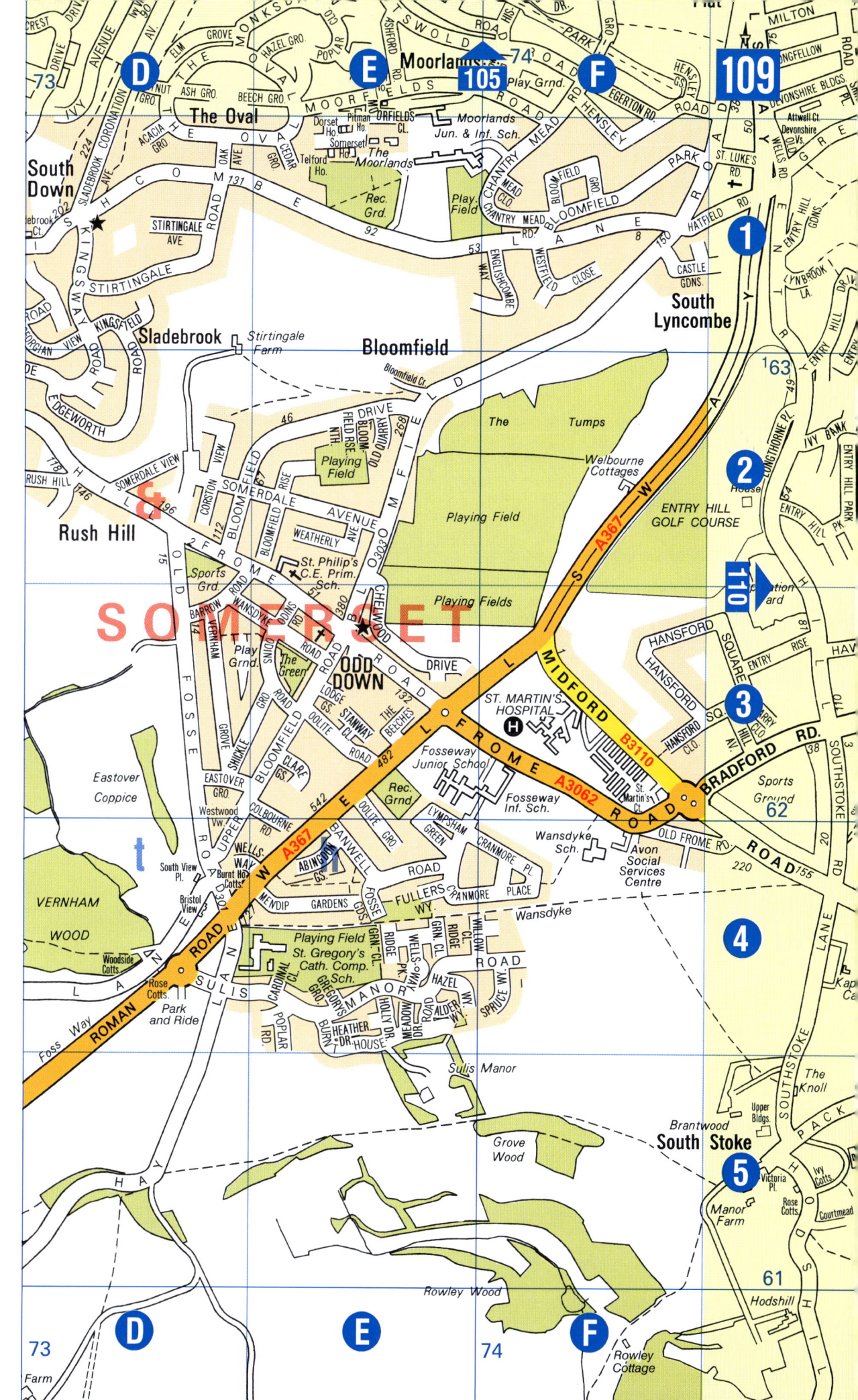

109
105
110
D
E
F
1
2
3
4
5
73
74
61
62
163
South Down
The Oval
Moorlands
South Lyncombe
Sladebrook
Stirtingale Farm
Bloomfield
Rush Hill
SOMERSET
ODD DOWN
The Tumps
Welbourne Cottages
ENTRY HILL GOLF COURSE
Playing Field
Playing Fields
ST. MARTIN'S HOSPITAL
Fosseway Junior School
Fosseway Inf. Sch.
Wansdyke Sch.
Avon Social Services Centre
St. Gregory's Cath. Comp. Sch.
St. Philip's C.E. Prim. Sch.
Moorlands Jun. & Inf. Sch.
Eastover Coppice
VERNHAM WOOD
Park and Ride
Sulis Manor
Grove Wood
Rowley Wood
Rowley Cottage
South Stoke
Brantwood
Manor Farm
The Knoll
Hodshill
Wansdyke
Foss Way
ROMAN ROAD
WELLSWAY
A367
A3062
B3110
FROME ROAD
MIDFORD
BRADFORD RD.
OLD FROME RD.
Sports Ground

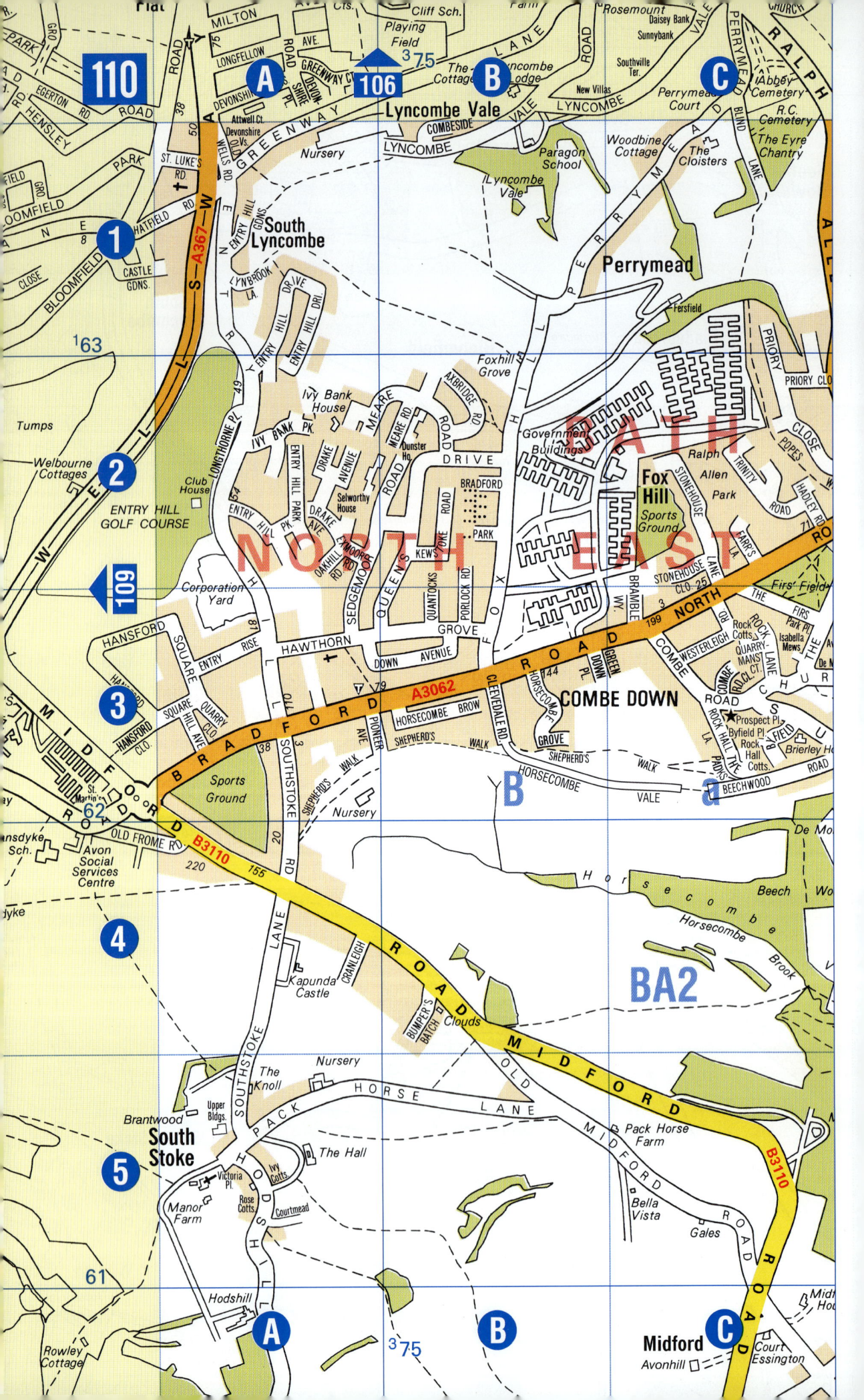

106
109
Lyncombe Vale
South Lyncombe
Perrymead
Fox Hill
COMBE DOWN
South Stoke
Midford
BATH
NORTH EAST
BA2
ENTRY HILL GOLF COURSE
Sports Ground
Nursery
Paragon School
The Cloisters
Woodbine Cottage
Perrymead Court
Abbey Cemetery
R.C. Cemetery
The Eyre Chantry
Government Buildings
Ralph Allen Park
Fox Hill Sports Ground
Corporation Yard
Club House
Welbourne Cottages
Tumps
Avon Social Services Centre
Kapunda Castle
Clouds
The Knoll
Pack Horse Farm
The Hall
Manor Farm
Bella Vista
Gales
Hodshill
Rowley Cottage
Court Essington
Avonhill
Brantwood
A367
A3062
B3110
BRADFORD ROAD
MIDFORD ROAD
PACK HORSE LANE
OLD MIDFORD ROAD
SOUTHSTOKE LANE
SOUTHSTOKE RD
HODSHILL
Horsecombe Brook

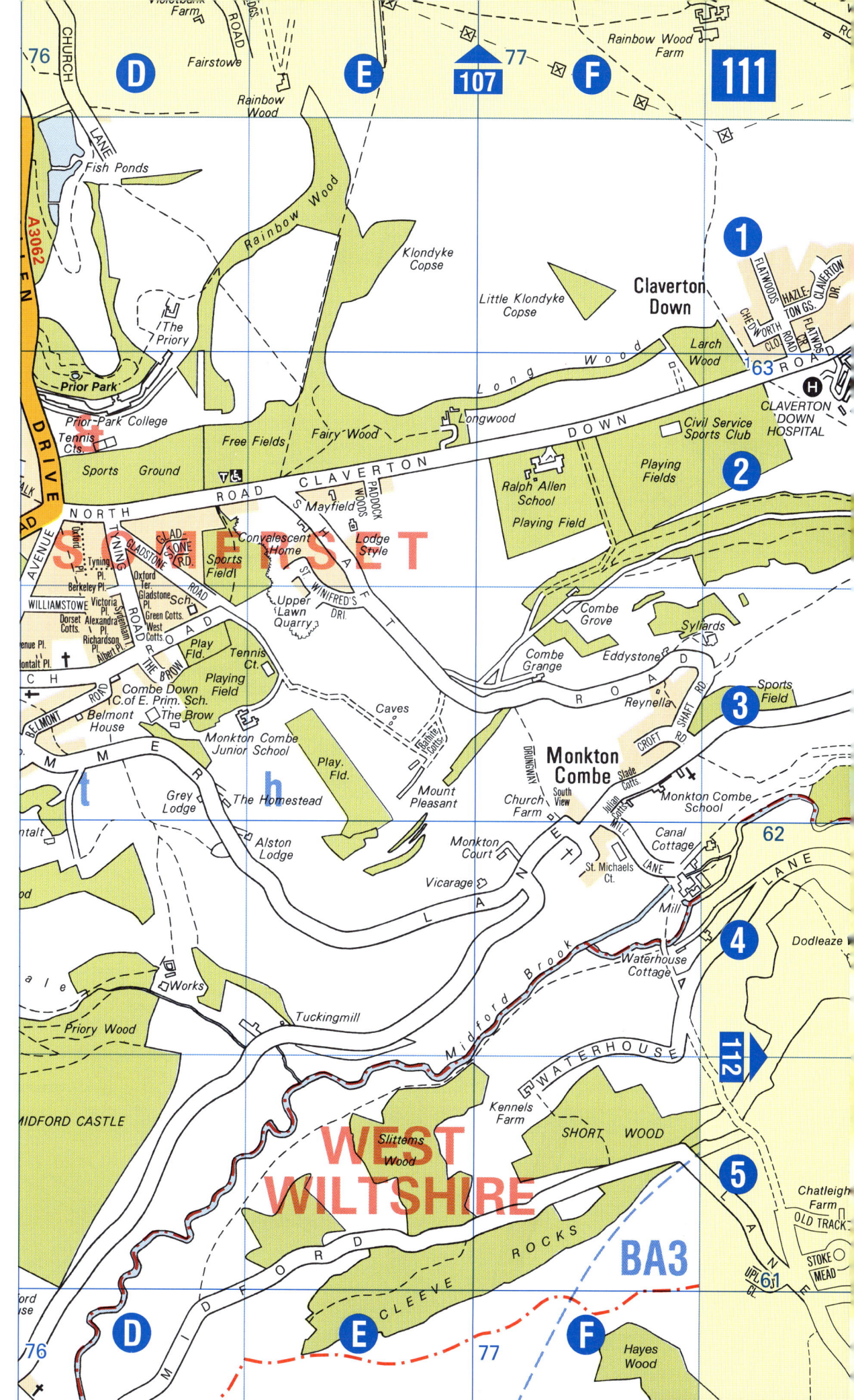

D Fairstowe

E 77 **107**

F Rainbow Wood Farm

Violetbank Farm

Rainbow Wood

1

CHURCH 76

A3062

ALLEN DRIVE

Fish Ponds

The Priory

Prior Park

Prior Park College

Tennis Cts.

Sports Ground

Rainbow Wood

Klondyke Copse

Little Klondyke Copse

Claverton Down

FLATWOODS
CHEDWORTH CLO.
HAZLETON GNS.
CLAVERTON DR.
FLATWOODS

Larch Wood

Long Wood

163 ROAD

H CLAVERTON DOWN HOSPITAL

Free Fields

Fairy Wood

Longwood

Mayfield

PADDOCK WOODS

CLAVERTON DOWN

Civil Service Sports Club

Ralph Allen School

Playing Field

Playing Fields

2

ROAD

S O M E R S E T

NORTH AVENUE

GLADSTONE RD.
TYNING

Convalescent Home

Lodge Style

ST. WINIFRED'S DRI.

Oxford Pl.
Tyning Pl.
Berkeley Pl.

Sports Field

Upper Lawn Quarry

Combe Grove

Syllards

WILLIAMSTOWE

Victoria Pl.
Gladstone Pl.
Oxford Ter.
Green Cotts.
West Cotts.
Sydenham Pl.

Dorset Cotts.
Alexandra Pl.
Richardson Pl.
Albert Pl.

Play Fld.

Tennis Ct.

Combe Grange

Eddystone

ROAD

Reynella

Sports Field

3

Avenue Pl.
Montalt Pl.

THE BROW

Playing Field

Combe Down
C.of E. Prim. Sch.

Caves

SHAFT RD.
CROFT RD.

CH

BELMONT ROAD

Belmont House

The Brow

Monkton Combe Junior School

Bradford Cotts.

Monkton Combe

DRUNGWAY

South View

Slade Cotts.

Monkton Combe School

62

h

t

Grey Lodge

The Homestead

Play. Fld.

Mount Pleasant

Church Farm

Julian Cotts.

MILL LANE

Canal Cottage

Mill

LANE

4

Dodleaze

Montalt

Alston Lodge

Monkton Court

Vicarage

St. Michaels Ct.

Waterhouse Cottage

Works

LANE

112

Priory Wood

Tuckingmill

Midford Brook

WATERHOUSE

Kennels Farm

SHORT WOOD

5

Chatleigh Farm

OLD TRACK

MIDFORD CASTLE

WEST WILTSHIRE

Slittems Wood

CLEEVE ROCKS

BA3

UPL 61

LANE

STOKE MEAD

D 76

E 77

F

Hayes Wood

MIDFORD

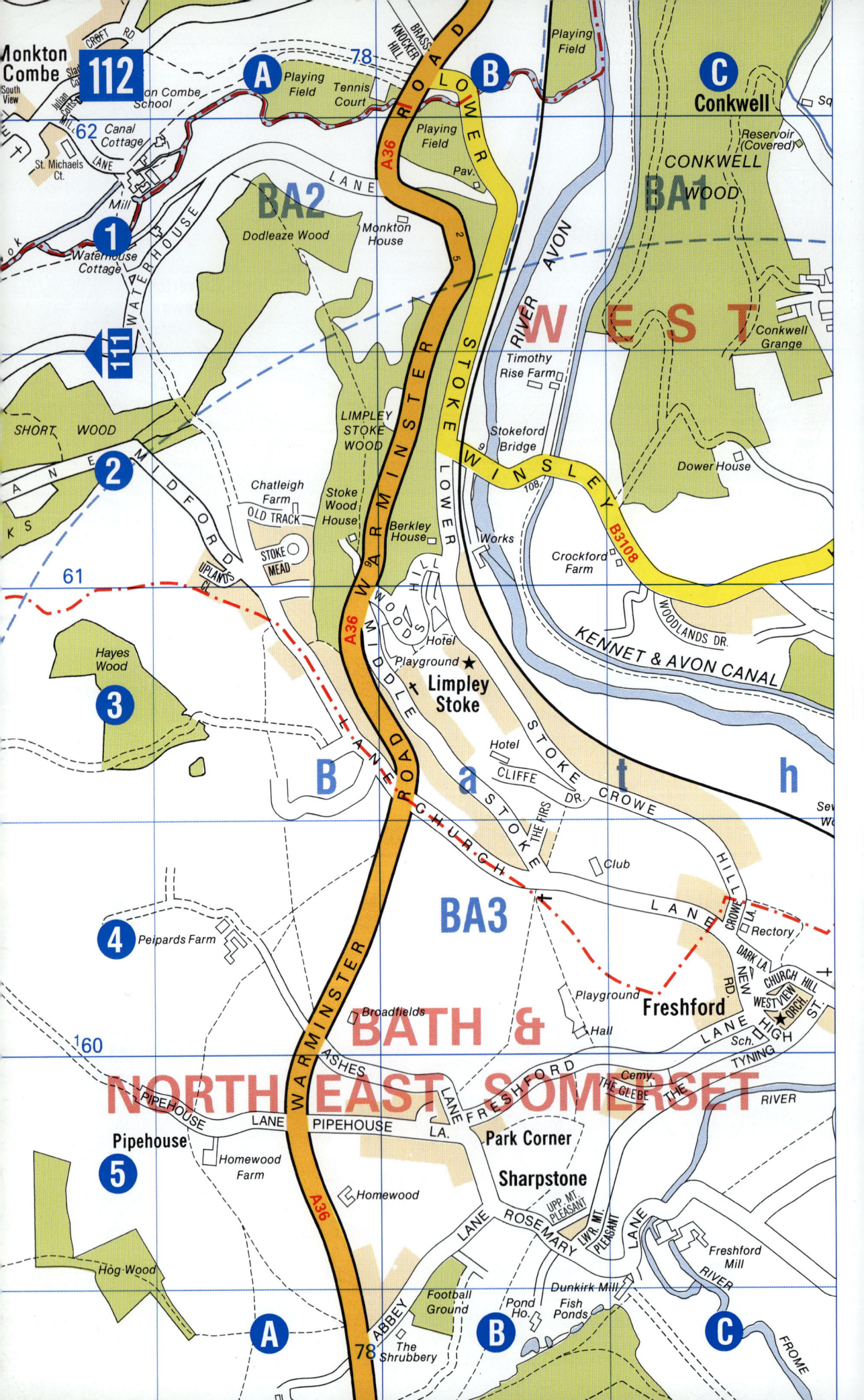

Monkton Combe

South View

CROFT RD.

78

BRASS KNOCKER HILL

Playing Field

Playing Field

A

Monkton Combe School

Tennis Court

B

Playing Field

Pav.

C

Conkwell

62

Canal Cottage

St. Michaels Ct.

Mill

LANE

WATERHOUSE

A36

ROAD

LOWER

Reservoir (Covered)

CONKWELL WOOD

BA1

1

Waterhouse Cottage

BA2

Dodleaze Wood

Monkton House

RIVER AVON

W E S T

Conkwell Grange

111

Timothy Rise Farm

STOKE

WARMINSTER

Stokeford Bridge

LOWER

WINSLEY

Dower House

2

SHORT WOOD

LANE

MIDFORD

LIMPLEY STOKE WOOD

Chatleigh Farm

OLD TRACK

Stoke Wood House

Berkley House

9

108

B3108

Works

Crockford Farm

WOODLANDS DR.

61

UPLANDS

STOKE MEAD

A36

WOOD

HILL

Hotel

Playground

Limpley Stoke

KENNET & AVON CANAL

Hayes Wood

MIDDLE

3

LANE

ROAD

Hotel

CLIFFE DR.

THE FIRS

STOKE

CROWE

B a t h

Se
W

Club

HILL

LANE

CROWE

LA.

Rectory

4

Peipards Farm

CHURCH

BA3

DARK LA.

NEW RD.

CHURCH HILL

WESTVIEW

ORCH.

HIGH ST.

Playground

Freshford

WARMINSTER

Broadfields

Hall

ASHES

LANE

BATH &

160

FRESHFORD LANE

PIPEHOUSE LANE

Park Corner

Cemy.

THE GLEBE

Sch.

THE TYNING

RIVER

NORTH EAST SOMERSET

Pipehouse

LANE

PIPEHOUSE LA.

Sharpstone

5

Homewood Farm

A36

Homewood

Hog Wood

ROSEMARY

LANE

UPP. MT. PLEASANT

LWR. MT. PLEASANT

MT. PLEASANT

LANE

Freshford Mill

RIVER

A

ABBEY

78

Football Ground

The Shrubbery

B

Pond Ho.

Dunkirk Mill

Fish Ponds

C

FROME

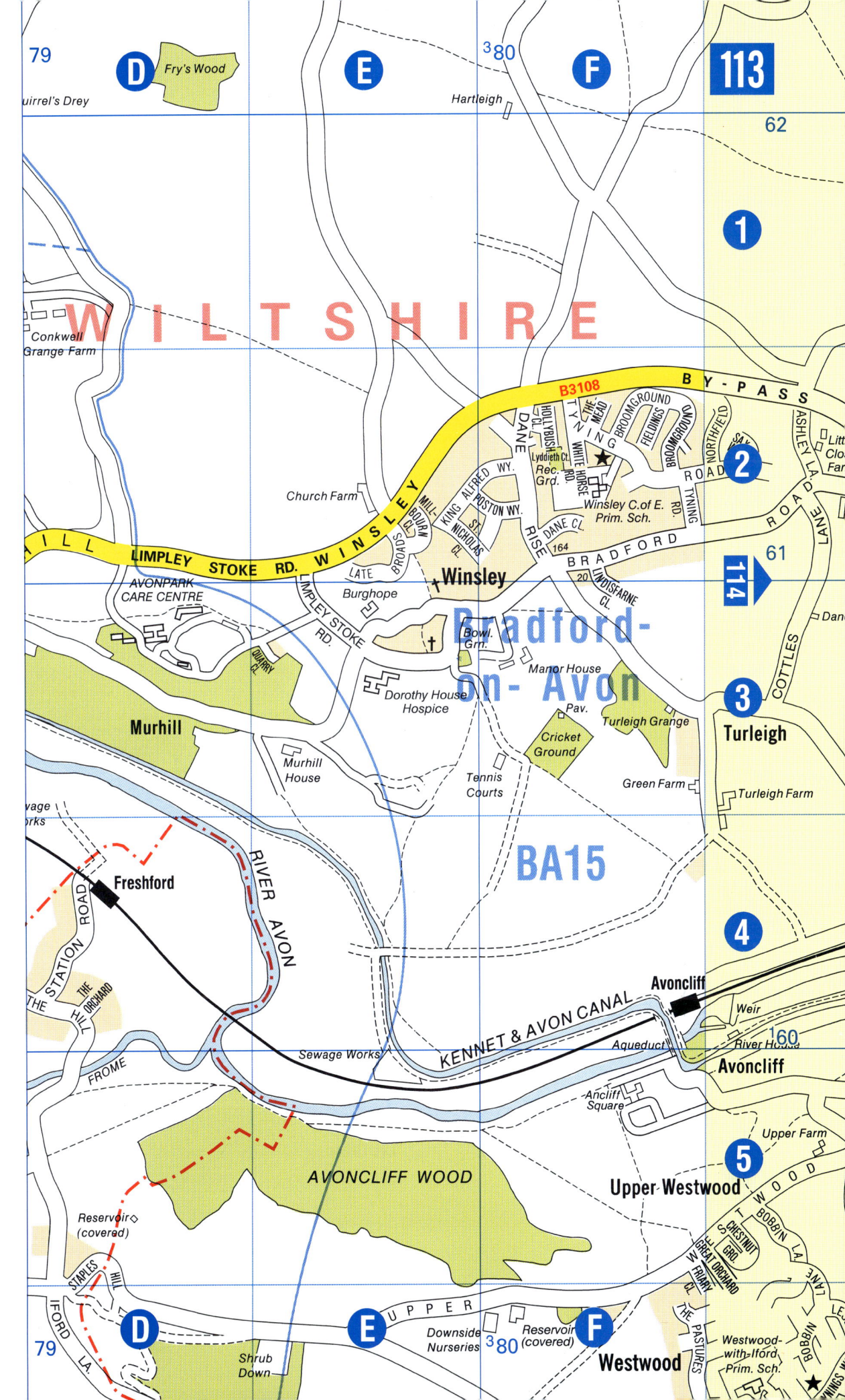
79
D
Fry's Wood
uirrel's Drey
E
380
Hartleigh
F
62
1
WILTSHIRE
Conkwell
Grange Farm
B3108
BY-PASS
2
THE MEAD
HOLLYBUSH CL.
DANE
TYNING
BROOMGROUND
FIELDINGS
BROOMGROUND
NORTHFIELD
ASHLEY LA.
Lyddieth Ct.
Rec. Grd.
WHITE HORSE RD.
Winsley C.of E. Prim. Sch.
ROAD
TYNING RD.
ALFRED WY.
POSTON WY.
KING
ST. NICHOLAS CL.
MILL-BOURN CL.
BROADS
Church Farm
WINSLEY
LIMPLEY STOKE RD.
DANE CL.
RISE
164
BRADFORD
ROAD
LANE
61
114
LATE
Burghope
Winsley
20
LINDISFARNE CL.
AVONPARK CARE CENTRE
LIMPLEY STOKE RD.
Bradford-on-Avon
Bowl. Grn.
QUARRY CL.
Manor House
Dorothy House Hospice
Pav.
Turleigh Grange
COTTLES
3
Turleigh
Murhill
Cricket Ground
Murhill House
Tennis Courts
Green Farm
Turleigh Farm
BA15
RIVER AVON
Freshford
STATION ROAD
THE ORCHARD
THE HILL
4
Avoncliff
KENNET & AVON CANAL
Weir
Aqueduct
160
River House
Avoncliff
Sewage Works
FROME
Ancliff Square
Upper Farm
5
AVONCLIFF WOOD
Upper Westwood
WESTWOOD
BOBBIN LA.
CHESTNUT GRO.
GREAT ORCHARD
FRIARY CL.
Reservoir (covered)
STAPLES HILL
IFORD LA.
D
E
UPPER
F
79
Downside Nurseries
380
Reservoir (covered)
Westwood
THE PASTURES
Westwood-with-Iford Prim. Sch.
BOBBIN
LANE

A 381 **B** **C**

62

1

W E S T   W I

Great Ashley
Great Ashley Farm

St. Laurence Sch.

THE OLD BATCH
ASHLE
THE

WINSLEY
B3108
BY-PASS ROAD

THE MEAD
BROOMGROUND
FIELDINGS
UNDROVE
NORTHFIELD
SAXON WAY
ROAD
TYNING
WHITE HORSE RD.
2
Winsley C.of E. Prim. Sch.
Winsley
ASHLEY LA.
Little Close Farm
Nursery
W I N S L E Y
104
90
B3108

BEAR
MAGNON RD.
WESTFIELD
BUDBURY
VIEW CH
DOWNS
DOWNS CL.

BRADFORD
LINDISFARNE CL.
20
61 ◀ **113**
TYNING RD.
Hill View Farm
MEADOWFIELD
GROVE
HARPE
LEAZE
PICKFIELD

House
Pav.
ket
nd
3
Turleigh Grange
COTTLES LANE
Danescroft
Turleigh
Hunterscombe
B r a d f o r d
The Warren
BELCOMBE
RIVER
Belcombe Court

Green Farm
Turleigh Farm

KENNET & A
Swing Bridge
GR

4
Barton Farm Country Park
Sewage Farm

BA15

CANAL
Avoncliff
Weir

Aqueduct
160
River House
Becky Addy Wood
J O N E S

Ancliff Square
Avoncliff
Lye Green Farm

Upper Farm
5
Lye Green
Upper Westwood
WESTWOOD
WESTWOOD LA.
CHESTNUT GRO.
BOBBIN LA.
GREAT ORCHARD
FRIARY CL.
BOBBIN LA.
THE PASTURES
UPPER
rvoir
red)
Westwood
Westwood-with-Iford Prim. Sch.
BOBBIN LA.
LESLIE RISE
TYNINGS WAY
A **B** 381 **C**

BRADFORD-ON-AVON
Bradford-on-Avon
Woolley Green
Woolley
Widbrook
WILTSHIRE
RIVER AVON
KENNET & AVON CANAL
BRADFORD-ON-AVON GOLF COURSE
POULTON RECREATION GROUND
BRADFORD-ON-AVON HOSPITAL
Christ Church Prim. Sch.
Fitzmaurice Prim. Sch.
Clarendon Comp. Sch.
ELMSCROSS SHOPPING CENTRE
ELMSCROSS BUSINESS PARK
TREENWOOD INDUSTRIAL ESTATE
Northleigh Farm
Leigh Farmhouse
Leigh House Farm
Elbury
Leigh Cottage
Woolley Grange Farm
Woolley Grange
Kingston Mills
Saltacre Lodge
Tithe Barn
Barton Bridge
Barton Farm
Victory Field (Play. Fld.)
Canal Farm
Old Farm
Rowden House
Southview Farm
Widbrook Farm
Widbrook Bridge
Widbrook Ho.
Vineyard
Bearfield Rec. Grd.
BATH ROAD
LEIGH ROAD
BRADFORD LEIGH RD.
BROOK
NEW ROAD
SPRINGFIELD
WOOLLEY STREET
HOLT ROAD
TROWBRIDGE ROAD
ST. MARGARET'S ROAD
FROME ROAD
MOULTON DRIVE
CEMETERY LA.
ELMS CROSS DR.
A363
B3105
B3109
B3107
B3108
82
83
62
61
160
D
E
F
1
2
3
4
5

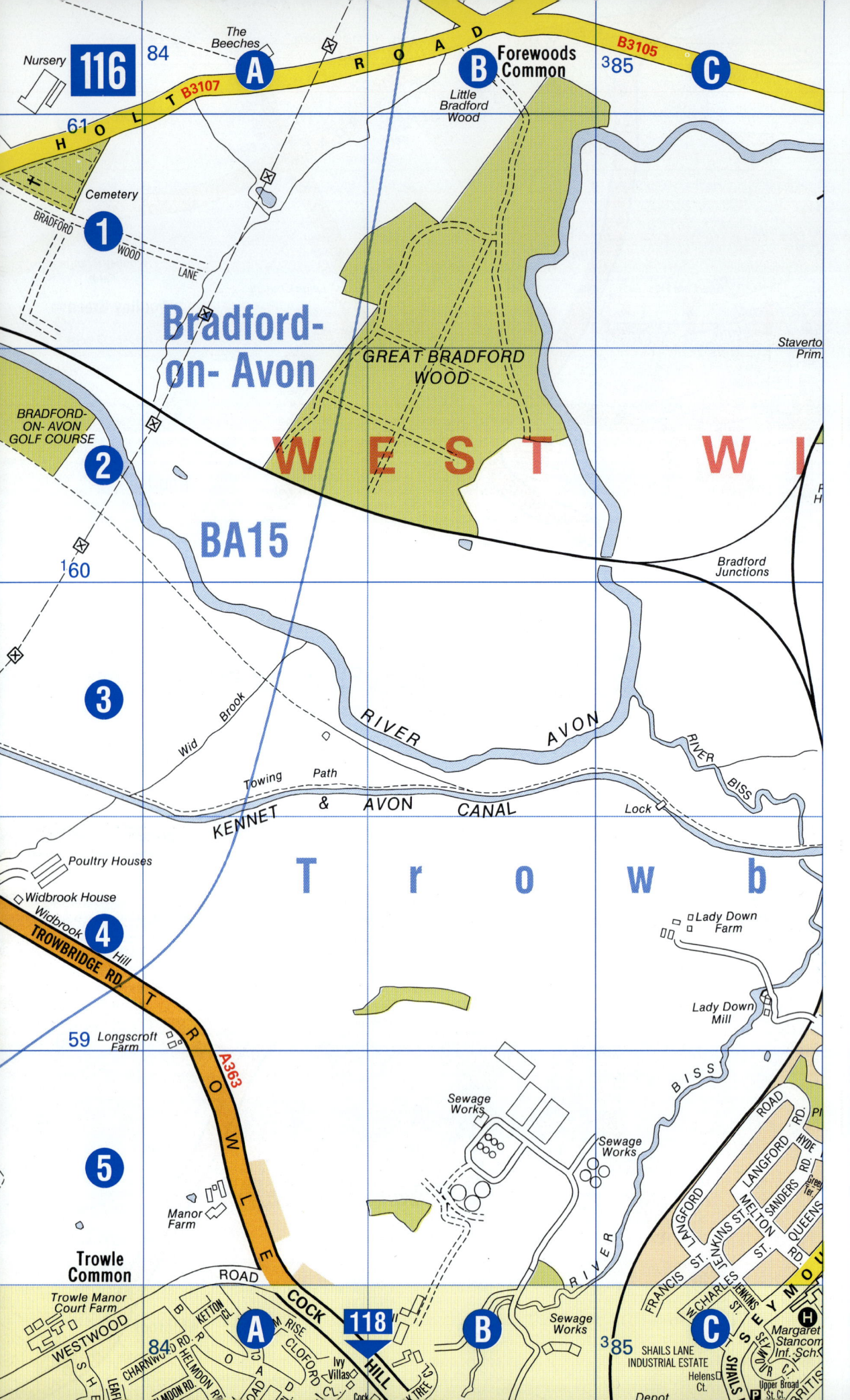

Nursery

The Beeches

A B3107

84

61

HOLT **ROAD**

B3105

385 **B3105**

Forewoods Common **B**

Little Bradford Wood

C

Cemetery

1

BRADFORD WOOD LANE

Bradford-on- Avon

GREAT BRADFORD WOOD

Staverto Prim.

BRADFORD- ON- AVON GOLF COURSE

2

W E S T **W I**

BA15

Bradford Junctions

¹60

3

Wid Brook

RIVER AVON

RIVER BISS

Towing Path

KENNET & AVON CANAL

Lock

Poultry Houses

Widbrook House

T **r** **o** **w** **b**

Lady Down Farm

Widbrook Hill

4

TROWBRIDGE RD

T R O W L E

Lady Down Mill

59 Longscroft Farm

A363

BISS

5

Sewage Works

Sewage Works

RIVER

Manor Farm

LANGFORD ROAD

HYDE

Trowle Common

Trowle Manor Court Farm

WESTWOOD

84

SHEAFL... LEAF...

ROAD

A

KETTON CL.

CHARNWOOD RD.

HELMDON RD.

MOON RD.

CLOFORD CL.

CL. RISE

Ivy Villas

COCK HILL

TREE CL.

118

B

Sewage Works

385

SHAILS LANE INDUSTRIAL ESTATE

Helens Ct.

FRANCIS ST.

JENKINS ST.

CHARLES ST.

JENKINS ST.

SEYMOUR

BRITISH

C

Margaret Stancom Inf. Sch.

Upper Broad St. Ct.

LANGFORD RD.

MELTON RD.

SANDERS RD.

Green Ter.

QUEENS RD.

Cock Depot

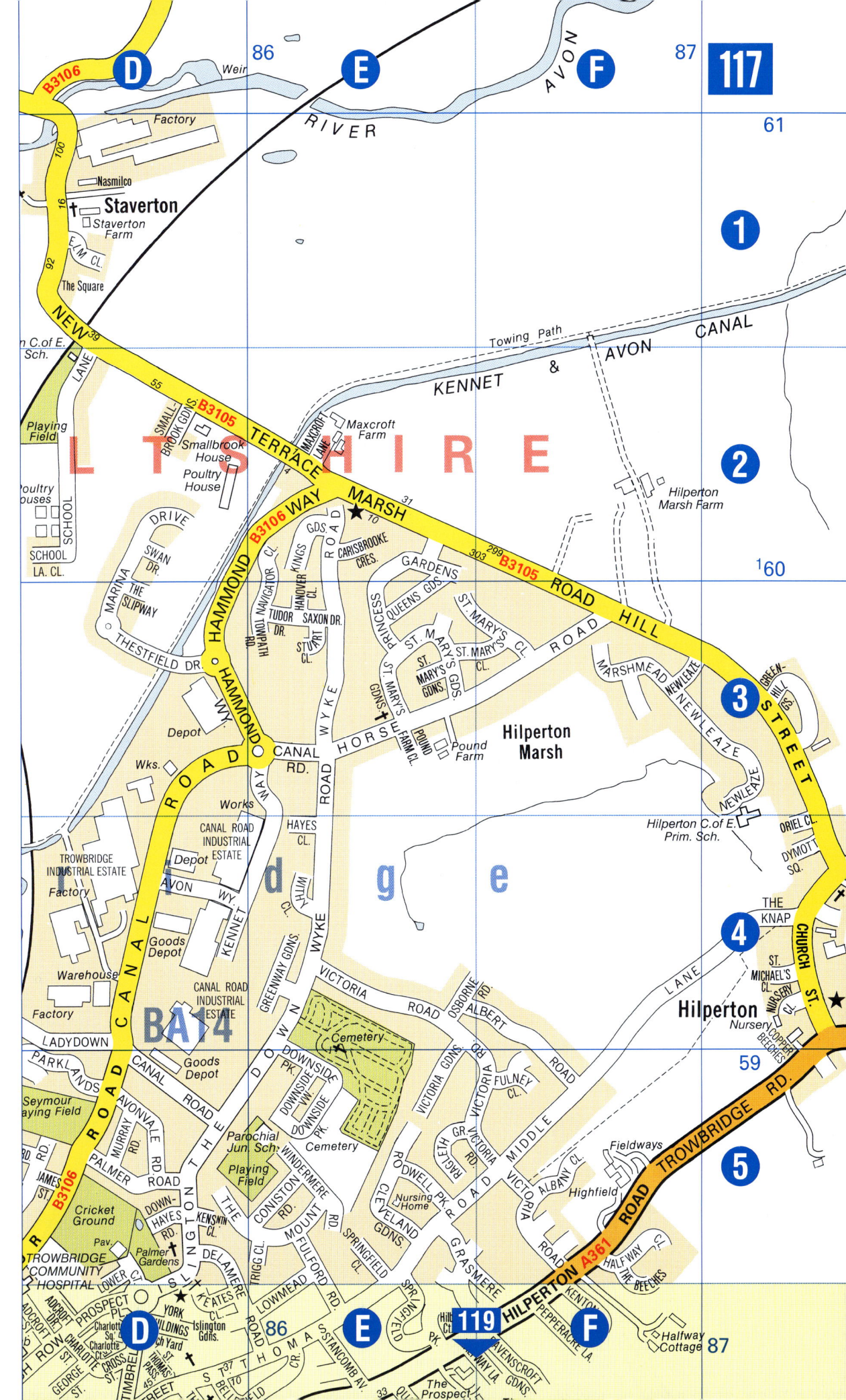

D **86** **E** **F** **87**

61

1

2

160

3

4

59

5

B3106

Weir

RIVER

Towing Path

KENNET & AVON CANAL

Staverton
Staverton Farm
Nasmilco
Factory

ELM CL.

The Square

NEW LANE

C.of E. Sch.

Playing Field

Poultry Houses

SCHOOL

SCHOOL LA. CL.

SMALL-BROOK GDNS.

B3105

TERRACE

Smallbrook House

Poultry House

Maxcroft Farm

MAXCROFT LANE

L T S H I R E

HAMMOND WAY

B3106

MARSH

ROAD

GDS.

CARISBROOKE CRES.

KINGS CL.

HANOVER CL.

TUDOR DR.

SAXON DR.

STUART CL.

NAVIGATOR CL.

TOWPATH RD.

DRIVE

SWAN DR.

MARINA

THE SLIPWAY

THESTFIELD DR.

HAMMOND WY.

HAMMOND ROAD WAY

Depot

Wks.

Works

CANAL RD.

CANAL ROAD INDUSTRIAL ESTATE

Depot

TROWBRIDGE INDUSTRIAL ESTATE

Factory

AVON WY.

KENNET WY.

Goods Depot

Warehouse

Factory

LADYDOWN

BA14

CANAL ROAD INDUSTRIAL ESTATE

Goods Depot

PARKLANDS RD.

Seymour Playing Field

JAMES ST.

B3106

AVONVALE RD.

MURRAY RD.

PALMER ROAD

Cricket Ground

DOWN-HAYES RD.

Palmer Gardens

Pav.

TROWBRIDGE COMMUNITY HOSPITAL

ADCROFT

PROSPECT PL.

LOWER

Charlotte Sq.

Church Yard

YORK BUILDINGS

Islington Gdns.

KENSN TN. CL.

CONISTON RD.

DELAMERE

KEATES

TRIGG CL.

THE ISLINGTON

WINDERMERE RD.

GREENWAY GDNS.

DOWNSIDE PK.

DOWNSIDE VW.

DOWNSIDE PK.

Cemetery

Parochial Jun. Sch.

Playing Field

Cemetery

DOWN

WYKE

HAYES CL.

HLIM CL.

WYKE ROAD

HORSE ROAD

ROAD

WYKE ROAD

PRINCESS ST.

ST. MARY'S GDNS.

ST. MARY'S GDNS.

QUEENS GDNS.

GARDENS

ST. MARY'S CL.

ST. MARY'S CL.

E.FARM CL.

Pound Farm

POUND

ROAD

HILL

MARSHMEAD

NEWLEAZE

NEWLEAZE

NEWLEAZE

GREEN HILL GDS.

STREET

ORIEL CL.

DYMOTT SQ.

Hilperton Marsh

Hilperton C. of E. Prim. Sch.

d g e

THE KNAP

Hilperton

ST. MICHAEL'S CL.

NURSERY CL.

Nursery

COPPER BEECHES

CHURCH ST.

LANE

Fieldways

Highfield

ROAD TROWBRIDGE RD.

VICTORIA ROAD

ALBERT ROAD

OSBORNE RD.

FULNEY CL.

VICTORIA GDNS.

VICTORIA RD.

MIDDLE ROAD

VICTORIA ROAD

ALBANY CL.

RODWELL PK.

RAGLETH GR.

CLEVELAND GDNS.

Nursing Home

MOUNT PLEASANT

FULFORD RD.

SPRINGFIELD CL.

LOWMEAD ROAD

GRASMERE

SPRING

HALFWAY CL.

KENTON

PEPPERACRE LA.

THE BEECHES

Halfway Cottage

HILPERTON

A361

ROAD

119

RAVENSCROFT

WAY LA.

GDNS.

STANCOMB AV.

HOMA

The Prospect

D **86** **E** **119** **F** **87**

AVON

Hilperton Marsh Farm

Maxcroft House

Pound Farm

Fieldways

Highfield

Trowle Common
Manor Farm
116
Trowle Manor Court Farm
WESTWOOD
COCK HILL
BRADFORD ROAD
A363
Cockhill Farm
Sewage Works
River Biss
Ivy Villas
Cock Hill Ho. Ct.
OAK TREE CL.
SHAILS LANE INDUSTRIAL ESTATE
Helens Ct.
Margaret Stancomb Inf. Sch.
Depot
RIVERWAY INDUSTRIAL PARK
THE MALTINGS INDUSTRIAL PARK
Factory
Kitcheners Ct.
INNOX MILL CL.
Innox
Sub. Hall
Footpath
Trowle Bridge
Town Bri.
THE SHIRES SHOP. CEN.
Trowbridge
Trowbridge Mus.
Stallard Rec. Fld.
BRYER ASH BUSINESS PK.
STALLARD ST.
BYTHESEA RD.
WICKER HILL
SHAILS LA. B3106
SEYMOUR
CHARLES ST.
FRANCIS ST.
JENKINS ST.
WESTCROFT ST.
MELTON RD.
SANDERS RD.
QUEENS RD.
UPPER BROAD ST.
BROAD ST.
CONIGRE
BACK ST.
RIVER WAY
INNOX RD.
LINDEN PL.
STATION WY.
MILL LA.
CHEPSTOW PL.
LEAFIELD PL.
SHERBORNE RD.
SHORE PL.
KINGSLEY PL.
CHILMARK RD.
CHARNWOOD RD.
HELMDON RD.
ROSEDALE GDS.
LYNWOOD DR.
ELLIOT PL.
BARNACK CL.
ANCASTER CL.
CRANMORE CL.
CLIPSHAM RISE
CLOFORD CL.
KETTON CL.
BROADMEAD
RAMBLER CL.
MERIDIAN WK.
ALBION DR.
ACACIA
CHALFONT CL.
MEADWAY
WOBURN CL.
QUEENS CLUB GDS.
BROOK ROAD
ROSSETTI GDS.
CRAWLEY AV.
BISS MDW.
CHRISTIN CT.
Playing Field
St. Augustine's R.C. Sch.
Tennis Cts.
Bowling Green
Pav.
Sch.
WARBLER CL.
NIGHTINGALE
WREN COURT
SWALLOW DR.
CHAFFINCH DR.
DOVECOTE CL.
AUGUSTINES ST.
WESTBOURNE GDS.
WESTBOURNE RD.
WEST ST.
AVENUE RD.
W E S T W O O D
Rec. Grd.
St. John's R.C. Prim. Sch.
BERKELEY RD.
FARLEIGH AV.
London Bridge
BRIDGE AV.
ARNOLDS HILL
WINGFIELD ROAD
A366
Convent
TYNING CL.
TOWER CL.
RICHMOND DR.
HUNGERFORD AV.
BARNES CL.
MILLINGTON DR.
KEW DR.
The John of Gaunt School
Tennis Courts
Tennis Cts.
Newtown Cnty. Prim. Sch.
T.A.V.R. Cen.
County Hall
Play. Fld.
NEWTOWN
PARK RD.
WESLEY ROAD
GLOUCESTER RD.
BOND ST.
HENDERSON CL.
WATERWORKS RD.
SURREY PL.
GLADSTONE RD.
STREET
FROME RD.
MORTIMER ST.
HAVELOCK ST.
COUNTY WAY
Trowbridge Town F.C.
Stream
Playing Field
Hall
Studley Green
Lambrok
WESTFIELD WAY
WESTFIELD CL.
GLEBE RD.
ELMDALE CT.
ELMDALE RD.
EASTVIEW RD.
BLAIR ROAD
PITMAN AV.
PITMAN CT.
ALLEN RD.
ROCK RD.
A361
ROAD
Offices
LANSDOWN CL.
YEOMAN WAY
Works
ALASTAIR CT.
BRADLEY ROAD
ARRAS CL.
RUTLAND CRES.
The Homestead
NORTH
TALBOT RD.
Recn. Gnd.
Playing Field
Studley Grn. Prim. Sch.
Manor Ct.
Shaftesbury Ct.
Trowbridge Sports Centre
Clarendon School
Play. Fld.
Playing Field
Trowbridge
Rutland Ct.
LAMBROK RD.
RODSLEIGH
SUMMERLEAZE
MANOR RD.
MANOR CL.
WARBURTON CL.
ST. MARGARETS CL.
FIELD WY.
ALDEBURGH PL.
LAMBROK CL.
WEBBERS CT.
FRAMPTON CT.
GAINSBOROUGH RISE
Trowbridge College
Tennis Cts.
MAPLE GRO.
LAUREL GRO.
Grove Ct.
CARLTON ROW
GROVE ROAD
CEDAR GRO.
LARCH GRO.
WALNUT GRO.
LABURNUM GRO.
BEECH GRO.
Garden Cen.
FROME ROAD
COLLEGE ROAD
BA14
HOLBROOK
ST. JOHN'S CR.
CHURCH ROAD
WHITEROW PARK
WHITEROW PK.
CHURCH FIELDS
Vic.
LANE
SILVER STREET
SILVER MWS.
LILAC GRO.
WILLOW GRO.
CHESTNUT GRO.
ALMOND GRO.
SYCAMORE GROVE
HAWTHORN GRO.
Playing Field
BAYDON CL.
WILTS
District Council Offs.
SILVER BIRCH GRO.
ALDER CL.
The Grove Prim. Sch.
HAZEL RD.
LANE
A363
Upper Studley
County Council Depot
White Row Bridge
FROME ROAD WHITEROW HILL
FIRS HILL
SANDRINGHAM RD.
WINDSOR DR.
HOLYROOD CL.
BALMORAL
WESTMEAD CR.
WINTERSLOW RD.
MARSTON RD.
BEWLEY RD.
LANGLEY RD.
BROUGHTON RD.
SUMMER DOWN WK.
KINGSDOWN ROAD
HEDDINGTON CL.
CLYDESDALE
ROAD
BOUNDARY ROAD
Boundary Wk.
MARSTON BOUNDARY WK.
BOUNDARY WALK
Southwick Court Farm
Moat
Pav.
Sports Ground
A B C
1 2 3 4 5
84 385
58 57 56

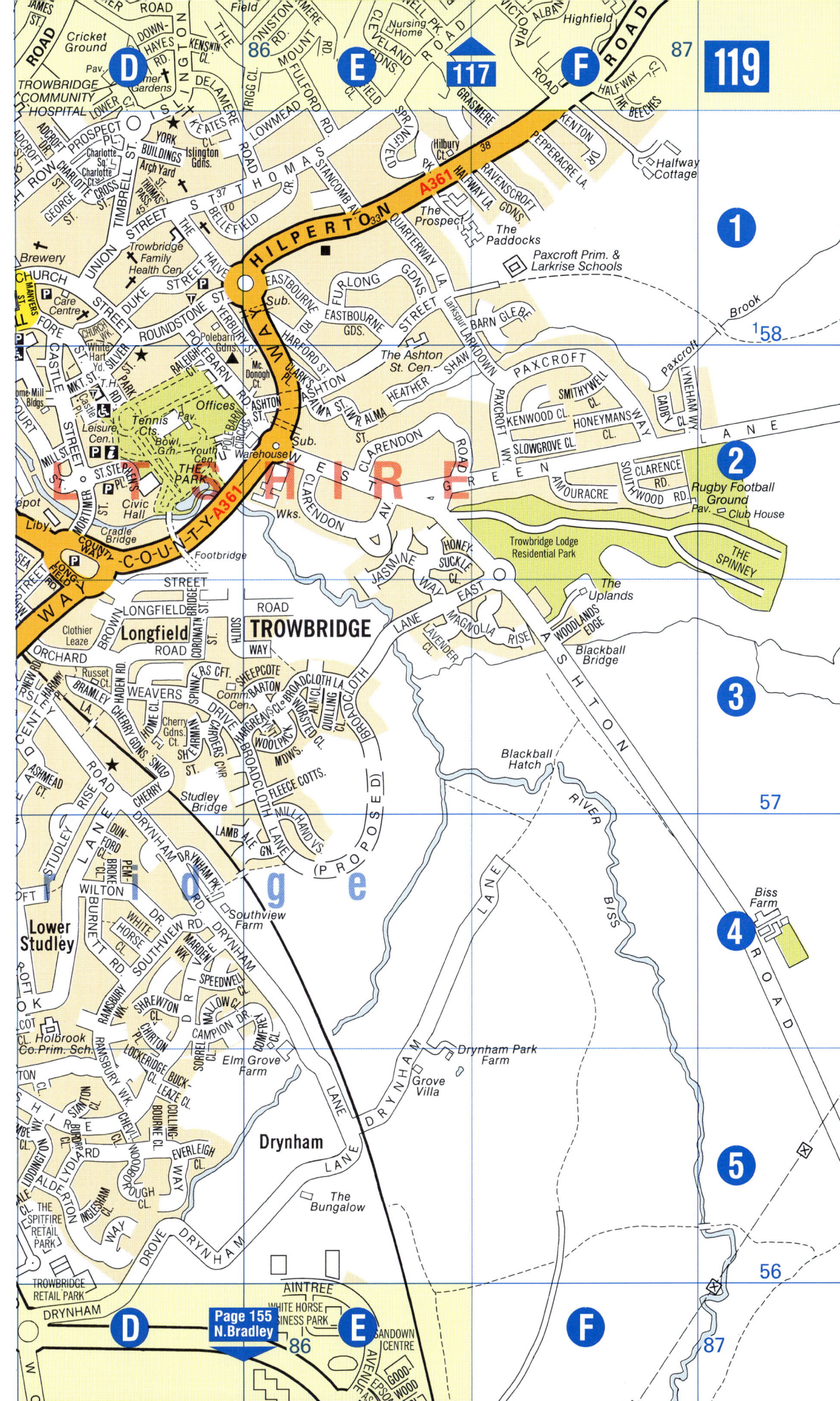

TROWBRIDGE COMMUNITY HOSPITAL

Cricket Ground

Pav.

Palmer Gardens

YORK BUILDINGS

Arch Yard

Charlotte Sq.

Charlotte St.

Islington Gdns.

Brewery

Trowbridge Family Health Cen.

White Hart Yd.

Offices

Tennis Cts.

Bowl. Grn.

THE PARK

Leisure Cen.

Civic Hall

Cradle Bridge

Footbridge

Warehouse

Sub.

Youth Cen.

Wks.

Depot

HILPERTON

A361

Sub.

The Prospect

The Paddocks

Paxcroft Prim. & Larkrise Schools

Hilbury Ct.

The Ashton St. Cen.

PAXCROFT

SMITHYWELL CL.

HONEYMANS CL.

KENWOOD CL.

SLOWGROVE CL.

AMOURACRE

SOUTHWOOD RD.

CLARENCE RD.

CADBY CL.

LYNEHAM WY.

Rugby Football Ground

Pav.

Club House

Trowbridge Lodge Residential Park

The Uplands

THE SPINNEY

Blackball Bridge

Blackball Hatch

RIVER

BISS

Biss Farm

TROWBRIDGE

Longfield

Clothier Leaze

ORCHARD

WEAVERS

Studley Bridge

Southview Farm

Lower Studley

Holbrook Co. Prim. Sch.

Elm Grove Farm

THE SPITFIRE RETAIL PARK

TROWBRIDGE RETAIL PARK

DRYNHAM

Drynham

The Bungalow

Drynham Park Farm

Grove Villa

Page 155
N. Bradley

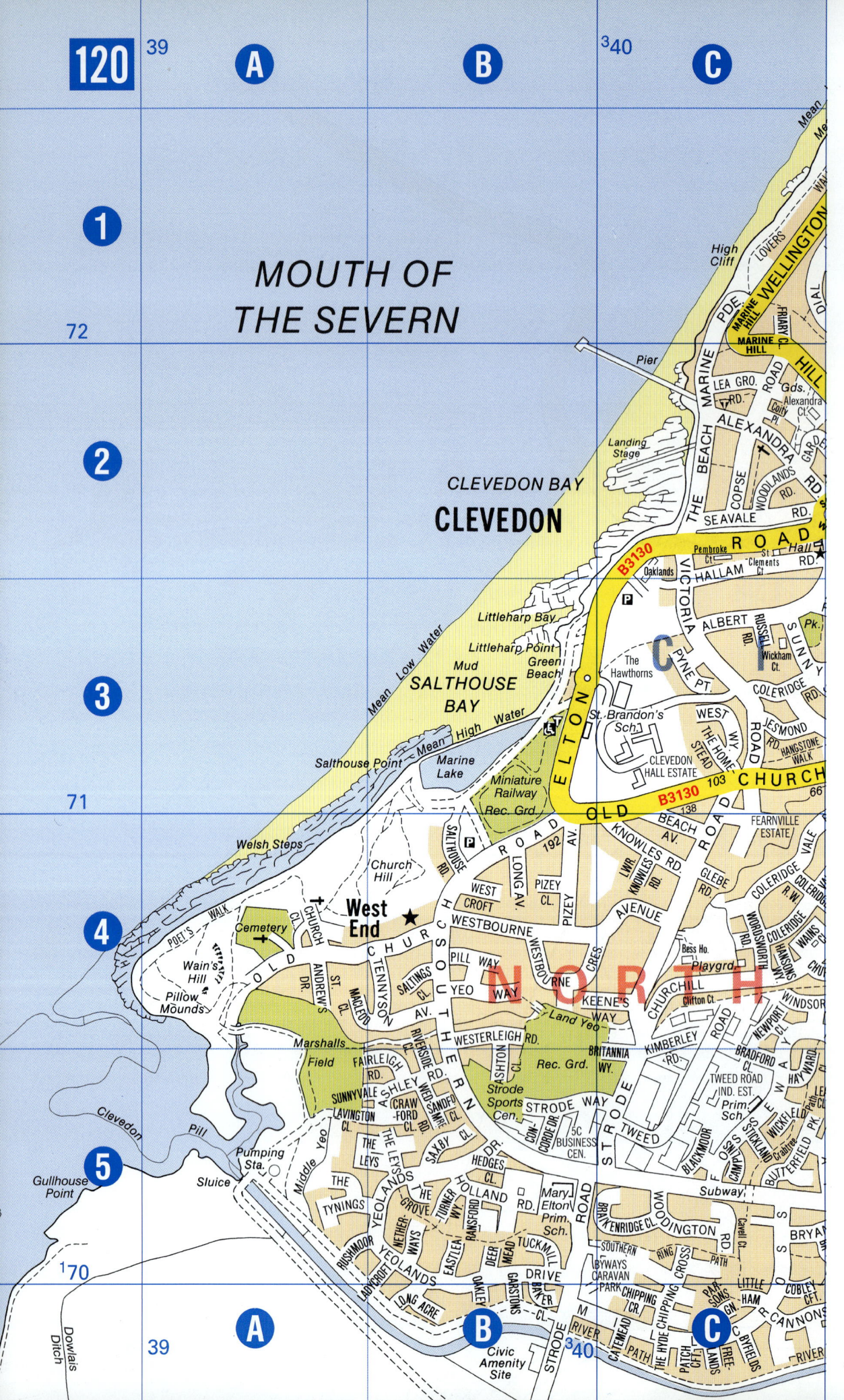

A   B   340   C

120

1

72

MOUTH OF
THE SEVERN

2

CLEVEDON BAY

CLEVEDON

3

SALTHOUSE
BAY

71

4

West
End

5

Gullhouse
Point

170

A   39   B   340   C

Mean
Metho

High
Cliff

LOVERS

MARINE HILL
MARINE HILL

WELLINGTON
HILL

FRIARY CT.
DIAL

Pier

Landing
Stage

THE BEACH
MARINE

LEA GRO.
RD.

Alexandra
Ct.

Coity
Pl.

Gds.

MARINE

COPSE

ALEXANDRA RD.
WOODLANDS RD.

SEAVALE   RD.

GARDE

ROAD   HILL

S.

Hall

B3130

Oaklands

Pembroke
Ct.

HALLAM

St.
Clements
Ct.

RD.

P

VICTORIA

ALBERT   RD.

RUSSELL   RD.

SUNNY

Pk.

Littleharp Bay

Littleharp Point

Green
Beach

Mud

PYNE   PT.

The Hawthorns

COLERIDGE
RD.

Wickham
Ct.

JESMOND

ELTON

St. Brandon's
Sch

WEST

THE   HOME

HANGSTONE
WALK

Mean   Low   Water

Salthouse Point

Marine
Lake

Mean   High   Water

Miniature
Railway

Rec. Grd.

Welsh Steps

SALTHOUSE   RD.

P

ROAD

CHURCH

CLEVEDON
HALL ESTATE

STEAD

B3130   103

OLD   138

CHURCH

66

Church
Hill

Cemetery

CHURCH   CL.

WEST
CROFT

LONG   AV.

192

PIZEY
CL.

PIZEY   AV.

WESTBOURNE

KNOWLES RD.

BEACH   AV.

LWR.
KNOWLES
RD.

GLEBE
RD.

FEARNVILLE
ESTATE

COLERIDGE
VALE

COLERIDGE

R.W.

Poet's   Walk

Wain's
Hill

Pillow
Mounds

OLD

CHURCH   DR.

ANDREWS

ST.

MACLEOD

TENNYSON

SALTINGS
CL.

PILL   WAY

YEO

SOUTHERN

WESTBO

RNE

CRES.

WAY

AVENUE

NORTH

WORDSWORTH
RD.

HANSON'S
RD.

WAIN'S

CHU

Bess Ho.

Playgrd

Clifton Ct.

WINDSOR

Marshalls
Field

FAIRLEIGH
RD.

RIVERSIDE
CL.

WESTERLEIGH   RD.

ASHTON   RD.

Rec. Grd.

Land Yeo

KEENE'S
WAY

BRITANNIA
WY.

CHURCHILL   ROAD

KIMBERLEY
RD.

CLOOMORE

NEWPORT
CL.

BRADFORD
CL.

TWEED ROAD
IND. EST.

HAYWARD

LE

SUNNYVALE
CL.

CRAWFORD
CL.

ASHLEY   RD.

SANDFORD   RD.

WED-SMRE.

Strode
Sports
Cen.

STRODE   WAY

CON.

CORRIE DR.

5C
BUSINESS
CEN.

STRODE
ROAD

TWEED

W   A   Y

Prim.
Sch.

STICKLAND

CAMP

WICKFIELD
PK.

Crabtree
Path

BUTTERFIELD
PK.

LAVINGTON
CL.

Middle Yeo

Pumping
Sta.

THE
LEYS

THE   LEYS

SAXBY
CL.

HEDGES   CL.

DR.

HOLLAND   RD.

Mary
Elton
Prim.
Sch.

BRAKENRIDGE CL.

CLOODINGTON

Cavell Ct.

Subway

S

BRYAN

Clevedon
Pill

Sluice

THE
TYNINGS

RISHMOOR
YEOLANDS

LADYCROFT

YEOLANDS

NETHER

GROVE

TURNER   WY.

RANSFORD

EASTLEA

DEER   MEAD

TUCKMILL   DRIVE

GARSTONS

SOUTHERN
BYWAYS
CARAVAN
PARK

CHIPPING CROSS

CHIPPING
CR.

PARSONS

LITTLE
HAM

COBLEY
CRFT.

BYFIELDS

GN.
FREE-
LANDS

CANNONS

Dowlais
Ditch

LONG ACRE

OAKLEY

CATEMEAD   PATH

RIVER

THE HYDE

PATCH

CLANDS

M

STRODE   ROAD

340

RIVER

Civic
Amenity
Site

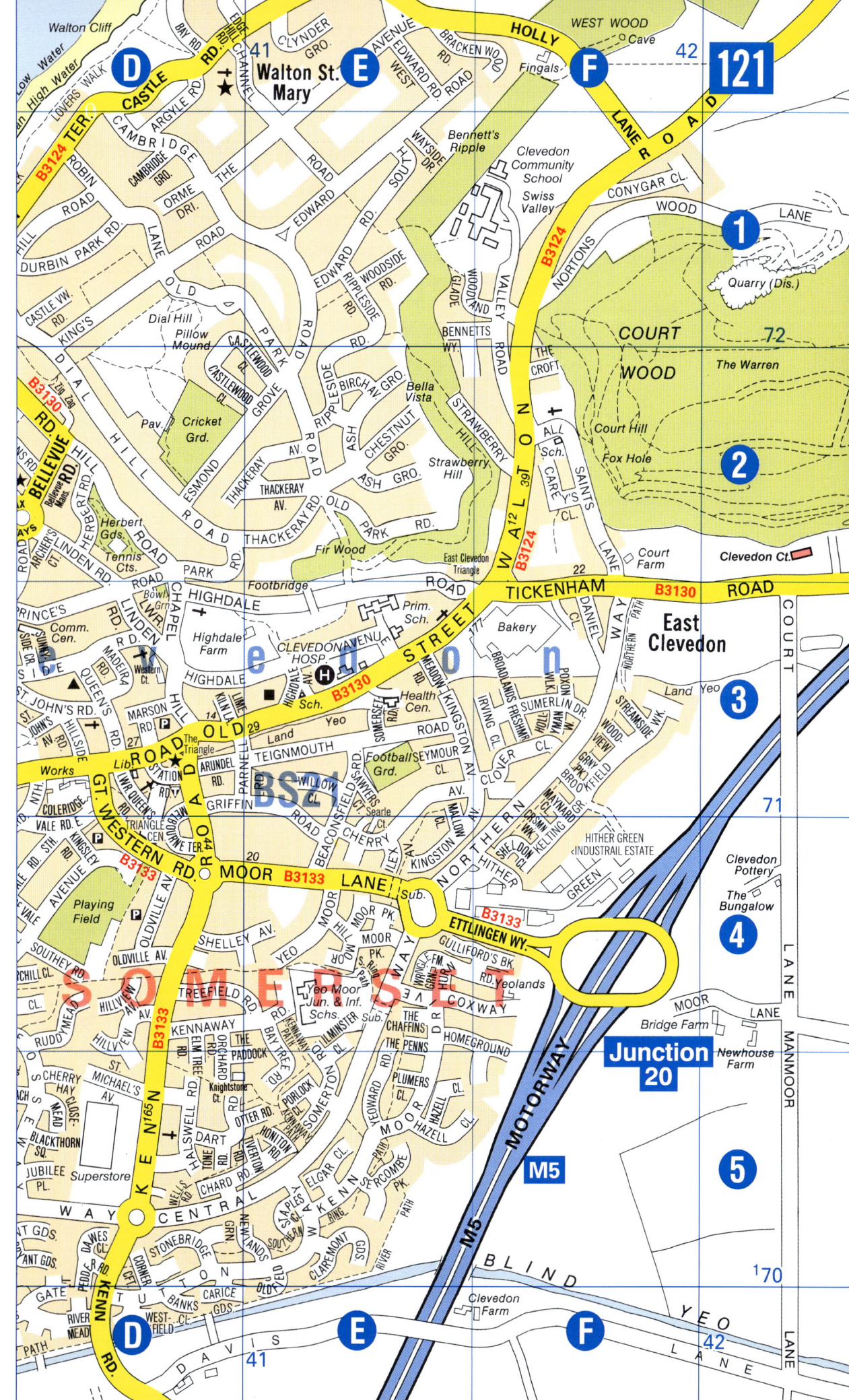

Walton Cliff
Low Water
High Water
LOVERS WALK
D
E
F
41
42
Walton St. Mary
CASTLE RD.
CHANNEL RD.
EDGE HILL RD.
BAY RD.
LYNDER GRO.
AVENUE
EDWARD RD. WEST
BRACKEN WOOD RD.
ROAD
HOLLY LANE
WEST WOOD
Cave
Fingals
ROAD
B3124 TER.
CAMBRIDGE
ARGYLE RD.
CAMBRIDGE GRO.
ROBIN ROAD
ORME DRI.
THE
ROAD
EDWARD ROAD
SOUTH
WAYSIDE DR.
Bennett's Ripple
Clevedon Community School
Swiss Valley
CONYGAR CL.
WOOD LANE
1
HILL
DURBIN PARK RD.
LANE
ROAD
RD.
EDWARD
RIPPLESIDE RD.
WOODSIDE RD.
GLADE
WOODLAND
VALLEY ROAD
B3124
NORTONS
Quarry (Dis.)
CASTLE VW. RD.
KING'S
OLD
Dial Hill
Pillow Mound
CASTLEWOOD CL.
PARK
ROAD
BENNETTS WY.
COURT WOOD
72
The Warren
DIAL
B3130
Zig Zag
CASTLEWOOD CL.
GROVE
RD.
RIPPLESIDE
BIRCH AV.
GRO.
Bella Vista
THE CROFT
HILL
Pav.
Cricket Grd.
ASH
CHESTNUT GRO.
STRAWBERRY HILL
ALL SAINTS
Court Hill
RD.
BELLEVUE
Bellevue Mans.
ESMOND
THACKERAY AV.
ROAD
AV.
Strawberry Hill
ASH GRO.
Sch.
CAREY'S CL.
Fox Hole
2
HERBERT RD.
Herbert Gds.
Tennis Cts.
THACKERAY AV.
THACKERAY RD.
OLD PARK RD.
WALTON
B3124
LANE
Court Farm
Clevedon Ct.
ROAD
ARCHER'S CT.
LINDEN RD.
ROAD
PARK
RD.
Fir Wood
East Clevedon Triangle
22
ROAD
TICKENHAM
B3130
ROAD
PRINCE'S
Comm. Cen.
LWR. LINDEN RD.
CHAPEL HILL
Bowl. Grn.
HIGHDALE
Footbridge
Prim. Sch.
Bakery
DANIEL CL.
WAY
NORTHERN PATH
COURT
East Clevedon
Highdale Farm
CLEVEDON HOSP.
AVENUE
STREET
177
BROADLANDS
POXON
Clevedon
QUEEN'S RD.
MADEIRA RD.
Western Ct.
HIGHDALE
HIGHDALE AV.
B3130
MEADOW RD.
KINGSTON
WLK.
Land Yeo
3
ST. JOHN'S RD.
HILLSIDE RD.
MARSON RD
14
KILN LA.
LIME
Sch.
Health Cen.
IRVING CL.
FRESHMR.
SUMERLIN DR.
STREAMSIDE WK.
MARSON HILL
OLD
29
Land
Yeo
ROAD
SOMERSET RD.
HOLLY
YMAN W.
WOOD VIEW
27
ROAD
The Triangle
TEIGNMOUTH
Football Grd.
SEYMOUR CL.
CLOVER
CL.
Works
Lib.
STATION RD.
ARUNDEL RD.
PARNELL RD.
BS21
WILLOW CL.
BEACONSFIELD RD.
SAWYERS CT.
AV.
BROOKFIELD
71
COLERIDGE
GT. WESTERN RD.
LWR. QUEEN'S RD.
MELBOURNE TER.
GRIFFIN RD.
ROAD
Searle Ct.
CHERRY
MALLOW CL.
NORTHERN
MAYNARD
CROSMN. WK.
KELTING GR.
HITHER GREEN INDUSTRIAL ESTATE
VALE RD. E.
TRIANGLE CEN.
B3133
B3124
20
MOOR
B3133
LANE
Sub.
ILEX AV.
KINGSTON AV.
SHELDON CL.
HITHER
GREEN
Clevedon Pottery
The Bungalow
KINGSLEY RD.
AVENUE
Playing Field
OLDVILLE AV.
B3133
ETTLINGEN WY.
4
SHELLEY AV.
MOOR PK.
MOOR HILL
YEO
MOOR PK.
GULLIFORD'S BK.
SOUTHEY RD.
OLDVILLE AV.
Yeolands
COXWAY
MOOR
LANE
SOMERSET
TREEFIELD RD.
Yeo Moor Jun. & Inf. Schs.
Sub.
Bridge Farm
HILLVIEW AV.
KENNAWAY
THE PADDOCK
ILMINSTER CL.
THE CHAFFINS
THE PENNS
HOMEGROUND
Junction 20
Newhouse Farm
RUDDYMEAD
HILLVIEW
B3133
ELM TREE RD.
ORCHARD RD.
BAY TREE RD.
MOTORWAY
MANMOOR
CHERRY HAY
ST. MICHAEL'S AV.
Knightstone Ct.
PORLOCK CL.
SOMERTON
YEOWARD RD.
PLUMERS CL.
HAZELL CL.
MEAD
CLOSE
BLACKTHORN SQ.
KENN
165
HALSWELL RD.
DART RD.
OTTER RD.
HONITON RD.
MOOR
HAZELL
M5
5
JUBILEE PL.
Superstore
TONE RD.
TIVERTON RD.
CHARD RD.
WELLS RD.
ELGAR CL.
KENN
STAPLES CL.
PATH
RING
CROMBE PK.
WAY
CENTRAL
NEWLANDS
GRN.
M5
STONEBRIDGE
DAWES CL.
CLAREMONT GDS.
RIVER
BLIND
170
TUTTON
CARICE GDS.
BANKS CL.
OLD FIELD
Clevedon Farm
YEO
GATE
RIVER MEAD
PEDDLE RD.
CORNER
WEST-FIELD CL.
LANE
PATH
KENN RD.
DAVIS
41
42
LANE

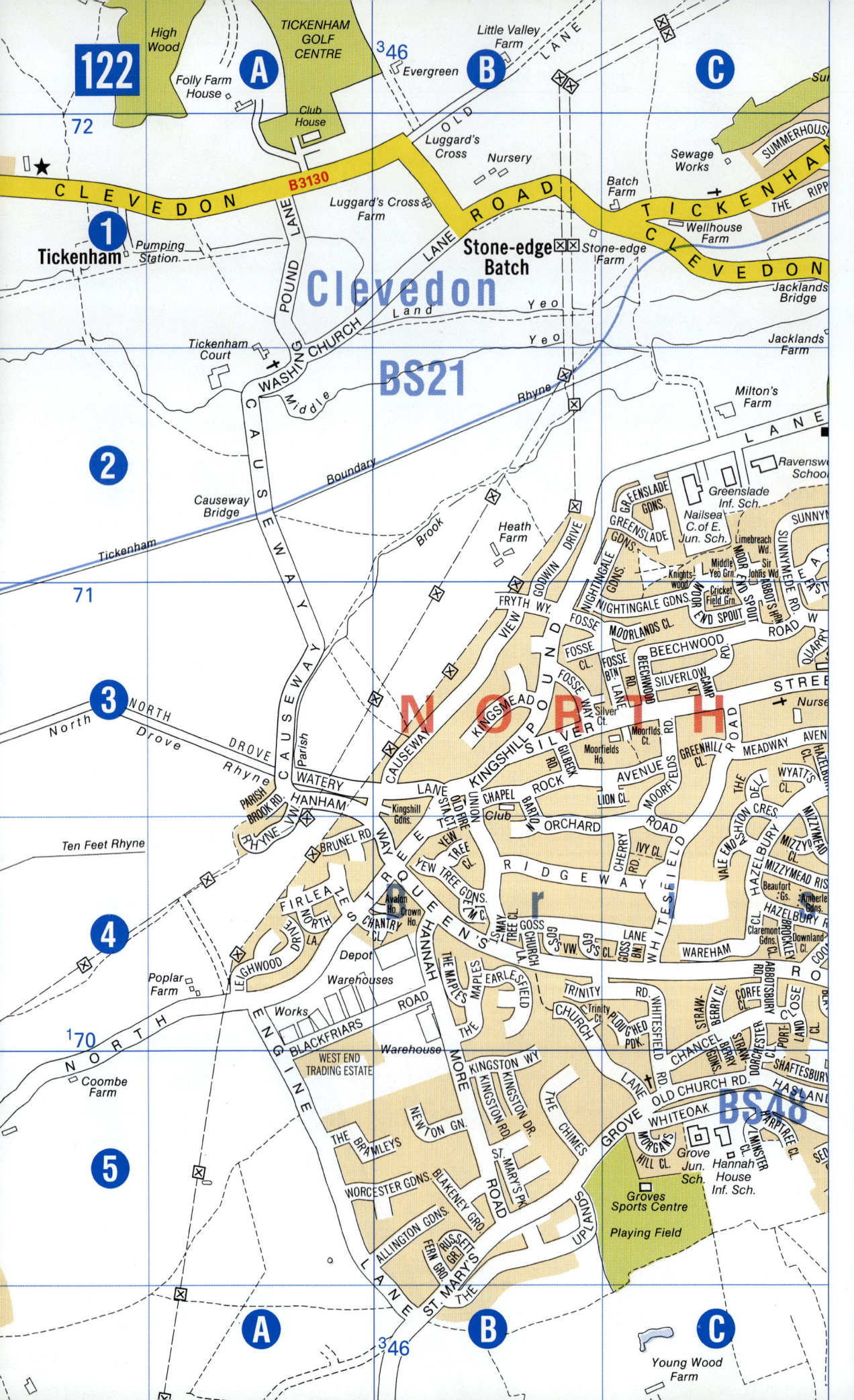

A
B
C
346
72
71
170
1
2
3
4
5
High Wood
TICKENHAM GOLF CENTRE
Folly Farm House
Club House
Little Valley Farm
Evergreen
OLD LANE
Luggard's Cross
Nursery
Sewage Works
SUMMERHOUSE
Su
Tickenham
Pumping Station
CLEVEDON ROAD
B3130
POUND LANE
Luggard's Cross Farm
Stone-edge Batch
Stone-edge Farm
Batch Farm
TICKENHAM
THE RIPP
Wellhouse Farm
CLEVEDON
Jacklands Bridge
Jacklands Farm
Clevedon
Land Yeo
Yeo
Tickenham Court
WASHING CHURCH
BS21
Middle Rhyne
Milton's Farm
LANE
Ravensw School
CAUSEWAY
Boundary
Causeway Bridge
Tickenham
Brook
GREENSLADE GDNS.
Greenslade Inf. Sch.
Nailsea C.of E. Jun. Sch.
SUNNYMEDE RD.
Heath Farm
GODWIN DRIVE
NIGHTINGALE GDNS.
Limebreach Wd.
Middle Yeo Grn.
Sir Johns Wd.
Knightswood
Cricket Field Grn.
MOOR END SPOUT
ABBOTS HRN.
FRYTH WY.
VIEW
FOSSE
MOORLANDS CL.
FOSSE CL.
FOSSE BTN.
BEECHWOOD
BEECHWOOD RD.
LANE
SILVERLOW
CAMP V.
RD.
ROAD
QUARRY
STREET
Nurse
North Drove
NORTH DROVE
Drove Rhyne
NORTH
KINGSMEAD
KINGSHILL
POUND
SILVER
FOSSE WAY
Silver Ct.
Moorflds. Ct.
Moorfields Ho.
GREENHILL CL.
ROAD
MEADWAY AVEN
HAZELBURY
Parish
WATERY
CAUSEWAY
LANE
PARISH BROOK RD.
HANHAM
RHYNE VW.
Kingshill Gdns.
OLD FIRE STA. CT.
UNION
CHAPEL
Club
GILBECK RD.
ROCK
AVENUE
LION CL.
MOORFIELDS ROAD
THE DELL
WYATT'S CL.
ASHTON CRES.
MIZZYMEAD
BARTON
ORCHARD
CHERRY RD.
IVY CL.
WHITESFIELD
VALE END
HAZELBURY
MIZZYMEAD RIS
Ten Feet Rhyne
BRUNEL RD.
WAY
QUEEN'S
YEW TREE CT.
YEW TREE CL.
YEW TREE GDNS.
RIDGEWAY
Beaufort Gs.
Amberley Gdns.
FIRLEAZE
NORTH
DRIVE
NORTH LA.
CHANTRY CL.
Avalon Ho.
Crown Ho.
M.C.
St.
MAY TREE CL.
GOSS
CHURCH LA.
GOSS VW.
GOSS CL.
GOSS BN.
LANE
North
WAREHAM
Claremont Gdns.
BROCKLEY
Downland Cl.
HAZELBURY
LEIGHWOOD
Depot
Warehouses
HANNAH
THE MAPLES
MAPLES
EARLESFIELD
TRINITY RD.
Trinity Ct.
PLOUGHED PDK.
WHITESFIELD RD.
STRAWBERRY CL.
CORFE CL.
ABBOTSBURY RD.
PORTLAND
CLOSE
Poplar Farm
Works
ROAD
BLACKFRIARS
ENGINE
CHURCH
CHANCEL
STRAWBERRY GDNS.
DORCHESTER CL.
SHAFTESBURY
WEST END TRADING ESTATE
Warehouse
THE
MORE
KINGSTON WY
KINGSTON RD.
KINGSTON DR.
THE CHIMES
LANE
OLD CHURCH RD.
HASLAND
BS48
NORTH
Coombe Farm
THE BRAMLEYS
NEWTON GN.
GROVE
WHITEOAK
MORGANS HILL CL.
Grove Jun. Sch.
Hannah House Inf. Sch.
HARPTREE CL.
MINSTER CL.
WORCESTER GDNS.
BLAKENEY GRO.
ST. MARY'S PK.
ROAD
UPLANDS
Groves Sports Centre
Playing Field
ALLINGTON GDNS.
RUSSETT GR.
FERN GRO.
ST. MARY'S
THE
LANE
Young Wood Farm

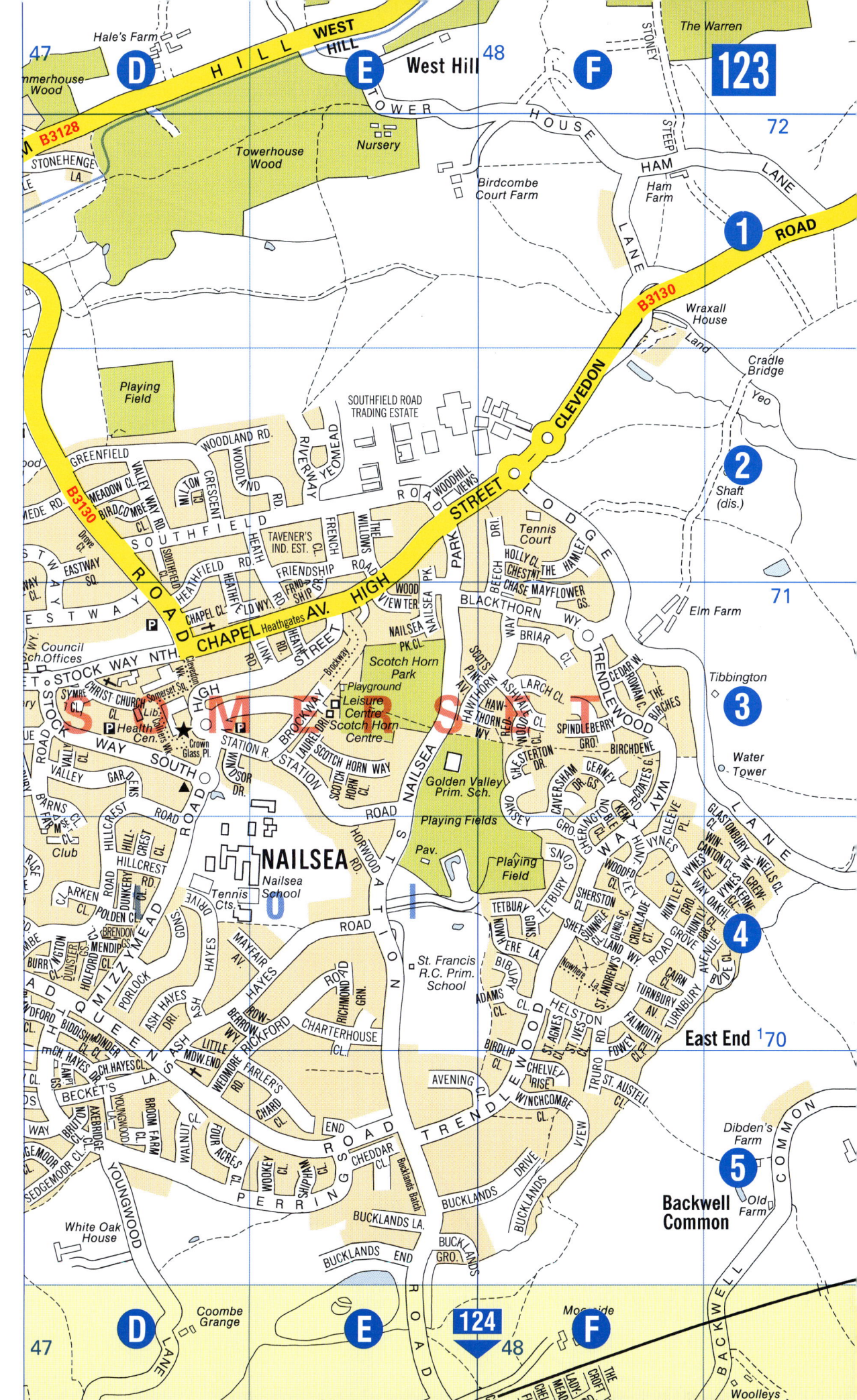

123
West Hill
The Warren
Hale's Farm
Towerhouse Wood
Nursery
Birdcombe Court Farm
Ham Farm
Wraxall House
Cradle Bridge
Playing Field
SOUTHFIELD ROAD TRADING ESTATE
Shaft (dis.)
Tennis Court
Elm Farm
Tibbington
Council Sch.Offices
Scotch Horn Park
Playground
Leisure Centre
Scotch Horn Centre
Water Tower
Golden Valley Prim. Sch.
Playing Fields
NAILSEA
Nailsea School
Tennis Cts.
St. Francis R.C. Prim. School
East End
Dibden's Farm
Backwell Common
Old Farm
White Oak House
Coombe Grange
Moorside
Woolleys
SOMERSET
CLEVEDON ROAD
HIGH STREET
STATION ROAD
QUEENS ROAD
TRENDLEWOOD WAY
PERRINGS ROAD
124

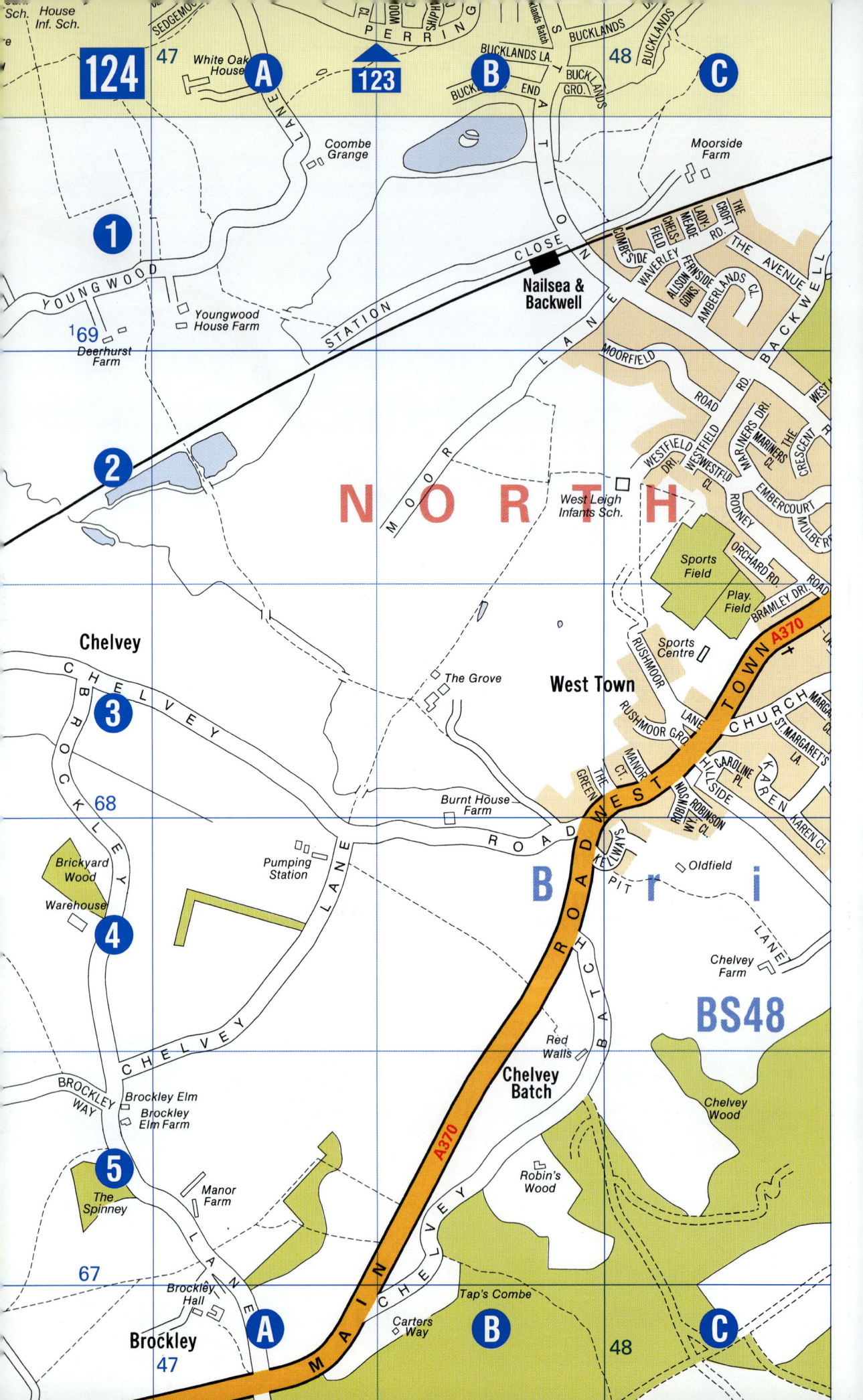
123
White Oak House
Coombe Grange
Moorside Farm
Youngwood House Farm
Deerhurst Farm
Nailsea & Backwell
STATION CLOSE
STATION LANE
YOUNGWOOD
MOOR LANE
NORTH
West Leigh Infants Sch.
Sports Field
Play. Field
Sports Centre
West Town
The Grove
Chelvey
CHELVEY
BROCKLEY
Burnt House Farm
ROAD
Pumping Station
Brickyard Wood
Warehouse
CHELVEY LANE
WEST TOWN ROAD
A370
Oldfield
PIT LANE
Chelvey Farm
BS48
Red Walls
BATCH
Chelvey Batch
Chelvey Wood
Brockley Elm
Brockley Elm Farm
BROCKLEY WAY
The Spinney
Manor Farm
LANE
Robin's Wood
CHELVEY
MAIN ROAD
Tap's Combe
Brockley Hall
Carters Way
Brockley
MOORFIELD ROAD
WESTFIELD RD.
BACKWELL
THE AVENUE
AMBERLANDS CL.
FERNSIDE
WAVERLEY
COMBE SIDE
CHURCH LANE
RUSHMOOR
RUSHMOOR GRO.
MANOR CT.
THE GREEN
KELLWAYS
HILLSIDE
CAROLINE PL.
KAREN CL.
ROBINSON CL.
RODNEY ROAD
ORCHARD RD.
BRAMLEY DRI.
EMBERCOURT
MARINERS DRI.
THE CRESCENT
BUCKLANDS LA.
BUCKLANDS GRO.
BUCKLANDS END
PERRING
47
48
169
68
67

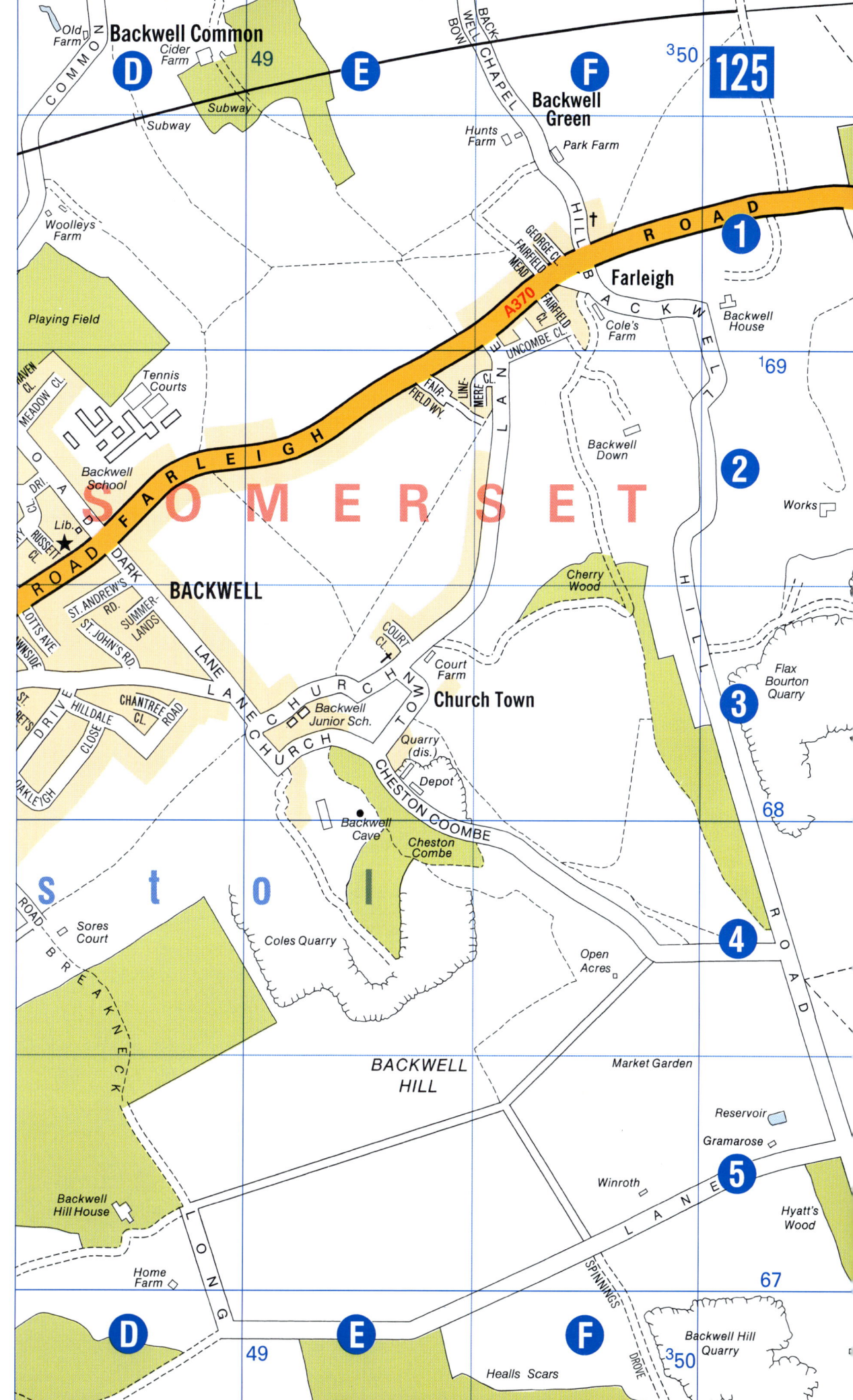

Backwell Common

Old Farm

Cider Farm

D 49 Subway **E** Subway

BACK CHAPEL BOW WELL

350

F **Backwell Green**

Hunts Farm

Park Farm

Woolleys Farm

GEORGE CL. FAIRFIELD MEAD FAIRFIELD CL.

A370

HILL-

BACKWELL ROAD **1**

Farleigh

Backwell House

169

Cole's Farm

UNCOMBE CL.

Playing Field

FAIR- FIELD WY.

LINE- MERE CL. CL.

LANE

Backwell Down

2

Works

S O M E R S E T

Backwell School

FARLEIGH ROAD

HAVEN CL.

MEADOW CL.

DRI- CL.

RUSSETT CL.

Lib.

LANE

DARK

Cherry Wood

HILL

Flax Bourton Quarry

3

68

ROAD

BACKWELL

ST. ANDREW'S RD.

ST. JOHN'S RD.

SUMMER- LANDS

CHURCH

LANE

COURT CL.

Court Farm

Church Town

LOTTS AVE.

DRIVE

HILLDALE CLOSE

CHANTREE CL.

ROAD

ST. ARGRETS

OAKLEIGH

TOWNSIDE

Backwell Junior Sch.

CHURCH

RICHMONT

Quarry (dis.)

Depot

CHESTON COOMBE

Backwell Cave

Cheston Combe

S t o l

Sores Court

ROAD

BREAKNECK

Coles Quarry

Open Acres

4

BACKWELL HILL

Market Garden

Reservoir

Gramarose

5

Winroth

Hyatt's Wood

Backwell Hill House

LONG

Home Farm

D 49 **E** **F**

SPINNINGS

DROVE

LANE

Backwell Hill Quarry

Healls Scars

350

67

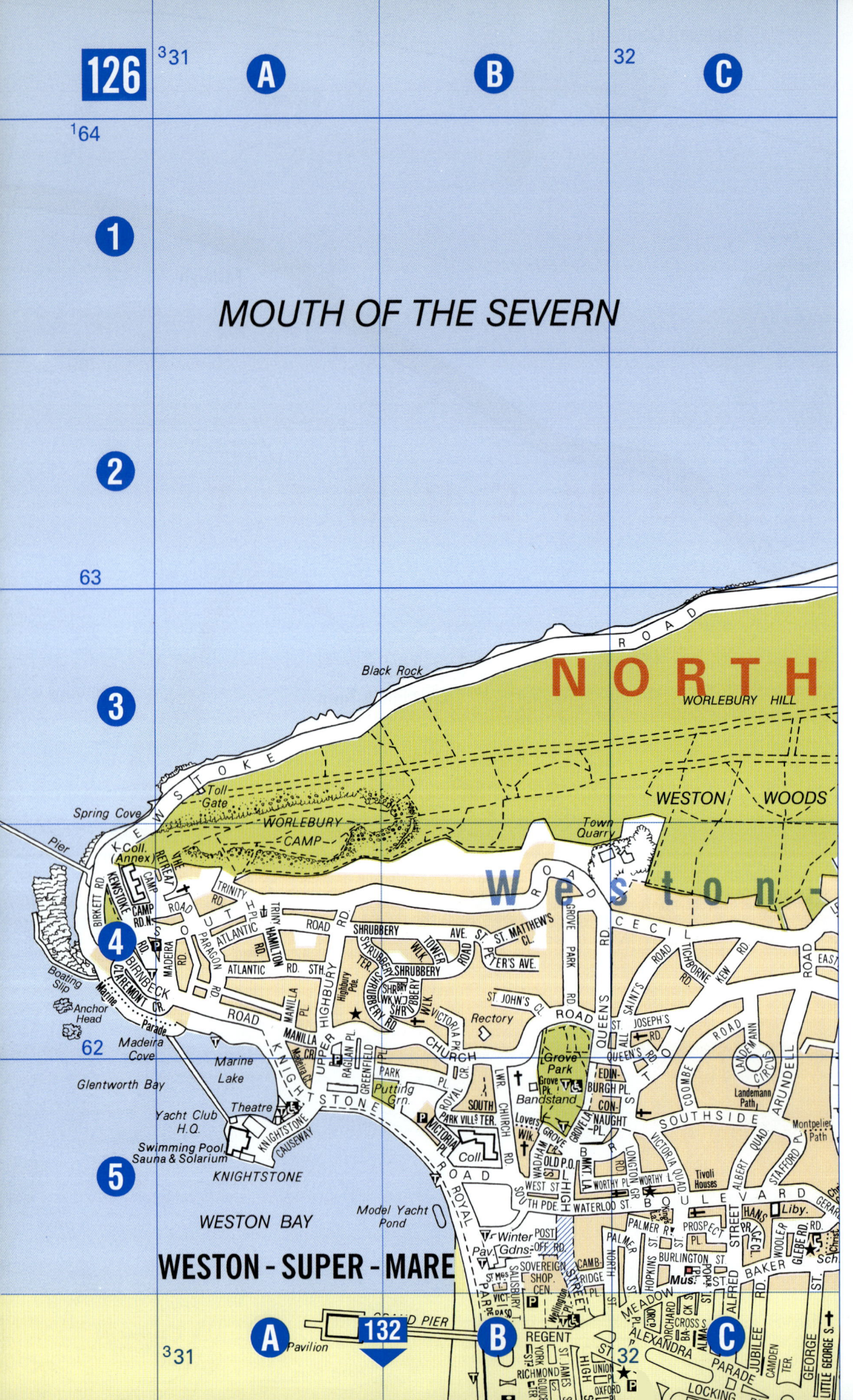

MOUTH OF THE SEVERN

Black Rock

N O R T H

WORLEBURY HILL

WESTON WOODS

Spring Cove

Toll Gate

WORLEBURY CAMP

Town Quarry

Weston

Pier

K. Coll. Annex

Birkett Rd

Kewstoke

CAMP RETREAT

CAMP RD. N.

VYNE

4

Boating Slip

Anchor Head

Claremont Cr

Birnbeck

Madeira

Paragon

SOUTH

ROAD

TRINITY

RD

TRINY

HP.L

HAMILTON

Atlantic RD.

ATLANTIC

RD. STH.

MANILLA PL.

MANILLA PL.

Raglan PL.

UPPER HIGHBURY

Highbury Pde.

SHRUBBERY

SHRUBBERY

TER

SHR'BRY WK.WK.

SHR'BBERY RD

SHRUBBERY WK.

TOWER WK.

ROAD

AVE. S.

VICTORIA PK.

St. MATTHEW'S CL.

ST. PETER'S AVE.

St. JOHN'S CL.

Rectory

GROVE PARK

CECIL

ROAD

ALL SAINTS

TICHBORNE RD.

KEW RD

ROAD

EAST

RD.

ROAD

62

Madeira Cove

Glentworth Bay

Marine Lake

Greenfield PARK PL.

Putting Grn.

LWR. CHURCH

ROAD

CHURCH

ROAD

QUEEN'S

QUEEN'S RD.

St. JOSEPH'S RD.

EDINBURGH PL.

CON-NAUGHT

Grove Park

Grove Pk

Bandstand

Grove PL.

COOMBE

ROAD

SOUTHSIDE

LANDEMANN CIRCUS

Landemann Path

ALBERT QUAD

STAFFORD PL.

ARUNDELL

Montpelier Path

Yacht Club H.Q.

Theatre

Swimming Pool Sauna & Solarium

5

KNIGHTSTONE CAUSEWAY

KNIGHTSTONE

Coll.

Lovers WK.

OLD P.O.

B.MKT.LA

Worthy L

Worthy PL

LONGTON GR.

VICTORIA QUAD

Tivoli Houses

HANS

Liby.

GERAR

WEST ST.

WATERLOO ST.

SOUTH

BOULEVARD

PALMER ST.

PROSPECT PL.

STREET

WOOLER

GLEBE RD.

GEORGE

Sch.

WESTON BAY

Model Yacht Pond

Winter Pav Gdns

POST OFF. RD.

SOVEREIGN SHOP. CEN.

SALISBURY T

WADHAM

STH PDE.

HIGH

PALMER RD

BURLINGTON ST.

HOPKINS ST.

Mus.

MEADOW

ORCHARD

ALFRED

CROSS S

ALMA S

BAKER

JUBILEE

CAMDEN

GEORGE

LITTLE GEORGE S.

LOCKING

WESTON - SUPER - MARE

GRAND PIER

ST. MES

CAMBRIDGE

PL

ST. PAUL'S

RD

RICHMOND ST.

YORK ST.

ST JAMES

HIGH ST.

UNION ST.

OXFORD

ALEXANDRA

PARADE

PALMER

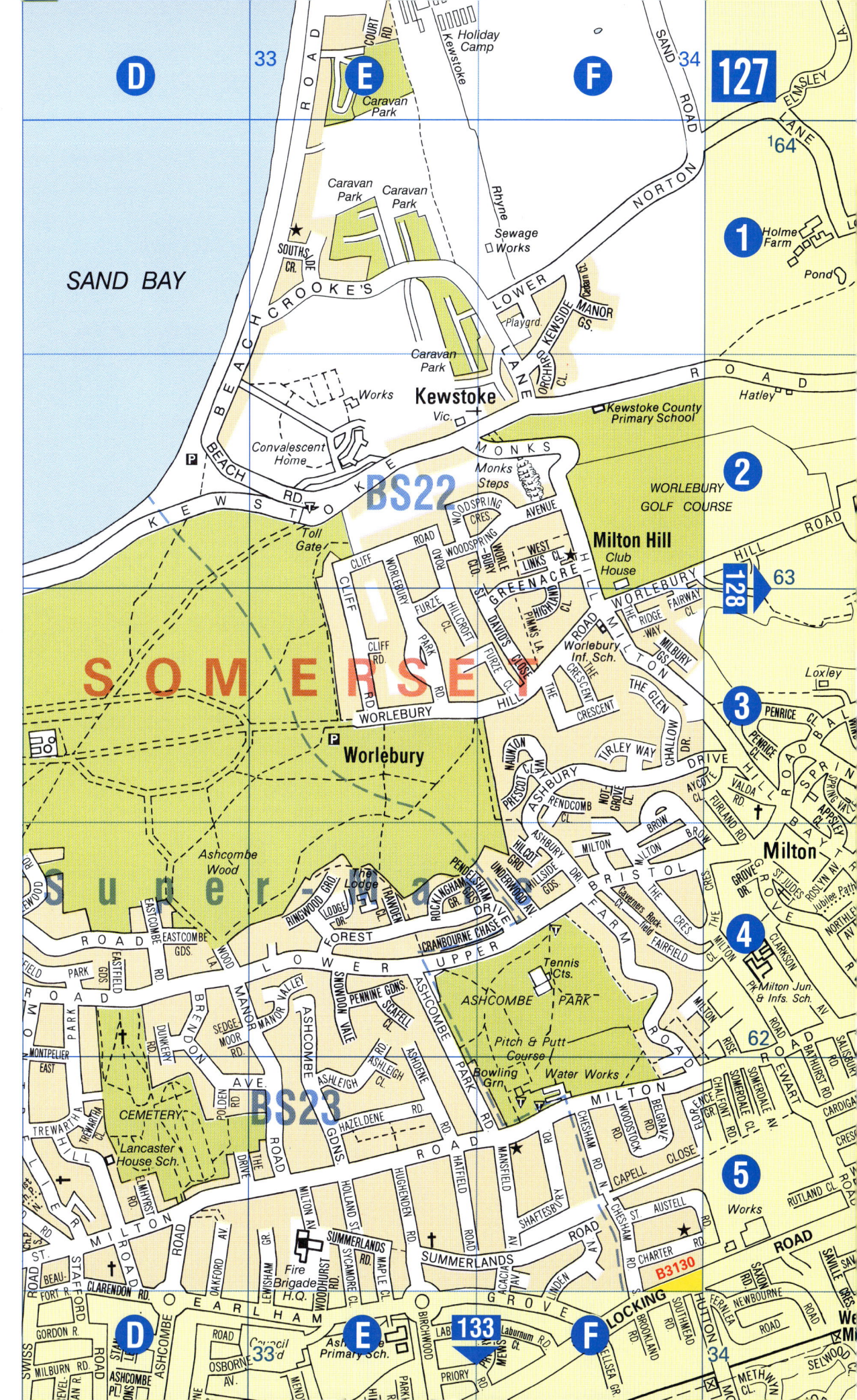
D
E
F
33
34
1
2
3
4
5
SAND BAY
Holiday Camp
Kewstoke Rhyne
Caravan Park
SAND ROAD
NORTON
ELMSEY LANE
164
Holme Farm
Pond
Sewage Works
SOUTHSIDE CR.
CROOKE'S
LOWER
Playgrd.
KEWSIDE
MANOR GS.
ORCHARD CL.
BEACH
ROAD
Hatley
Works
Kewstoke
Vic.
Kewstoke County Primary School
Convalescent Home
MONKS
Monks Steps
BEACH RD
KEWSTOKE
Toll Gate
BS22
WORLEBURY GOLF COURSE
HILL ROAD
128
63
WOODSPRING CRES.
AVENUE
WOODSPRING
Milton Hill
Club House
WEST LINKS CL.
CLIFF
ROAD
WORLEBURY
GREENACRE
HIGHLAND CL.
FURZE CL.
HILLCROFT
ST. DAVIDS CLOSE
PIMM'S LA.
WORLEBURY
FAIRWAY CL.
THE RIDGE WAY
MILBURY GS.
Worlebury Inf. Sch.
MILTON
CLIFF RD.
PARK
FURZE CL.
HILL
THE CRESCENT
Loxley
SOMERSET
WORLEBURY
THE GLEN
CHALLOW DR.
PENRICE CL.
Worlebury
TIRLEY WAY
DRIVE
AYCOTE CL.
VALDA RD.
FURLAND RD.
NAUNTON WAY
PRESCOT CL.
ASHBURY
RENDCOMB CL.
NOTGROVE CL.
BROW
SPRING VALE
APSLEY CL.
Milton
Ashcombe Wood
The Lodge
HILCOT GRO.
UNDERWOOD AV.
HILLSIDE GDS.
ASHBURY DRI.
BRISTOL
Caverners Rock-field
THE CRES.
GROVE DR.
ST. JUDES
ROSLYN AV.
Jubilee Path
NORTHLEIGH AV.
Super-Mare
RINGWOOD GRO.
LODGE DR.
TRAWDEN CL.
ROCKINGHAM GR.
PENDLESHAM GDS.
FOREST
CRANBOURNE CHASE
UPPER
FARM
FAIRFIELD
MILTON CL.
CLARKSON AV.
Milton Jun. & Infs. Sch.
EASTCOMBE GDS.
EASTCOMBE RD.
EASTFIELD GDS.
PARK
ROAD
LOWER
WOOD LA.
Tennis Cts.
ASHCOMBE PARK
SNOWDON VALE
PENNINE GDNS.
SCAFELL CL.
MANOR VALLEY
BRENDON
SEDGEMOOR RD.
DUNKERY RD.
ASHCOMBE
ASHCOMBE PARK RD.
Pitch & Putt Course
Bowling Grn.
Water Works
MILTON RISE
62
EWART
BATHURST RD.
SALISBURY
MONTPELIER EAST
POLDEN RD.
AVE.
BS23
ASHLEIGH
ASHLEIGH CL.
ASHDENE RD.
HAZELDENE RD.
MILTON
CHESHAM RD.
WOODSTOCK RD.
BELGRAVE RD.
FLORENCE GR.
CHALFONT RD.
SOMERDALE CL.
SOMERDALE AV.
CARDIGAN
CEMETERY
TREWARTHA
TREWARTHA CL.
Lancaster House Sch.
THE DRIVE
ROAD
GDNS
ROAD
MANSFIELD
HATFIELD RD.
CAPELL CLOSE
Works
RUTLAND CL.
HILL
ELMHYRST RD.
MILTON ROAD
OAKFORD AV.
LEWISHAM GR.
MILTON AV.
HOLLAND ST.
SUMMERLANDS RD.
SYCAMORE CL.
MAPLE CL.
HUGHENDEN RD.
SHAFTESBURY
ST AUSTELL
CHARTER RD.
ROAD
Fire Brigade H.Q.
WOODHURST RD.
SUMMERLANDS
ACACIA AV.
LINDEN
B3130
STAFFORD
CLARENDON RD.
BEAU-FORT R.
EARLHAM
GROVE
LOCKING
SOUTHMEAD RD.
HUTTON
SAXON RD.
NEWBOURNE
FERNLEA
ROAD
SAVILLE CRES.
GORDON R.
ASHCOMBE
ROAD
OSBORNE AV.
Council
BIRCHWOOD
133
Laburnum RD.
Laburnum Ct.
PRIORY
BROOKLAND RD.
SELWOOD
METHWYN CL.
MILBURN RD.
SWISS
ASHCOMBE PL.
KELSEA GR.

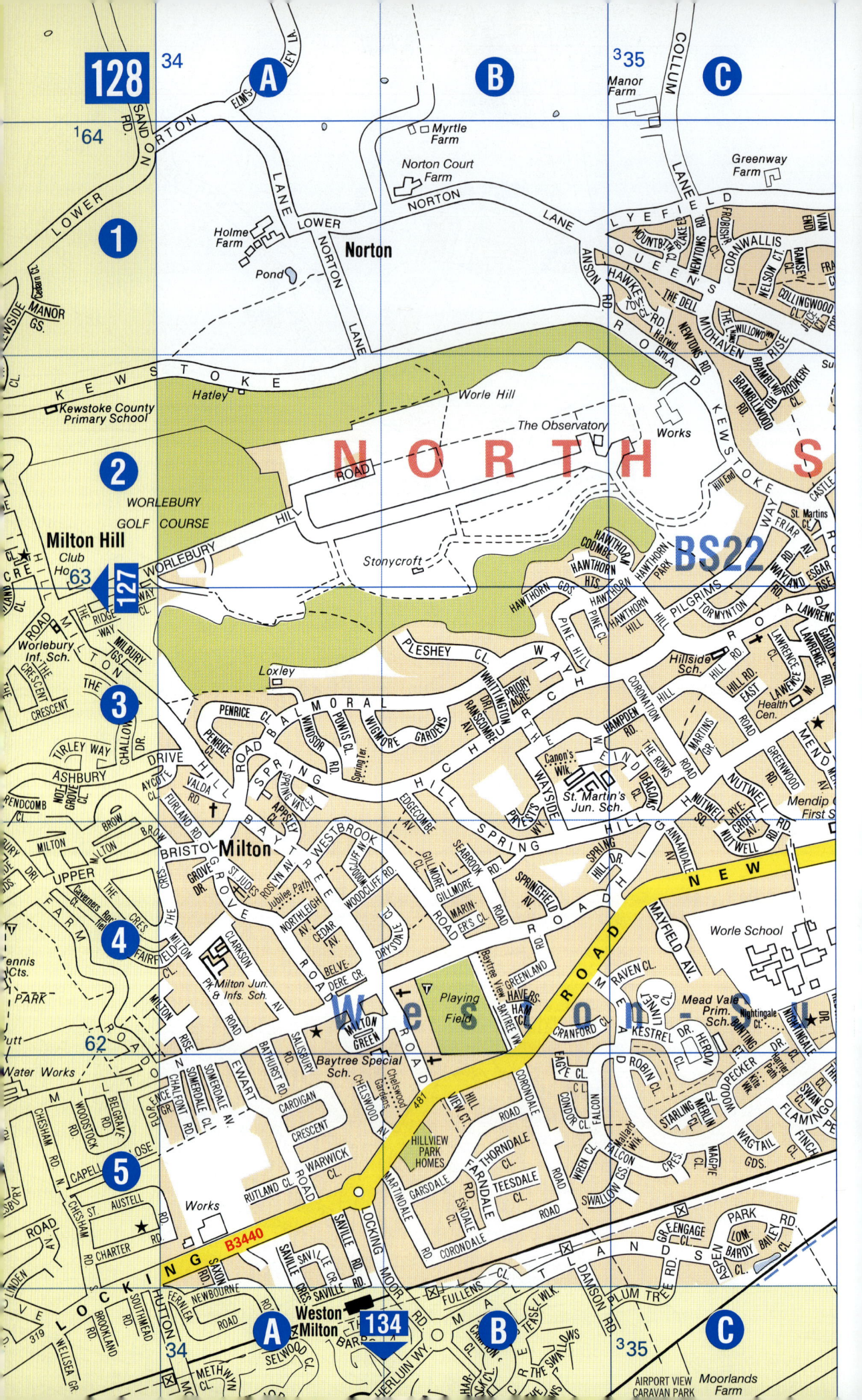
128
34
A
B
C
³35
164
1
2
3
4
5
63
62
127
134
Manor Farm
COLLUM LANE
Myrtle Farm
Norton Court Farm
Greenway Farm
NORTON LANE
LOWER NORTON LANE
SAND RD.
ELMS
Holme Farm
Pond
Norton
LYEFIELD RD.
CORNWALLIS
QUEEN'S ROAD
ANSON RD.
HAWKE
THE DELL
MIDHAVEN RISE
COLLINGWOOD CL.
NELSON CT.
RAMSEY CL.
FROBISHER CL.
NEWTONS RD.
BRAMBLEWOOD RD.
ROOKERY CL.
KEWSTOKE ROAD
Hatley
Kewstoke County Primary School
Worle Hill
The Observatory
Works
NORTH S
WORLEBURY GOLF COURSE
Milton Hill
Club Ho
WORLEBURY HILL ROAD
Stonycroft
BS22
HAWTHORN COOMBE
HAWTHORN HTS.
HAWTHORN GDS.
HAWTHORN HILL
HAWTHORN PARK
PILGRIMS WAY
TORMYNTON RD.
FRIAR AV.
WAYLAND RD.
ESGAR RISE
St. Martins Cl.
Hill End
CASTLE
MANOR GS.
MILTON ROAD
THE RIDGE
Worlebury Inf. Sch.
MILBURY GS.
THE CRESCENT
TIRLEY WAY
ASHBURY DRIVE
CHALLOW DR.
Loxley
PLESHEY CL.
BALMORAL WAY
PENRICE CL.
WINDSOR RD.
POWIS CL.
WIGMORE GARDENS
RANSCOMBE AV.
WHITTINGTON DR.
PRIORY ACRE
PINE HILL
PINE CL.
THE CHURCH ROAD
Hillside Sch.
LAWRENCE ROAD
HILL RD. EAST
Health Cen.
MENDIP AV.
CORONATION RD.
HAMPDEN RD.
THE ROWS
MARTINS GR.
GREENWOOD RD.
NUTWELL RD.
NUTWELL SQ.
RYECROFT AV.
Mendip First S
Canon's Wlk
WAYSIDE
St. Martin's Jun. Sch.
DEACONS CL.
PRIESTS WY.
SPRING HILL
SPRING HILL DR.
ANNANDALE AV.
NEW ROAD
Worle School
MAYFIELD AV.
SPRINGFIELD AV.
GILLMORE CL.
GILLMORE ROAD
SEABROOK RD.
MARINER'S CL.
EDGECOMBE AV.
BAYTREE ROAD
WESTBROOK
WOODCLIFF RD.
DRYSDALE CL.
Milton
BRISTOL
ST. JUDES
ROSLYN AV.
Jubilee Path
NORTHLEIGH AV.
CEDAR AV.
BELVEDERE CR.
GROVE DR.
GROVE PK
Milton Jun. & Infs. Sch.
CLARKSON AV
VALDA RD.
FURLAND RD.
APPSLEY CL.
SPRING VALLEY
UPPER BRISTOL RD.
BROW
ASHBURY
RENDCOMB CL.
Caveners Rd.
FAIRFIELD
FARM
Tennis Cts.
PARK
Putt
Water Works
MILTON RISE
MILTON GREEN
SALISBURY RD.
BATHURST RD.
EWART
Baytree Special Sch.
Chelswood Gardens
CHELSWOOD AV.
Playing Field
GREENLAND RD.
HAVERSHAM CL.
Baytree View
BAYTREE WK.
Weston-super-Mare
RAVEN CL.
LINNET CL.
Mead Vale Prim. Sch.
Nightingale Ct.
NIGHTINGALE CL.
KESTREL DR.
HERON
CRANFORD CL.
ROBIN CL.
EAGLE CL.
CONDOR CL.
FALCON CL.
STARLING CL.
MERLIN CL.
WOODPECKER DR.
WAGTAIL GDS.
FLAMINGO
SWAN CL.
FINCH CL.
MAGPIE CL.
WREN CL.
Mallard Wlk.
SWALLOW GS.
HILL VIEW CT.
CORONDALE ROAD
THORNDALE CL.
TEESDALE CL.
FARNDALE RD.
ESKDALE CL.
GARSDALE
MARTINDALE RD.
HILLVIEW PARK HOMES
481
CARDIGAN CRESCENT
WARWICK CL.
RUTLAND CL.
SOMERDALE AV.
CHALFONT RD.
BELGRAVE RD.
WOODSTOCK RD.
CHESHAM RD. N.
CAPELL
AUSTELL
CHARTER RD.
FLORENCE GR.
Works
B3440
LOCKING ROAD
SAXON RD.
SAVILLE RD.
SAVILLE CRES.
LOCKING MOOR RD.
GREENGAGE CL.
LOMBARDY CL.
BAILEY CL.
PARK RD.
ASPEN
PLUM TREE RD.
DAMSON RD.
LANDS
FULLENS
Weston Milton
NEWBOURNE ROAD
FERNLEA
HUTTON
SOUTHMEAD RD.
BROOKLAND RD.
LINDEN AV.
WELLSEA GR.
319
SELWOOD CL.
METHWYN CL.
HERLUIN WY.
TEASEL WLK.
THE SWALLOWS
AIRPORT VIEW CARAVAN PARK
Moorlands Farm

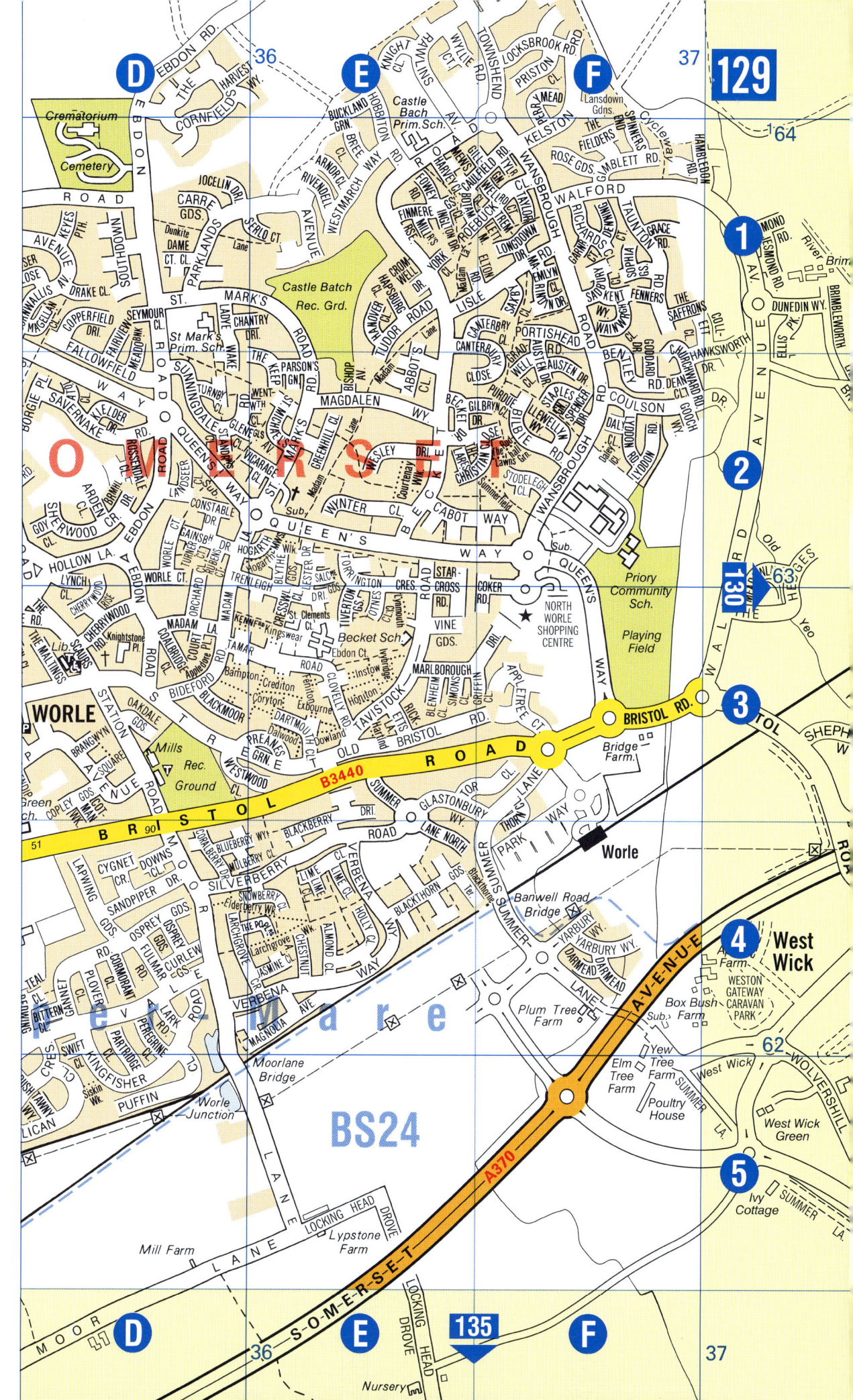

WORLE
SOMERSET
Weston-super-Mare
BS24
West Wick
Worle
Crematorium
Cemetery
Castle Batch Rec. Grd.
Castle Batch Prim.Sch.
St Mark's Prim. Sch.
Becket Sch.
Priory Community Sch.
Playing Field
NORTH WORLE SHOPPING CENTRE
Mills Rec. Ground
Bridge Farm
Banwell Road Bridge
Plum Tree Farm
Box Bush Farm
WESTON GATEWAY CARAVAN PARK
Elm Tree Farm
Yew Tree Farm
Poultry House
West Wick Green
Ivy Cottage
Moorlane Bridge
Worle Junction
Lypstone Farm
Mill Farm
Nursery
BRISTOL ROAD
B3440
A370
SOMERSET AVENUE
QUEEN'S WAY
WANSBROUGH ROAD
WALFORD AVENUE
EBDON ROAD
MOOR LANE
LOCKING HEAD DROVE
SUMMER LANE
130
135

A
B
C
37
38
1
2
3
4
5
Weston-Su
BS22
M5 MOTORWAY
M5
Junction 21
A370
SOMERSET A370 AVENUE
BRISTOL B3130 ROAD
WALFORD AVENUE
NORTH S
St. Georges
West Wick
Way Wick
Worle
Brimbleworth Farm
BRIMBLEWORTH LA.
BOURTON LANE
Poplar Farm
Grove Farm
Works
Grape Vine Farm
Depot
STATION ROAD
WILLOW CLOSE
WILLOW GDS.
SHEPHERD'S WY.
GOOSEY LA.
VALE CR.
TRELAWN CL.
THE HEDGES
THE MEADOWLANDS
DUNEDIN WY.
ELLIS PK.
JESMOND RD.
HAWKSWORTH DR.
Haybow Farm
Doubleb Farm
Poplar Farm
Brick House Farm
Wayw Farm
Apple Farm
WESTON GATEWAY CARAVAN PARK
Box Bush Farm
Camping Site
Westacres Farm
West Wick Green
WOLVERSHILL ROAD
SUMMER LA.
Ivy Cottage
Blind Yeo Rhyne
Old Yeo Rhyne
Refinery
Priory Community Sch.
Playing Field
Bridge Farm
QUEENS WAY
Elm Tree Farm
Yew Tree Farm
Poultry House
WALFORD
COULSON
YARBURY WY.
DARMEAD
Cycleway
Lansdown Gdns.

129
136

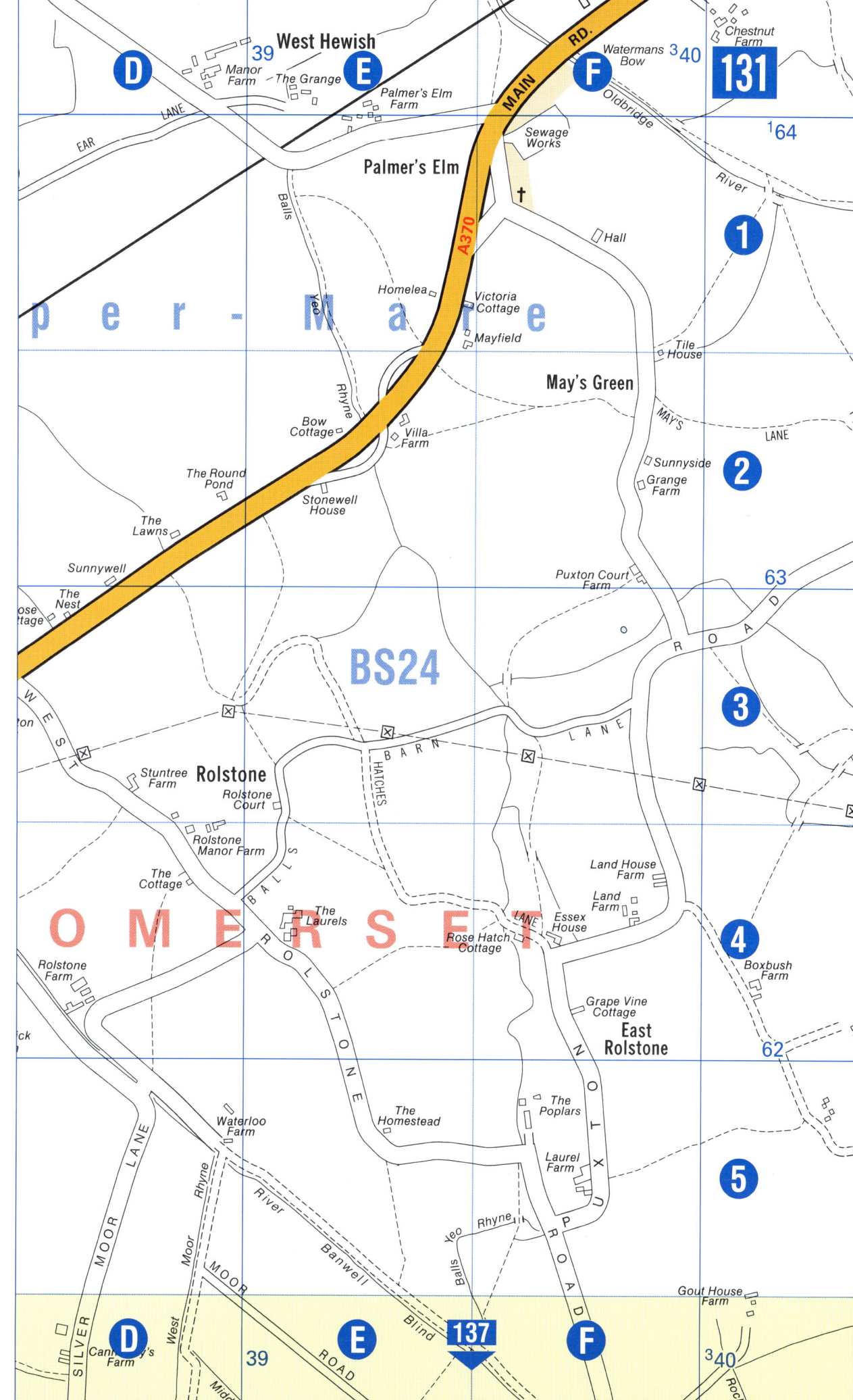

West Hewish

D

39

E

Manor Farm

The Grange

Palmer's Elm Farm

Palmer's Elm

F

Watermans Bow

3 40

¹64

Chestnut Farm

River

Sewage Works

MAIN

RD.

Oldbridge

1

EAR LANE

Balls

A370

Hall

per-Mare

Yeo

Homelea

Victoria Cottage

Mayfield

May's Green

MAY'S

LANE

Tile House

2

Rhyne

Bow Cottage

Villa Farm

Sunnyside

Grange Farm

The Round Pond

Stonewell House

Puxton Court Farm

63

The Lawns

Sunnywell

The Nest

ose ottage

BS24

ROAD

LANE

3

WEST

ton

X

X

X

X

Stuntree Farm

Rolstone

Rolstone Court

BARN

HATCHES

Land House Farm

Land Farm

Rolstone Manor Farm

BALLS

The Cottage

O   M   E   R   S   E   T

The Laurels

LANE

Essex House

4

Boxbush Farm

Rolstone Farm

ck

ROLSTONE

Rose Hatch Cottage

Grape Vine Cottage

East Rolstone

62

Waterloo Farm

The Homestead

The Poplars

MOOR LANE

Rhyne

Moor

River

Banwell

MOOR

Yeo

Rhyne

Balls

Laurel Farm

PUXTON

ROAD

5

Gout House Farm

D

SILVER

Cann 's Farm

West

39

ROAD

E

Blind

137

F

3 40

Rock

Middl

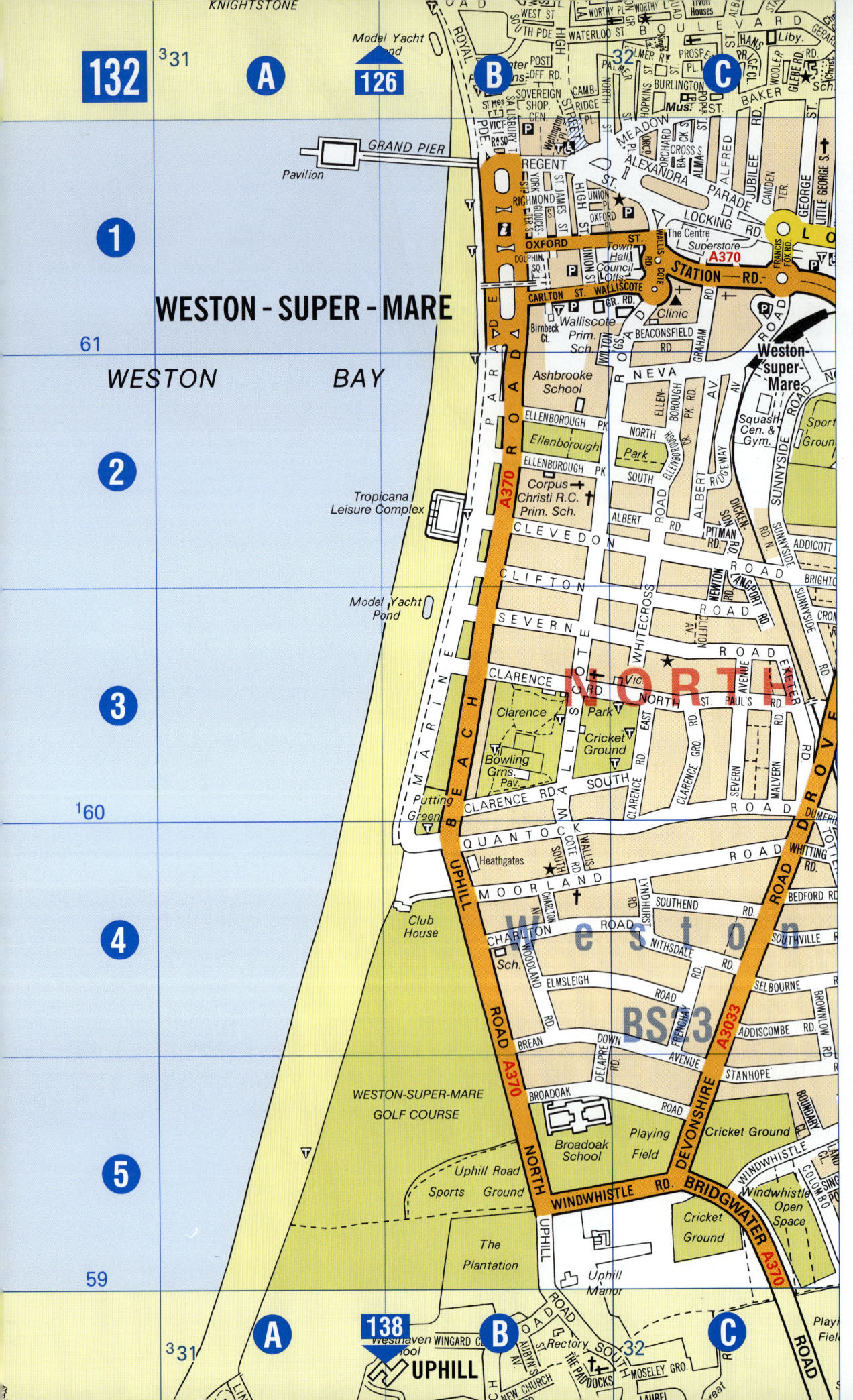
WESTON - SUPER - MARE
WESTON BAY
GRAND PIER
Pavilion
Model Yacht Pond
Tropicana Leisure Complex
Club House
WESTON-SUPER-MARE GOLF COURSE
Uphill Road Sports Ground
The Plantation
Uphill Manor
UPHILL
NORTH
Weston
BS23
Clarence Park
Cricket Ground
Bowling Grns.
Putting Green
Heathgates
Broadoak School
Playing Field
Windwhistle Open Space
Ashbrooke School
Ellenborough Park
Corpus Christi R.C. Prim. Sch.
Walliscote Prim. Sch.
Birnbeck Ct.
Clinic
Town Hall
Council Offs.
The Centre
Superstore
Weston-super-Mare
Squash Cen. & Gym.
Sports Ground
MARINE PARADE
BEACH ROAD
UPHILL ROAD NORTH
DEVONSHIRE ROAD
DROVE ROAD
BRIDGWATER ROAD
WINDWHISTLE RD.
STATION RD.
A370
A3033
126
138
A
B
C
1
2
3
4
5
61
160
59
331
32

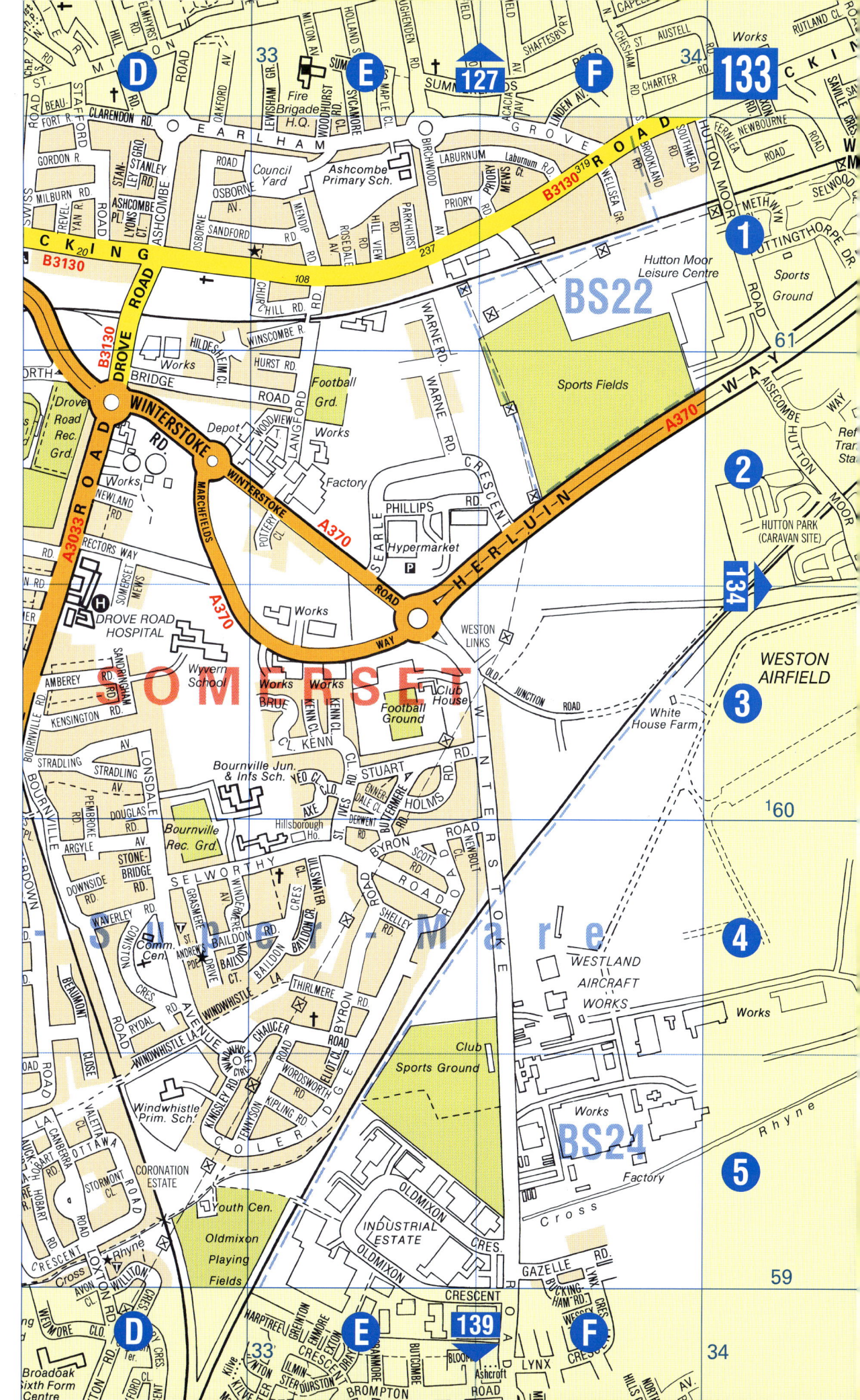
133
127
134
139
33
34
D
E
F
1
2
3
4
5
61
160
59
Works
Fire Brigade H.Q.
EARLHAM GROVE
Council Yard
Ashcombe Primary Sch.
CLARENDON RD.
GORDON R.
MILBURN RD.
STANLEY RD.
ASHCOMBE
OSBORNE AV.
SANDFORD RD
MENDIP RD.
LABURNUM
Laburnum RD.
PRIORY RD.
B3130
237
108
319
CHURCHILL RD.
Hutton Moor Leisure Centre
BS22
Sports Ground
Sports Fields
HUTTON MOOR ROAD
DROVE ROAD
WINTERSTOKE RD.
WINSCOMBE R.
HURST RD.
HILDESHEIM CL.
BRIDGE ROAD
Football Grd.
Works
Drove Road Rec. Grd.
Depot
WOODVIEW T.
LANGFORD
Factory
WARNE RD.
CRESCENT
PHILLIPS RD.
SEARLE
Hypermarket
HERLUIN WAY
A370
A3033
NEWLAND RD
RECTORS WAY
MARCHFIELDS
POTTERY CL.
WINTERSTOKE ROAD
HUTTON PARK (CARAVAN SITE)
WESTON LINKS
OLD JUNCTION ROAD
DROVE ROAD HOSPITAL
Wyvern School
SOMERSET
Works
Club House
Football Ground
White House Farm
WESTON AIRFIELD
AMBEREY RD.
KENSINGTON RD.
SANDRINGHAM RD.
BRUE CL.
KENN CL.
STUART RD.
STRADLING AV.
LONSDALE AV.
Bournville Jun. & Infs Sch.
HOLMS RD.
BUTTERMERE RD.
BOURNVILLE
PEMBROKE RD.
DOUGLAS RD.
ARGYLE AV.
STONEBRIDGE RD.
Bournville Rec. Grd.
Hillsborough Ho.
BYRON ROAD
SCOTT RD
NEWBOLT CL.
DOWNSIDE RD
SELWORTHY
WINTERSTOKE ROAD
Weston-super-Mare
WAVERLEY RD.
CONISTON CRES.
Comm. Cen.
ST ANDREW'S PDE.
BAILDON RD.
BAILDON CT.
ULLSWATER
SHELLEY RD.
WESTLAND AIRCRAFT WORKS
BEAUMONT CLOSE
RYDAL RD.
WINDWHISTLE LA.
THIRLMERE RD.
AVENUE
CHAUCER ROAD
Club
Sports Ground
WORDSWORTH RD.
ELIOT CL.
COLERIDGE
Windwhistle Prim. Sch.
KINGSLEY RD.
TENNYSON
KIPLING RD.
Works
BS24
Rhyne
Factory
Cross
OTTAWA
CANBERRA RD
HOBART RD.
STORMONT CL.
CORONATION ESTATE
Youth Cen.
Oldmixon Playing Fields
INDUSTRIAL ESTATE
OLDMIXON CRES.
OLDMIXON CRESCENT
GAZELLE RD.
LOXTON RD.
WILLITON CRES.
Broadoak Sixth Form Centre
BROMPTON ROAD
Ashcroft ROAD
LYNX

LOCKING ROAD
Weston Milton
BS22
BS23
FLOWERDOWN BRIDGE
A370
HERLUIN WAY
LOCKING MOOR RD
LOCKING
A371
Hutton Moor Leisure Centre
Sports Ground
Sports Fields
AIRPORT VIEW CARAVAN PARK
Moorlands Farm
Southlea
Locking Bridge
Refuse Transfer Station
Factory
Reservoir
HUTTON PARK (CARAVAN SITE)
WESTON AIRFIELD
International Helicopter Museum
LANEYS DROVE
Cross
CONIFER
WILLOW DR.
POLAR WK.
West End Farm
OAKTREE PARK (CARAVAN SITE)
FIR TREE AV.
Weston-S
NORTH
House Farm
Works
WESTLAND AIRCRAFT WORKS
Rhyne
Cross
MOOR
Sports Field
HUTTON
ELIZABETH CL.
MOOR CROFT
VERELAND
HOLM RD.
MAIN RD.
The Grange

128
133
140

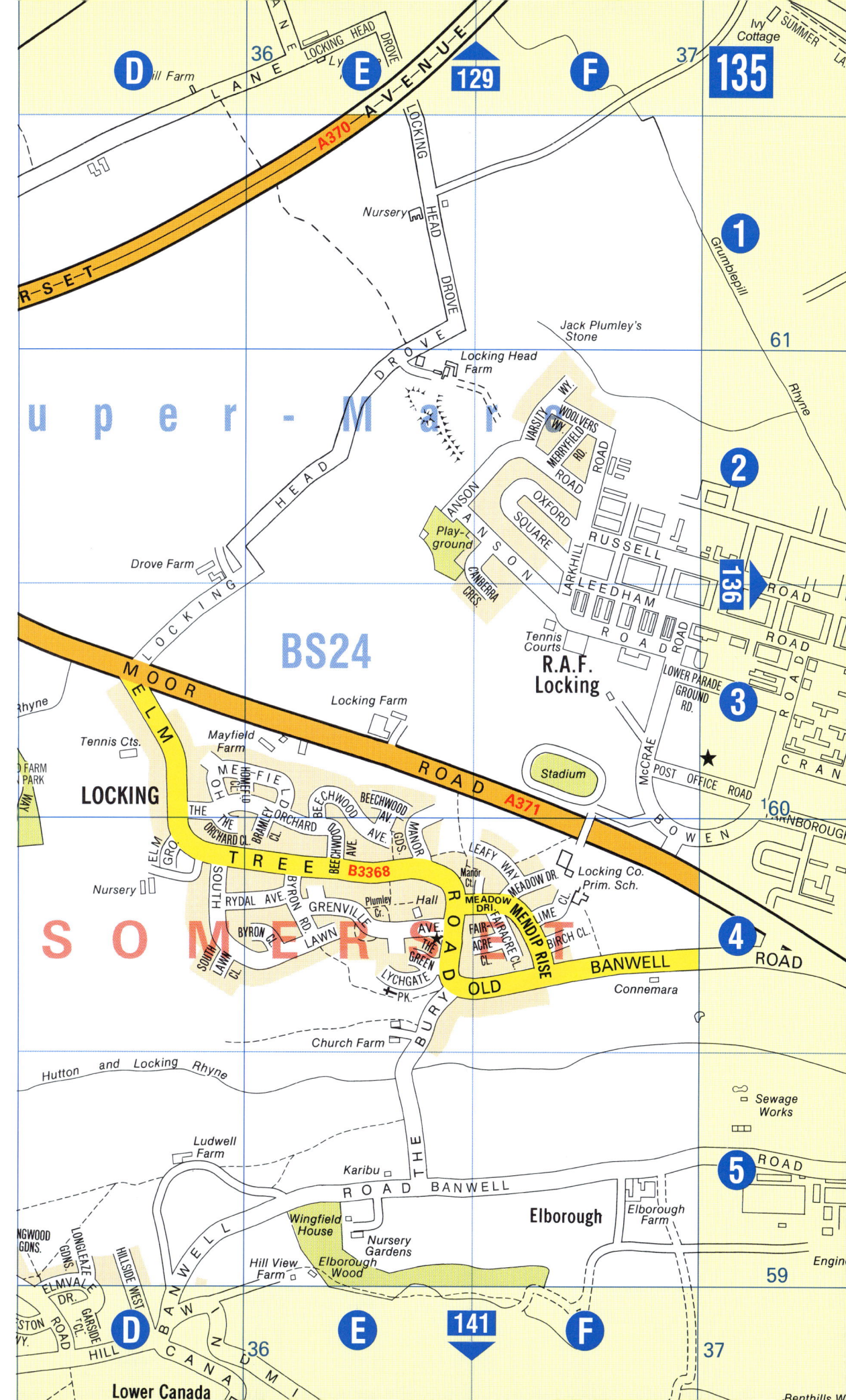

D **E** 129 **F** 135

36 37 61

LANE
LOCKING HEAD DROVE
A370 AVENUE
SOMERSET
D ..ll Farm
LOCKING

SUMMER LA.
Ivy Cottage
1
Grumblepill
Rhyne

Nursery
LOCKING HEAD DROVE
super-Mare

Jack Plumley's Stone
Locking Head Farm

VARSITY WY.
WOOLVERS RD.
MERRYFIELD RD.
ROAD
ROAD

2
136 ROAD

Drove Farm
LOCKING

BS24
ANSON
Play-ground
ANSON
CANBERRA CRES.

OXFORD SQUARE
LARKHILL
RUSSELL
LEEDHAM
ROAD
ROAD
ROAD

Tennis Courts
R.A.F. Locking

ROAD
3
Lower Parade
GROUND RD.
McCRAE
POST OFFICE ROAD
BOWEN

CRAN

160
FARNBOROUGH

MOOR
Tennis Cts.
Rhyne
.D FARM PARK
WAY

ELM GRO.
Nursery
THE ORCHARD CL.
SOUTH
TREE
B3368
BYRON RD.
GRENVILLE
LAWN

Mayfield Farm
ME
FIELD
ORCHARD
BRAMLEY CL.
BEECHWOOD GDNS.
BEECHWOOD AVE.
BEECHWOOD AVE.
MANOR
ROAD A371
Locking Farm
Stadium
Locking Co. Prim. Sch.

ROAD
LEAFY WAY
MEADOW DR.
Manor Ct.
Plumley Cr.
Hall
MEADOW DRI.
LIME CL.
BIRCH CL.
FAIRACRE CL.
MENDIP RISE
4
RYDAL AVE.
BYRON
SOUTH LAWN CL.
THE GREEN
ROAD
FAIR-ACRE
BANWELL
ROAD
Connemara

LYCHGATE
PK.
BURY
OLD

SOMERSET

Church Farm

Hutton and Locking Rhyne

Sewage Works

Ludwell Farm
Karibu
THE BANWELL
ROAD
5 ROAD
Elborough
Elborough Farm
59
Engine

..NGWOOD GDNS.
LONGLEAZE GDNS.
HILLSIDE WEST
GARSIDE CL.
ELMVALE DR.
..STON ROAD
HILL
BANWELL
CANADA
Wingfield House
Nursery Gardens
Hill View Farm
Elborough Wood

D **E** 141 **F**
36 37

Lower Canada

Renthills W..

37

A

SUMMER LA.

Blind Yeo Rhyne

Ivy Cottage

130

OAD

Old Yeo Rhyne

B

38

C

WOLVERSHILL

Refinery

1

Grumblepill

M5 MOTORWAY

ETON LANE

Ivy House Farm

M5

Jack Plumlev's Stone   61

Wolvershill Manor

Manor Farm

Woolvers Hill

N O R T H

WOLVER

LIS

2

WOOLVERS
BRYFIELD RD.
ROAD
ROAD
ROAD
ORD

R.A.F. Locking

Wolvershill Batch Farm

Cotta Fa

Woolvershill Batch

ROAD

LA.

WOLVER

135

LARKHILL
LEEDS
ROAD
HAM ROAD
RUSSELL ROAD
ROAD
RD.
Rhyne

SUMMER

Laurel Farm

Park Farm

3

McCRAE

Lower Parade Ground Road

ROAD

PARKES

CRANWELL

SUMMER

POST OFFICE ROAD

160

BOWEN

FARNBOROUGH

W e s t o n - S u

Playground

Tall Timbers

LANE

adium

LOCKING

Locking Co. Prim. Sch.

A371

RD.

PINETREE

TOWER HILL

Summer Lane Caravan Park

GROVE RD.
NEW RD.
CENTRE DR.
IVY WK.
ELM CL.
ASH
Club
PARK END
ROAD

4

BIRCH CL.

OLD BANWELL ROAD

B3368

Connemara

MENDIP RD.
FLOWERDOWN RD.
BROAD WAY
ADASTRAL RD.
TRENCHARD
ROAD

M O O R

A371 ROAD KNIGH

Cave View

M5

ROAD

Sewage Works

Perries

M5 MOTORWAY

Longcroft

5

Elborough

BANWELL

Elborough Farm

Industrial Estate

Roughmo

59

Engineering Works

37

A

Hillend

Hillend Farm

B

38

Manor Farm

C

HI

Caves
The Caves

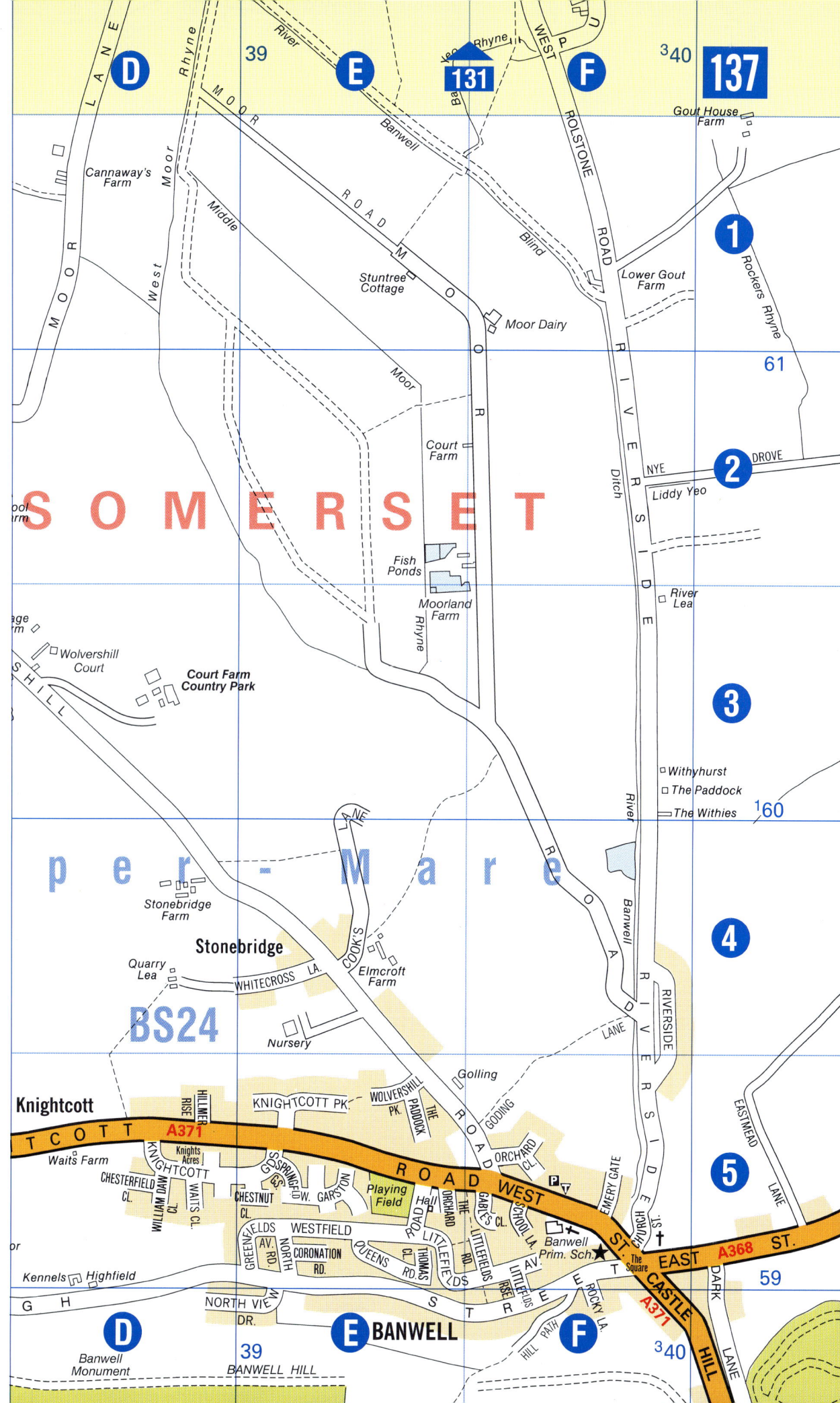

D
39
E
131
F
3 40
137

Gout House Farm

Cannaway's Farm

MOOR LANE

Rhyne

River

MOOR

West

Middle

ROAD

Banwell

Blind

WEST

ROLSTONE ROAD

1

Rockers Rhyne

61

Stuntree Cottage

Moor Dairy

Lower Gout Farm

Court Farm

MOOR

Moor

ROAD

RIVERSIDE

Ditch

NYE

DROVE

2

Liddy Yeo

S O M E R S E T

Rhyne

Fish Ponds

Moorland Farm

River Lea

3

Withyhurst

The Paddock

The Withies

160

per - Mare

LANE

River

Banwell

RIVERSIDE

4

Wolvershill Court

Court Farm Country Park

Stonebridge Farm

COOK'S

LANE

Elmcroft Farm

Quarry Lea

Stonebridge

WHITECROSS LA.

BS24

Nursery

Golling

ROAD

Goding

LANE

EASTMEAD LANE

Knightcott

HILLMEAD RISE

KNIGHTCOTT PK.

WOLVERSHILL PK.

THE PADDOCK

ROAD WEST

ORCHARD CL.

Waits Farm

Knights Acres

KNIGHTCOTT GDS.

SPRINGFIELD GDS.

W. GARSTON

GARSTON

Playing Field

Hall

ORCHARD

THE GABLES CL.

SCHOOL LA.

P

EMERY GATE

5

CHESTERFIELD CL.

WILLIAM DAW CL.

WAITS CL.

CHESTNUT CL.

GREENFIELDS

ROAD

LITTLEFIELDS

AV.

Banwell Prim. Sch.

ST.

The Square

EAST ST.

A368

CHURCH

59

WESTFIELD

AV.

NORTH RD.

CORONATION RD.

QUEENS

THOMAS CL.

RD.

LITTLEFIELDS CL.

LITTLEFIELDS RD.

LITTLEFIELDS

RISE

ST.

CASTLE HILL

A371

DARK LANE

Kennels

Highfield

NORTH VIEW DR.

D
39

E
BANWELL

HILL PATH

ROCKY LA.

F
3 40

Banwell Monument

BANWELL HILL

TCOTT

A371

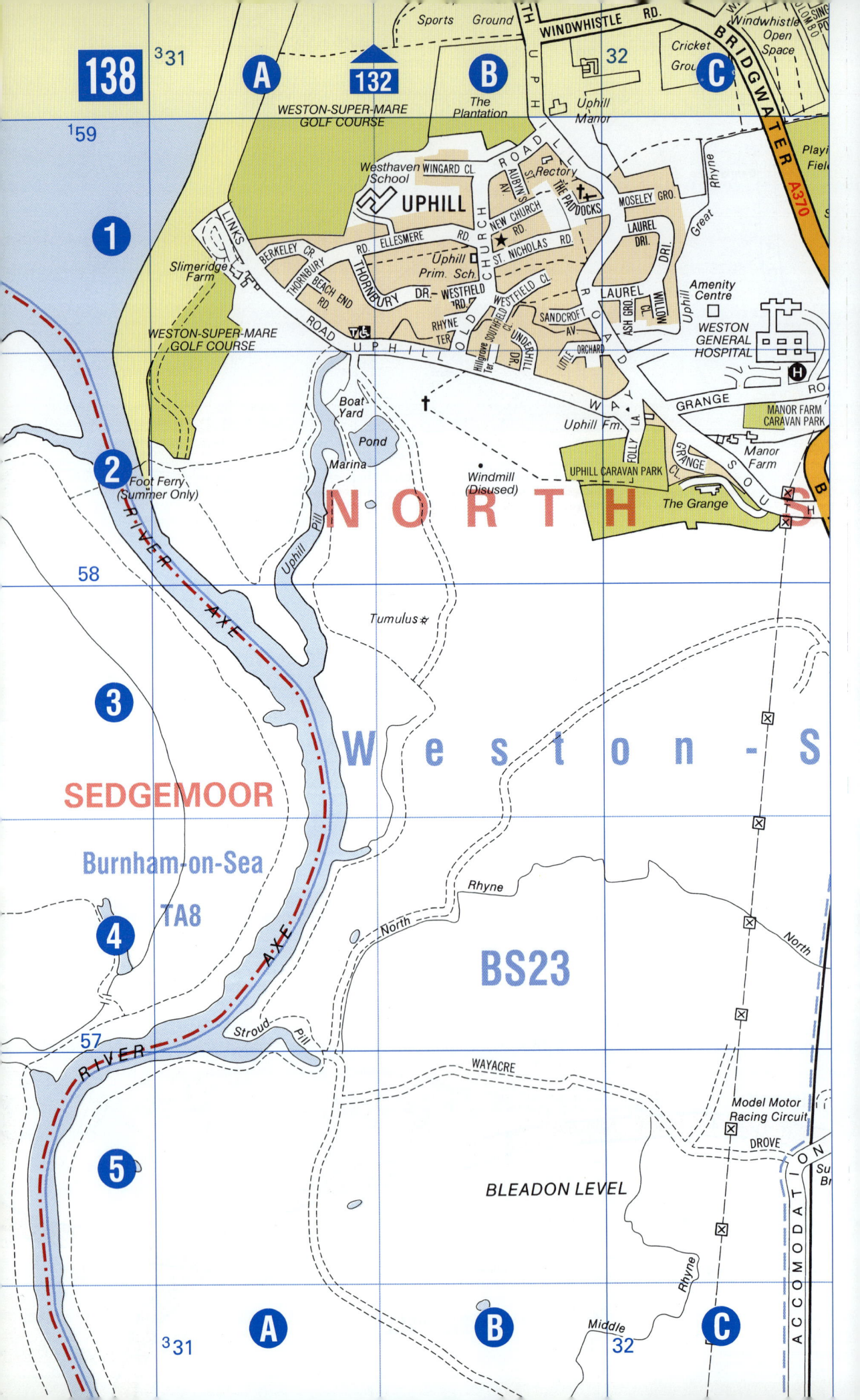

A

WESTON-SUPER-MARE GOLF COURSE

132

B

The Plantation

Windwhistle OPEN Space

32

Cricket Grou

C

BRIDGWATER A370

Sports Ground

WINDWHISTLE RD.

Uphill Manor

Playin Field

1

Westhaven School

WINGARD CL.

UPHILL

ROAD

Rectory

THE PADDOCKS

Moseley GRO.

LAUREL DRI.

Great Rhyne

Amenity Centre

Slimeridge Farm

LINKS

BERKELEY CR.

THORNBURY

BEACH END RD.

THORNBURY DR.

RD. ELLESMERE RD.

NEW CHURCH RD.

Uphill Prim. Sch.

ST. NICHOLAS RD.

AUBIN'S AV.

CHURCH

WESTFIELD CL.

LAUREL

ASH GRO.

WILLOW

MOTLIN

Uphill

WESTON GENERAL HOSPITAL

WESTON-SUPER-MARE GOLF COURSE

UPHILL ROAD

RHYNE TER.

WESTFIELD

HILGROVE Ter

SOUTHEAD

UNDERHILL DR.

SANDCROFT AV.

LITTLE ORCHARD

ROAD

WAY

GRANGE

MANOR FARM CARAVAN PARK

H

Manor Farm

RO

Boat Yard

Pond

Marina

Uphill Pill

Uphill Fm.

FOLLY LA.

Uphill CARAVAN Park

GRANGE CL.

The Grange

SOUS

2 Foot Ferry (Summer Only)

RIVER AXE

N · O · R · T · H · S

Windmill (Disused)

B

58

Tumulus

3

W e s t o n - S

SEDGEMOOR

Burnham-on-Sea

TA8

4

RIVER AXE

Rhyne

North

BS23

North

57

RIVER

Stroud Pill

WAYACRE

Model Motor Racing Circuit

DROVE

5

BLEADON LEVEL

Su Br

ACCOMODATION

A

³³1

B

32

Middle

Rhyne

C

Factory C

STORMONT CL.
CONVENT ESTATE
OLDMIXON
Youth Cen.
Oldmixon Playing Fields
INDUSTRIAL ESTATE
GAZELLE
WINTERSTOKE
BUCKING-HAM RD.
LYNX CRES.
WESSEX RD.
CRESCENT
LYNX
NORTH
AV.
BRENT CL.
HILLS CL.

HOBART RD.
CRESCENT
Cross
WILLITON
AVON CL.
WILLITON CRES.
HARPTREE
GRENTON
ELMORE
DRAYTON
CRANMORE
BUTCOMBE
BLOOMFD.
Ashcroft
ROAD
WOODSIDE
WELL CL.
MANOR FM. CRES.
MEADOW CFT.
WALSH

1
Totterdown Farm

WEDMORE
LOXTON RD.
Christon Ter.
WESTBURY CRES.
KILVE
KILVE CL.
Milverton
Martock
ILMINSTER
DURSTON
CRESCENT
CORST.
BECKINGTON
BROMPTON
Aller Parade ★
MANOR FARM CL.
MANOR FARM CRES.
OLDMIXON

Broadoak Sixth Form Centre
EXFORD CL.
PORLOCK CL.
WESTBURY
CRESCENT
LITTON
DUNSTER CRES.
LITTON
RODNEY
SHELTON
BRUTON
UPTON
Oldmixon Prim. Sch.

LOXTON RD.
Uphill Junction
Meare
Midford
PAWLETT
PENNARD
DUNSTER
MONKTON
WALTON
BROADWAY
BROADWAY
OLDMIXON

ROAD
Broadoak
The Tips
BROADWAY
Oldmixon Bridge
BEECHMOUNT CL.
BEECHMOUNT DR.
ASHFORD DR.
FAVERSHAM DR.
BARRY
PENARTH CL.
St. Mary's Ct.
WALNUT
HAMWOOD CL.
WINTERSTOKE RD.
ROAD

2
S O M E R S E T
Devil's Bri.
The Spinney
BLEADON
THE
BLAGDON
BROCKLEY
BURRINGTON AV.
BURRINGTON CL.
BURNHAM
CRESCENT
DRIVE
ROCHESTER
MAIDSTONE GRO.
BRECON VIEW
WENTWOOD DR.
Oldmixon Copse
HAYWOOD CL.
HAYWOOD
Copse
HAYWOOD GARDENS
GDS.
Manor House
Hay Wood

HAY WOOD

BLEADON RD.
BRUNEL CL.
MENDIP EDGE
CHANNEL
VEITCH CT.
HEIGHTS
Flatroof Farm
White Barns
TOTTERDOWN
HIGHFIELD RD.
Oldmixon

140 ► 58

TOLL RD.
PURN RD.
PURN
LEIGHTON
SOUTHRIDGE HEIGHTS
HILL
CRES.
ROMAN
ROAD
HILLCOTE ESTATE
ROMAN
HILLSIDE RD.
Highcroft
ROAD

3

BRIDGWATER
per-Mare
LANE
Coombe Farm
BS24
CELTIC
ROAD

4
Rhyne
Purn Hill
Purn House Farm
Purn
Purn Farm
MANOR GRANGE
BLEADON
WAY
BLEADON
WAY
CHESTNUT LA.
PINE LEA
SOUTH COMBE
FERN GATE
WHITE CL.
AMESBURY DR.
PEARTREE GDS.
RECTORY
BIRCH AV.
WILLOW DR.
ASH
BLEADON

EAST MEAD DROVE
A370
ROAD
PURN INTERNATIONAL HOLIDAY PARK
LEA CL.
TENTERK CL.
ROAD
CORONATION
MULBERRY LA.
OLD SCHOOL LA.
THE B.
Works
Little Do
Quarries (D

mmerways idge

RIVER
AXE
BRIDGE RD.
ROAD

5
Mill

SEDGEMOOR

River
Bleadon Bridge

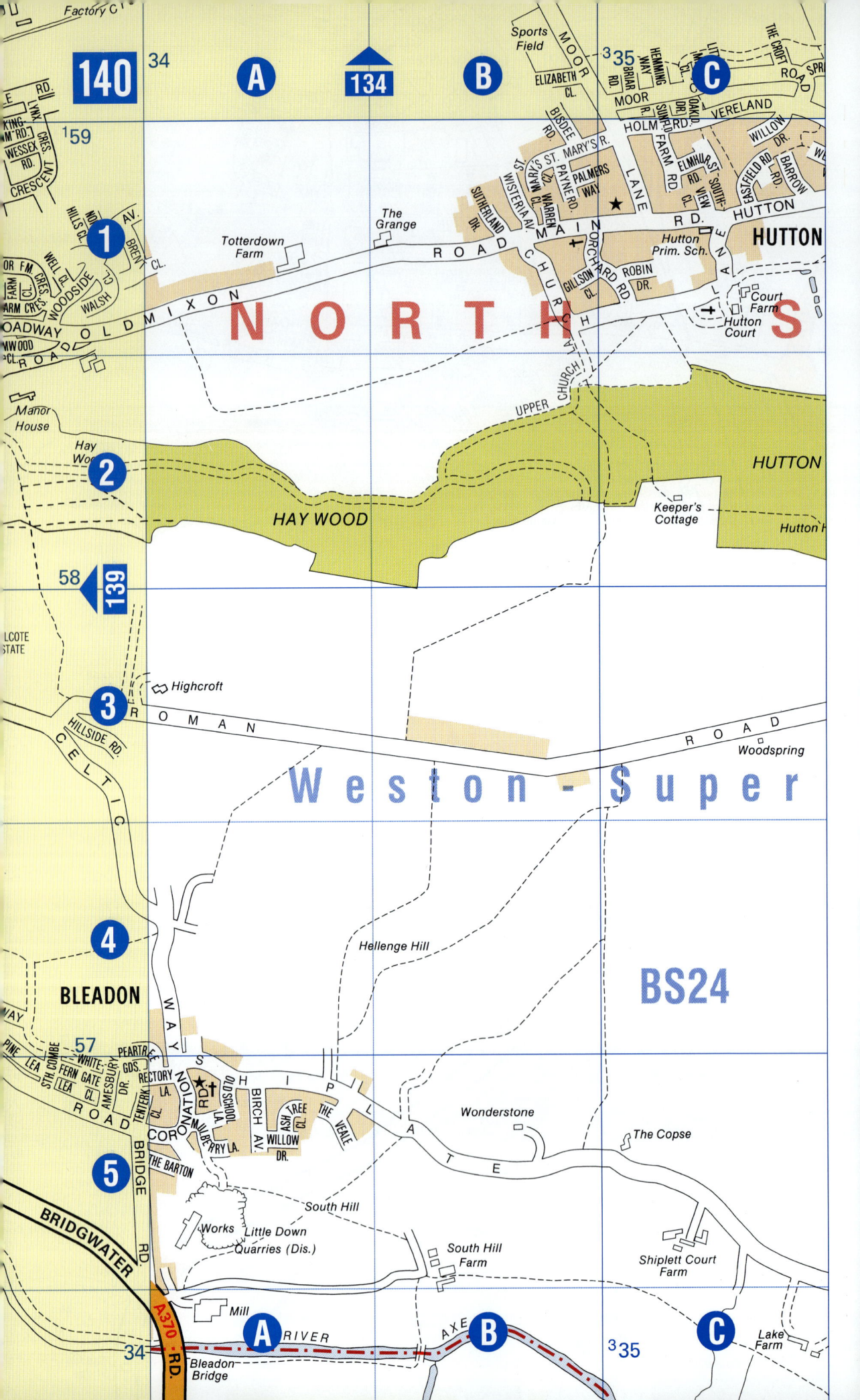

A

134

B

3 35

C

159

NORTHS

HUTTON

1

Totterdown Farm

The Grange

HILLS CL.

WOODSIDE

WELL FM CL.

WALSH CL.

BREN CL.

AV.

OLDMIXON

ROAD

ROADWAY

FARM CL.

CRESCENT

WESSEX CRES. RD.

KING RD.

LYNX FM RD.

NW RD.

FARM

OLDMIXON

Manor House

Hay Wood

2

HAY WOOD

HUTTON

Keeper's Cottage

Hutton H

UPPER CHURCH

CHURCH

ALCOTE ESTATE

58

139

3

Highcroft

ROMAN

ROAD

Woodspring

HILLSIDE RD.

CELTIC

Weston-Super

BS24

4

Hellenge Hill

BLEADON

WAY

57

SOUTH COMBE

WHITE LEA

FERN GATE CL.

PINE LEA

AMESBURY DR.

PEARTREE GDS.

RECTORY CL.

TENTERK CL.

CORONATION RD.

MULBERRY LA.

OLD SCHOOL LA.

BIRCH AV.

ASH TREE CL.

WILLOW DR.

THE VEALE

SHIPLATE

Wonderstone

The Copse

5

ROAD

THE BARTON

BRIDGE RD.

South Hill

Works

Little Down Quarries (Dis.)

South Hill Farm

Shiplett Court Farm

BRIDGWATER

A370 RD.

Mill

A

RIVER

AXE

B

3 35

C

Lake Farm

34

Bleadon Bridge

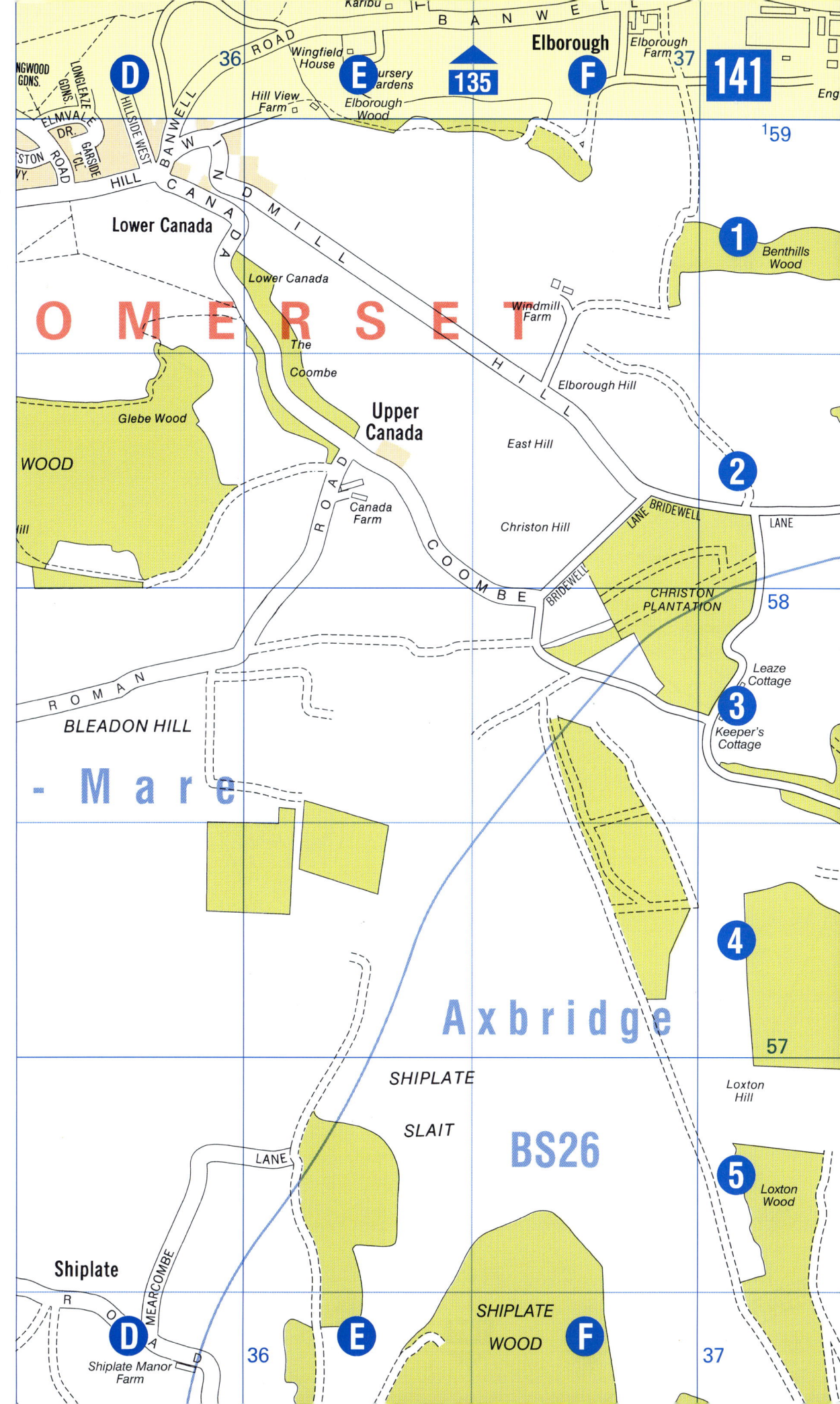

BANWELL

36 ROAD

Wingfield House

Elborough

Elborough Farm

37

Eng.

D

E

135

F

¹59

Hill View Farm

Nursery Gardens

Elborough Wood

Karibu

HILL

BANWELL

CANADA

WINDMILL

Lower Canada

Lower Canada

Windmill Farm

1

Benthills Wood

O M E R S E T

The Coombe

HILL

Elborough Hill

Glebe Wood

Upper Canada

East Hill

2

WOOD

ROAD

Canada Farm

Christon Hill

LANE

BRIDEWELL

LANE

Hill

COOMBE

BRIDEWELL

CHRISTON PLANTATION

58

ROMAN

Leaze Cottage

3

BLEADON HILL

Keeper's Cottage

- M a r e

4

A x b r i d g e

57

SHIPLATE

Loxton Hill

SLAIT

LANE

BS26

5

Loxton Wood

MEARCOMBE

ROAD

Shiplate

ROAD

D

E

SHIPLATE

F

Shiplate Manor Farm

36

WOOD

37

North End
Horsecastle
YATTON
Yatton
Frost Hill
NORTH SOMERSET
Bristol
BS24
Weston-Super-Mare
Moorstreet Bow
Northend Farm
Chestnut Farm
Weeping Ash Farm
Sports Ground
Park Farm
The Grange
Macquarie
Factory
Warehouse
Works
Osmond Bridge
Gasholder
The Batch
Rectory Farm
Cadbury Hill
Land Farm
Congresbury Moor
Hillsea
Yatton Jun. & Inf. Schs.
Lib.
Hall
Cross (Restored)
Sports Field
MARKET IND. EST.
B3133
NORTH END RD.
NORTH END
HIGH STREET
MOOR ROAD
Stowey Rhyne
Westmead Rhyne
Middle Rhyne
Little River
Biddle Street Rhyne
Branch Rhyne
Gang Wall Rhyne
Binhay Rhyne
New Rhyne
CONGRESBURY YEO
WESTON ROAD
Middle Elm
ARNOLDS WAY
WEMBERHAM
HORSECASTLE FARM ROAD
WAKEDEAN GDS.
JONES CL.
THE WOOD KILNS
WOODMILL
AVALON CL.
HORSECASTLE CL.
WEMBERHAM CRES.
STATION RD.
BRIAR MEAD
MEADOWLAND
HAWTHORN
GREGORY MEAD
MACQUARIE CL.
THE LAWNS
MOORSIDE
KENN MOOR
BRAMBLEWOOD
SOUTHVIEW T.
THE PARK
PARK AV.
LAUREL GDS.
LAUREL TER.
BARBERRY FM. RD.
DURBAN WY.
STOWEY
THE AVENUE
GRASSMERE RD.
ASHLEIGH CRES.
ASHLEIGH RD.
MENDIP
THE RIDGE
THE EAGLES
DYSONS CL.
HEATHGATE
CHERRY GRO.
CHERRY CL.
MYRTLE GDNS.
PAGES CT.
SHINERS ELMS
GRACE CL.
LODGE CL.
ELBOROUGH AV.
HEARN CL.
DERHAM CL.
DERHAM PK.
CHURCH ROAD
WELL LA.
BEECH RD.
BARWARD CL.
CHURCH RD.
THE CAUSEWAY
MARSH RD.
THE BATCH
ELM WLK.
ELM CLOSE
WEST RD.
CHURCH LA.
COURT AV.
CHURCH CL.
ELM ROAD
MENDIP GDS.
MENDIP CL.
BIDDLE ST.
CHESCOMBE ROAD
BINHAY LAND
ALEXANDER WY.
RECTORY LANE
RECTORY DR.
RECTORY WAY
ROCK RD.
MENDIP ROAD
BRAMLEY CL.
CADBURY FARM RD.
42
43
67
66
165
A
B
C
1
2
3
4
5
144

D   44   E   F   3 45   **143**

67

Lower Claverham

1

Poultry Houses
Claverham Court
Home Farm
Walnut Bank
Nursery
Lower Farm

MUD   LANE   LOWER   LANE   CLAVERHAM   JASMINE

Chestnut Farm

Piggery

Grove Farm

The Rectory
BROCKLEY WAY

Laurel Farm
HIGH
Cottage Farm

O M E R S E T
Streamcross Farm
Rose Farm
Manor Farm
DUNSTERS RD.   HIGH   FRANKLINS WY.
ANVIL RD.
CHESTNUT

2

Westmead
Rhyne
Claverham Farm
STREAMCROSS
BROADCROFTS CL.   BIG CLAVERHAM PK.
Prim. Sch. Streamcross   66
ROAD

Claverham

Brook Farm
HUNT'S
LANE
Nursery
ROAD
WHITE HOUSE RD.
Bishops Farm

3

field
Sports Centre
CLAVERHAM CL.   STOWEY PK.   STOWEY   STOWEY PK.
HOLLOWMEAD CL.
HOLLOW MEAD

AWAY PK.   CL   CLAVERHAM   BLIND   Works
LANE   ROAD   RHODYATE LA   HILL

Henley Lodge   Cricket Ground   Henley Farm   Henley Wood   LANE

4

FROST   HENLEY   Quarry (dis.)   Reservoir (covered)
TRIPPS   SCH.   LANE   WOOD   Bickley
FROST HILL   Country Club   LANE   BLIND   A370   65

BS49

k
A
ost ill
Hillside
Hill Court
Cadbury Hill
Westover Cottage
Reservoir (covered)
Reservoir
Rhodyate Lodge
Dressnells Wood
The Roundabouts

HILL   SMALLWAY   WOOD   HILL   Rhodyate House   RHODYATE
Rhodyate Cottage

5

Poultry House
D   44   E   F   3 45
Woodhill Nurseries
145
Nursery
Taylor's Wood
Urchin Wood

Cadbury Nurseries
BRISTOL RD.   ARLINGTON   MEAD   RHODYATE

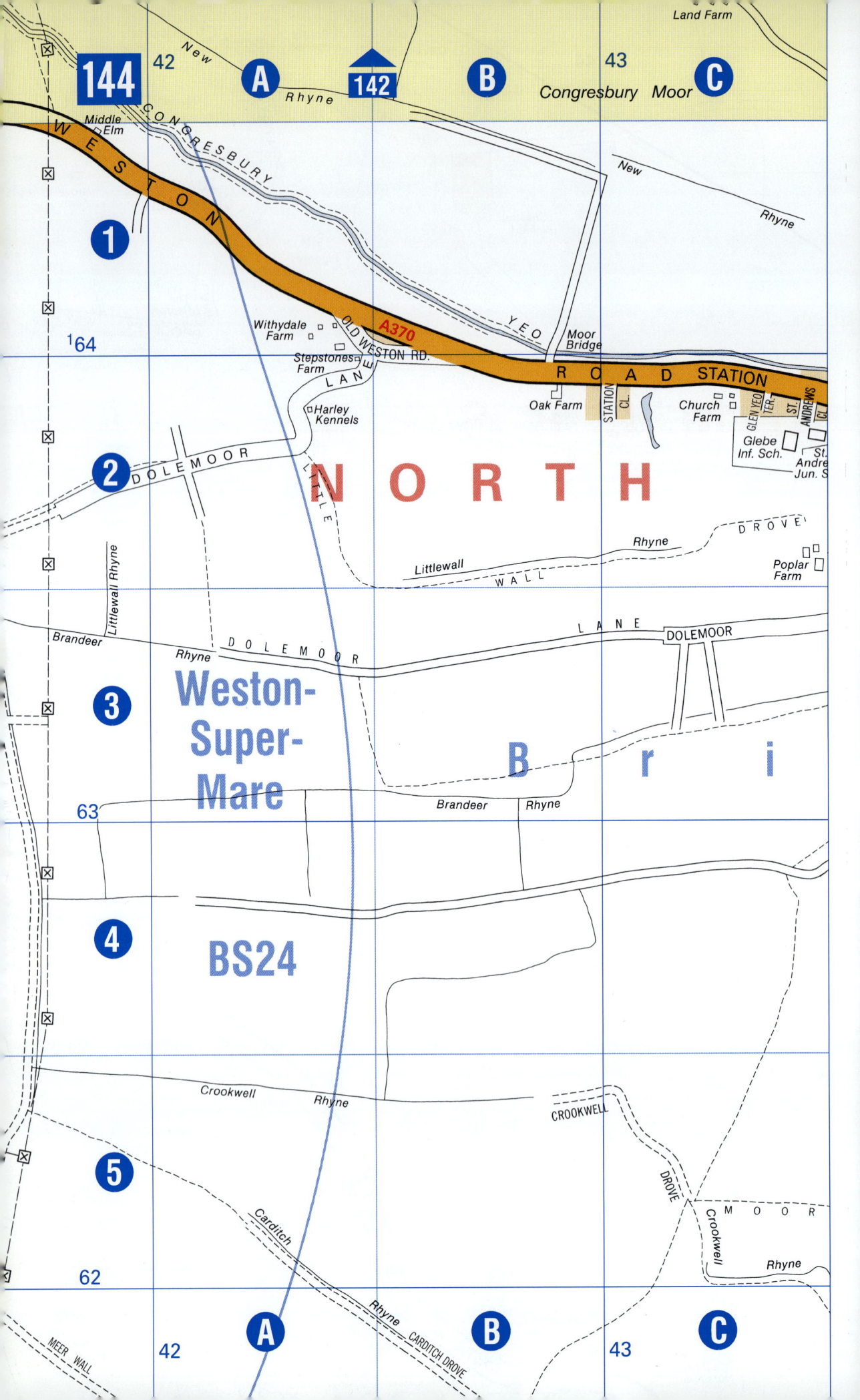

42

A

▲
142

B

43

Congresbury Moor

C

Land Farm

New
Rhyne

Middle
Elm

CONGRESBURY

WESTON

1

New
Rhyne

YEO

Moor
Bridge

Withydale
Farm

OLD WESTON RD.

A370

R O A D   S T A T I O N

¹64

Stepstoness
Farm

Oak Farm

STATION CL.

GLEN YEO TER.

ST.

ANDREWS CL.

Church
Farm

Harley
Kennels

LITTLE

LANE

Glebe
Inf. Sch.

St.
Andre
Jun. S

2

DOLEMOOR

N O R T H

Rhyne

DROVE

Littlewall

WALL

Poplar
Farm

Littlewall Rhyne

Brandeer

DOLEMOOR

Rhyne

LANE

DOLEMOOR

3

Weston-
Super-
Mare

B   r   i

Brandeer   Rhyne

63

4

BS24

Crookwell   Rhyne

CROOKWELL

DROVE

MOOR

Crookwell

5

Crookwell
Rhyne

Carditch

62

A

42

Rhyne CARDITCH DROVE

B

43

C

MEER WALL

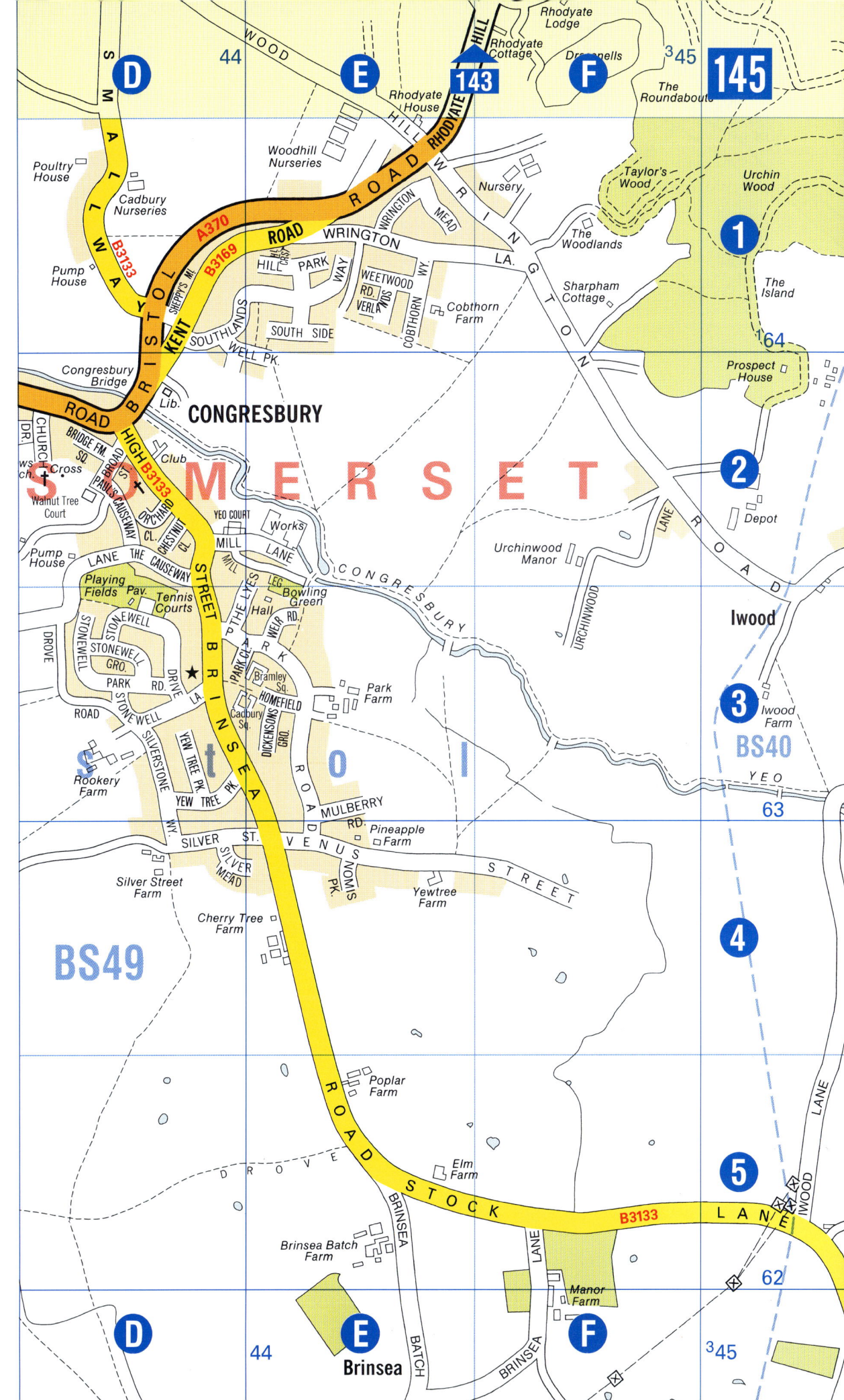
CONGRESBURY
SOMERSET
Bristol
BS49
BS40
Iwood
Brinsea
143
Rhodyate Lodge
Rhodyate Cottage
Drewnells
The Roundabout
Rhodyate House
Woodhill Nurseries
Poultry House
Cadbury Nurseries
Pump House
Nursery
Taylor's Wood
Urchin Wood
The Woodlands
Sharpham Cottage
Cobthorn Farm
The Island
Prospect House
Congresbury Bridge
Lib.
Club
Cross
Walnut Tree Court
Works
Depot
Urchinwood Manor
Playing Fields
Pav.
Tennis Courts
Bowling Green
Hall
Bramley Sq.
Cadbury Sq.
Park Farm
Iwood Farm
Rookery Farm
Pineapple Farm
Silver Street Farm
Yewtree Farm
Cherry Tree Farm
Poplar Farm
Elm Farm
Brinsea Batch Farm
Manor Farm
A370
B3133
B3169
BRISTOL ROAD
RHODYATE HILL
WOOD
HILL
WRINGTON ROAD
WRINGTON LA.
WRINGTON MEAD
PARK WAY
WEETWOOD RD.
COBTHORN WY.
VERLANDS
SOUTH SIDE
SOUTHLANDS
WELL PK.
KENT ROAD
SHEPPY'S MI.
SMALLWAY
ROAD
CHURCH DR.
BRIDGE FM. SQ.
BROAD ST.
PAUL'S CAUSEWAY
ORCHARD CL.
CHESTNUT CL.
HIGH STREET
YEO COURT
MILL LANE
MILL LEG
LANE
THE CAUSEWAY
THE LYES
PARK CL.
WEIR RD.
PARK ROAD
HOMEFIELD
DICKENSONS GRO.
STONEWELL LA.
STONEWELL GRO.
STONEWELL DRIVE
PARK RD.
STONEWELL
DROVE
SILVERSTONE WY.
YEW TREE PK.
YEW TREE
BRINSEA ROAD
MULBERRY RD.
SILVER ST.
SILVER MEAD
VENUS STREET
SIMONS PK.
CONGRESBURY YEO
URCHINWOOD
LANE
DROVE
STOCK LANE
BRINSEA BATCH
BRINSEA
IWOOD LANE
D
E
F
1
2
3
4
5
44
345
164
63
62

¹58

A39

A

B

³65

C

Church Farm
Cemy. Sch.
High Littleton Ho.
High

BUTLASS CL.
Rec. Grd.

BURY RD.
BUNGAY'S

Bungay's Hill Farm

Timsbury Bottom Farm

Timsbury Bottom

Broom Hill Farm

GOOSARD

Vicarage
High Littleton
Jaylands
Poultry Houses

LANE

BROOM

HANHAM

HILL

LANE

Goosard Bridge

1

Rosewell Fm.
Rosedene

LANGFORD'S

Sewage Works
Hanham House

B A T H & N O

Wiscombe Brake

Swimming Pool

2

57

S O M E

HANHAM LANE

New Pit

ROAD

Sports Ground

Tennis Bowl Cts. Grn.
Victoria Ter.
South Vw.
Jubilee Ter.

LITTLEBROOK
GREGORY'S
TYNING
BRITTEN'S CL.

Greenhill Farm

BRISTOL ST.
BATH

Cemy.

GREGORY'S TYNING
GREGORY'S TYNING

BROOKSIDE

VALLEY VIEW

WALLENGE CL.
WALLENGE

Britten's

Works

3

Plummer's Hill

Millward Ter.
ORCH. ORCHARD GS. RD.
Hill Ct.

WAY

SOMER

BROOKSIDE

ROAD DR.
HILLSIDE CL.

PAULT

HALLATROW

ROMAN WAY
SPRINGHILL CL.
BRUMMEL WAY
CAM VIEW
HIGH PARK

B3355 ROAD CHURCH

High Park Corner
ROAD

St.

THE PITHAY

CHESTNUT CL.

BRITTEN'S LANE

ROAD

SIMONS

High Littleton

WOODVIEW
WEST VIEW
OWNS WAY

High Park

St.

ASHLEIGH
LAUREL RD.

Surgery

PAULTON

HAM GRO.

Ham Farm

BS39

CARTER RD.
FARRINGTON
ABBOTS FM.
PARK

Victoria Pl.
Park Cl.
New Town
ASH MANS GA.
Lib.

Ashleigh Ho.
ORCH.
Windsor Ter.

ALEXANDRA Ter.

Poultry Houses

Ham

4

PAULTON

PARK RD.
TENNIS COURT RD.
SPECKLEMEAD

PLUMPTRE
Swim. Baths
GREENVALE RD.
BADMAN CL.

The Batch

Paulton Jun. & Inf. Schs

ELLS ORCHD
LILIAN TER.

HIGH STREET

WINTERFIELD

ALEXANDRA PK.
ALEXANDRA
Bloomfield

Bloomfield

LA

Bloomfield

56

TENNISCOURT COTTS.
Plumptre Cl.

ELM

SPRING GROUND RD.

WINTERFIELD ROAD

PARK

Football Ground

Rec. Grd.
Bowl. Grn.

RUDGEWAY RD.

Towns End

St. Julien Farm

FIELD PK.

WINTER

SALISBURY RD

Poultry Houses

5

RUETT LANE

OLD MILLS

MEWDIP CL.
OAKLANDS
Winterfield

OAKLANDS

ALPINE ALPINE C.
FIR TREE AV.
MEADOW RD.
CLANDOWN

B3355 PHILLIS

Salisbury Farm

Salisbury

PAULTON HOSPITAL
H

A

LANE

150

Fernleaze

³65

B

C

HILL

MONGER

HARTS

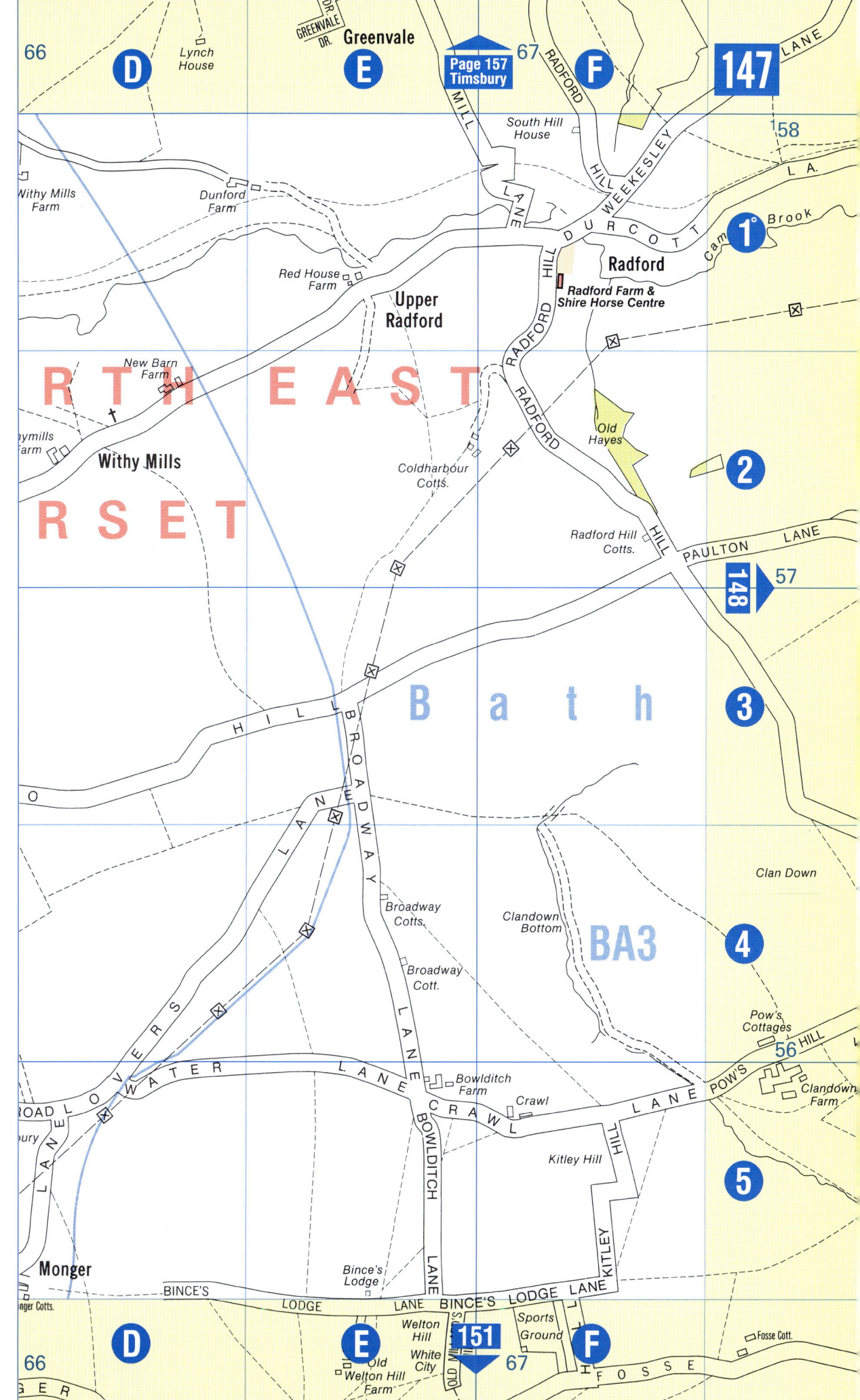

66

D

Lynch House

E

GREENVALE DR.

Greenvale

Page 157 Timsbury

67

RADFORD

F

158

Withy Mills Farm

Dunford Farm

MILL LANE

South Hill House

WEEKESLEY

DURCOTT

1°

Cam Brook

Red House Farm

Upper Radford

RADFORD HILL

Radford

Radford Farm & Shire Horse Centre

R T H   **E A S T**

New Barn Farm

RADFORD

RSET

ymills Farm

Withy Mills

Coldharbour Cotts.

Old Hayes

2

Radford Hill Cotts.

HILL

PAULTON   LANE

148   57

B a t h

HILL

BROADWAY

3

Clan Down

LANE

BROADWAY

Clandown Bottom

BA3

4

Broadway Cotts.

Broadway Cott.

Pow's Cottages

56   HILL

LOVERS

WATER

LANE

CRAWL

Bowlditch Farm

Crawl

LANE

POW'S

Clandown Farm

5

ROAD

LANE

BOWLDITCH

Kitley Hill

HILL

KITLEY

Monger

BINCE'S

LANE

Bince's Lodge

LANE

LODGE

Bince's Lodge

LODGE   LANE

BINCE'S

Sports Ground

nger Cotts.

D

66

E

Welton Hill

151

White City

67

Old Welton Hill Farm

F

FOSSE

Fosse Cott.

A   68   B   C

Wicklane

1

Radford

Radford Farm &
Shire Horse Centre

Old Hayes

2

Radford Hill
Cotts.

57 ◄ 147

3

4

56

BA3

Kitley Hill

5

Fosse Cott.

A   152 ▼   68   B   C

B A T H

S O M E

N

Collier Cl.

SUNNYVALE LANE

CAM BROOK CL.
DAGLANDS
THE

Brook

Cam

BRIDGE

Bridge Place
Farm

Cameron

RED LANE   CAMERON

Abbey Farm

Cameron
C. of E.
Prim. Sch.

HILL SKINNER'S HILL

Manor Farm

Parson's
Brake

PAULTON   LANE

Glebe
Cottage

Starvelark Wood

Football
Ground

Clan Down

PLACE ROAD   WICK   LANE

Cameron
Court

CAMERTON
PARK

Rectory

Well
Head
Wood

Cameron
Farm

B   a

F
O
S
S

Round Hill
Cottages

NORTH-DOWN RD.
EASTDOWN
OVER ROAD
PRINCE'S

HILL
DUCHY RD.

Recreation
Ground

ST.
DUCHY
CL.
South
View

RD.

SMALLCOMBE RD.

SMALL-COMBE CL.
OLD FOSSE RD.

BATH NEW RD.

BRISTOL

WHITE

Pow's
Cottages

Vicarage

POW'S

Clandown
Farm

Smallcombe
Fm.

Works

Clandown

Clandown
C. of E.
Prim. Sch.

CHAPEL RD.
Chapel
Cl.

FOSSE GRN.

Springfield
Heights

SPRINGFIELD PL.

CHAPEL
LAWNS

FOSSWAY

Old
Pit Ter.

COOMBEND

BATH

A367   NEW

Recreation
Ground
Pav.

MENDIP WY.

ROAD

BATH

Rockhill
Cottages

Fosse

LANE

KITLEY HILL LANE

FOSSE

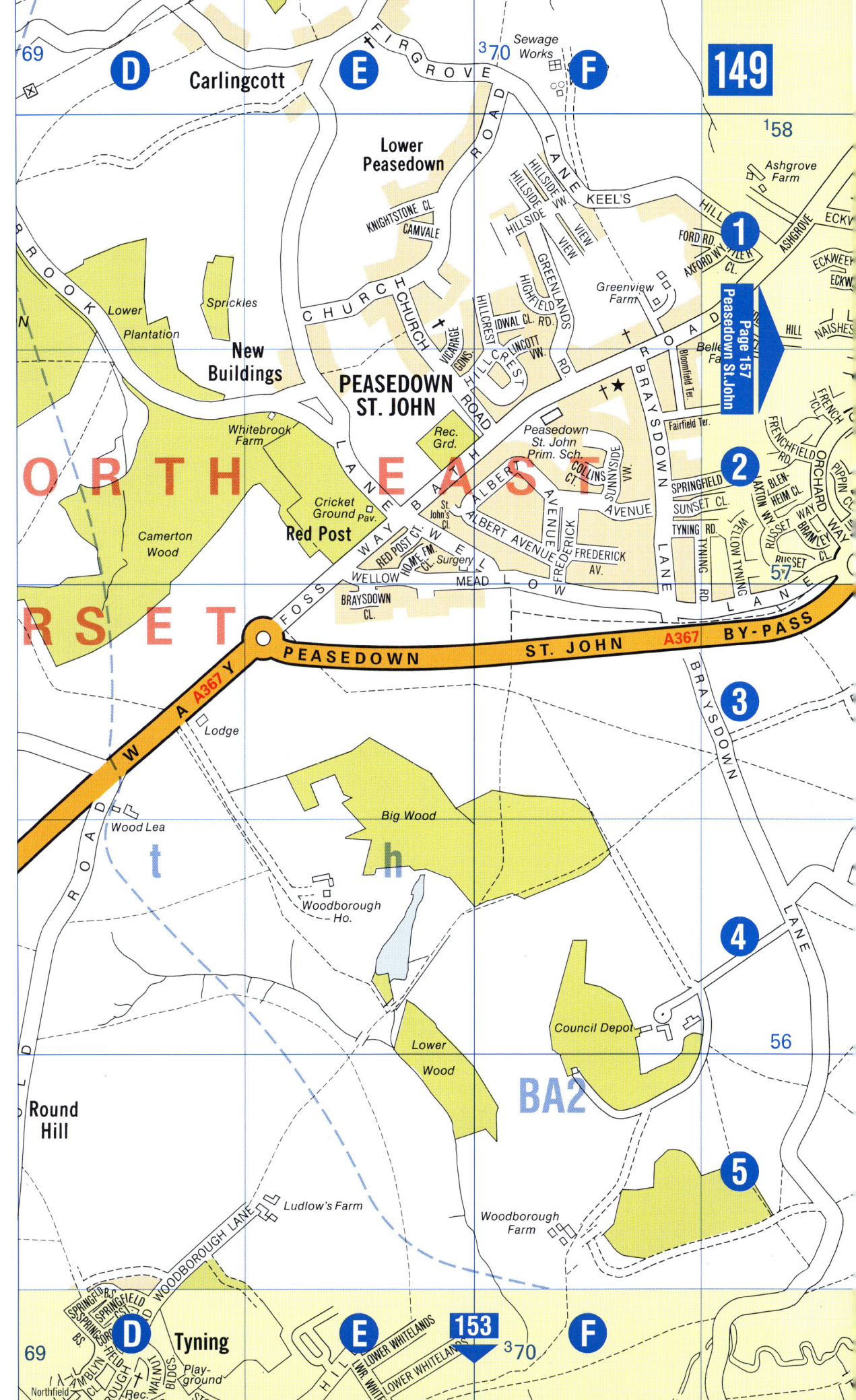

D Carlingcott

E FIRGROVE

³70

Sewage Works

F

¹58

Lower Peasedown

HILLSIDE LANE

KEEL'S

Ashgrove Farm

HILL

ASHGROVE

ECKW

ECKWEEK

ECKW

1

FORD RD.

AXFORD WY.

BUTLER CL.

HILL

NAISHES

KNIGHTSTONE CL.

CAMVALE

CHURCH

HILLSIDE VW.

HILLSIDE VIEW

GREENLANDS RD.

HIGHFIELD

Greenview Farm

Lower Plantation

Sprickles

CHURCH

IDWAL CL.

VICARAGE GDNS.

HILLCREST VW.

LINCOTT VW.

Belle

BRAYSDOWN

Bloomfield Ter.

FRENCH CL.

Page 157 Peasedown St.John

New Buildings

Whitebrook Farm

PEASEDOWN ST. JOHN

ROAD

Fairfield Ter.

FRENCHFIELD RD.

ORCHARD

PIPPIN CL.

N O R T H   E A S T

Cricket Ground

Pav.

Rec. Grd.

Peasedown St. John Prim. Sch.

SUNNYSIDE VW.

COLLINS CT.

SPRINGFIELD

SUNSET CL.

AXTON WY.

BLEN-HEIM CL.

RUSSET

WAY

BRAMLEY

PIPPIN CL.

WAY

2

LANE

WAY

St. John's CL.

ALBERT AVENUE

AVENUE

TYNING RD.

YELLOW TYNING

TYNING RD.

RUSSET CL.

⁵7

Camerton Wood

Red Post

BRAYSDOWN CL.

WAY

RED POST CT.

HOME FM. CL.

WELLOW

ALBERT AVENUE

Surgery

FREDERICK AV.

FREDERICK

LANE

E A S T

S O M E R S E T

FOSS

WELLOW

MEAD

WELLOW

P E A S E D O W N   S T.   J O H N   B Y - P A S S

A367

BRAYSDOWN

LANE

3

A367 Y

A367

ROAD

W

Lodge

Wood Lea

Big Wood

t

h

Woodborough Ho.

ROAD

Council Depot

4

LANE

56

Round Hill

Lower Wood

BA2

5

Ludlow's Farm

Woodborough Farm

WOODBOROUGH LANE

D Tyning

SPRINGFIELD BS.

SPRINGFIELD

SPRINGFIELD RD.

CAMBLYN CL.

Play-ground

Northfield

Rec.

E LOWER WHITELANDS

LWR. WHITELANDS

HILL

153 ³70

F

⁶9

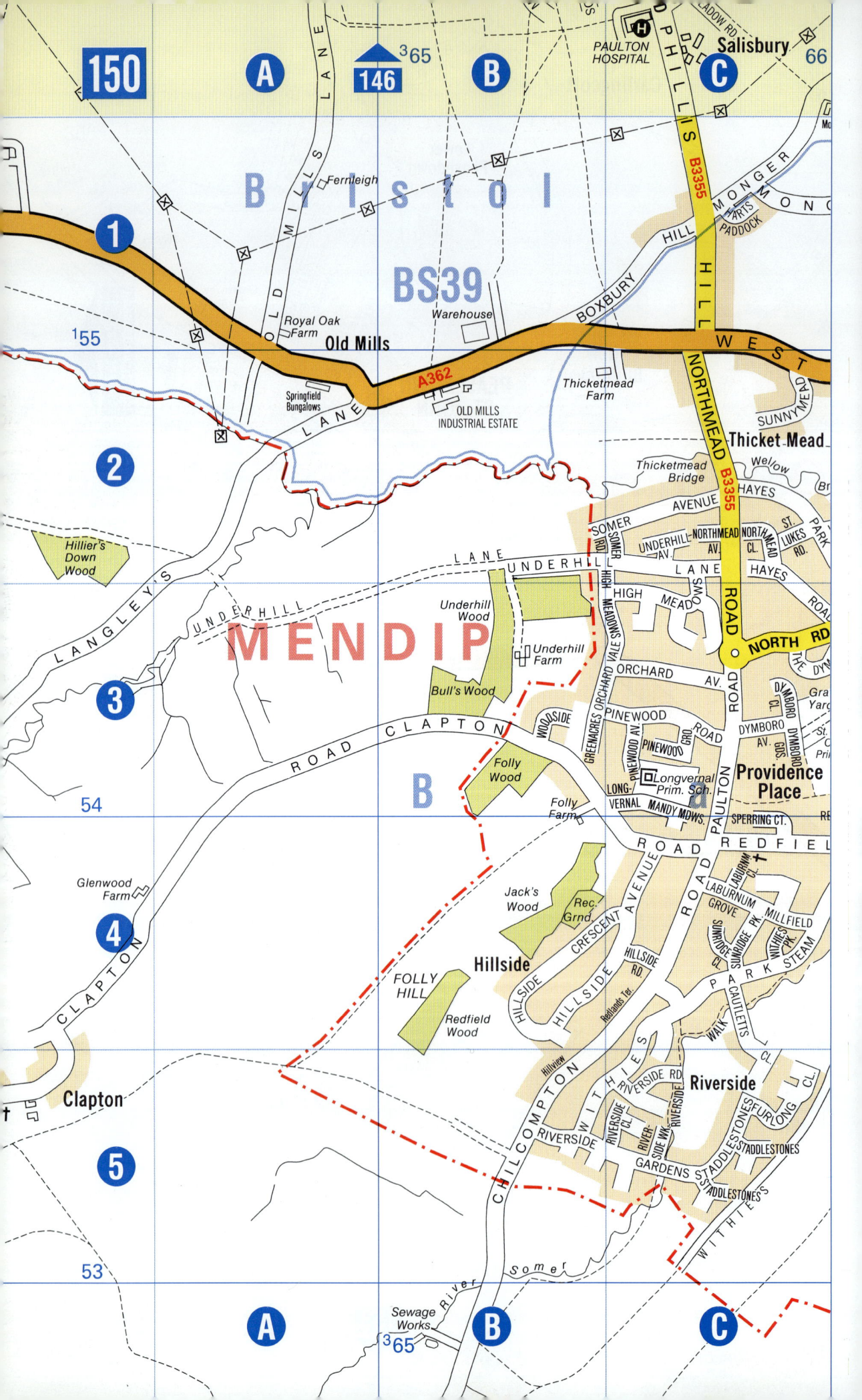

A
B
C
146
365
66
PAULTON HOSPITAL
Salisbury
Bristol
BS39
Fernleigh
OLD MILLS LANE
Royal Oak Farm
Old Mills
Warehouse
BOXBURY HILL
HILLS
B3355
MONGER
HARTS PADDOCK
WEST
A362
155
Springfield Bungalows
LANE
OLD MILLS INDUSTRIAL ESTATE
Thicketmead Farm
NORTHMEAD ROAD
SUNNYMEAD
Thicket Mead
Thicketmead Bridge
Wellow
HAYES
AVENUE
SOMER RD.
SOMER AV.
UNDERHILL AV.
NORTHMEAD AV.
NORTHMEAD CL.
ST. LUKES RD.
PARK
HAYES ROAD
Hillier's Down Wood
LANE
UNDERHILL
LANE
HIGH MEADOWS
UNDERHILL
LANGLEY'S
MENDIP
Underhill Wood
Underhill Farm
NORTH RD
ORCHARD AV.
VALE
GREENACRES
ORCHARD
Bull's Wood
WOODSIDE
PINEWOOD ROAD
PINEWOOD AV.
PINEWOOD GRO.
DYMBORO CL.
DYMBORO AV.
DYMBORO GDS.
CLAPTON ROAD
Folly Wood
B
Longvernal Prim. Sch.
LONGVERNAL
MANDY MDWS.
Providence Place
SPERRING CT.
PAULTON ROAD
54
Folly Farm
REDFIELD ROAD
Glenwood Farm
Jack's Wood
Rec. Grnd.
CRESCENT
AVENUE
LABURNUM CL.
LABURNUM GROVE
MILLFIELD
SUNRIDGE CL.
SUNRIDGE PK.
WITHIES PK.
STEAM
PARK
CLAPTON
Hillside
FOLLY HILL
Redfield Wood
HILLSIDE
HILLSIDE RD.
Redlands Ter.
CAUTLETTS CL.
WALK
Hillview
CHILCOMPTON
WITHIES
RIVERSIDE RD
Riverside
Clapton
RIVERSIDE CL.
RIVERSIDE WK.
RIVERSIDE
RIVERSIDE GARDENS
STADDLESTONES
FURLONG CL.
5
53
River Somer
Sewage Works
365
WITHIES

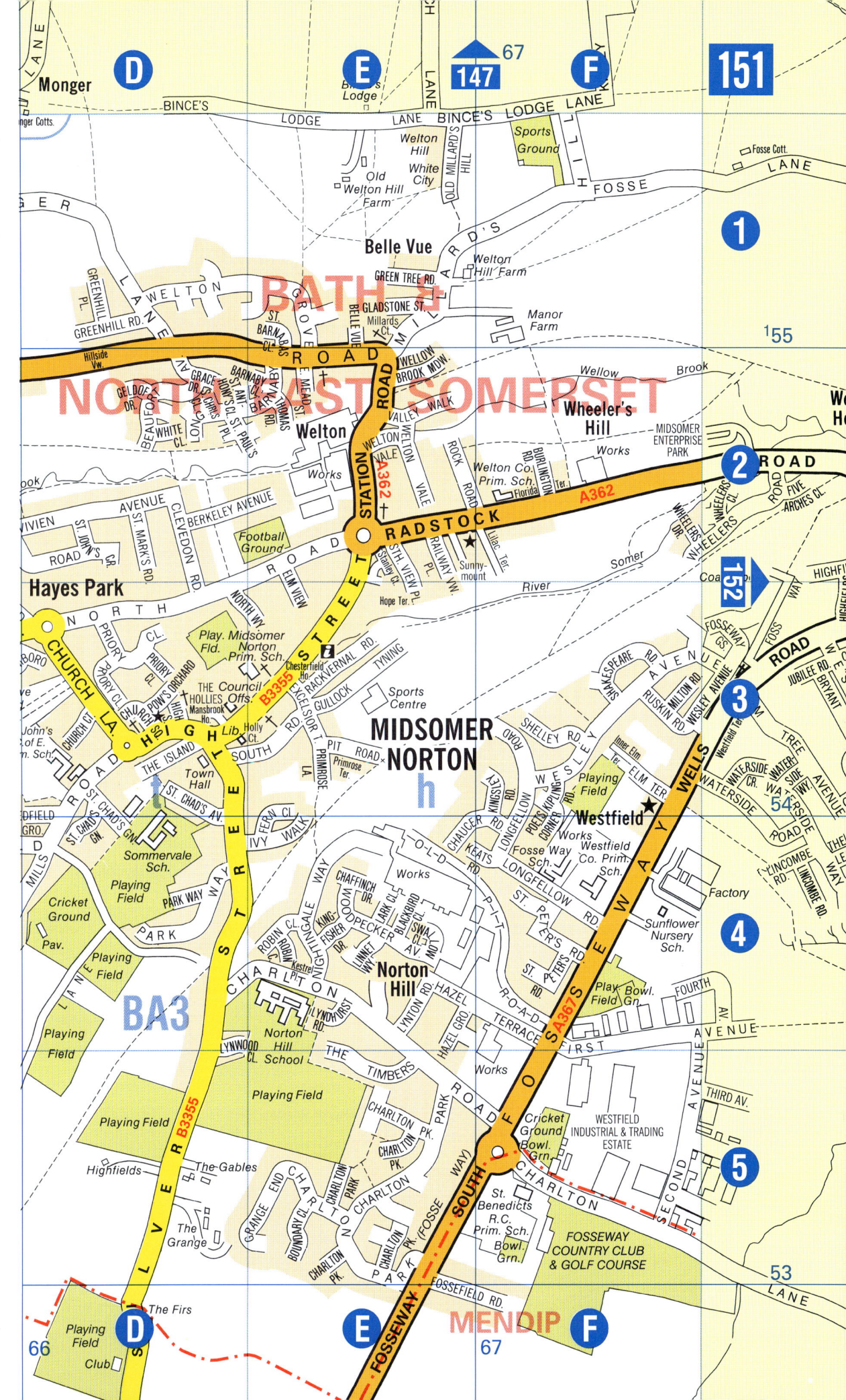

151
D
E
F
147
67
Monger
Bince's Lodge
BINCE'S LODGE LANE
Sports Ground
Fosse Cott.
FOSSE LANE
Welton Hill
White City
Old Welton Hill Farm
OLD MILLARD'S HILL
Belle Vue
Welton Hill Farm
MILLARD'S HILL
GREEN TREE RD.
GLADSTONE ST.
Millards Ct.
Manor Farm
BATH &
NORTH EAST SOMERSET
WELTON LANE
GREENHILL PL.
GREENHILL RD.
ST. BARNABAS CL.
GROVE
BELLE VUE
Hillside Vw.
ROAD
WELLOW BROOK MDW.
Wellow Brook
Wheeler's Hill
MIDSOMER ENTERPRISE PARK
Works
GELDOFF DR.
BEAUFORT AV.
WHITE CL.
LONG CL.
GRACE DR.
ST. CHRIS. CL.
BARNABY CL.
ST. ANT.
ST. PAUL'S
THOMAS ST.
MEAD
Welton
STATION ROAD
A362
VALLEY WALK
WELTON VALE
WELTON VALE
ROCK ROAD
Welton Co. Prim. Sch.
BURLINGTON RD.
Florida Ter.
A362
ROAD
1
2
3
4
5
155
WHEELERS DR.
WHEELERS CL.
WHEELERS RD.
FIVE ARCHES CL.
AVENUE
VIVIEN
ST. JOHN'S CR.
ST. MARK'S RD.
CLEVEDON RD.
BERKELEY AVENUE
Football Ground
RADSTOCK ROAD
Sunnymount
Lilac Ter.
Stanley Ct.
STH VIEW PL.
RAILWAY VW.
Hope Ter.
Somer River
152
Hayes Park
NORTH ROAD
ELM VIEW
NORTH WY.
CHURCH LA.
PRIORY CL.
PRIORY CL.
Play. Fld.
Midsomer Norton Prim. Sch.
STREET
B3355
Chesterfield Ho.
RACKVERNAL RD.
TYNING
Sports Centre
THE HOLLIES
Council Offs.
Mansbrook Ho.
POW'S ORCHARD
CHURCH CT.
HIGH ST.
Lib.
Holly Ct.
EXCELSIOR ST.
GULLOCK
SOUTH
MIDSOMER NORTON
PIT ROAD
Primrose Ter.
PRIMROSE LA.
THE ISLAND
Town Hall
ST. CHAD'S AV.
ST. CHAD'S GN.
FERN CL.
IVY WALK
SHAKESPEARE RD.
AVENUE
RUSKIN RD
MILTON RD
WESLEY AVENUE
FOSSEWAY GS.
FOSS WAY
HIGHFIELD
ROAD
JUBILEE RD.
BRYANT
SHELLEY RD.
WESLEY
Inner Elm Ter.
ELM TER.
Playing Field
Westfield
WELLS
Westfield Ter.
WATERSIDE CR.
WATERSIDE WY.
WATERSIDE
WATERSIDE ROAD
AVENUE
54
Sommervale Sch.
Playing Field
Cricket Ground
Pav.
PARK WAY
PARK
Playing Field
BA3
Playing Field
CHAUCER RD.
KINGSLEY RD.
LONGFELLOW RD.
KEATS RD.
POETS CORNER
KIPLING RD.
Works
Fosse Way Sch.
Westfield Co. Prim. Sch.
LONGFELLOW RD.
Factory
Sunflower Nursery Sch.
LINCOMBE RD.
LINCOMBE RD.
OLD PIT ROAD
Works
CHAFFINCH DR.
NIGHTINGALE WAY
KINGFISHER DR.
WOODPECKER AV.
LARK CL.
BLACKBIRD CL.
SWALLOW CL.
LINNET WY.
ROBIN CL.
ROBIN DR.
Kestrel
ST. PETER'S RD.
Norton Hill
CHARLTON
LYNDHURST RD.
LYNTON RD.
HAZEL TERRACE
HAZEL GRO.
Play. Field
Bowl. Gn.
FOURTH AV.
FIRST AVENUE
Norton Hill School
LYNWOOD CL.
THE TIMBERS
Works
A367
THIRD AV.
SECOND AVENUE
Playing Field
Playing Field
CHARLTON PK.
CHARLTON PK.
PARK ROAD
Cricket Ground
Bowl. Grn.
WESTFIELD INDUSTRIAL & TRADING ESTATE
Highfields
The Gables
The Grange
GRANGE END
BOUNDARY CL.
CHARLTON PARK
CHARLTON ROAD
CHARLTON PK.
CHARLTON PK.
PARK (FOSSE WAY)
SOUTH
St. Benedicts R.C. Prim. Sch.
Bowl. Grn.
CHARLTON LANE
FOSSEWAY COUNTRY CLUB & GOLF COURSE
53
SILVER STREET
FOSSEFIELD RD.
The Firs
Playing Field
Club
66
MENDIP
67
FOSSEWAY

148
151
NORTH EAST
BATH
Clandown
Wheeler's Hill
Welton Hollow
MIDSOMER ENTERPRISE PARK
West Hill Gardens
Waterside
Westfield
Haydon
BA3
Recreation Ground
Grove Wood
Rec. Grd.
Westhill Sports Club
Play. Fld.
Tennis Ct.
Norton Radstock College
St. Nicholas Inf. Sch.
Youth Cen.
Hall
Superstore
Liby.
Rectory
County Bri.
Fosseway Cottages
Coal Depot
Wells Square
Factory
Playing Field
Westfield Co. Prim. Sch.
Play Field
Bowl. Gn.
WESTFIELD INDUSTRIAL & TRADING ESTATE
FOSSEWAY COUNTRY CLUB & GOLF COURSE
Golf Course
HAYDON INDUSTRIAL ESTATE
Tyning Farm
Radstock & Midsomer Norton District Museum
Waterside House
Waterside Farm
Rockhill Cottages
Fosse Cott.
Prim. Sch.
Springfield Heights
Old Pit Ter.
Recreation Ground
Pav.
Works
RADSTOCK ROAD
SOMERVALE ROAD
WELLS ROAD
WELTON ROAD
FOSSEWAY
FOSSE LANE
BATH NEW ROAD
BRISTOL ROAD
COOMBEND
KILMERSDON ROAD
WATERSIDE ROAD
CHARLTON LANE
FIRST AVENUE
SECOND AVENUE
THIRD AV.
FOURTH AV.
A362
A367

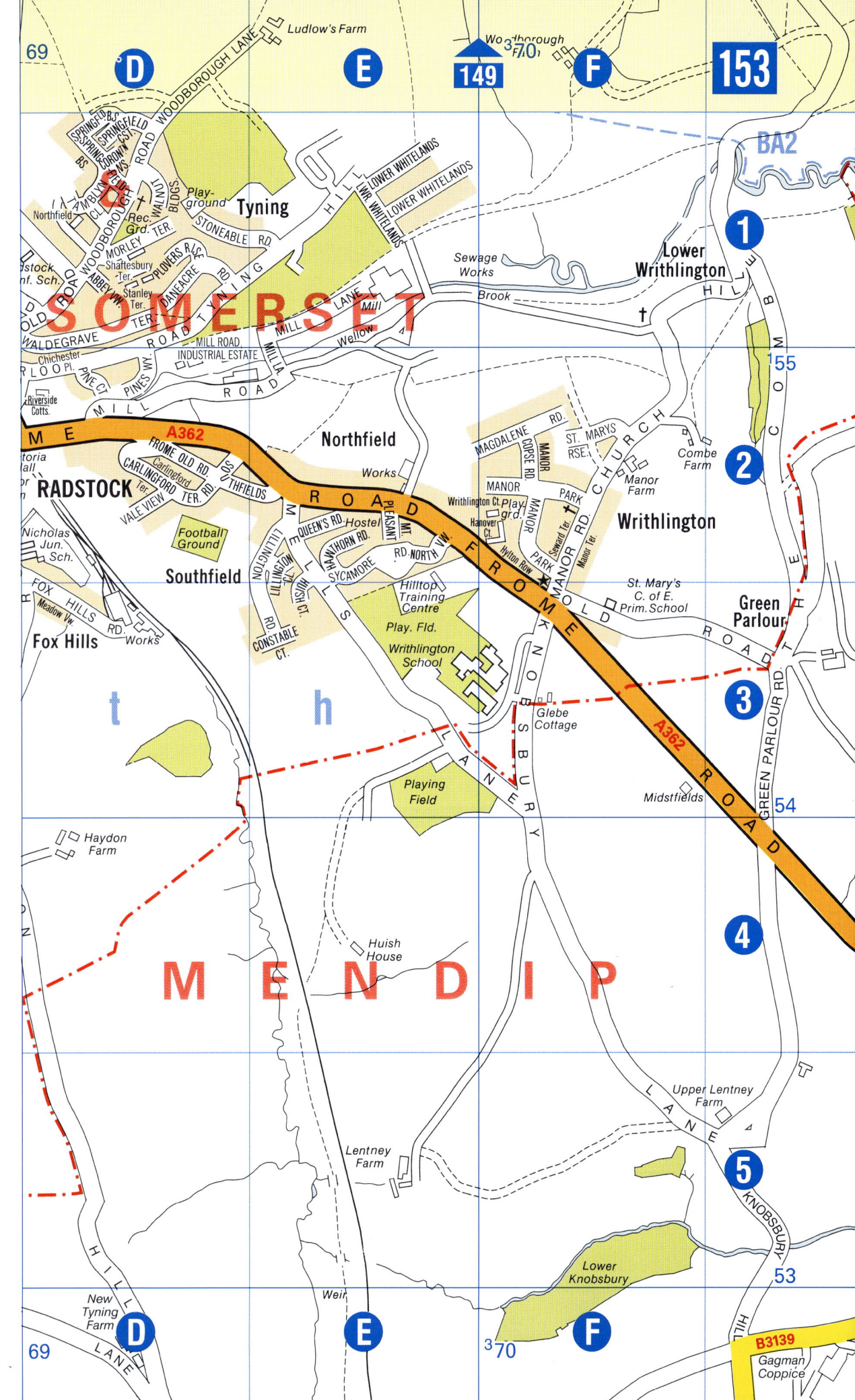

D · **E** · **F**

149 · 370

BA2

1

Ludlow's Farm

Woodborough

SPRINGFLD·B.S · SPRINGFIELD · ROAD · WOODBOROUGH · LANE

SPRINGFLD CRES·
CORON'N · BLDGS

Playground

Northfield

Rec. Grd. Ter.

Tyning

LOWER WHITELANDS

LWR WHITELANDS

LOWER WHITELANDS

Lower
Writhlington

Sewage Works

Brook

Mill

MILL LANE

Wellow

S O M E R S E T

WALDEGRAVE · ROAD

Chichester

RLOOP PL.

PINE CT.

PINES WY.

MILL ROAD
INDUSTRIAL ESTATE

Riverside Cotts.

MILL

A362 · FROME OLD RD · SOUTHFIELDS

Carlingford Ter.

Northfield

Works

155

2

COMB HILL

Combe
Farm

MAGDALENE RD.

COPSE RD.

ST. MARYS RSE.

CHURCH ROAD

Manor Farm

MANOR

MANOR

MANOR PARK

PARK

ST. MARYS

Writhlington Ct. Play grd.

Hanover Ct.

Hylton Row

Stenard Ter.

MANOR RD.

Manor Ter.

Writhlington

RADSTOCK

CARLINGFORD
VALE VIEW

Victoria Hall

Nicholas Jun. Sch.

Football Ground

Southfield

LILLINGTON

QUEEN'S RD.

Hostel

HAWTHORN RD.

MILLS

HUISH CT.

SYCAMORE

RD. NORTH

PLEASANT

MT.

RD. NORTH VW.

Hilltop Training Centre

Play. Fld.

Writhlington School

ROAD

FROME

KNOBSBURY

A362

St. Mary's C. of E. Prim. School

Green Parlour

GREEN PARLOUR RD.

THE

3

FROME OLD ROAD

Glebe Cottage

MEADOW VW.

FOX HILLS RD.

Fox Hills

Works

CONSTABLE CT.

t · *h*

LANERY

Playing Field

Midstfields

54

4

Haydon Farm

Huish House

M E N D I P

Lentney Farm

Weir

New Tyning Farm

HILL LANE

Upper Lentney Farm

LANE

5

KNOBSBURY

Lower Knobsbury

HILL

53

B3139

Gagman Coppice

D · **E** · **F**

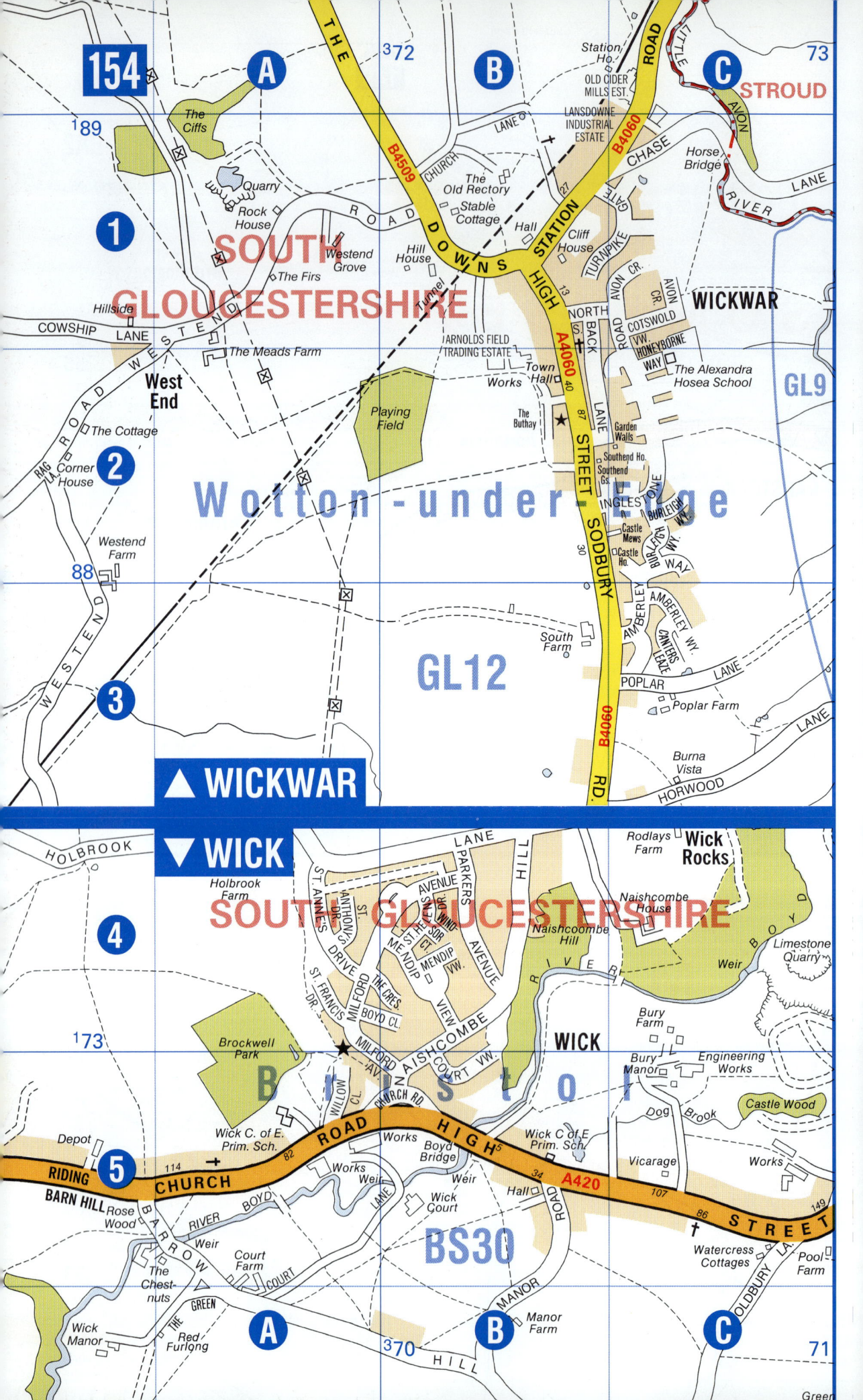

▲ WICKWAR
▼ WICK
SOUTH GLOUCESTERSHIRE
Wotton-under-Edge
GL12
GL9
STROUD
WICKWAR
West End
The Ciffs
Quarry
Rock House
Westend Grove
The Firs
Hillside
COWSHIP LANE
WESTEND ROAD
The Meads Farm
The Cottage
Corner House
RAG LA.
Westend Farm
Playing Field
Tunnel
Hill House
The Old Rectory
Stable Cottage
Hall
THE DOWNS
CHURCH LANE
STATION ROAD
HIGH STREET
SODBURY RD.
B4509
B4060
A4060
Station Ho.
OLD CIDER MILLS EST.
LANSDOWNE INDUSTRIAL ESTATE
CHASE
GATE
Horse Bridge
LITTLE AVON
RIVER LANE
Cliff House
TURNPIKE
AVON CR.
AVON CR.
NORTH
BACK LANE
ROAD
COTSWOLD VW.
HONEYBORNE WAY
The Alexandra Hosea School
ARNOLDS FIELD TRADING ESTATE
Town Hall
Works
The Buthay
Garden Walls
Southend Ho.
Southend Gs.
INGLESTONE
BURLEIGH WY.
BURLEIGH WAY
Castle Mews
Castle Ho.
AMBERLEY
AMBERLEY WY.
CANTERS LEAZE
South Farm
POPLAR LANE
Poplar Farm
Burna Vista
HORWOOD LANE
HOLBROOK LANE
Holbrook Farm
ST. ANNE'S DRIVE
ST. ANTHONY'S DR.
ST. FRANCIS DR.
MILFORD AV.
AVENUE
PARKERS AVENUE
HILL
ST. HELENS DR.
WINDSOR CT.
MENDIP
MENDIP VW.
VIEW
THE CRES.
BOYD CL.
AISHCOMBE
COURT VW.
WILLOW CL.
CHURCH RD
Naishcombe Hill
Naishcombe House
Wick Rocks
Rodlays Farm
RIVER BOYD
Limestone Quarry
Weir
Bury Farm
WICK
Bury Manor
Engineering Works
Brockwell Park
Bristol
Dog Brook
Castle Wood
Depot
Wick C. of E. Prim. Sch.
Works
Boyd Bridge
HIGH STREET
Wick C of E Prim. Sch.
Vicarage
Works
RIDING
CHURCH ROAD
A420
BARN HILL
Rose Wood
BARROW
RIVER BOYD
LANE
Weir
Wick Court
Hall
ROAD
BS30
Weir
Court Farm
COURT
The Chestnuts
Watercress Cottages
Pool Farm
OLDBURY LA.
THE GREEN
Red Furlong
Wick Manor
MANOR
Manor Farm
HILL
Green

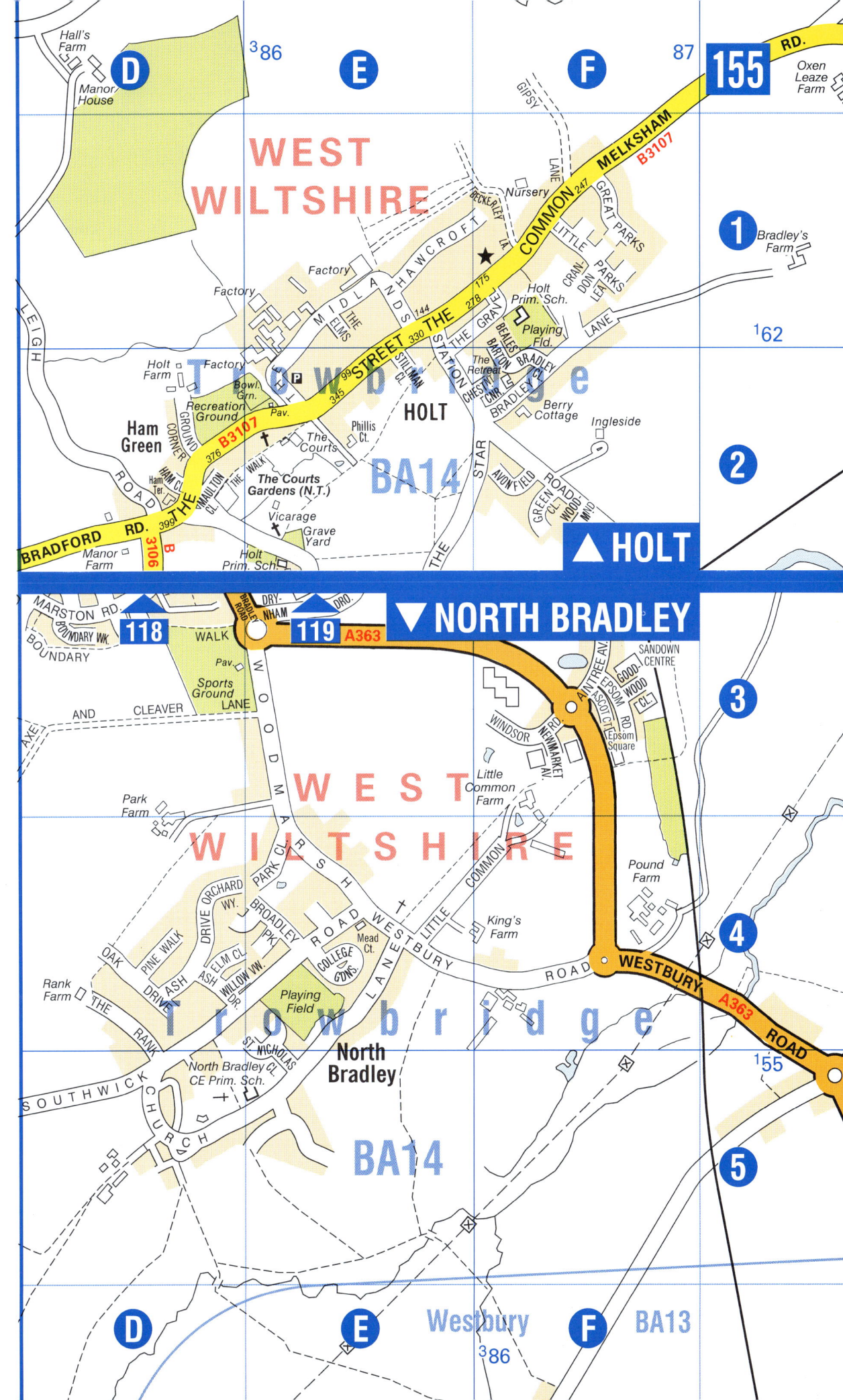

WEST WILTSHIRE
Trowbridge
HOLT
Ham Green
BA14
▲ HOLT
▼ NORTH BRADLEY
118
119
North Bradley
Westbury
BA13
THE STREET
THE COMMON
MELKSHAM RD.
B3107
BRADFORD RD.
B3106
A363
WESTBURY ROAD
WOODMARSH
SOUTHWICK
CHURCH LANE
Hall's Farm
Manor House
Oxen Leaze Farm
Bradley's Farm
Holt Farm
Manor Farm
Holt Prim. Sch.
Recreation Ground
The Courts Gardens (N.T.)
Vicarage
Grave Yard
Berry Cottage
Ingleside
Sports Ground
Park Farm
Little Common Farm
Pound Farm
King's Farm
Rank Farm
North Bradley CE Prim. Sch.
Playing Field
SANDOWN CENTRE
Epsom Square

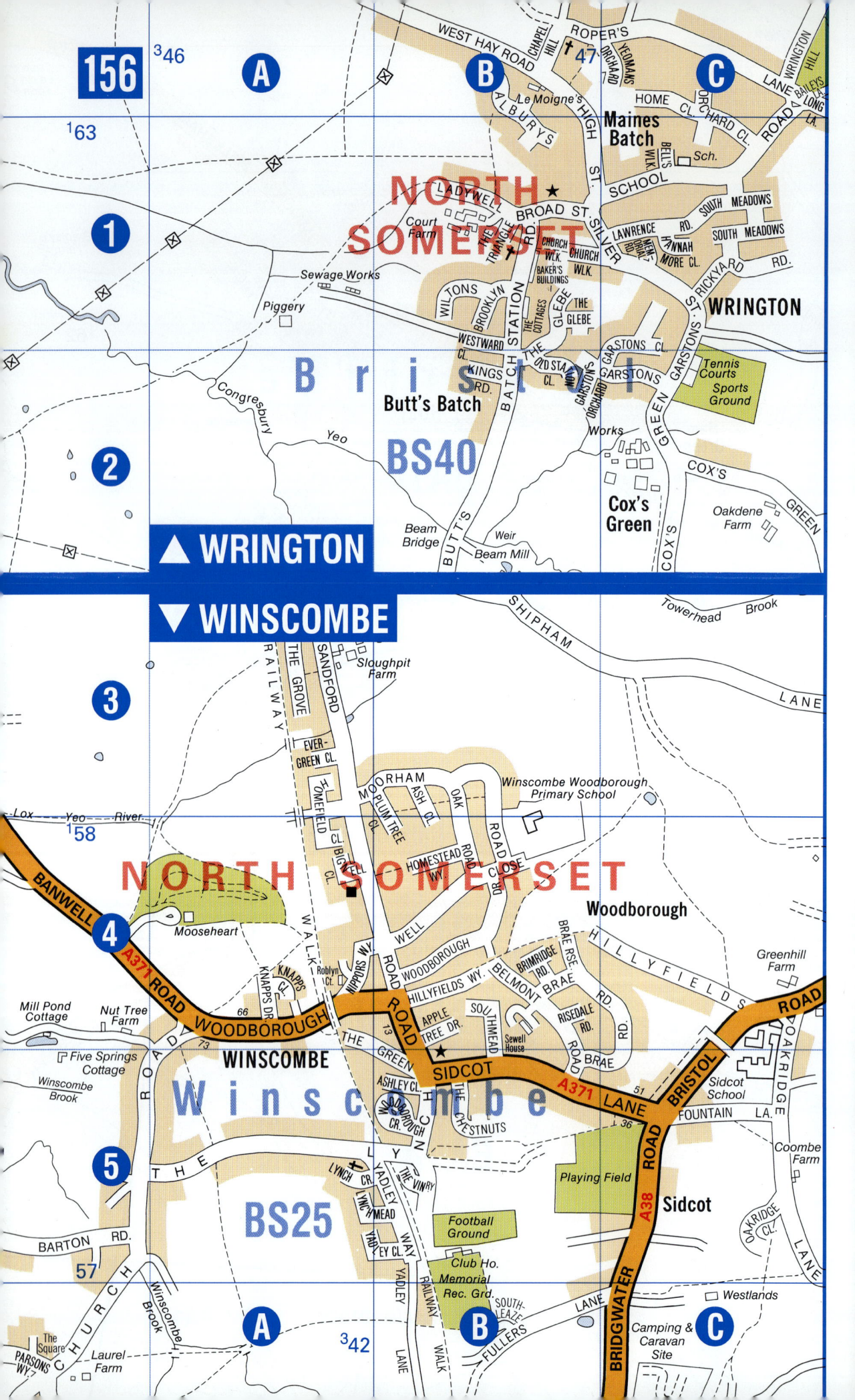

346

163

A

B

C

1

2

WEST HAY ROAD

CHAPEL HILL

ROPER'S ORCHARD

YEOMANS LANE

47

WRINGTON HILL

BAILEY'S LA.

LONG LA.

BALBURYS

HIGH ST.

Le Moigne's

HOME CL.

ORCHARD CL.

ROAD

Maines Batch

Sch.

BELL'S WLK.

SCHOOL

NORTH SOMERSET

LADYWELL

Court Farm

BROAD ST.

SILVER ST.

SOUTH MEADOWS

SOUTH MEADOWS

LAWRENCE RD.

HANNAH MORE CL.

ORCHARD RD.

RICKYARD RD.

GRANGE RD.

CHURCH WLK.

CHURCH

CHURCH WLK.

BAKER'S BUILDINGS

WRINGTON

Sewage Works

Piggery

WILTONS

BROOKLYN

THE COTTAGES

THE GLEBE

THE GLEBE

GARSTONS

ORCHARD

GARSTONS CL.

GREEN

GARSTONS

STATION

BATCH

WESTWARD CL.

KINGS RD.

OLD STA.

GARSTONS

GREEN

Tennis Courts

Sports Ground

B r i s t o l

Congresbury

Yeo

Butt's Batch

BS40

Works

Cox's Green

COX'S GREEN

Oakdene Farm

GREEN

Beam Bridge

Weir

Beam Mill

BUTT'S

Towerhead Brook

▲ **WRINGTON**

▼ **WINSCOMBE**

3

RAILWAY

THE GROVE

SANDFORD

Sloughpit Farm

SHIPHAM

LANE

EVER-GREEN CL.

HOMEFIELD CL.

MOORHAM

PLUM TREE CL.

ASH CL.

OAK

Winscombe Woodborough Primary School

Lox

Yeo

River

158

N O R T H   **SOMERSET**

ROAD CL.

ROAD

HOMESTEAD WY.

BANWELL

A371 ROAD

4

Mooseheart

WELL

WALK

KNAPPS DR.

KNAPPS CL.

Roblyn Ct.

NIPPORS WY.

66

WOODBOROUGH

WOODBOROUGH

HILLYFIELDS WY.

Woodborough

BELMONT

BRIMRIDGE RD.

BRAE RSE.

BRAE

RISEDALE RD.

RD.

BRAE

HILLYFIELDS

Greenhill Farm

ROAD

OAKRIDGE

Mill Pond Cottage

Nut Tree Farm

73

THE GREEN

13

APPLE TREE DR.

SOUTHMEAD

Sewell House

BRISTOL

Sidcot School

FOUNTAIN LA.

Coombe Farm

Five Springs Cottage

Winscombe Brook

WINSCOMBE

SIDCOT

A371 LANE

51

ROAD

A38

5

THE

ASHLEY CL.

WOODBOROUGH CR.

THE CHESTNUTS

THE VINRY

36

Playing Field

Sidcot

OAKRIDGE CL.

BARTON RD.

BS25

LYNCH CR.

LYNCH MEAD

YADLEY

YADLEY WAY

YADLEY CL.

Football Ground

BRIDGWATER

57

Club Ho. Memorial Rec. Grd.

Westlands

The Square

PARSONS WY.

CHURCH

Laurel Farm

Winscombe Brook

A

342

SOUTH-LEAZE

FULLERS LANE

RAILWAY LANE

B

Camping & Caravan Site

C

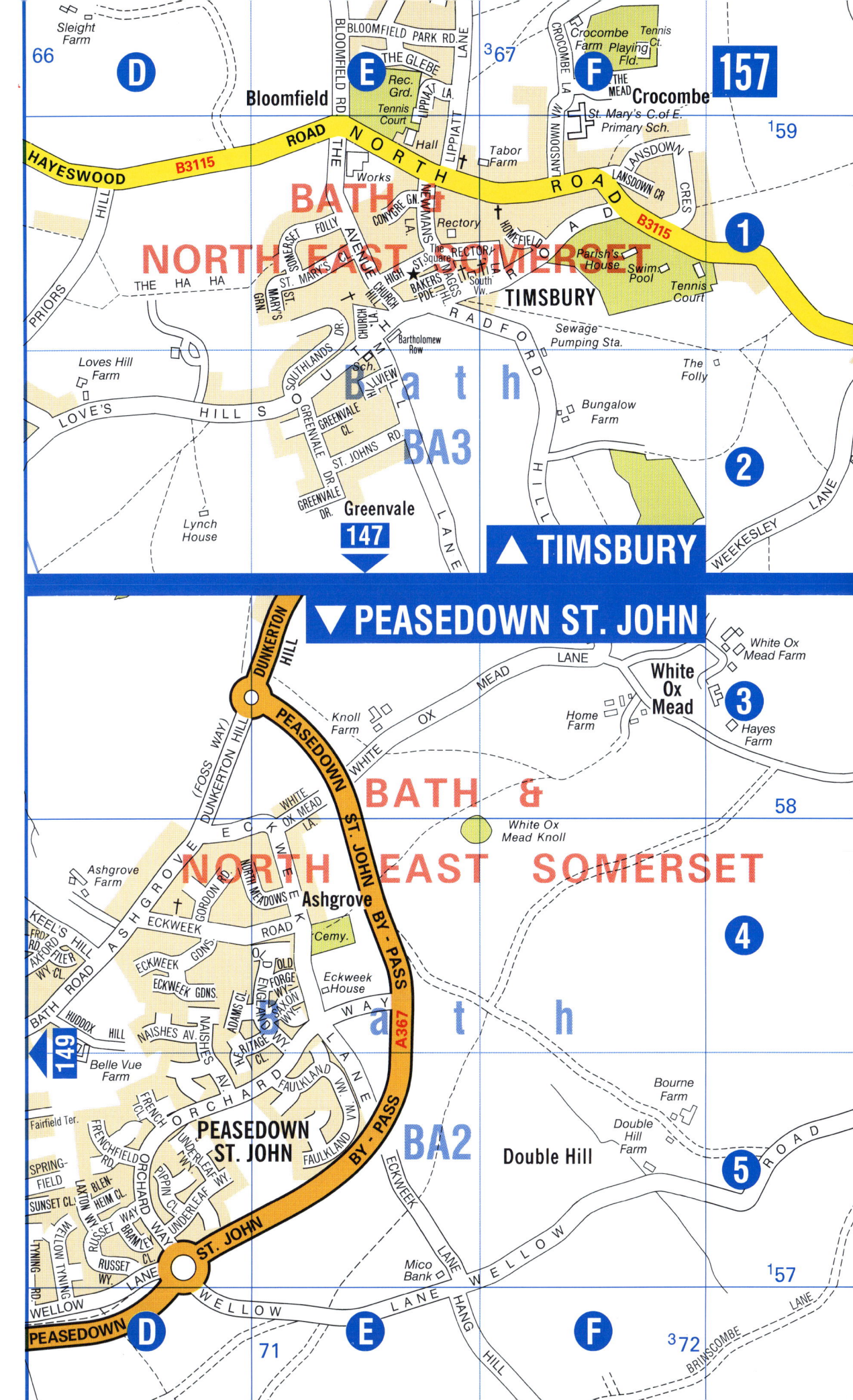

TIMBURY
PEASEDOWN ST. JOHN
147
149
Bloomfield
Crocombe
TIMSBURY
Greenvale
BATH & NORTH EAST SOMERSET
Bath
BA3
BA2
White Ox Mead
Ashgrove
PEASEDOWN ST. JOHN
Double Hill
HAYESWOOD ROAD
B3115
NORTH ROAD
Sleight Farm
Loves Hill Farm
Lynch House
Tabor Farm
Rectory
Works
Hall
Rec. Grd.
Tennis Court
St. Mary's C.of E. Primary Sch.
Crocombe Farm
Playing Fld.
Parish's House
Swim. Pool
Sewage Pumping Sta.
The Folly
Bungalow Farm
Bartholomew Row
White Ox Mead Farm
Home Farm
Knoll Farm
Hayes Farm
White Ox Mead Knoll
Ashgrove Farm
Cemy.
Eckweek House
Belle Vue Farm
Bourne Farm
Double Hill Farm
Mico Bank
DUNKERTON HILL
PEASEDOWN ST. JOHN BY-PASS
A367
WHITE OX MEAD LANE
ECKWEEK ROAD
WELLOW LANE
HANG HILL
WEEKESLEY LANE
RADFORD HILL
BRINSCOMBE LANE

158
CWMBRAN
A4042
Llandegveth
Ton
Llangybi
Pen-y-cae mawr
Earlswood
Itton Common
Itton Common
St. Arvans
Woodcroft
Chepstow
Tutshill
Tidenham
Wibdon
Tredunnock
Newbridge-on-Usk
Wentwood
Crossway Green
Llanfrechfa
Gray Hill Countryside Trail
A449
Shirenewton
Mynydd-bach
Mounton
Sedbury
CHEPSTOW
(Cas-gwent)
Llanhennock
Llanvair Discoed
Pwllmeyric
Ponthir
Croes-y-mwyalch
Malpas
Caerleon
Amphitheatre
Parc-Seymour
Hill Fort
Runston Chapel
Newton Green
Beachley
Llanvaches
Venta Silurum Roman Town
Crick
M48
Mathern
Severn Road Bridge
Llanbeder
Penhow Woodlands
Carrow Hill
Caerwent
Cat's Ash
Llandevaud
Penhow
Llanmartin
Bettws
M4
Bride's Netherwent
Highmoor Hill
Caldicot
Leechpool
SEVERN VIEW
Castle
MAGOR
Knollbury
Portskewett
Maindee
Llanwern
Bishton
Rogiet
The Pill
Sudbrook
Severn Tunnel
Liswerry
Pillgwenlly
NEWPORT
(Casnewydd)
Llandevenny
Magor
(Magwyr)
Llanfihangel Rogiet
Undy
TOLL
DANGER AREA
Redwick
Northwick
Aust
Ingst
A455
Transporter Bridge
Tredegar House
Magor Marsh
Severn Beach
Pilning
Coedkernew
Pye Corner
NEWPORT
Nash
R. Usk
Whitson
Redwick
Portland Grounds
Almondsbury
Marshfield
Goldcliff
St. Brides Wentlooge
M49
A403
Easter Compton
Compton Greenfield
Peterstone Wentlooge
MOUTH OF THE SEVERN
Hallen
M5
Cribbs Causeway
Henbury
Shirehampton
Portishead Point
Woodhill
Avonmouth
Redcliff Bay
West Hill
Portishead
Sheepway
Sea Mills
Easton-in-Gordano
Ham Green
Pill
A4
GORDANO
Portbury
Abbots Leigh
Clifton
Weston-in-Gordano
North Weston
Farley
Clapton-in-Gordano
Walton-in-Gordano
Lower Failand
B3124
BRISTOL
Walton Park
East Clevedon
Stone-edge-Batch
CLEVEDON
Tickenham
Wraxall
Failand
Nailsea
Long Ashton
West End
R. Kenn
St. Mary's Grove
East End
Farleigh
Yanley
Kenn
NORTH SOMERSET
Chelvey
Flax Bourton
Backwell
Headley Park
Bishopsworth
Kingston Seymour
North End
West Town
Barrow Gurney
Barrow Common
East Dundry
Dundry
Claverham
Horsecastle
Yatton
Brockley
Lulsgate Bottom
Upper Town
Middle Hope
Sand Point
Wick St. Lawrence
Woodspring Priory
Iwood
M5
Cleeve
Brockley Combe
BRISTOL (Lulsgate)
Felton
Winford
Dundry Hill
Sand Bay
Bourton
Goblin Combe
A38
Chew Magna
Kewstoke
West Hewish
Hewish
Puxton
Congresbury
Wrington
Redhill
St. George's
Milton
Worle
Regil
Chew Stoke
Weston Bay
West Wick
Court Farm
B3133
Lower Langford
Cowslip Green
Butcombe
Sea Life Centre
A371
Stonebridge
A368
Churchill
West Town
Nempnett Thrubwell
Chew Valley Lake
Bishop Sutton
WESTON-SUPER-MARE
A370
Locking
Knightcott
Sandford
Upper Langford
Rickford
Blagdon
Blagdon Lake
Hutton
Helicopter
Banwell
Rowberrow
Burrington
Aveline's Hole
Ubley
Uphill
Oldmixon
Rock of Ages
Bird Garden
Brean Down
Bleadon
Bleadon Hill
Christon
Winscombe
Shipham
MENDIP HILLS
Compton Martin
West Harptree
East Harptree
South Widcombe
Brean
Sidcot
Barton
Charterhouse
Loxton
Compton Bishop
Cheddar
Cheddar Gorge
Smitham Hill
Eastwood Manor Fm.
Brean Leisure Park
Lympsham
Animal Farm
Cross
Eastertown
Axbridge
Cheddar Resr.
Mendip Forest
DANGER AREA
Greendown
Berrow Dunes
Wick
Biddisham
Lower Weare
Jacob's Ladder
Cox's Cave
Bradley Cross
Edingworth
SEDGEMOOR
Badgworth
Weare
Tarnock
Brinscombe
Cheese Dairy
Bathway
Berrow
Rooks Bridge
Stone Allerton
Draycott Sleights
Draycott
Priddy
B3140
East Brent
Brent Knoll
Chapel Allerton
Alston Sutton
Clewer
Nyland Hill
Battleborough
Edithmead
Crickham
Middle Stoughton
Rodney Stoke
Green Ore
BURNHAM-ON-SEA
Vole
West Stoughton
Cocklake
Ebbor Gorge
Ebbor Rocks
Northwick
Wookey Hole
Wookey Hole Caves & Mill
West Horrington
Highbridge
Mark
Blackford
Wedmore
R. Axe
Westbury-sub-Mendip
Easton
Walcombe
B3139
Bridgwater Bay
Alstone
Mark Causeway
Westham
Sand
Theale
Milton Hill
Haybridge
Steart
Huntspill
Bason Bridge
Yarrow
Heath House
Bagley
Panborough
Wookey
Henton
Cath.
Wells
Secret World Farm
East Huntspill
Mudgley
Bleadney
Yarley
Burcott
Dulcote
Dinder
Stretcholt
West Huntspill
Castle
Coxley
Upper Godney
A371
SCALE
approx. 3 miles to 1 inch 1:195,084
0 1 2 3 4 5 Miles
0 1 2 3 4 5 Kilometres

159
MICHAELWOOD
LEIGH DELAMERE
COTSWOLD HILLS
SOUTH GLOUCESTERSHIRE
WILTSHIRE
BATH & N.E. SOMERSET
Tetbury
Thornbury
Oldbury-on-Severn
Wotton-under-Edge
Charfield
Cromhall
Chipping Sodbury
Yate
Frampton Cotterell
Winterbourne
Bradley Stoke
Patchway
Alveston
Olveston
Hawkesbury Upton
Horton Court
Badminton
Luckington
Sherston
Malmesbury
Acton Turville
Hullavington
Kington St. Michael
Yatton Keynell
Castle Combe
Marshfield
Pucklechurch
Mangotsfield
Kingswood
Oldland
Keynsham
Saltford
Bitton
Batheaston
Bathford
Bathampton
BATH
Box
Corsham
Biddestone
Colerne
South Wraxall
Atworth
Broughton Gifford
Bradford-on-Avon
Holt
Hilperton
TROWBRIDGE
Southwick
North Bradley
Westbury
Dilton Marsh
WARMINSTER
Corsley Heath
FROME
Beckington
Rode
Buckland Dinham
Mells
Nunney
Radstock
Midsomer Norton
Paulton
Timsbury
Peasedown St. John
Farmborough
High Littleton
Clutton
Pensford
Whitchurch
Chew Magna
Chewton Mendip
Chilcompton
Stratton-on-the-Fosse
Holcombe
Coleford
Gurney Slade
Stoke St. Michael
Shepton Mallet
Westwood
Freshford
Winsley
Limpley Stoke
Monkton Combe
Combe Down
Twerton
Southdown
Odd Down
Englishcombe
Wellow
Hinton Charterhouse
Norton St. Philip
Farleigh Hungerford
Staverton
Semington
Melksham
Steeple Ashton
Bratton
Edington
M4
M5
M32
M48
A4
A36
A37
A46
A350
A361
A433
A4174
A420
A432
A38
A39
A367
A362
A366
A363
A365

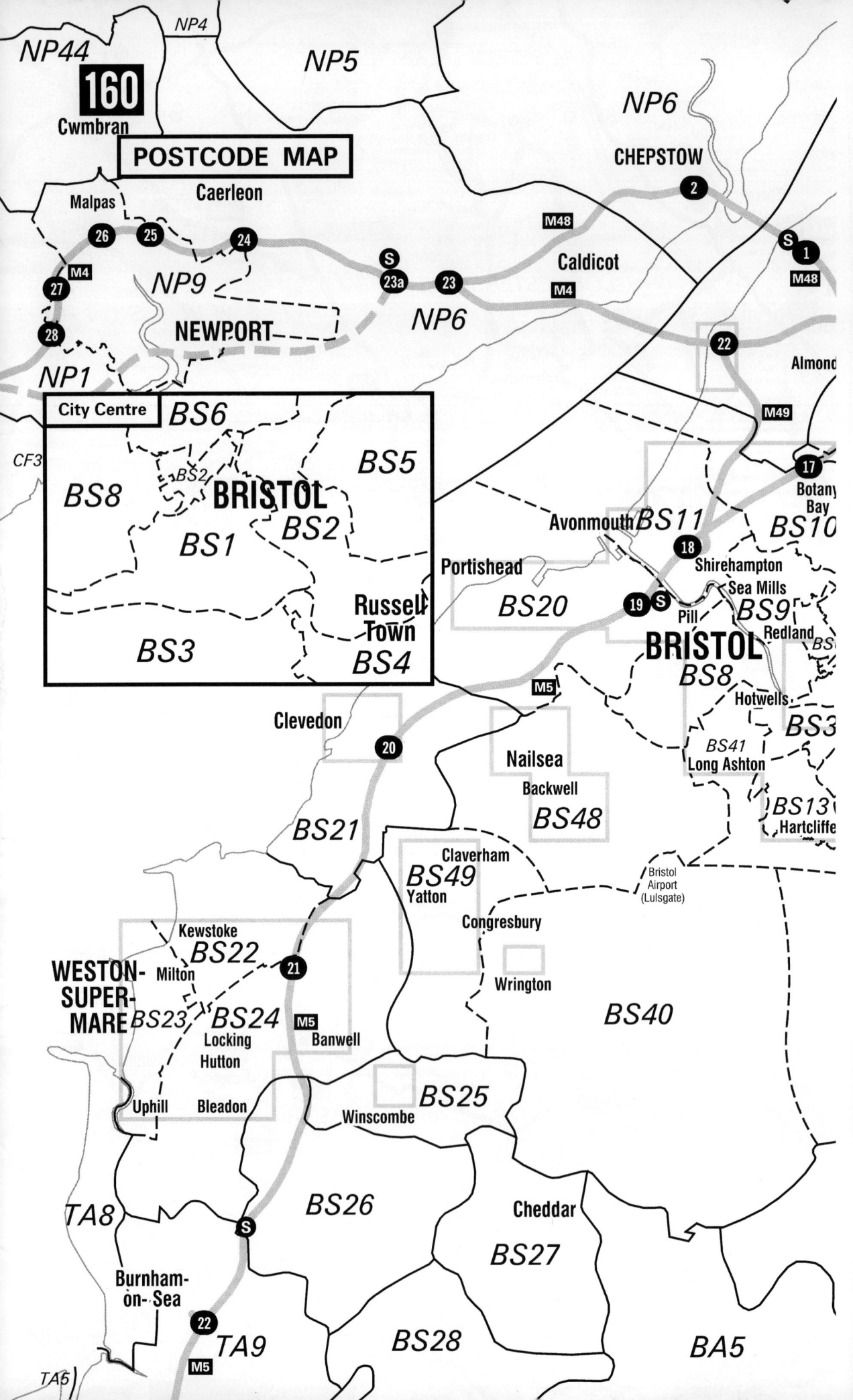
POSTCODE MAP
NP44
NP4
NP5
NP6
Cwmbran
CHEPSTOW
Caerleon
Malpas
M48
M4
Caldicot
NP9
NEWPORT
NP6
NP1
CF3
M49
Almond
City Centre
BS6
BS5
BS2
BS8
BRISTOL
BS2
BS1
Russell Town
BS3
BS4
17
Botany Bay
Avonmouth
BS11
BS10
Shirehampton
Portishead
BS20
Sea Mills
BS9
Pill
Redland
BRISTOL
BS8
Hotwells
M5
BS3
Clevedon
Nailsea
BS41
Long Ashton
Backwell
BS48
BS13
Hartcliffe
BS21
Claverham
BS49
Yatton
Bristol Airport (Lulsgate)
Congresbury
Kewstoke
BS22
WESTON-SUPER-MARE
Milton
Wrington
BS23
BS24
Locking
Banwell
BS40
Hutton
Uphill
Bleadon
BS25
Winscombe
TA8
BS26
Cheddar
BS27
Burnham-on-Sea
TA9
BS28
BA5
TA5

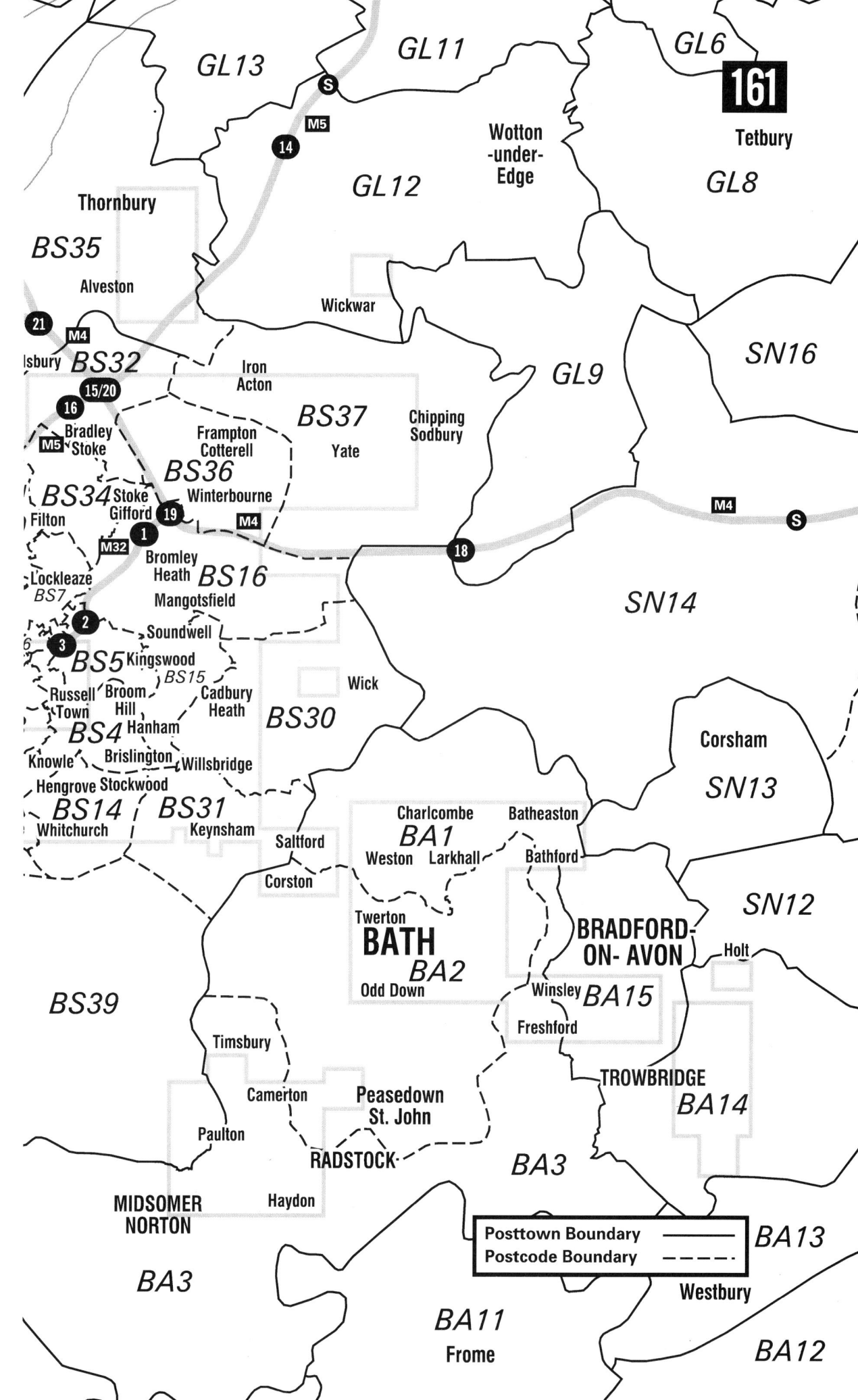

GL13

GL11

GL6

161

Tetbury

Wotton
-under-
Edge

GL12

GL8

Thornbury

BS35

Alveston

Wickwar

GL9

SN16

S

M5

14

21

M4

sbury

BS32

Iron
Acton

BS37

Chipping
Sodbury

M4

S

15/20

16

Bradley
Stoke

Frampton
Cotterell

Yate

M5

BS36

Winterbourne

BS34

Stoke
Gifford

19

M4

SN14

Filton

1

Bromley
Heath

BS16

M32

Lockleaze

Mangotsfield

BS7

2

Soundwell

3

BS5

Kingswood

BS15

Wick

BS30

Corsham

Russell
Town

Broom
Hill

Cadbury
Heath

SN13

BS4

Hanham

Knowle

Brislington

Willsbridge

Hengrove

Stockwood

BS14

BS31

Keynsham

Whitchurch

Saltford

Charlcombe

Batheaston

SN12

Corston

BA1

Bathford

Weston

Larkhall

BS39

Twerton

BATH

BRADFORD-
ON- AVON

Holt

BA2

Odd Down

Winsley

BA15

Timsbury

Freshford

Camerton

Peasedown
St. John

TROWBRIDGE

Paulton

BA14

RADSTOCK

BA3

MIDSOMER
NORTON

Haydon

| Posttown Boundary | ——— |
| Postcode Boundary | – – – |

BA13

BA3

Westbury

BA11

Frome

BA12

INDEX TO PLACES & AREAS

with their map square reference

NOTES

1. Names in this Index shown in CAPITAL LETTERS followed by their Postcode District(s), are Postal Addresses.
2. The places & areas index reference indicates the approximate centre of the town or place and not where the name occurs on the map.

Index to Places and Areas

INDEX TO STREETS

HOW TO USE THIS INDEX

1. Each street name is followed by its Posttown or Postal Locality and then by its map reference; e.g. Abbeydale. *Wint* —3A **30** is in the Winterbourne Postal Locality and is to be found in square 3A on page **30**. The page number being shown in bold type.
   A strict alphabetical order is followed in which Av., Rd., St., etc. (though abbreviated) are read in full and as part of the street name; e.g. Abbotsbury Rd. appears after Abbots Av. but before Abbots Clo.

2. Streets and a selection of Subsidiary names not shown on the Maps, appear in the index in *Italics* with the thoroughfare to which it is connected shown in brackets; e.g. *Abbey Chambers. Bath —3B **106** (off York St.)*

3. The page references shown in brackets indicate those streets that appear on the large scale map pages 4-5 and 96-97; e.g. Abbey Ct. *Bath* —2C **106** (2E **97**) appears in square 2C on page **106** and also appears in the enlarged section in square 2E on page **97**.

GENERAL ABBREVIATIONS

All : Alley	Chu : Church	Est : Estate	Mnr : Manor	Rd : Road
App : Approach	Chyd : Churchyard	Gdns : Gardens	Mans : Mansions	S : South
Arc : Arcade	Circ : Circle	Ga : Gate	Mkt : Market	Sq : Square
Av : Avenue	Cir : Circus	Gt : Great	M : Mews	Sta : Station
Bk : Back	Clo : Close	Grn : Green	Mt : Mount	St : Street
Boulevd : Boulevard	Comn : Common	Gro : Grove	N : North	Ter : Terrace
Bri : Bridge	Cotts : Cottages	Ho : House	Pal : Palace	Trad : Trading
B'way : Broadway	Ct : Court	Ind : Industrial	Pde : Parade	Up : Upper
Bldgs : Buildings	Cres : Crescent	Junct : Junction	Pk : Park	Vs : Villas
Bus : Business	Dri : Drive	La : Lane	Pas : Passage	Wlk : Walk
Cvn : Caravan	E : East	Lit : Little	Pl : Place	W : West
Cen : Centre	Embkmt : Embankment	Lwr : Lower	Quad : Quadrant	Yd : Yard

POSTTOWN AND POSTAL LOCALITY ABBREVIATIONS

Abb L : Abbots Leigh	*C've* : Cleeve	*Hil M* : Hilperton Marsh	*Piln* : Pilning	*Trow* : Trowbridge
Alm : Almondsbury	*Clev* : Clevedon	*Holt* : Holt	*P'bry* : Portbury	*Tur* : Turleigh
Alv : Alveston	*Clif* : Clifton	*Hor* : Horfield	*P'head* : Portishead	*Twer A* : Twerton on Avon
Arn V : Arnos Vale	*Clif W* : Clifton Wood	*Hot* : Hotwells	*Puck* : Pucklechurch	*Tyn P* : Tyndalls Park
Ash D : Ashley Down	*Clut* : Clutton	*Hut* : Hutton	*Rads* : Radstock	*Tyth* : Tytherington
Asht : Ashton	*Coal H* : Coalpit Heath	*Iron A* : Iron Acton	*Redc* : Redcliffe	*Uph* : Uphill
Ash G : Ashton Gate	*Cod* : Codrington	*Kel* : Kelston	*Redf* : Redfield	*Up Swa* : Upper Swainswick
Avon : Avoncliff	*C Down* : Combe Down	*Ken* : Kendleshire	*Redl* : Redland	*Up W* : Upper Westwood
A'mth : Avonmouth	*C Hay* : Combe Hay	*Kew* : Kewstoke	*Rudg* : Rudgeway	*War* : Warmley
Azt W : Aztec West	*Cong* : Congresbury	*Key* : Keynsham	*St Ag* : St Agnes	*W Trym* : Westbury-on-Trym
Back : Backwell	*C Din* : Coombe Dingle	*Kngdn* : Kingsdown (Bath)	*St And* : St Andrews	*W'bry P* : Westbury Park
Bann : Bannerdown	*Cor* : Corston	*K'dwn* : Kingsdown (Bristol)	*St Ap* : St Annes Park	*W'lgh* : Westerleigh
Ban : Banwell	*Cot* : Cotham	*K'wd* : Kingswood	*St Aug* : St Augustines	*W'fld I* : Westfield Ind. Est.
Bap M : Baptist Mills	*Crom* : Cromhall	*Know* : Knowle	*St G* : St George	*W Hill* : West Hill
Bar C : Barrs Court	*Dod* : Dodington	*L'dwn* : Lansdown	*St Geo* : St Georges	*W'ton* : Weston
Bar H : Barton Hill	*Down* : Downend	*Lark* : Larkhall	*St Ja* : St James	*W Mare* : Weston-super-Mare
Bath : Bath	*Dun* : Dundry	*Law H* : Lawrence Hill	*St Jud* : St Judes	*W Town* : West Town
B'ptn : Bathampton	*E Comp* : Easter Compton	*Law W* : Lawrence Weston	*St Pa* : St Pauls	*W'wd* : Westwood
Bathe : Batheaston	*E'tn* : Easton	*L Wds* : Leigh Woods	*St Ph* : St Philips	*W'chu* : Whitchurch
Bathf : Bathford	*E'ton G* : Easton-in-Gordano	*Lim S* : Limpley Stoke	*St Pm* : St Philips Marsh	*W'hall* : Whitehall
Bathw : Bathwick	*Eastv* : Eastville	*Lit S* : Little Stoke	*St W* : St Werburghs	*Whit B* : White Horse Bus. Park
Bedm : Bedminster	*E Grn* : Emersons Green	*L Sev* : Littleton-upon-Severn	*Salt* : Saltford	*W'way* : Whiteway
Bed D : Bedminster Down	*Eng* : Englishcombe	*Lock* : Locking	*Sea M* : Sea Mills	*Wick* : Wick
Bishop : Bishopston	*Fail* : Failand	*L Ash* : Long Ashton	*Sev B* : Severn Beach	*Wick L* : Wick St Lawrence
B'wth : Bishopsworth	*Far G* : Farrington Gurney	*L Grn* : Longwell Green	*Shire* : Shirehampton	*Wickw* : Wickwar
Bit : Bitton	*Fil* : Filton	*Lwr W* : Lower Weston	*S Park* : Sneyd Park	*Wid* : Widcombe
B'don : Bleadon	*Fish* : Fishponds	*L W'wd* : Lower Westwood	*Soun* : Soundwell	*Will* : Willsbridge
Brad A : Bradford-on-Avon	*Fram C* : Frampton Cotterell	*Mang* : Mangotsfield	*S'dwn* : Southdown	*Wins* : Winscombe
Brad S : Bradley Stoke	*Fren* : Frenchay	*Mid* : Midford	*S'mead* : Southmead	*W'ley* : Winsley
Bren : Brentry	*F'frd* : Freshford	*Mid N* : Midsomer Norton	*S'ske* : Southstoke	*Wint* : Winterbourne
Brisl : Brislington	*G'bnk* : Greenbank	*Mil* : Milton	*S'vle* : Southville	*Wint D* : Winterbourne Down
Bris : Bristol	*Grov* : Grovesend	*Mon C* : Monkton Combe	*S'wll* : Speedwell	*W'ly* : Woolley
B'ley : Brockley	*Hall* : Hallatrow	*Mont* : Montpelier	*Stap H* : Staple Hill	*Wor* : Worle
C'ton : Camerton	*H'len* : Hallen	*Nail* : Nailsea	*Stap* : Stapleton	*Worl* : Worlebury
Charl : Charlcombe	*Ham* : Hambrook	*New C* : New Cheltenham	*Stav* : Staverton	*Wrax* : Wraxall
C'vey : Chelvey	*Han* : Hanham	*N Brad* : North Bradley	*Stoc* : Stockwood	*Wrin* : Wrington
Chip S : Chipping Sodbury	*Hawk B* : Hawkfield Bus. Park	*Nthnd* : Northend	*Stok B* : Stoke Bishop	*Writ* : Writhlington
Chit : Chittening	*Hay* : Haydon	*N'vle* : Northville	*Stok G* : Stoke Gifford	*Yarn* : Yarnbrook
C'chu : Christchurch	*Hen* : Henbury	*Old C* : Oldland Common	*Swain* : Swainswick	*Yate* : Yate
Clan : Clandown	*H'gro* : Hengrove	*Old S* : Old Sodbury	*Tem M* : Temple Meads	*Yat* : Yatton
C'tn : Clapton	*Henl* : Henleaze	*Pat* : Patchway	*T'bry* : Thornbury	
Clav : Claverham	*Hew* : Hewish	*Paul* : Paulton	*Tic* : Tickenham	
Clav D : Claverton Down	*High L* : High Littleton	*Pea J* : Peasedown St John	*Tim* : Timsbury	
Clay H : Clay Hill	*Hil* : Hilperton	*Pill* : Pill	*Tot* : Totterdown	

INDEX TO STREETS

Abbey Chambers. Bath
(off York St.) —3B **106**
*Abbey Chu. Ho. Bath —3A **106***
(off Hetling Ct.)
*Abbey Chu. Yd. Bath —3B **106***
(off Cheap St.)
Abbey Clo. *Key* —1A **92**
Abbey Ct. *Bath*
—2C **106** (2E **97**)
Abbey Ct. *St Ap* —5B **72**
Abbey Courtyard. *Bath*
—4C **106** (5E **97**)
Abbeydale. *Wint* —3A **30**
Abbeygate St. *Bath*
—3B **106** (4C **96**)
Abbey Grn. *Bath*
—3B **106** (4C **96**)
Abbey Ho. *Yate* —2F **33**

Abbey La. *Alv* —1E **9**
Abbey La. *F'frd* —5B **112**
Abbey Pk. *Key* —2B **92**
Abbey Rd. *Bris* —1B **56**
*Abbey St. Bath —3B **106***
(off York St.)
Abbey View. *Bath*
—4C **106** (5F **97**)
Abbey View. *Rads* —1D **153**
Abbey View Gdns. *Bath*
—4C **106** (5E **97**)
Abbeywood Dri. *Bris* —2E **55**
Abbots Av. *Bris* —1E **83**
Abbotsbury Rd. *Nail* —4C **122**
Abbots Clo. *Bris* —5C **88**
Abbot's Clo. W Mare —2E **129**
Abbotsford Rd. *Bris* —1D **69**
Abbots Horn. *Nail* —2C **122**

Abbots Leigh Rd. *Abb L*
—2C **66**
Abbots Leigh Rd. *L Wds*
—4F **67**
Abbots Rd. *Bris* —2E **83**
Abbots Way. *Bris* —1F **57**
Abbotswood. *Bris* —3F **73**
Abbotswood. *Yate* —2F **33**
Abbott Rd. *Sev B* —5B **20**
Abbotts Farm Clo. *Paul*
—4A **146**
Aberdeen Rd. *Bris* —2D **69**
Abingdon Gdns. *Bath* —4E **109**
Abingdon Rd. *Bris* —4C **60**
Ableton Ct. *Brad S* —4B **20**
Ableton La. *H'ley* —1B **22**
Ableton La. *Sev B* —4B **20**
Ableton Wlk. *Bris* —2E **55**

Abon Ho. *Bris* —3E **55**
Abraham Clo. *Bris* —2D **71**
Abraham Fry Ho. *Bris* —3A **74**
Abson Rd. *Puck* —2E **65**
Acacia Av. *Bris* —3E **61**
Acacia Av. *W Mare* —5F **127**
Acacia Clo. *Bris* —4F **61**
Acacia Ct. *Key* —4E **91**
Acacia Cres. *Trow* —2B **118**
Acacia Gro. *Bath* —1D **109**
Acacia M. *Bris* —3F **61**
Acacia Rd. *Bris* —3F **61**
Acacia Rd. *Rads* —3B **152**
Accomodation Rd. *B'don*
—5C **138**
Acorn Gro. *Bris* —2A **86**
Acraman's Rd. *Bris* —1E **79**
Acresbush Clo. *Bris* —3C **86**

Acton Rd. *Bris* —4C **60**
Adams Clo. *Pea J* —4D **157**
Adams Gdns. *Fram C* —1E **31**
Adams Hay. *Bris* —4F **81**
Adastral Rd. *Lock* —4B **136**
Adcroft Dri. *Trow* —1D **119**
Adcroft St. *Trow* —1D **119**
Addicott Rd. *W Mare* —2C **132**
Addiscombe Rd. *Bris* —3D **89**
Addiscombe Rd. *W Mare*
—4C **132**
Addison Rd. *Bris* —2A **80**
Adelaide Pl. *Bath*
—3C **106** (3F **97**)
Adelaide Pl. *Bris* —3B **60**
Adelaide Pl. *E'tn* —2D **71**
Adelaide Ter. *Bris* —3C **60**
Admirals Wlk. *P'head* —3D **49**

Agate St.—Avenue Rd.

Agate St. Bris —2D 79
Aiken St. Bris —4D 71
Ainslie's Belvedere. Bath (off Caroline Pl.) —1A 106
Aintree Av. Whit B —3F 155
Aintree Dri. Bris —3B 46
Air Balloon Rd. Bris —3C 72
Airport Rd. Bris —1B 88
Aisecombe Way. W Mare —2A 134
Akeman Way. Bris —4E 37
Alard Rd. Bris —1B 88
Alastair Ct. Trow —3C 118
Albany Bldgs. Bris —1E 79
Albany Clo. Trow —5F 117
Albany Ga. Stok G —4A 28
Albany Rd. Bath —3C 104
Albany Rd. Bris —1B 70
Albany St. Bris —2E 73
Albany Way. Bris —5E 75
Albermarle Row. Bris —4B 68
Albermarle Ter. Bris —4B 68
Albert Av. Pea J —2F 149
Albert Av. W Mare —2C 132
Albert Cres. Bris —5C 70
Albert Gro. Bris —2B 72
Albert Mill. Key —4B 92
Alberton Rd. Bris —1B 60
Albert Pde. Bris —2F 71
Albert Pk. Bris —1B 70
Albert Pk. Pl. Bris —1A 70
Albert Pl. Bath —3D 111
Albert Pl. Bedm —2E 79
Albert Pl. W Trym —5C 40
Albert Quad. W Mare —5C 126
Albert Rd. Clev —3C 120
Albert Rd. Han —5F 73
Albert Rd. Key —3A 92
Albert Rd. P'head —3F 49
Albert Rd. Sev B —4B 20
Albert Rd. Stap H —2A 62
Albert Rd. St Ph —1C 80
Albert Rd. Trow —4F 117
Albert Rd. W Mare —2C 132
Albert St. Bris —2E 71
Albert Ter. Bris —3B 60
Albert Ter. Twer A —3D 105
Albion Bldgs. Bath —2E 105
Albion Clo. Bris —2B 62
Albion Dockside Est. Bris —5D 69
Albion Dri. Trow —2B 118
Albion Pl. Bath —2F 105
Albion Pl. Bris —4C 70
Albion Pl. St Ph —3B 70 (2F 5)
Albion Rd. Bris —1D 71
Albion St. Bris —2E 71
Albion Ter. Bath —2F 105
Albion Ter. Pat —5D 11
Alburys. Wrin —1B 156
Alcove Rd. Bris —4A 60
Aldeburgh Pl. Trow —4A 118
Alder Clo. Trow —5B 118
Aldercombe Rd. Bris —4E 39
Alderdown Clo. Bris —4C 38
Alder Dri. Bris —1A 72
Alderley Rd. Bath —5B 104
Aldermoor Way. L Grn —1A 84
Alderney Av. Bris —1B 82
Alders, The. Bris —3D 45 (off Marlborough Dri.)
Alder Ter. Rads —2B 152
Alderton Rd. Bris —4A 42
Alderton Way. Trow —5D 119
Alder Way. Bath —4E 109
Aldhelm Ct. Brad A —4F 115
Aldwick Av. Bris —5E 87
Alec Ricketts Clo. Bath —4A 104
Alexander Bldgs. Bath —5C 100
Alexander Way. Yat —4B 142
Alexandra Clo. Bris —3F 61
Alexandra Ct. Clev —2C 120
Alexandra Gdns. Bris —3F 61
Alexandra Pde. W Mare —1C 132
Alexandra Pk. Fish —3B 60
Alexandra Pk. Paul —4B 146
Alexandra Pk. Redl —5E 57
Alexandra Pl. Bath —3D 111
Alexandra Pl. Bris —3F 61
Alexandra Rd. Bath —4B 106
Alexandra Rd. Bed D —1B 86
Alexandra Rd. Clev —2C 120
Alexandra Rd. Clif —2D 69
Alexandra Rd. Coal H —2F 31
Alexandra Rd. Han —5F 73
Alexandra Rd. W Trym —4E 41
Alexandra Ter. Paul —4B 146
Alexandra Way. T'bry —1C 6
Alford Rd. Bris —3E 81
Alfred Hill. Bris —2F 69
Alfred Lovell Gdns. Bris —1C 84
Alfred Pde. Bris —2F 69
Alfred Pl. K'dwn —2E 69
Alfred Pl. Redc —5F 69
Alfred Rd. Bris —2F 79
Alfred Rd. W'bry P —3C 56
Alfred St. Bath —2A 106 (1B 96)
Alfred St. Redf —2E 71
Alfred St. St Ph —4C 70
Alfred St. W Mare —1C 132
Algars Dri. Iron A —3A 16
Algiers St. Bris —2F 79
Alison Gdns. Back —1C 124
Allanmead Rd. Bris —5D 81
Allen Rd. Trow —3B 118
Aller Pde. W Mare —1F 139
Allerton Cres. Bris —4D 89
Allerton Gdns. Bris —3D 89
Allerton Rd. Bris —4C 88
Allfoxton Rd. Bris —4C 58
All Hallows Rd. Bris —2D 71
Allington Dri. Bar C —1B 84
Allington Gdns. Nail —5B 122
Allington Rd. Bris —5E 69
Allison Av. Bris —2A 82
Allison Rd. Bris —2F 81
All Saints Ct. Bris —3F 69 (3C 4)
All Saints Gdns. Bris —2C 68
All Saints La. Bris —3F 69 (2C 4)
All Saints La. Clev —2F 121
All Saints Pl. Bath —4E 107
All Saints Rd. Bath —1A 106
All Saints Rd. Bris —2C 68
All Saints Rd. W Mare —4C 126
All Saints St. Bris —3F 69 (2C 4)
Alma Clo. Bris —2A 74
Alma Ct. Bris —1D 69
Alma Rd. Clif —2C 68
Alma Rd. K'wd —1A 74
Alma Rd. Av. Bris —2D 69
Alma St. Trow —2E 119
Alma St. W Mare —1C 132
Alma Vale Rd. Bris —2C 68
Almeda Rd. Bris —4C 72
Almond Clo. W Mare —4E 129
Almond Gro. Trow —5B 118
Almondsbury Bus. Cen. Alm —3F 11
Almond Way. Bris —2B 62
Almorah Rd. Bris —2A 80
Alpha Rd. Bris —1F 79
Alpine Clo. Paul —5C 146
Alpine Gdns. Bath —1B 106
Alpine Rd. Bris —1E 71
Alpine Rd. Paul —5C 146
Alsop Rd. Bris —2F 73
Alton Pl. Bath —4B 106
Alton Rd. Bris —2B 58
Altringham Rd. Bris —1F 71
Alum Clo. Trow —3E 119
Alverstoke. Bris —1B 88
Alveston Hill. T'bry —1B 8
Alveston Wlk. Bris —5D 39
Alwins Ct. Bar C —1B 84
Amberey Rd. W Mare —3D 133
Amberlands Clo. Back —1C 124
Amberley Clo. Bris —5F 45
Amberley Clo. Key —4A 92
Amberley Gdns. Nail —4C 122
Amberley Rd. Bris —5F 45
Amberley Rd. Pat —1D 27
Amberley Way. Wickw —3C 154
Amble Clo. Bris —3B 74
Ambleside Av. Bris —3D 41
Ambleside Rd. Bath —2C 108
Ambra Vale. Bris —4C 68
Ambra Vale E. Bris —4C 68
Ambra Vale S. Bris —4C 68
Ambra Vale W. Bris —4C 68
Ambrose Rd. Bris —4C 68
Ambury. Bath —4A 106 (5B 96) (in two parts)
Amercombe Wlk. Bris —1F 89
Amery La. Bath —3B 106 (4C 96)
Amesbury Dri. B'don —5F 139
Amouracre. Trow —2F 119
Ancaster Clo. Trow —1A 118
Anchor Clo. St G —4B 72
Anchor La. Bris —4E 69 (4A 4)
Anchor Rd. Bath —5C 98
Anchor Rd. Bris —4D 69
Anchor Rd. K'wd —1C 74
Anchor Way. Pill —3F 53
Ancliff Sq. Avon —3F 115
Andereach Clo. Bris —5D 81
Andover Rd. Bris —3B 80
Angels Ground. St Ap —4B 72
Angers Rd. Tot —1B 80
Anglesea Pl. Bris —5C 56
Anglo Ter. Bath —1B 106 (off London Rd.)
Annandale Av. W Mare —4C 128
Anson Clo. Salt —5F 93
Anson Rd. Kew —1B 128
Anson Rd. Lock —2E 135
Anstey's Rd. Han —5D 73
Anstey St. Bris —1D 71
Anthea Rd. Bris —5A 60
Antona Ct. Bris —5E 37
Antona Dri. Bris —5F 37
Antrim Rd. Bris —1D 57
Anvil Rd. Clav —2F 143
Anvil St. Bris —4B 70
Apex Ct. Alm —3F 11
Apperley Clo. Yate —1F 33
Appleby Wlk. Bris —1F 87
Appledore. W Mare —3D 129
Appledore Clo. Bris —5D 81
Applegate. Bris —1D 41
Appletree Ct. Wor —3F 129
Apple Tree Dri. Wins —4B 156
Appsley Clo. W Mare —3A 128
Apseleys Mead. Brad S —4E 11
Apsley Clo. Bath —2C 104
Apsley Rd. Bath —2B 104
Apsley Rd. Bris —1C 68
Apsley St. Bris —5E 59
Apsley Vs. Bris —1F 69
Arbutus Dri. Bris —5E 39
Arbutus Wlk. Bris —3F 39
Arcade, The. Bris —3A 70 (1D 5)
Arch Clo. L Ash —4B 76
Archer Ct. L Grn —2B 84
Archer's Ct. Clev —2D 121
Archer Wlk. Bris —1A 90
Archfield Rd. Bris —1E 69
Archgrove. L Ash —4B 76
Archway St. Bath —4C 106 (5E 97)
Arch Yd. Trow —1D 119
Arden Clo. Brad S —3A 28
Arden Clo. W Mare —2D 129
Ardenton Wlk. Bris —1C 40
Ardern Clo. Bris —4D 39
Argus Rd. Bris —2E 79
Argyle Av. Bris —5E 59
Argyle Av. W Mare —4D 133
Argyle Dri. Yate —2A 18
Argyle Pl. Bris —4C 68
Argyle Rd. Clev —1D 121
Argyle Rd. Fish —5D 61
Argyle Rd. St Pa —2A 70
Argyle St. Bath —3B 106 (3C 96)
Argyle St. Bedm —1E 79
Argyle St. Eastv —5E 59
Argyle Ter. Bath —3D 105
Arley Cotts. Bris —1F 69
Arley Hill. Bris —1F 69
Arley Pk. Bris —5F 57
Arley Ter. Bris —1A 72
Arlingham Way. Pat —5A 10
Arlington Rd. Bath —4E 105
Arlington Rd. Bris —4F 71
Arlington Vs. Bris —3D 69
Armadale Av. Bris —1A 70
Armada Pl. Bris —1A 70
Armada Rd. Bris —2C 88
Armes Ct. Bath —4B 106
Armoury Sq. Bris —2C 70
Armstrong Clo. T'bry —5E 7
Armstrong Dri. War —5D 75
Armstrong Way. Yate —3C 16
Arnall Dri. Bris —3B 40
Arncliffe Flats. Bris —4E 41
Arndale Rd. W Mare —5B 128
Arneside Rd. Bris —3E 41
Arnold Ct. Chip S —5D 19
Arnolds Field Trad. Est. Wickw —2B 154
Arnolds Hill. Wing —3A 118
Arnolds Way. Yat —2A 142
Arnor Clo. W Mare —1E 129
Arno's St. Bris —2C 80
Arras Clo. Trow —4C 118
Arrowfield Clo. Bris —5C 88
Arthur Skemp Clo. Bris —3D 71
Arthur St. Bris —5C 70
Arthur St. St G —2E 71
Arthurswood Rd. Bris —4C 86
Arundel Clo. Bris —3D 87
Arundel Ct. Bris —4F 57
Arundell Rd. W Mare —5C 126
Arundel Rd. Bath —5B 100
Arundel Rd. Bris —4F 57
Arundel Rd. Clev —3D 121
Arundel Wlk. Key —3F 91
Ascension Ho. Bath —5E 105
Ascot Clo. Bris —3B 46
Ascot Ct. Whit B —3F 155
Ascot Rd. Bris —2F 41
Ashbourne Clo. Bris —4E 75
Ashburton Rd. Bris —3E 41
Ashbury Dri. W Mare —3F 127
Ash Clo. Fish —4E 61
Ash Clo. Lit S —2F 27
Ash Clo. Wins —3B 156
Ash Clo. Yate —3F 17
Ashcombe Cres. Bris —4E 75
Ashcombe Gdns. W Mare —4E 127
Ashcombe Pk. Rd. W Mare —4E 127
Ashcombe Pl. W Mare —1D 133
Ashcombe Rd. W Mare —1D 133
Ashcott. Bris —1B 88
Ash Ct. Bris —3C 88
Ashcroft. W Mare —1F 139
Ashcroft Av. Key —3F 91
Ashcroft Rd. Bris —5E 39
Ashdene Av. Bris —4F 59
Ashdene Rd. W Mare —4E 127
Ashdown Rd. P'head —2C 48
Ash Dri. N Brad —4D 155
Asher La. Bris —3B 70 (1F 5)
Ashes La. F'frd —5A 112
Ashfield Pl. Bris —1B 70
Ashfield Rd. Bris —2D 79
Ashford Dri. W Mare —2E 139
Ashford Rd. Bath —5E 105
Ashford Rd. Pat —2C 26
Ashford Way. Bris —3B 74
Ash Gro. Bath —5D 105
Ash Gro. Bris —4E 61
Ash Gro. Clev —2E 121
Ashgrove. Pea J —4D 157
Ashgrove. T'bry —3D 7
Ash Gro. Uph —1C 138
Ashgrove Av. Abb L —3D 67
Ashgrove Av. Bris —3B 58
Ashgrove Rd. Ash D —3B 58
Ashgrove Rd. Bedm —2D 79
Ashgrove Rd. Redl —1D 69
Ash Hayes Dri. Nail —4D 123
Ash Hayes Rd. Nail —4D 123
Ashland Rd. Bris —4C 86
Ash La. Alm —4A 10
Ashleigh Clo. Paul —3B 146
Ashleigh Clo. W Mare —5E 127
Ashleigh Cres. Yat —3B 142
Ashleigh Ho. Paul —4B 146
Ashleigh Rd. W Mare —5E 127
Ashleigh Rd. Yat —3B 142
Ashley. Bris —2B 74
Ashley Av. Bath —2D 105
Ashley Clo. Brad A —1C 114 (in two parts)
Ashley Clo. Bris —3B 58
Ashley Clo. Wins —5B 156
Ashley Ct. Bris —1B 70
Ashley Ct. Rd. Bris —5B 58
Ashley Down Rd. Bris —2A 58
Ashley Gro. Rd. Bris —5B 58
Ashley Hill. Bris —4B 58
Ashley La. W'ley —2A 114
Ashley Pde. Bris —5B 58
Ashley Pk. Bris —4B 58
Ashley Rd. Bathf —4D 103
Ashley Rd. Brad A —1C 114
Ashley Rd. Bris —1A 70
Ashley Rd. Clev —5B 120
Ashley St. Bris —1C 70
Ashley Ter. Bath —2D 105
Ashley Trad. Est. Bris —5B 58
Ashman Clo. Bris —2C 70
Ashmans Ga. Paul —4B 146
Ashmead. Trow —4C 118
Ashmead Bus. Cen. Key —3D 93
Ashmead Ct. Trow —3D 119
Ashmead Rd. Key —3D 93
Ashmead Way. Bris —5B 68
Ashridge Rd. Alm —3C 11
Ash Rd. Ban —4C 136
Ash Rd. Bris —2A 58
Ashton. Bris —3E 45 (off Harford Dri.)
Ashton Av. Bris —5C 68
Ashton Clo. Clev —5B 120
Ashton Cres. Nail —4C 122
Ashton Dri. Bris —3A 78
Ashton Ga. Rd. Bris —1C 78
Ashton Ga. Ter. Bris —1C 78
Ashton Ga. Underpass. Bris —1B 78
Ashton Rd. Bris —2F 77
Ashton St. Trow —2E 119
Ashton Vale Rd. Bris —2A 78
Ashton Vale Trad. Est. Bris —4B 78
Ashton Way. Key —2A 92
Ash Tree Clo. B'don —5A 140
Ash Tree Ct. Rads —3B 152
Ashvale Clo. Nail —3F 123
Ashville Rd. Bris —1C 78
Ash Wlk. Bren —1D 41
Ashwell Clo. Bris —2A 90
Ashwicke. Bris —2C 88
Aspen Pk. Rd. W Mare —5C 128
Assembly Rooms La. Bris —4F 69 (4B 4)
Astry Clo. Bris —3C 38
Atchley St. Bris —3D 71
Atherston. Bris —5F 75
Athlone Wlk. Bris —4A 80
Atholl Clo. W Mare —2D 129
Atkins Clo. Bris —2A 90
Atlantic Rd. Bris —4E 37
Atlantic Rd. W Mare —4A 126
Atlantic Rd. S. W Mare —4A 126
Atlas Clo. Bris —5C 60
Atlas Rd. Bris —2A 80
Atlas St. Bris —5D 71
Attwell Ct. Bath —5A 106
Attwell Dri. Brad S —4D 11
Atwood Dri. Bris —2D 39
Aubrey Rd. Bris —2D 79
Auburn Av. L Grn —2D 85
Auburn Rd. Bris —5D 57
Auckland Clo. W Mare —5D 133
Audley Av. Bath —2D 105
Audley Clo. Bath —2E 105
Audley Gro. Bath —1D 105
Audley Pk. Rd. Bath —1D 105
Audrey Wlk. Bris —5F 41
Augusta Pl. Bath —2E 105
Austen Dri. W Mare —1F 129
Austen Gro. Bris —4C 42
Aust La. Bris —4C 40
Avalon Clo. Yat —2A 142
Avalon Ho. Nail —4B 122
Avalon Rd. Bris —5D 73
Avebury Rd. Bris —3A 78
Avendall. Bris —5A 38
Avening Clo. Nail —5E 123
Avening Rd. Bris —2C 72
Avenue Pl. C Down —3C 110
Avenue Rd. Trow —2B 118

Boundary Clo.—Brougham Hayes

Boundary Clo. W Mare —5C 132
Boundary Rd. Coal H —2F 31
Boundary Wlk. Trow —5B 118 (in three parts)
Bourchier Gdns. Bris —5D 87
Bourne Clo. Bris —2D 73
Bourne Clo. Wint —2A 30
Bourne Rd. Bris —2C 72
Bourneville Rd. Bris —2F 71
Bournville Rd. W Mare —3D 133
Boursland Clo. Brad S —4F 11
Bourton Av. Pat —5E 11
Bourton Clo. Pat —1E 27
Bourton La. St Geo —2B 130
Bourton Mead. L Ash —4D 77
Bourton Wlk. Bris —5C 78
Bouverie St. Bris —2D 71
Boverton Rd. Bris —1D 43
Bowden Clo. Bris —4E 39
Bowden Pl. Bris —5B 46
Bowden Rd. Bris —1A 72
Bowen Rd. Lock —3F 135
Bower Ashton Ter. Bris —1B 78
Bowerleaze. Bris —2E 55
Bower Rd. Bris —2C 78
Bower Wlk. Bris —2A 80
Bowlditch La. Mid N —5E 147
Bowling Hill. Chip S —5C 18
Bowling Rd. Chip S —1D 35
Bow Mead. Bris —3A 90
Bowness Gdns. Bris —4E 41
Bowood. Bris —3E 45 (off Harford Dri.)
Bowring Clo. Bris —5E 87
Bowsland. Brad S —4A 12
Bowsland Way. Brad S —4E 11
Bowstreet La. E Comp —1C 24
Boxbury Hill. Paul —1B 150
Box Hedge La. Coal H —5A 32
Box Rd. Bath —3C 102
Box Wlk. Key —4E 91
Boyce Clo. Bath —4A 104
Boyce Dri. Bris —5C 58
Boyce's Av. Bris —3C 68
Boyd Clo. Wick —4A 154
Boyd Rd. Salt —5F 93
Brabazon Rd. Bris —2D 43
Bracewell Gdns. Bris —5E 25
Bracey Dri. Bris —1E 61
Brackenbury Dri. Stok G —4B 28
Brackendene. Pat —5E 11
Bracken Wood Rd. Clev —1E 121
Bracton Dri. Bris —3C 88
Bradeston Gro. Bris —5C 44
Bradford Clo. Clev —5C 120
Bradford Pk. Bath —2B 110 (in two parts)
Bradford Rd. Bathf —3C 102
Bradford Rd. C Down —3A 110
Bradford Rd. Holt —2D 155
Bradford Rd. Trow —1B 118
Bradford Rd. W'ley —2F 113
Bradford Wood La. Brad A —3F 115
Bradhurst St. Bris —4D 71
Bradley Av. Bris —1A 54
Bradley Av. Wint —4A 30
Bradley Clo. Holt —2F 155
Bradley Ct. Bris —2E 61
Bradley Cres. Bris —1A 54
Bradley La. Holt —2F 155
Bradley Pavilions. Brad S —4E 11
Bradley Rd. Pat —1B 26
Bradley Rd. Trow —3C 118
Bradley Stoke Way. Brad S —3B 28
Bradstone Rd. Wint —4F 29
Bradville Gdns. L Ash —5B 76
Bradwell Gro. Bris —4E 41
Braemar Av. Bris —3B 42
Braemar Cres. Bris —3B 42
Brae Rise. Wins —4B 156
Brae Rd. Wins —4A 156
Bragg's La. Bris —3B 70
Braikenridge Clo. Clev —5C 120
Braikenridge Rd. Bris —1F 81
Brainsfield. Bris —1B 56
Brake Clo. Brad S —3A 28
Brake Clo. Bris —3B 74
Brake, The. Coal H —4E 31
Brake, The. Yate —1A 18
Brakewell Gdns. Bris —4C 88
Bramble Dri. Bris —4E 55
Bramble La. Bris —4E 55
Brambles, The. Bris —4E 87
Brambles, The. Key —5F 91
Bramble Way. C Down —3C 110
Bramblewood. Yat —2B 142
Bramblewood Rd. W Mare —2C 128
Brambling Wlk. Bris —1B 60 (in two parts)
Bramley Clo. Lock —4E 135
Bramley Clo. Pea J —5D 157
Bramley Clo. Pill —3E 53
Bramley Clo. Yat —4B 142
Bramley Ct. Bar C —1B 84
Bramley Dri. Back —3C 124
Bramley La. Trow —3D 119
Bramley Sq. Cong —3D 145
Bramleys, The. Nail —5A 122
Brampton Dri. Bris —4F 45
Brampton Way. P'head —3F 49
Bramshill Dri. W Mare —2D 129
Branche Gro. Bris —5F 87
Brandash Rd. Chip S —5E 19
Brandon Ho. Bris —4D 69
Brandon Steep. Bris —4E 69
Brandon Steps. Bris —4E 69
Brandon St. Bris —4E 69
Brangwyn Gro. Bris —2D 59
Brangwyn Sq. W Mare —3D 129
Branksome Cres. Bris —1D 43
Branksome Dri. Bris —1D 43
Branksome Dri. Wint —3A 30
Branksome Rd. Bris —4D 57
Branscombe Rd. Bris —3E 55
Branscombe Wlk. P'head —5B 48
Branwhite Clo. Bris —5D 43
Brassknocker Hill. Mon C —1B 112
Brassmill La. Bath —1B 104
Brassmill La. Trad. Est. Bath —2B 104
Bratton Rd. Bris —1F 87
Braunton Rd. Bris —2E 79
Braydon Av. Lit S —1E 27
Brayne Ct. L Grn —2B 84
Braysdown Clo. Pea J —3E 149
Braysdown La. Pea J —2F 149 (in two parts)
Breaches Ga. Brad S —3B 28
Breaches La. Key —4C 92
Breaches, The. E'ton G —2D 53
Breach Rd. Bris —2C 78
Breakneck. Back —4D 125
Brean Down Av. Bris —2D 57
Brean Down Av. W Mare —4B 132
Brecknock Rd. Bris —2C 80
Brecon Rd. Bris —1C 56
Brecon View. W Mare —2E 139
Bredon. Yate —2F 33
Bredon Clo. Bris —3B 74
Bredon Nook Rd. Bris —5E 41
Bree Clo. W Mare —1E 129
Brendon Av. W Mare —4D 127
Brendon Clo. Old C —1E 85
Brendon Gdns. Nail —4D 123
Brendon Rd. Bris —2F 79
Brendon Rd. P'head —3C 48
Brenner St. Bris —5D 59
Brent Clo. W Mare —1F 139
Brent Rd. Bris —2B 58
Brentry Av. Bris —3D 71
Brentry Hill. Bris —3C 40
Brentry Ho. Bris —1D 41
Brentry La. Bris —2C 40
Brentry Rd. Bris —3A 60
Brereton Way. Bris —1D 85
Brewerton Clo. Bris —1E 41
Briar Clo. Nail —3F 123
Briar Clo. Rads —4A 152
Briarfield Av. Bris —5D 73
Briarleaze. Rudg —5A 8
Briar Mead. Yat —2A 142
Briar Rd. Hut —5C 134
Briarside Rd. Bris —1E 41
Briar Wlk. Bris —4E 61
Briar Way. Bris —3D 61
Briarwood. Bris —1B 56
Briary Rd. P'head —3E 49
Briavels Gro. Bris —5B 58
Briburn M. Bath —3F 105 (off Stanhope Pl.)
Brick St. Bris —3B 70
Bridewell La. Bath —3A 106 (3B 96)
Bridewell La. Hut —3F 141
Bridewell St. Bris —3F 69 (1C 4)
Bridge Av. Trow —2A 118
Bridge Clo. Bris —4E 89
Bridge Farm Clo. Bris —5C 88
Bridge Farm Sq. Cong —2D 145
Bridgeleap Rd. Bris —4B 46
Bridge Pl. Rd. C'ton —1B 148
Bridge Rd. Bath —4D 105
Bridge Rd. B'don —5F 139
Bridge Rd. Eastv —4D 59
Bridge Rd. K'wd —4B 62
Bridge Rd. L Wds —4F 67
Bridge Rd. Mang —3E 63
Bridge Rd. W Mare —2D 133
Bridge Rd. Yate —4C 16
Bridges Ct. Fish —3D 61
Bridges Dri. Bris —1E 61
Bridge St. Bath —3B 106 (3C 96)
Bridge St. Brad A —3E 115
Bridge St. Bris —4A 70 (3C 4)
Bridge St. Eastv —5F 59
Bridge St. Trow —3D 119
Bridge Valley Rd. Bris —2A 68
Bridge Wlk. Bris —4C 42
Bridge Way. Fram C —1D 31
Bridgewell La. W Mare —2F 141
Bridgman Gro. Bris —1E 43
Bridgwater Rd. Bris —2A 86
Bridgwater Rd. Uph & B'don —5C 132
Bridgwater Rd. Wins —5C 156
Bridle Way. Alv —3A 8
Briercliffe Rd. Bris —5F 39
Brierly Furlong. Stok G —1F 43
Briery Leaze Rd. Bris —3C 88
Brighton Cres. Bris —3D 79
Brighton M. Bris —2D 69
Brighton Pk. Bris —2D 71
Brighton Pl. Bris —1F 73
Brighton Rd. Bris —1E 69
Brighton Rd. Pat —1B 26
Brighton Rd. W Mare —2C 132
Brighton St. Bris —1A 70
Brighton Ter. Bedm —3D 79
Bright St. Bar H —3D 71
Bright St. K'wd —2F 73
Brigstocke Rd. Bris —1A 70
Brimbles. Bris —2D 43
Brimbleworth La. St Geo —1A 130
Brimridge Rd. Wins —4B 156
Brinkworthy Rd. Bris —1A 60
Brinmead Wlk. Bris —5B 86
Brins Clo. Stok G —5B 28
Brinscombe La. Bath —5F 157
Brinsea Batch. Cong —5E 145
Brinsea La. Cong —5F 145
Brinsea Rd. Cong —3D 145
Brinsham La. Yate —1C 18
Briscoes Av. Bris —4E 87
Brislington Hill. Bris —3A 82
Brislington Retail Pk. Brisl —4A 82
Brislington Trad. Est. Bris —3B 82
Bristol Bus. Pk. Bris —3A 44
Bristol Ga. Bris —5B 68
Bristol Hill. Bris —3F 81
Bristol Rd. Bath —4D 95
Bristol Rd. Cong —2D 145
Bristol Rd. Fram C —5C 14
Bristol Rd. Fren —4C 44
Bristol Rd. Ham —1F 45
Bristol Rd. Key —2F 91
Bristol Rd. Paul —3B 146
Bristol Rd. P'head —4F 49
Bristol Rd. Rads —5B 148
Bristol Rd. T'bry —5C 6
Bristol Rd. W'chu —3E 89
Bristol Rd. Wins —5C 156
Bristol Rd. Wint —2A 30
Bristol Rd. W Mare —3A 130
Bristol Rd. Lwr. W Mare —5B 126
Bristol Vale Cen. for Industry. Bris —4D 79
Bristol Vale Trad. Est. Bris —5E 79
Bristol View. Bath —4D 109
Britannia Cres. Stok G —4F 27
Britannia Ho. Brad S —2B 42
Britannia Rd. E'tn —1D 71
Britannia Rd. K'wd —2E 73
Britannia Rd. Pat —1F 25
Britannia Way. Clev —5C 120
British Rd. Bris —2D 79
British Row. Trow —1C 118
British, The. Yate —2D 17
Brittan Pl. P'bry —4A 52
Britten Ct. L Grn —1B 84
Britten's Clo. Paul —3C 146
Britten's Hill. Paul —3C 146
Brixham Rd. Bris —3E 79
Brixton Rd. Bris —2D 71
Brixton Rd. M. E'tn —2D 71
Broadbury Rd. Bris —5F 79
Broadcloth La. Trow —3E 119
Broadcloth La. E. Trow —4E 119
Broad Croft. Brad S —4E 11
Broadcroft Av. Clav —2F 143
Broadcroft Clo. Clav —2F 143
Broadfield Av. Bris —2E 73
Broadfield Rd. Bris —5C 80
Broadlands. Clev —3F 121
Broadlands Av. Key —2F 91
Broadlands Dri. Bris —3C 38
Broad La. W'lgh —4F 31
Broad La. Yate —2D 17
Broadleas. Bris —1E 87
Broadleaze. Shire —5F 37
Broadley Pk. N Brad —4E 155
Broadleys Av. Bris —5E 41
Broadmead. Bris —3A 70 (1D 5)
Broadmead. Trow —1A 118
Broadmead La. Key —3D 93
Broadmead Shopping Cen. Bris —3A 70 (1D 5)
Broadmoor La. Bath —2A 98
Broadmoor Pk. Bath —4C 98
Broadmoor Vale. Bath —3B 98
Broadoak Hill. Dun —5B 86
Broadoak Rd. Bris —4B 86
Broadoak Rd. W Mare —5B 132
Broad Oaks. Bris —4A 68
Broadoak Wlk. Bris —3D 61
Broad Plain. Bris —3B 70 (3F 5)
Broad Quay. Bath —4A 106 (5C 96)
Broad Quay. Bris —4F 69 (3B 4)
Broad Rd. Bris —1E 73
Broadstone Wlk. Bris —3F 87
Broad St. Bath —2B 106 (2C 96)
Broad St. Bris —3F 69 (2C 4)
Broad St. Chip S —5D 19
Broad St. Cong —2D 145
Broad St. Stap H —3F 61
Broad St. Trow —1C 118
Broad St. Wrin —1B 156
Broad St. Pl. Bath —2B 106 (2C 96)
Broad Wlk. Bris —3B 80
Broad Wlk. P'head —1A 50
Broad Wlk. Shopping Precinct. Bris —3D 81
Broadway. Bath —3C 106 (4E 97)
Broadway. Lock —4B 136
Broadway. Salt —5F 93
Broadway. W Mare —1D 139
Broadway. Yate —4B 18
Broadway Av. Bris —1F 57
Broadway La. Rads —3E 147
Broadway Rd. Bishop —4F 57
Broadway Rd. B'wth —3B 86
Broadways Dri. Bris —5B 44
Broad Weir. Bris —3A 70 (2E 5)
Brock End. P'head —5A 48
Brockhurst Gdns. Bris —2C 72
Brockhurst Rd. Bris —2C 72
Brockley Clo. Lit S —2E 27
Brockley Clo. Nail —4C 122
Brockley Clo. W Mare —2D 139
Brockley Combe Rd. Back —5A 124
Brockley Cres. W Mare —2D 139
Brockley La. B'ley —3A 124
Brockley Rd. Salt —5F 93
Brockley Wlk. Bris —5C 78
Brockley Way. B'ley —5A 124
Brockley Way. Clav —1F 143
Brockridge La. Fram C —2E 31
Brocks La. L Ash —4B 76
Brocks Rd. Bris —5E 87
Brock St. Bath —2A 106 (1A 96)
Brockway. Nail —3E 123
Brockworth. Yate —3E 33
Brockworth Cres. Bris —1B 60
Bromley Dri. Bris —4F 45
Bromley Heath Av. Bris —4F 45
Bromley Heath Rd. Bris (in two parts) —5F 45
Bromley Rd. Bris —2B 58
Brompton Clo. Bris —2B 74
Brompton Rd. W Mare —1E 139
Broncksea Rd. Bris —3B 42
Brook Clo. L Ash —4D 77
Brookcote Dri. Lit S —3F 27
Brookdale Rd. Bris —2D 87
Brookfield Av. Bris —4F 57
Brookfield Clo. Chip S —4E 19
Brookfield Pk. Bath —4C 98
Brookfield Rd. Bris —5F 57
Brookfield Rd. Pat —1D 27
Brookfield Wlk. Clev —3F 121
Brookfield Wlk. Old C —2E 85
Brookgate. Bris —4A 78
Brook Hill. Bris —1B 70
Brook Ho. Lit S —2E 27
Brookland Rd. Bris —2F 57
Brookland Rd. W Mare —1F 133
Brook La. Mont —1B 70
Brook La. Stap —1A 60
Brooklea. Old C —1D 85
Brookleaze. Bris —1E 55
Brookleaze Bldgs. Bath —4C 100
Brook Lintons. Bris —2F 81
Brooklyn. Wrin —1B 156
Brooklyn Rd. Bath —4D 101
Brooklyn Rd. Bris —5D 79
Brooklyn St. Bris —5B 58
Brookmead. T'bry —5E 7
Brookridge Ho. Bris —1B 40
Brook Rd. Bath —3E 105
Brook Rd. Fish —3C 60
Brook Rd. Mang —1B 62
Brook Rd. Mont —1B 70
Brook Rd. St G —1A 72
Brook Rd. S'vle —1F 79
Brook Rd. Trow —2A 118
Brook Rd. War —2C 74
Brookside. Paul —3B 146
Brookside. Pill —4E 53
Brookside Clo. Bathe —1A 102
Brookside Clo. Paul —3B 146
Brookside Dri. Fram C —1D 31
Brookside Ho. Bath —5C 98
Brookside Rd. Bris —3A 82
Brook St. Bris —3E 71
Brook St. Chip S —5C 18
Brookthorpe. Yate —1F 33
Brookthorpe Av. Bris —3C 38
Brookview Wlk. Bris —1D 87
Brook Way. Brad S —3A 28
Broom Farm Clo. Nail —5D 123
Broomfield Wlk. E Grn —5D 47
Broomground. W'ley —2F 113
Broom Hill. Bris —1A 60
Broom Hill La. Clut —1B 146
Broomhill Rd. Brisl —4B 82
Brougham Cotts. Bath (off Dafford St.) —4D 101
Brougham Hayes. Bath —3E 105

Brougham Pl.—Cecil Av.

Brougham Pl. Bath —4D 101 (off St Saviours Rd.)
Broughton Ho. Bris —5A 70
Broughton Rd. Holt —5C 118
Brow Hill. Bath —2A 102
Brow Hill Vs. Bath —2A 102
Brownlow Rd. W Mare —4C 132
Brown St. Trow —3D 119
Brow, The. Bath —3D 111 (Church Rd.)
Brow, The. Bath —4C 104 (Innox Rd.)
Broxholme Wlk. Bris —4B 38
Bruce Av. Bris —1E 71
Bruce Rd. Bris —1E 71
Brue Clo. W Mare —3C 132
Brummel Way. Paul —3A 146
Brunel Clo. War —3E 75
Brunel Clo. W Mare —2D 139
Brunel Ct. Yate —4E 17
Brunel Ho. Bath —3B 104
Brunel Lock Rd. Bris —5B 68
Brunel Rd. Bris —5B 78
Brunel Rd. Nail —4A 122
Brunel Way. Ash G & Bris —1B 78
Brunel Way. T'bry —5C 6
Brunswick Pl. Bath —2A 106 (1B 96)
Brunswick Pl. Bris —5B 68
Brunswick Sq. Bris —2A 70
Brunswick St. Bar H —3E 71
Brunswick St. Bath —5C 100
Brunswick St. St Pa —2A 70
Bruton. W Mare —1E 139
Bruton Av. Bath —5A 106
Bruton Av. P'head —3C 48
Bruton Clo. Bris —2B 72
Bruton Clo. Nail —5D 123
Bruton Pl. Bris —3D 69
Bryanson's Clo. Bris —1F 59
Bryant Av. Rads —3A 152
Bryant Gdns. Clev —5C 120
Bryants Clo. Bris —3E 45
Bryants Hill. Bris —4D 73
Bryer-Ash Bus. Pk. Trow —2C 118
Brynland Av. Bris —3A 58
Buchanans Wharf N. Bris —4A 70 (4D 5)
Buchanans Wharf S. Bris —4A 70 (4D 5)
Buckingham Dri. Stok G —5A 28
Buckingham Gdns. Bris —1A 62
Buckingham Ho. Brad S —2B 42
Buckingham Pde. T'bry —3C 6
Buckingham Pl. Clif —3C 68
Buckingham Pl. Down —1A 62
Buckingham Rd. Bris —5F 71
Buckingham Rd. W Mare —5F 133
Buckingham St. Bris —3E 79
Buckingham Vale. Bris —2C 68
Buckland Grn. W Mare —1E 129
Bucklands Batch. Nail —5E 123
Bucklands Dri. Nail —5E 123
Bucklands End. Nail —5E 123
Bucklands Gro. Nail —5E 123
Bucklands La. Nail —5E 123
Bucklands View. Nail —5F 123
Buckleaze Clo. Trow —5D 119
Budbury Circ. Brad A —2D 115
Budbury Clo. Brad A —2D 115
Budbury Heights. Brad A —2D 115
Budbury Pl. Brad A —2D 115
Budbury Ridge. Brad A —2D 115
Budbury Tyning. Brad A —2C 114
Bude Av. Bris —2C 72
Bude Clo. Nail —4F 123
Bude Rd. Bris —1D 43
Bullens Clo. Brad S —4F 11
Buller Rd. Bris —3E 81
Bull La. Bris —4B 72
Bull La. Pill —3E 53
Bull Pit. Brad A —3E 115
Bumper's Batch. Bath —4B 110
Bungay's Hill. Paul —1B 146
Bunting Ct. W Mare —4C 128
Burbank Clo. L Grn —2C 84
Burchells Av. Bris —1D 73
Burchells Grn. Clo. Bris —1D 73
Burchells Grn. Rd. Bris —1D 73
Burcott Rd. Bris —4E 21
Burden Clo. Brad S —3B 28
Burderop Clo. Trow —5D 119
Burfoote Gdns. Bris —4A 90
Burfoote Rd. Bris —4A 90
Burford Av. Pat —1E 27
Burford Clo. Bath —1C 108
Burford Clo. P'head —4A 50
Burford Gro. Bris —2B 54
Burgage Clo. Chip S —1D 35
Burgess Grn. Clo. St Ap —3A 72
Burghill Rd. W Trym —3C 40
Burghley Rd. Bris —5A 58
Burgis Rd. Bris —2F 89
Burleigh Gdns. Bath —1B 104
Burleigh Way. Wickw —2C 154
Burley Av. Bris —2B 62
Burley Cres. Bris —1B 62
Burley Gro. Bris —1B 62
Burlington Pl. Bath —2A 106 (off Julian Rd.)
Burlington Rd. Bris —5D 57
Burlington Rd. Mid N —2F 151
Burlington St. Bath —1A 106
Burlington St. W Mare —5C 126
Burnbush Clo. Bris —2A 90
Burnell Dri. Bris —2B 70
Burnett Rd. Trow —4D 119
Burney Way. L Grn —2C 84
Burnham Clo. Bris —1B 74
Burnham Clo. W Mare —2D 139
Burnham Dri. Bris —1B 74
Burnham Dri. W Mare —2D 139
Burnham Rd. Bath —3D 105
Burnham Rd. Bris —1F 53
Burnside Clo. Bris —2E 41
Burnt Ho. Cotts. Bath —4D 109
Burnt House Rd. Bath —4E 109
Burrington Av. W Mare —2D 139
Burrington Clo. Nail —4D 123
Burrington Clo. W Mare —2D 139
Burrington Wlk. Bris —5C 78
Burrough Way. Wint —4A 30
Burton Clo. Bris —5A 70
Burton Ct. Bris —3D 69
Burton St. Bath —3B 106 (3C 96)
Burwalls Rd. Bris —4A 68
Bury Ct. Clo. Bris —3C 38
Bury Hill. Wint —1B 46
Bury, The. Lock —5E 135
Bush Av. Lit S —3E 27
Bush Ct. Alv —2A 8
Bush Ct. Bris —1B 80
Bush Ind. Est. Bris —2F 71
Bush La. Bris —1D 79
Bushy Ho. Bris —2B 80
Bushy Pk. Bris —2B 80
Butcombe. W Mare —1E 139
Butcombe Wlk. Bris —3D 89
Buthay, The. Wickw —2B 154
Butlass Clo. High L —1A 146
Butlers Clo. Bris —4B 72
Butterfield Clo. Bris —5A 42
Butterfield Pk. Clev —5C 120
Butterfield Rd. Bris —5A 42
Buttermere Rd. W Mare —3E 133
Butterworth Ct. Bris —1F 87
Butt La. T'bry —1D 7
Button Clo. Bris —2C 88
Butt's Batch. Wrin —2B 156
Buxton Wlk. Bris —4C 42
Byfield. C Down —3C 110
Byfield Bldgs. Bath —3C 110 (off Byfield Pl.)
Byfield Pl. Bath —3C 110
Byfields. Clev —5C 120
Byron Clo. Lock —4E 135
Byron Pl. Bris —3D 69
Byron Pl. Stap H —3A 62
Byron Rd. Bath —5A 106
Byron Rd. Lock —4E 135
Byron Rd. W Mare —4E 133
Byron St. Redf —3E 71
Byron St. St Pa —1C 70
Bythesea Rd. Trow —2C 118
Byways Cvn. Pk. Clev —5C 120
Byzantine Ct. Bris —5F 69

Cabot Clo. Salt —5F 93
Cabot Clo. Yate —5B 18
Cabot Ct. Bris —3B 42
Cabot Grn. Bris —3D 71
Cabot Ho. T'bry —4D 7
Cabot Rise. P'head —3C 48
Cabot Way. Bris —5B 68
Cabot Way. Pill —4F 53
Cabot Way. W Mare —2E 129
Cabstand. P'head —2F 49
Cadbury Farm Rd. Yat —4B 142
Cadbury Heath Rd. Bris —5C 74
Cadbury Rd. Key —5A 92
Cadbury Rd. P'head —4F 49
Cadbury Sq. Cong —3D 145
Cadby Clo. Trow —2F 119
Cadby Ho. Bath —3B 104
Caddick Clo. Bris —5B 62
Cade Clo. K'wd —4B 74
Cade Clo. Stok G —4A 28
Cadogan Rd. Bris —5C 80
Caen Rd. Bris —2F 79
Caernarvon Rd. Key —4E 91
Caine Rd. Bris —5B 42
Cains Clo. Bris —4A 74
Cairn Clo. Nail —4F 123
Cairns Ct. Bris —3E 57
Cairns Cres. Bris —1B 70
Cairns Rd. Bris —2D 57
Cala Trad. Est. Bris —2B 78
Calcott Rd. Bris —3C 80
Caldbeck Clo. Bris —2F 41
Calder Clo. Key —4C 92
Caldicot Clo. Bris —2E 39
Caldicot Clo. Will —3D 85
Caledonia M. Bris —3B 68
Caledonian Rd. Bath —3E 105
Caledonia Pl. Bris —4B 68
California Rd. Old C —2C 84
Callard Ho. Bris —3B 60
Callicroft Rd. Pat —2C 26
Callington Rd. Bris —4D 81
Callowhill Ct. Bris —3A 70 (1D 5)
Calton Gdns. Bath —4A 106
Calton Rd. Bath —4B 106
Calton Wlk. Bath —4A 106
Camberley Dri. Fram C —1B 30
Camberley Rd. Bris —5E 79 (in two parts)
Camborne Rd. Bris —5C 42
Cambrian Dri. Yate —3F 17
Cambridge Cres. Bris —5C 40
Cambridge Gro. Clev —1D 121
Cambridge Pk. Bris —4D 57
Cambridge Pl. Bath —4C 106
Cambridge Pl. W Mare —5B 126
Cambridge Rd. Bris —3F 57
Cambridge Rd. Clev —1D 121
Cambridge St. Redf —3E 71
Cambridge St. Tot —1B 80
Cambridge Ter. Bath —4C 106
Cam Brook Clo. C'ton —1A 148
Camden Ct. Bath —1A 106
Camden Cres. Bath —1A 106
Camden Rd. Bath —1B 106
Camden Rd. Bris —5D 69
Camden Row. Bath —1A 106 (in two parts)
Camden Ter. Bath —1B 106 (off Camden Rd.)
Camden Ter. Bris —4C 68
Camden Ter. W Mare —1C 132
Cameley Grn. Bath —3A 104
Camelford Rd. Bris —5F 59
Cameron Wlk. Bris —1E 59
Cameroons Clo. Key —4A 92
Camerton Clo. Salt —1A 94
Camerton Hill. C'ton —1B 148
Camerton Rd. Bris —1F 71
Campbells Farm Dri. Bris —3B 38
Campbell St. Bris —1A 70
Campian Wlk. Bris —2F 87
Campion Clo. T'bry —2E 7
Campion Clo. W Mare —1B 134
Campion Dri. Brad S —4F 11
Campion Dri. Trow —4D 119
Camplins. Clev —5C 120
Camp Rd. Bris —3B 68
Camp Rd. W Mare —4A 126
Camp Rd. N. W Mare —4A 126
Camp View. Nail —3C 122
Camp View. Wint D —5A 30
Camvale. Pea J —1E 149
Camview. Paul —3A 146
Camwal Ind. Est. Bris —5C 70
Camwal Rd. Bris —5C 70
Canada Coombe. Hut —1D 141
Canada Way. Bris —5C 68
Canal Rd. Trow —5D 117
Canal Rd. Ind. Est. Trow —4D 117
Canal Ter. B'ptn —5A 102
Canberra Cres. Lock —2F 135
Canberra Gro. Bris —5D 27
Canberra Rd. W Mare —5D 133
Canford La. Bris —5F 39
Canford Rd. Bris —4B 40
Cann La. Bris —4F 75
Cannons Ga. Clev —5C 120
Cannon St. Bedm —1E 79
Cannon St. Bris —2F 69
Canons Clo. Bath —2C 108
Canons Clo. Wint —2A 30
Canons Ho. Bris —5E 69 (5A 4)
Canons Rd. Bris —5E 69 (5A 4)
Canon St. Bris —2E 71
Canon's Wlk. Bris —5A 62
Canon's Wlk. W Mare —3B 128
Canons Way. Bris —4E 69
Canowie Rd. Bris —4D 57
Cantell Gro. Bris —3B 90
Canterbury Clo. W Mare —1E 129
Canterbury Clo. Yate —3A 18
Canterbury Rd. Bath —4E 105
Canterbury St. Bar H —4D 71
Canters Leaze. Wickw —3C 154
Cantock's Clo. Bris —3E 69 (2A 4)
Canton Pl. Bath —1B 106
Canvey Clo. Bris —5A 42
Canynge Ho. Bris —5A 70
Canynge Rd. Bris —2B 68
Canynge Sq. Bris —2B 68
Canynge St. Bris —4A 70 (4D 5)
Capel Clo. Bris —2D 75
Capell Clo. W Mare —5F 127
Capel Rd. Bris —3D 39
Capenor Clo. P'head —4E 49
Capgrave Clo. Bris —2C 82
Capgrave Cres. Bris —2C 82
Caraway Gdns. Bris —5E 59
Carders Corner. Trow —3D 119
Cardigan Cres. W Mare —5A 128
Cardigan La. Bris —1D 57
Cardigan Rd. Bris —1D 57
Cardill Clo. Bris —5C 78
Cardinal Clo. Bath —4E 109
Carditch Drove. Cong —5B 144
Carey's Clo. Clev —2F 121
Carice Gdns. Clev —5D 121
Carisbrooke Cres. Trow —2E 117
Carisbrooke Rd. Bris —5F 79
Carlingford Ter. Rads —2D 153
Carlingford Ter. Rd. Rads —2D 153
Carlow Rd. Bris —5A 80
Carlton Ct. Bris —5C 40
Carlton Mans. N. W Mare (off Beach Rd.) —1B 132
Carlton Mans. S. W Mare (off Beach Rd.) —1B 132
Carlton Pk. Bris —2E 71
Carlton Row. Trow —4C 118
Carlton St. W Mare —1B 132
Carlyle Rd. Bris —1E 71
Carmarthen Clo. Yate —2B 18
Carmarthen Gro. Will —4D 85
Carmarthen Rd. Bris —1C 56
Carnarvon Rd. Bris —5E 57
Caroline Bldgs. Bath —4C 106 (5E 97)
Caroline Clo. Key —4E 91
Caroline Pl. Back —3C 124
Caroline Pl. Bath —1A 106
Carpenters La. Key —3A 92
Carpenters Shop La. Bris —1A 62
Carre Gdns. W Mare —1D 129
Carr Ho. Bath —3B 104
Carrick Ho. Bris —4B 68 (off Hotwell Rd.)
Carrington Rd. Bris —1C 78
Carsons Rd. Mang —4D 63
Carter Rd. Paul —4A 146
Carter Wlk. Brad S —1F 27
Cart La. Bris —4A 70 (4E 5)
Cartledge Rd. Bris —1E 71
Cashmore Ho. Bris —3D 71
Caslon Ct. Bris —5A 70
Cassell Rd. Bris —2E 61
Cassey Bottom La. Bris —3C 72
Castle Clo. Bris —2F 39
Castle Ct. T'bry —3C 6
Castle Farm Rd. Bris —3D 83
Castle Gdns. Bath —1F 109
Castle Hill. Ban —5F 137
Castle Ho. Wickw —2C 154
Castle M. Wickw —2C 154
Castle Pl. Trow —2D 119
Castle Rd. Bris —5F 61
Castle Rd. Clev —1D 121
Castle Rd. Old C —2E 85
Castle Rd. Puck —1E 65
Castle Rd. W Mare —2C 128
Castle St. Bris —3A 70 (2E 5)
Castle St. T'bry —2B 6
Castle St. Trow —2D 119
Castle View Rd. Clev —1D 121
Castlewood Clo. Clev —2D 121
Caswell Hill. P'bry —5D 51
Caswell La. P'bry —5E 51
Catbrain Hill. Bris —3D 25
Catbrain La. Bris —3D 25
Catemead. Clev —5C 120
Cater Rd. Bris —2C 86
Catharine Pl. Bath —2A 106 (1A 96)
Cathcart Ho. Bath —1B 106
Cathedral Sq. Bris —4E 69 (4A 4)
Catherine Mead St. Bris —1E 79
Catherine St. A'mth —4E 37
Catherine Way. Bathe —2B 102
Catley Gro. L Ash —4D 77
Cato St. Bris —5D 59
Catsley Pl. Bath —3D 101
Cattistock Dri. Bris —4C 72
Cattle Mkt. Rd. Bris —5B 70 (5F 5)
Cattybrook Rd. Mang & (in two parts) E Grn —2F 63
Cattybrook St. Bris —2D 71
Caulfield Rd. W Mare —1F 129
Causeway. Tic & Nail —2A 122
Causeway, The. Coal H —2F 31
Causeway, The. Cong —2D 145
Causeway, The. Yat —4C 142
Causeway View. Nail —3B 122
Causley Dri. Bar C —5B 74
Cautletts Clo. Mid N —4C 150
Cavan Wlk. Bris —4F 79
Cave Ct. Bris —2A 70
Cave Dri. Bris —1F 61
Cavell Ct. Clev —5C 120
Cavendish Clo. Salt —5F 93
Cavendish Cres. Bath —1F 105
Cavendish Gdns. Bris —3E 55
Cavendish Lodge. Bath —1F 105
Cavendish Pl. Bath —1F 105
Cavendish Rd. Bath —1F 105
Cavendish Rd. Bris —2C 56
Cavendish Rd. Pat —1B 26
Caverners Ct. W Mare —4F 127
Caversham Dri. Nail —3F 123
Cave St. Bris —2A 70
Caxton Ct. Bath —2B 106 (2C 96)
Caxton Ga. Bris —5A 70
Cecil Av. Bris —1B 72

Cecil Rd.—Churchill Rd.

Cecil Rd. *Clif* —2B **68**
Cecil Rd. *K'wd* —2F **73**
Cecil Rd. *W Mare* —4C **126**
Cedar Av. *W Mare* —4A **128**
Cedar Clo. *L Ash* —4B **76**
Cedar Clo. *Old C* —1D **85**
Cedar Clo. *Pat* —2B **26**
Cedar Ct. *Brad A* —1E **115**
Cedar Ct. *Bris* —3E **55**
Cedar Dri. *Key* —4F **91**
Cedar Gro. *Bath* —1E **109**
Cedar Gro. *Bris* —2F **55**
Cedar Gro. *Trow* —4B **118**
Cedar Hall. *Bris* —4E **45**
Cedarhurst Rd. *P'head* —5A **48**
Cedarn Ct. *W Mare* —1F **127**
Cedar Pk. *Bris* —2F **55**
Cedar Row. *Bris* —1B **54**
Cedars, The. *Bris* —4F **55**
Cedars Way. *Wint* —4F **29**
Cedar Ter. *Rads* —3A **152**
Cedar Vs. *Bath* —4F **105**
Cedar Wlk. *Bath* —4F **105** (in two parts)
Cedar Way. *Bath* —4F **105**
Cedar Way. *Nail* —3F **123**
Cedar Way. *P'head* —4D **49**
Cedar Way. *Puck* —2D **65**
Cedric Clo. *Bath* —2D **105**
Cedric Rd. *Bath* —2D **105**
Celandine Clo. *T'bry* —2E **7**
Celestine Rd. *Yate* —3E **17**
Celia Ter. *St Ap* —4B **72**
Celtic Way. *B'don* —3F **139**
Cemetery La. *Brad A* —2F **115**
Cemetery Rd. *Bris* —2C **80**
Cennick Av. *Bris* —1A **74**
Centaurus Rd. *Pat* —2E **25**
Central Av. *Bris* —5E **73**
Central Trad. Est. *Bris* —1D **81**
Central Way. *Clev* —5D **121**
Centre Dri. *Ban* —4C **136**
Centre, The. *Key* —3A **92**
Centre, The. *W Mare* —1C **132**
Ceres Clo. *L Grn* —3B **84**
Cerimon Ga. *Stok G* —4A **28**
Cerney Gdns. *Nail* —3F **123**
Cerney La. *Bris* —2A **54**
Cesson Clo. *Chip S* —1E **35**
Chadleigh Gro. *Bris* —1F **87**
Chaffinch Dri. *Mid N* —4E **151**
Chaffinch Dri. *Trow* —2A **118**
Chaffins, The. *Clev* —4E **121**
Chaingate La. *Iron A* —1B **16**
Chakeshill Clo. *Bris* —1E **41**
Chakeshill Dri. *Bris* —1E **41**
Chalcombe Clo. *Lit S* —1E **27**
Chalcroft Ho. *Bris* —1C **78**
Chalcroft Wlk. *Bris* —4A **86**
Chalet, The. *Bris* —1B **40**
Chalfont Clo. *Trow* —2A **118**
Chalfont Rd. *W Mare* —5A **128**
Chalford Clo. *Yate* —1F **33**
Chalks Rd. *Bris* —2F **71**
Challender Av. *Bris* —2B **40**
Challoner Ct. *Bris* —5F **69** (5B **4**)
Challow Dri. *W Mare* —3F **127**
Champion Rd. *Bris* —5B **62**
Champneys Av. *Bris* —1B **40**
Chancel Clo. *Bris* —4F **55**
Chancel Clo. *Nail* —4C **122**
Chancery St. *Bris* —3D **71**
Chandag Rd. *Key* —4B **92**
Chandler Clo. *Bath* —5C **98**
*Chandos Bldgs. Bath —3A **106** (off Westgate Bldgs.)*
Chandos Rd. *Bris* —1D **69**
Chandos Rd. *Key* —1A **92**
Chandos Trad. Est. *Bris* —5C **70**
Channel Heights. *W Mare* —2D **139**
Channells Hill. *W Trym* —4C **40**
Channel Rd. *Clev* —1D **121**
Channel View Cres. *P'head* —3D **49**
Channel View Rd. *P'head* —3D **49**
Channon's Hill. *Bris* —3B **60**
Chantree Rd. *Bris* —4F **41**
Chantry Clo. *Nail* —4B **122**
Chantry Dri. *W Mare* —1D **129**
Chantry Gro. *Bris* —2E **39**
Chantry La. *Down* —3B **46**
Chantry Mead Rd. *Bath* —1F **109**
Chantry Rd. *Bris* —1D **69**
Chantry Rd. *T'bry* —2C **6**
Chapel Av. *Nail* —3D **123**
Chapel Barton. *Bedm* —3D **79**
Chapel Barton. *Nail* —3B **122**
Chapel Clo. *Bris* —2D **75**
Chapel Clo. *Nail* —3D **123**
*Chapel Ct. Bath —3A **106** (off Westgate Bldgs.)*
Chapel Ct. *Rads* —5B **148**
Chapel Gdns. *Bris* —3C **40**
Chapel Grn. La. *Bris* —5D **57**
Chapel Hill. *Back* —1F **125**
Chapel Hill. *Clev* —3D **121**
Chapel Hill. *Wrin* —1B **156**
Chapel La. *Clav* —2F **143**
Chapel La. *Clay H* —5A **60**
Chapel La. *Fish* —3C **60**
Chapel La. *Fren* —5E **45**
Chapel La. *Law W* —2D **39**
Chapel La. *War* —2D **75**
Chapel Lawns. *Clan* —5B **148**
Chapel Rd. *B'wth* —2C **86**
Chapel Rd. *Clan* —5B **148**
Chapel Rd. *E'tn* —1D **71**
Chapel Rd. *Han* —5E **73**
Chapel Row. *Bath* —3A **106** (3A **96**)
Chapel Row. *B'ptn* —5A **102**
Chapel Row. *Bathf* —4D **103**
Chapel Row. *Pill* —3E **53**
Chapel St. *Bris* —5C **70**
Chapel St. *T'bry* —4C **6**
Chapel Way. *St Ap & Avon V* —4A **72**
Chaplin Rd. *Bris* —1D **71**
Chapter St. *Bris* —2A **70**
Charbon Ga. *Stok G* —4B **28**
Charborough Ct. *Brad S* —2C **42**
Charborough Rd. *Bris* —2B **42**
Charbury Wlk. *Bris* —2A **54**
Chard Clo. *Nail* —5E **123**
Chard Ct. *Bris* —2D **89**
Chard Rd. *Clev* —5D **121**
Chardstock Av. *Bris* —4E **39**
Charfield. *Bris* —2C **74**
Charfield Rd. *Bris* —3E **41**
Chargrove. *Bris* —4F **75**
Chargrove. *Yate* —2F **33**
Charis Av. *Bris* —5E **41**
Charlcombe La. *Lark* —4A **100**
Charlcombe Rise. *Bath* —4A **100**
Charlcombe View Rd. *Bath* —4B **100**
Charlcombe Way. *Bath* —4A **100**
Charlecombe Ct. *W Trym* —1B **56**
Charlecombe Rd. *Bris* —1B **56**
Charles Av. *Stok G* —5A **28**
Charles Clo. *T'bry* —1D **7**
Charles Pl. *Bris* —4C **68**
Charles Rd. *Bris* —1D **43**
Charles St. *Bath* —3A **106** (3A **96**)
Charles St. *Bris* —2F **69**
Charles St. *Trow* —1C **118**
Charlock Clo. *W Mare* —1B **134**
Charlock Rd. *W Mare* —1B **134**
Charlotte Ct. *Trow* —1D **119**
Charlotte Sq. *Trow* —1D **119**
Charlotte St. *Bath* —2A **106** (3A **96**)
Charlotte St. *Bris* —2B **70** (Meadow St.)
Charlotte St. *Bris* —3E **69** (Park St.)
Charlotte St. *Trow* —1D **119**
Charlotte St. S. *Bris* —4E **69**
Charlton Av. *Bris* —2C **42**
Charlton Av. *W Mare* —4B **132**
Charlton Comn. *Bris* —5F **25**
Charlton Ct. *Pat* —5B **10**
Charlton Gdns. *Bris* —5F **25**
Charlton La. *Bris* —1C **40**
Charlton La. *Mid N* —5F **151**
Charlton Mead Ct. *Bris* —5F **25**
Charlton Mead Dri. *Bris* —1F **41**
Charlton Pk. *Key* —3F **91**
Charlton Pk. *Mid N* —5E **151**
Charlton Pl. *Bris* —5F **25**
Charlton Rd. *Key* —5E **91**
Charlton Rd. *K'wd* —1D **73**
Charlton Rd. *Mid N* —4E **151**
Charlton Rd. *W Mare* —4B **132**
Charlton Rd. *W Trym* —3C **40**
Charlton St. *Bris* —3D **71**
Charlton View. *P'head* —3E **49**
Charminster Rd. *Bris* —4D **61**
Charmouth Rd. *Bath* —2C **104**
Charnell Rd. *Stap H* —3A **62**
Charnhill Brow. *Mang* —3C **62**
Charnhill Cres. *Mang* —3B **62**
Charnhill Dri. *Mang* —3B **62**
Charnhill Ridge. *Mang* —3C **62**
Charnhill Vale. *Mang* —3B **62**
Charnwood. *Mang* —3C **62**
Charnwood Rd. *Bris* —4D **89**
Charnwood Rd. *Trow* —1A **118**
Charterhouse Clo. *Nail* —4E **123**
Charterhouse Rd. *Bris* —2F **71**
Charter Rd. *W Mare* —5F **127**
Charter Wlk. *Bris* —2C **88**
Chase La. *K'wd* —1C **154**
Chase Rd. *Bris* —5F **61**
Chase, The. *Bris* —4E **61**
Chatcombe. *Yate* —2A **34**
Chatham Pk. *Bath* —3D **107**
Chatham Row. *Bath* —2B **106** (1C **96**)
Chatsworth Pk. *T'bry* —1D **7**
Chatsworth Rd. *Arn V* —1E **81**
Chatsworth Rd. *Fish* —4D **61**
Chatterton Grn. *Bris* —4B **88**
*Chatterton Ho. Bris —5A **70** (off Ship La.)*
Chatterton Rd. *Yate* —5F **17**
Chatterton Sq. *Bris* —5B **70**
Chatterton St. *Bris* —5B **70**
Chaucer Rd. *Bath* —5A **106**
Chaucer Rd. *Rads* —4E **151**
Chaucer Rd. *W Mare* —4E **133**
Chaundey Gro. *Bris* —3D **87**
Chavenage. *Bris* —1C **74**
Cheapside. *Bris* —2B **70**
Cheapside St. *Bris* —1B **80**
Cheap St. *Bath* —3B **106** (3C **96**)
Cheddar Clo. *Nail* —5E **123**
Cheddar Gro. *Bris* —5C **78**
Chedworth. *Bris* —4A **62**
Chedworth. *Yate* —2D **33**
Chedworth Clo. *Clav D* —1F **111**
Chedworth Rd. *Bris* —1C **58**
Cheese La. *Bris* —4A **70** (3E **5**)
Chelford Gro. *Pat* —1D **27**
Chelmer Gro. *Key* —4B **92**
Chelmsford Wlk. *Bris* —5B **72**
Chelscombe. *Bath* —5C **98**
Chelsea Clo. *Key* —3C **92**
*Chelsea Ho. Bath —1B **106** (off Snow Hill)*
Chelsea Pk. *Bris* —2E **71**
Chelsea Rd. *Bath* —2D **105**
Chelsea Rd. *Bris* —1D **71**
Chelsfield. *Back* —1C **124**
Chelston Rd. *Bris* —1F **87**
Chelswood Av. *W Mare* —5A **128**
Chelswood Gdns. *W Mare* —5B **128**
Cheltenham La. *Bris* —5A **58**
Cheltenham Rd. *Bris* —5F **57**
Cheltenham Rd. *Bris* —1A **74**
Cheltenham St. *Bath* —4F **105**
Chelvey Batch. *B'ley* —5B **124**
Chelvey La. *W Town* —5A **124**
Chelvey Rise. *Nail* —5F **123**
Chelvey Rd. *C'vey & W Town* —3A **124**
Chelvy Clo. *Bris* —5F **87**
Chelwood Dri. *Bath* —3E **109**
Chelwood Rd. *Bris* —5F **37**
Chelwood Rd. *Salt* —1A **94**
Chepston Pl. *Trow* —1A **118**
Chepstow Pk. *Bris* —3B **46**
Chepstow Rd. *Bris* —5F **79**
Chepstow Wlk. *Key* —3F **91**
Chequers Clo. *Old C* —2E **85**
Chequers Ct. *Brad S* —2C **28**
Cherington. *Bris* —5D **73**
Cherington. *Yate* —3F **33**
Cherington Rd. *Bris* —5E **41**
Cherington Rd. *Nail* —4F **123**
Cheriton Pl. *War* —4E **75**
Cheriton Pl. *W Trym* —5D **41**
Cherry Av. *Clev* —4E **121**
Cherry Clo. *Yat* —3B **142**
Cherry Garden La. *Old C* —2D **85**
Cherry Garden Rd. *Bit* —4E **85**
Cherry Gdns. *Bit* —4E **85**
Cherry Gdns. *Hil* —3D **119** (in two parts)
Cherry Gdns. Ct. *Trow* —3D **119**
Cherry Gro. *Mang* —1C **62**
Cherry Gro. *Yat* —3B **142**
Cherry Hay. *Clev* —5D **121**
Cherry La. *Bris* —2A **70**
Cherry Orchard La. *Bris* —2B **72**
Cherry Rd. *Chip S* —5C **18**
Cherry Rd. *L Ash* —3B **76**
Cherry Rd. *Nail* —4C **122**
Cherrytree Clo. *Bris* —5E **61**
Cherry Tree Clo. *Key* —4E **91**
Cherry Tree Clo. *Rads* —3B **152**
Cherrytree Ct. *Puck* —2E **65**
Cherrytree Cres. *Bris* —5E **61**
Cherrytree Rd. *Bris* —5E **61**
Cherry Wood. *Old C* —3D **85**
Cherrywood Rise. *W Mare* —3D **129**
Cherrywood Rd. *W Mare* —3D **129**
Chertsey Rd. *Bris* —1D **69**
Cherwell Clo. *T'bry* —5D **7**
Cherwell Rd. *Key* —4C **92**
Chescombe Rd. *Yat* —4B **142**
Chesham Rd. N. *W Mare* —5F **127**
Chesham Rd. S. *W Mare* —5F **127**
Chesham Way. *Bris* —1F **73**
Cheshire Clo. *Yate* —3A **18**
Chesle Clo. *P'head* —5A **48**
Cheslefield. *P'head* —5A **48**
Chesle Way. *P'head* —5A **48**
Chessel Clo. *Brad S* —4E **11**
Chessel St. *Bris* —2D **79**
Chessington Av. *Bris* —3D **89**
Chesterfield Av. *Bris* —5A **58**
Chesterfield Clo. *Ban* —5D **137**
Chesterfield Ho. *Mid N* —3E **151**
Chesterfield Rd. *Down* —2A **62**
Chesterfield Rd. *St And* —5A **58**
Chestermaster Clo. *Alm* —1C **10**
Chester Pk. Rd. *Bris* —5D **61**
Chester Rd. *Bris* —1A **72**
Chesters. *Bris* —1C **84**
Chester St. *Bris* —5D **59**
Chesterton Dri. *Nail* —3F **123**
Chestertons, The. *B'ptn* (in two parts) —5A **102**
Chestnut Av. *W Mare* —4E **129**
Chestnut Chase. *Nail* —2F **123**
Chestnut Clo. *Ban* —5E **137**
Chestnut Clo. *Bris* —3A **90**
Chestnut Clo. *Cong* —2D **145**
Chestnut Clo. *Paul* —3B **146**
Chestnut Clo. *Rads* —3B **152**
Chestnut Corner. *Trow* —2F **155**
Chestnut Ct. *Mang* —2C **62**
Chestnut Dri. *Chip S* —5C **18**
Chestnut Dri. *Clav* —2E **143**
Chestnut Dri. *T'bry* —3D **7**
Chestnut Gro. *Bath* —5D **105**
Chestnut Gro. *Clev* —2E **121**
Chestnut Gro. *Trow* —4B **118**
Chestnut Gro. *Up W* —5A **114**
Chestnut Ho. *Bris* —4F **87**
Chestnut La. *B'don* —4F **139**
Chestnut Rd. *Down* —1F **61**
Chestnut Rd. *K'wd* —4B **62**
Chestnut Rd. *L Ash* —3D **77**
Chestnuts, The. *Wins* —5B **156**
Chestnut Wlk. *Bris* —2C **86**
Chestnut Wlk. *Salt* —1A **94**
Chestnut Way. *Bris* —4B **62**
Cheston Coombe. *Back* —3E **125**
Chestwood Ho. *Bris* —4E **71**
Chetwode Clo. *Bris* —1F **41**
Chevening Clo. *Stok G* —3F **81**
Cheverell Clo. *Trow* —5D **119**
Cheviot Dri. *T'bry* —4F **7**
Cheviot Way. *Old C* —5E **75**
Chewton Clo. *Bris* —4D **61**
Cheyne Rd. *Bris* —1F **55**
Chichester Ho. *Bris* —4B **72**
Chichester Pl. *Rads* —2D **153**
Chichester Way. *Yate* —3F **17**
Chilcompton Rd. *Mid N* —5B **150**
Chillington Ct. *Pat* —5A **10**
Chilmark Rd. *Trow* —1A **118**
Chiltern Clo. *Bris* —4D **89**
Chiltern Clo. *War* —5E **75**
Chiltern Pk. *T'bry* —4E **7**
Chiltern Pl. *Bris* —4E **75**
Chilton Rd. *Bath* —5C **100**
Chilton Rd. *Bris* —5C **80**
Chilwood Clo. *Iron A* —3A **16**
Chimes, The. *Nail* —5C **122**
Chine, The. *Bris* —2F **59**
Chine View. *Bris* —4B **46**
Chiphouse Rd. *Bris* —4B **62**
Chipperfield Dri. *Bris* —1B **74**
Chipping Cross. *Clev* —5C **120**
Chipping Edge Ind. Est. *Chip S* —5E **19**
Chippings, The. *Bris* —2F **59**
Chirton Pl. *Trow* —4D **119**
Chisbury St. *Bris* —4E **59**
Chittening Rd. *Chit* —2A **22**
Chock La. *Bris* —5C **40**
Christchurch Av. *Bris* —2F **61**
Christ Chu. Clo. *Nail* —3D **123**
*Christ Chu. Cotts. Bath (off Julian Rd.) —1A **106***
Christchurch La. *Bris* —1F **61**
Christ Chu. Path. N. *W Mare* —5D **127**
Christ Chu. Path. S. *W Mare* —5C **126**
Christchurch Rd. *Brad A* —1E **115**
Christchurch Rd. *Bris* —3C **68**
Christian Clo. *W Mare* —2E **129**
Christina Ter. *Bris* —5C **68**
Christin Ct. *Trow* —2A **118**
Christmas Steps. *Bris* —3F **69** (2B **4**)
Christmas St. *Bris* —3F **69** (2B **4**)
Christon Ter. *W Mare* —1D **139**
Chubb Clo. *Bar C* —5B **74**
Church Acre. *Brad A* —2D **115**
Church Av. *E'tn* —1D **71**
Church Av. *Stok B* —3A **56**
Church Av. *War* —3F **75**
Church Clo. *B'ptn* —4A **102**
Church Clo. *Bathf* —4C **102**
Church Clo. *Bris* —2A **40**
Church Clo. *Clev* —4A **120**
Church Clo. *Fram C* —1D **31**
Church Clo. *P'head* —3F **49**
Church Clo. *Yat* —4C **142**
Church Ct. *Mid N* —3D **151**
Churchdown Wlk. *Bris* —2A **54**
Church Dri. *Bris* —2A **72**
Church Dri. *Cong* —2D **145**
Churches. *Brad A* —2C **114**
Churchfarm Clo. *Yate* —3B **18**
Church Farm Paddock. *Bit* —1F **93**
Church Fields. *Trow* —5A **118**
Church Hayes Clo. *Nail* —5D **123**
Church Hayes Dri. *Nail* —4D **123**
Church Hill. *Bris* —3F **81**
Church Hill. *F'frd* —4C **112**
Church Hill. *Tim* —1E **157**
Church Hill. *Writ* —2F **153**
Churchill Av. *Clev* —4C **120**
Churchill Clo. *Bar C* —5C **74**
Churchill Clo. *Clev* —4C **120**
Churchill Dri. *Bris* —5F **39**
Churchill Rd. *Bris* —1E **81**
Churchill Rd. *W Mare* —1E **133**

Crossman Av.—Dudley Ct.

Crossman Av. Wint —4A **30**
Crossman Wlk. Clev —3F **121**
Cross St. Bris —1E **73**
Cross St. Key —1B **92**
Cross St. Trow —1D **119**
Cross St. W Mare —1C **132**
Cross Tree Gro. Brad S —1F **27**
Cross Wlk. Bris —2C **88**
Crossways Rd. Bris —4C **80**
Crossways Rd. T'bry —3E **7**
Crowe Hill. Lim S & F'frd —3C **112**
Crowe La. F'frd —4C **112**
Crow La. Bris —4F **69** (3C **4**)
Crow La. Hen —2B **40**
Crown Ct. Brad A —2F **115**
Crowndale Rd. Bris —2C **80**
Crown Gdns. Bris —3D **75**
Crown Glass Pl. Nail —3D **123**
Crown Hill. Bath —5D **99**
Crown Hill. Bris —2B **72**
Crown Hill Wlk. Bris —1B **72**
Crown Ho. Nail —4B **122**
Crown Ind. Est. War —3E **75**
Crown La. Bris —4F **61**
Crownleaze. Bris —4F **61**
Crown Rd. Bath —5C **98**
Crown Rd. Bris —5F **61**
Crown Rd. War —4E **75**
Crows Gro. Brad S —3F **11**
Crowther Pk. Bris —3C **58**
Crowther Rd. Bris —3C **58**
Crowthers Av. Yate —3A **18**
Crowther St. Bris —2D **79**
Croydon St. Bris —2D **71**
Crunnis, The. Brad S —3A **28**
Crusty La. Pill —2E **53**
Cuckoo La. Wint D —1B **46**
Cuffington Av. Bris —1F **81**
Culverhill Rd. Chip S —5C **18**
Culver Rd. Brad A —4F **115**
Culvers Rd. Key —2A **92**
Culver St. Bris —4E **69** (3A **4**)
Culverwell Rd. Bris —4C **86**
Cumberland Basin Rd. Bris —4B **68**
Cumberland Clo. Bris —5C **68**
Cumberland Gro. Bris —5B **58**
*Cumberland Ho. Bath —3F **105** (off Norfolk Cres.)*
Cumberland Pl. Bris —4B **68**
Cumberland Rd. Bris —5B **68**
Cumberland Row. Bath —3A **106** (3A **96**)
Cumberland St. Bris —2A **70**
Cumbria Clo. T'bry —3F **7**
Cunningham Gdns. Bris —2D **61**
Cunnington Clo. Will —4D **85**
Curland Gro. Bris —3D **89**
Curlew Clo. Bris —1B **60**
Curlew Gdns. W Mare —4D **129**
Curtis La. Stok G —5C **28**
Custom Clo. Bris —1C **88**
Cutler Rd. Bris —2B **86**
Cygnet Cres. W Mare —4D **129**
Cynthia Rd. Bath —4D **105**
Cynthia Vs. Bath —4D **105**
Cypress Ct. Bris —4F **55**
Cypress Gdns. Bris —4A **68**
Cypress Gro. Bris —1E **57**
Cypress Ter. Rads —3A **152**
Cyrus Ct. E Grn —5D **47**

Dafford's Bldgs. Bath —4D **101**
*Dafford's Pl. Bath —4D **101** (off Dafford St.)*
Dafford St. Bath —4D **101**
Daglands, The. C'ton —1A **148**
Dahlia Gdns. Bath —2C **106** (1F **97**)
Daisey Bank. Bath —5C **106**
Daisy Rd. Bris —5E **59**
Dakin Clo. Bris —4A **80**
Dakota Dri. Bris —4C **88**
Dalby Av. Bris —1F **79**
Dale St. Bris —2B **72** (Hudd's Hill Rd.)
Dale St. Bris —2B **70** (Newfoundland St.)
Daley Clo. W Mare —2F **129**
Dalkeith Av. Bris —1E **73**
Dalrymple Rd. Bris —1A **70**
Dalston Rd. Bris —1D **79**
Dalton Sq. Bris —2A **70**
Dalwood. W Mare —3E **129**
Dame Ct. Clo. W Mare —1D **129**
Dampier Rd. Bris —2C **78**
Damson Rd. W Mare —5B **128**
Danbury Cres. Bris —3E **41**
Danbury Wlk. Bris —3E **41**
Dancey Mead. Bris —1B **86**
Daneacre Rd. Rads —1D **153**
Dane Clo. W'ley —2F **113**
Dane Rise. W'ley —2F **113**
Dangerfield Av. Bris —2B **86**
Daniel Clo. Clev —3F **121**
Daniel M. Bath —2C **106** (1E **97**)
Daniel St. Bath —2C **106** (2E **97**)
Dapp's Hill. Key —3B **92**
Dark La. Back —2D **125**
Dark La. Ban —5F **137**
Dark La. Bris —4C **40**
Dark La. Mid N —4C **112**
Darley Clo. Bris —1F **39**
Darlington M. Bath —2C **106** (2E **97**)
Darlington Pl. Bath —3C **106** (4F **97**)
Darlington Rd. Bath —2C **106** (1F **97**)
Darlington St. Bath —2C **106** (2E **97**)
Darmead. W Mare —4F **129**
Darnley Av. Bris —1B **58**
Dart Clo. T'bry —4C **6**
Dartmoor St. Bris —1D **79**
Dartmouth Av. Bath —4D **105**
Dartmouth Clo. W Mare —3E **129**
Dartmouth Wlk. Key —4F **91**
Dart Rd. Clev —5D **121**
Daubeny Clo. Bris —2D **61**
Davenport Clo. L Grn —3C **84**
Daventry Rd. Bris —4A **80**
Davey St. Bris —1B **70**
David's Clo. Alv —3B **8**
David's La. Alv —3B **8**
David's Rd. Bris —1E **89**
David St. Bris —3B **70** (2F **5**)
David Thomas Houses. Bris —5A **58**
Davies Dri. St Ap —5B **72**
Davin Cres. Pill —4E **53**
Davis Clo. Bar C —5B **74**
Davis Ct. T'bry —2D **7**
Davis La. Clev —5D **121**
Davis St. Bris —4D **37**
Dawes Clo. Clev —5D **121**
Dawley Clo. Wint —2A **30**
Dawlish Rd. Bris —3F **79**
Dawn Rise. Bris —1B **74**
Day Cres. Bath —3A **104**
Day's Rd. St Ph —4C **70**
Deacon Clo. Wint —4A **30**
Deacons Clo. W Mare —3C **128**
Deadmill La. Swain —3D **101**
Dean Av. T'bry —2D **7**
Dean Clo. Bris —5D **73**
Dean Clo. W Mare —2F **129**
Dean Ct. Yate —3E **17**
Dean Cres. Bris —1E **79** (in two parts)
Deanery Clo. K'wd —2D **75**
Deanery Rd. Bris —4E **69**
Deanery Rd. War —2C **74**
Deanhill La. Bath —4A **98**
Dean La. Bris —1E **79**
Deanna Ct. Bris —1A **62**
Dean Rd. Bris —4E **21**
Dean Rd. Yate —3E **17**
Deans Dri. S'wll —5C **60**
Deans Mead. Bris —4C **38**
Deans, The. P'head —4D **49**
Dean St. Bris —1E **79**
Dean St. St Pa —2A **70**
De Beccas La. E'ton G —3D **53**
De Clifford Rd. Bris —2E **39**
Deep Coombe Rd. Bris —3C **78**
Deep Pit Rd. Bris —1A **72**
Deerhurst. Bris —5A **62**
Deerhurst. Yate —1E **33**
Deering Clo. Bris —3D **39**
Deer Mead. Clev —5B **120**
Deerswood. Bris —5C **62**
Delabere Av. Bris —2D **61**
Delamere Rd. Trow —5D **117**
Delapre Rd. W Mare —5B **132**
De La Warre Ct. St Ap —4B **72**
Delius Gro. Bris —1F **87**
Dell, The. Brad S —2A **28**
Dell, The. Bris —5E **75**
Dell, The. Nail —3C **122**
Dell, The. W Mare —1C **128**
Dell, The. W Trym —2B **56**
Delvin Rd. Bris —4E **41**
De Montalt Pl. C Down —3C **110**
Denbigh St. Bris —1B **70**
Dene Clo. Key —5B **92**
Dene Rd. Bris —4E **89**
Denleigh Clo. Bris —4C **88**
Denmark Av. Bris —4E **69** (3A **4**)
Denmark Pl. Bris —4A **58**
Denmark Rd. Bath —3E **105**
Denmark St. Bris —4E **69** (3A **4**)
Denning Ct. W Mare —1F **129**
Dennisworth. Puck —2D **65**
Dennor Pk. Bris —1D **89**
Denny Clo. P'head —3C **48**
Denny Isle Dri. Sev B —4B **20**
Denny View. P'head —3B **48**
Denny View Rd. Abb L —2B **66**
Denston Dri. P'head —4A **50**
Denston Wlk. Bris —1C **86**
Dentwood Gro. Bris —5D **39**
Derby Rd. Bris —4A **58**
Derby St. Bris —2F **71**
Derham Clo. Yat —3B **142**
Derham Pk. Yat —3B **142**
Derham Rd. Bris —3C **86**
Derhill Ter. Bath —3F **107**
Dermot St. Bris —1B **70**
Derricke Rd. Bris —2B **90**
Derrick Rd. Bris —2F **73**
Derry Rd. Bris —3D **79**
Derwent Clo. Pat —1C **26**
Derwent Ct. T'bry —4E **7**
Derwent Gro. Key —3C **92**
Derwent Rd. Bris —1B **72**
Derwent Rd. W Mare —3E **133**
Devaney Clo. St Ap —5B **72**
Deverell Clo. Brad A —5F **115**
Deveron Gro. Key —4C **92**
Deverose Ct. Bris —1A **84**
Devon Gro. Bris —2E **71**
Devon Rd. Bris —1E **71**
Devonshire Bldgs. Bath —5A **106**
Devonshire Dri. P'head —3B **48**
Devonshire Pl. Bath —5A **106**
Devonshire Rd. B'ptn —5F **101**
Devonshire Rd. Bris —3D **57**
Devonshire Rd. W Mare —5C **132**
Devonshire Vs. Bath —1A **110**
Dial Hill Rd. Clev —2D **121**
Dial La. Bris —1F **61**
Diamond Rd. Bris —3B **72**
Diamond St. Bris —2E **79**
Dibden Clo. Bris —4C **46**
Dibden La. E Grn —5C **46**
Dibden Rd. Bris —4C **46**
Dickens Clo. Bris —4C **42**
Dickenson Rd. W Mare —2C **132**
Dickensons Gro. Cong —3E **145**
Didsbury Clo. Bris —3B **40**
Dighton Ga. Stok G —4A **28**
Dighton St. Bris —2F **69**
Dillon Ct. Bris —3F **71**
Dinder Clo. Nail —4D **123**
Dingle Clo. Bris —1E **55**
Dingle Rd. Bris —5F **39**
Dingle, The. Bris —5F **39**
Dingle, The. Wint —1B **46**
Dingle, The. Yate —2B **18**
Dingle View. Bris —5E **39**
Dinglewood Clo. Bris —5F **39**
Dings Wlk. Bris —4C **70**
Dixon Gdns. Bath —5A **100**
Dixon Rd. Bris —3B **82**
Dock Ga. La. Bris —5C **68**
Docks Ind. Est. Chit —1F **21**
Doctor White's Clo. Bris —5A **70**
Dodington La. Dod —3D **35**
Dodington Rd. Chip S —2D **35**
Dodisham Wlk. Bris —1D **61**
Dodmore Crossing. W'lgh —5D **33**
Dodsmoor La. Alv —3D **9**
Dolemoor La. Cong (in two parts) —2A **144**
Dolman Clo. Bris —1A **40**
Dolphin Sq. W Mare —1B **132**
Dominion Rd. Bath —3B **104**
Dominion Rd. Bris —4B **60**
Donald Rd. Bris —1B **86**
Doncaster Rd. Bris —3D **41**
Donegal Rd. Bris —4F **79**
Dongola Av. Bris —3A **58**
Dongola Rd. Bris —3A **58**
Donnington Wlk. Key —4F **91**
Doone Rd. Bris —4B **42**
Dorcas Av. Stok G —4B **28**
Dorchester Clo. Nail —5C **122**
Dorchester Rd. Bris —5C **42**
Dorchester St. Bath —4B **106** (5C **96**)
Dorester Clo. Bris —5E **25**
Dorian Clo. Bris —5A **42**
Dorian Rd. Bris —4A **42**
Dormer Clo. Coal H —3F **31**
Dormer Rd. Bris —4D **59**
Dorset Clo. Bath —3E **105**
Dorset Cotts. Bath —3D **111**
Dorset Gro. Bris —5C **58**
Dorset Ho. Bath —1E **109**
Dorset Rd. K'wd —1F **73**
Dorset Rd. W Trym —1D **57**
Dorset St. Bath —3E **105**
Dorset St. Bris —2D **79**
Dorset Way. Yate —3C **18**
Douglas Rd. Hor —5B **42**
Douglas Rd. K'wd —3F **73**
Douglas Rd. W Mare —3D **133**
Doulton Way. Bris —3D **89**
Dovecote. Yate —1A **34**
Dovecote Clo. Trow —2B **118**
Dovedale. T'bry —5E **7**
Dove La. Redf —3E **71**
Dove La. St Pa —2B **70**
Dovercourt Rd. Bris —2C **58**
Dover Ho. Bath —1B **106**
*Dover Pl. Bath —5B **100** (off Seymour Rd.)*
Dover Pl. Bris —3D **69**
Dover Pl. Cotts. Bris —3D **69**
Dovers La. Bathf —4D **103**
Dovers Pk. Bathf —4D **103**
Dove St. Bris —2F **69**
Dove St. S. Bris —2F **69**
Doveswell Gro. Bris —4C **86**
Doveton St. Bris —1F **79**
Dovey Ct. Bris —5E **75**
Dowdeswell Clo. Bris —1B **40**
Dowding Rd. Bath —5C **100**
Dowland. W Mare —3E **129**
Dowland Clo. Bris —2F **87**
Dowling Rd. Bris —5F **87**
Down Av. Bath —3B **110**
Downavon. Brad A —4E **115**
Down Clo. P'head —3B **48**
Downend Pk. Bris —2B **58**
Downend Pk. Rd. Bris —2F **61**
Downend Rd. Down —2D **61**
Downend Rd. Hor —2B **58**
Downend Rd. K'wd —1F **73**
Downfield. Key —3F **91**
Downfield Clo. Alv —2A **8**
Downfield Dri. Fram C —1D **31**
Downfield Lodge. Bris —1C **68**
Downfield Rd. Bris —1C **68**
Downhayes Rd. Trow —5D **117**
Downland Clo. Nail —4C **122**
Down La. B'ptn —5A **102**
Down Leaze. Alv —2B **8**
Downleaze. Down —4F **45**
Downleaze. P'head —3C **48**
Downleaze. Stok B —4B **56**
Downleaze Dri. Chip S —1C **34**
Downman Rd. Bris —2C **58**
Down Rd. Alv —2A **8**
Down Rd. P'head —5A **48**
Down Rd. Wint D —5A **30**
Downs Clo. Alv —2B **8**
Downs Clo. Brad A —2C **114**
Downs Clo. W Mare —4D **129**
Downs Cote Av. Bris —1B **56**
Downs Cote Dri. Bris —1B **56**
Downs Cote Gdns. Bris —1C **56**
Downs Cote Pk. Bris —1C **56**
Downs Cote View. Bris —1C **56**
Downside. P'head —3E **49**
Downside Clo. Bar C —4B **74**
Downside Clo. B'ptn —5A **102**
Downside Pk. Trow —5E **117**
Downside Rd. Bris —1C **68**
Downside Rd. W Mare —4D **133**
Downside View. Trow —5E **117**
Downs Pk. E. Bris —2C **56**
Downs Pk. W. Bris —2C **56**
Downs Rd. Bris —1C **56**
Downs, The. P'head —4D **49**
Downs, The. Wickw —1A **154**
Downs View. Brad A —2C **114**
Downsway. Paul —3A **146**
Down, The. Alv —2A **8**
Down, The. Trow —5D **117**
Downton Rd. Bris —4F **79**
Down View. Bris —4B **58**
Down View. Rads —4C **152**
Dowry Pl. Bris —4B **68**
Dowry Rd. Bris —4C **68**
Dowry Sq. Bris —4C **68**
Dragon Ct. Bris —1A **72**
Dragon Rd. Wint —4F **29**
Dragons Hill Clo. Key —3B **92**
Dragons Hill Ct. Key —3B **92**
Dragons Hill Gdns. Key —3B **92**
Dragonswell Rd. Bris —2C **40**
Dragon Wlk. Bris —1B **72**
Drake Av. Bath —2A **110**
Drake Clo. Salt —5F **93**
Drake Clo. W Mare —1D **129**
Drake Rd. Bris —2C **78**
Drakes Way. P'head —3C **48**
Draycot Pl. Bris —5F **69**
Draycott Ct. Bath —2B **106** (1D **97**)
Draycott Rd. Bris —2B **58**
Draydon Rd. Bris —5E **79**
Drayton. W Mare —1E **139**
Drayton Clo. Bris —5D **81**
Drayton Rd. Bris —4E **39**
Dring, The. Rads —2B **152**
Drive, The. H'gro —2E **89**
Drive, The. Henl —2D **57**
Drive, The. W Mare —5D **127**
Drove Ct. Nail —2D **123**
Drove Rd. Cong —3D **145**
Drove Rd. W Mare —3C **132**
Drove, The. P'bry —1E **51**
Druce's Hill. Brad A —2D **115**
Druett's Clo. Bris —5A **42**
Druid Clo. Stok B —2A **56**
Druid Hill. Bris —2A **56**
Druid Rd. Bris —3F **55**
Druid Stoke Av. Bris —2E **55**
Druid Woods. Bris —2E **55**
Druid Wood St. Bris —2F **55**
Drummond Ct. L Grn —1B **84**
Drummond Rd. Fish —4B **60**
Drummond Rd. St Pa —1A **70**
Drungway. Bath —3F **111**
Dryham Clo. Bris —2B **74**
Dryleaze. Key —1A **92**
Dryleaze. Yate —1A **18**
Dryleaze Rd. Bris —1B **60**
Drynham Drove. Trow —3E **155**
Drynham La. Trow —4D **119**
Drynham Pk. Trow —4D **119**
Drynham Rd. Trow —4D **119**
Drysdale Clo. W Mare —4B **128**
Dubber's La. Bris —5A **60**
Dublin Cres. Bris —1D **57**
Duchess Rd. Bris —1C **68**
Duchess Way. Bris —2F **59**
Duchy Clo. Rads —4B **148**
Duchy Rd. Rads —4B **148**
Ducie Rd. Law H —3D **71**
Ducie Rd. Stap H —2A **62**
Duckmoor Rd. Bris —1C **78**
Duckmoor Yd. Bris —1C **78**
Dudley Clo. Key —4A **92**
Dudley Ct. Bar C —1B **84**

Eugene St. St Ja —2F 69
Eugene St. St Jud —2B 70
Evans Clo. St Ap —5B 72
Evans Rd. Bris —5D 57
Eveleigh Ho. Bath —2B 106 (off Grove St.)
Evelyn Rd. Bath —1C 104
Evelyn Rd. Bris —4E 41
Evelyn Ter. Bath —5B 100
Evenlode Gdns. Bris —2B 54
Evenlode Way. Key —5C 92
Everall Dri. W Mare —2E 127
Evercreech Rd. Bris —4C 88
Everest Av. Bris —3A 60
Everest Rd. Bris —3A 60
Evergreen Clo. Wins —3A 156
Everleigh Clo. Trow —5D 119
Eve Rd. Bris —1D 71
Everson Clo. W Mare —4E 133
Ewart Rd. W Mare —5A 128
Exbourne. W Mare —3E 129
Excelsior St. Bath —4C 106 (5D 97)
Excelsior Ter. Mid N —3E 151
Exchange Av. Bris —4F 69 (3C 4)
Exeter Bldgs. Bris —5D 57
Exeter Rd. Bris —1D 79
Exeter Rd. P'head —4A 50
Exeter Rd. W Mare —3C 132
Exford Clo. W Mare —1D 139
Exley Clo. Bris —5E 75
Exmoor Rd. Bath —2A 110
Exmoor St. Bris —1D 79
Exmouth Rd. Bris —4B 80
Exton. W Mare —1E 139
Exton Clo. Bris —3D 89
Eyers La. Bris —3B 70 (1F 5)

Faber Gro. Bris —4E 87
Fabian Dri. Stok G —4A 28
Factory Rd. Wint —2B 30
Failand Cres. Bris —2E 55
Failand La. P'bry & Fail —5A 52
Failand Wlk. Bris —1E 55
Fairacre Clo. Bris —2D 59
Fairacre Clo. Lock —4F 135
Fairacres Clo. Key —3A 92
Fairfax Ct. Bris —3A 70
Fairfax St. Bris —3F 69 (2C 4)
Fairfield Av. Bath —4B 100
Fairfield Clo. Back —1F 125
Fairfield Clo. W Mare —4F 127
Fairfield Mead. Back —1F 125
Fairfield Pk. Rd. Bath —4A 100
Fairfield Pl. Bris —1D 79
Fairfield Rd. Bath —5B 100
Fairfield Rd. Mont —5B 58
Fairfield Rd. S'vle —1E 79
Fairfield Ter. Bath —4B 100
Fairfield Ter. Pea J —2F 149
Fairfield View. Bath —4B 100
Fairfield Way. Back —2E 125
Fairfoot Rd. Bris —2C 80
Fairford Clo. Bris —5B 62
Fairford Cres. Pat —1E 27
Fairford Rd. Bris —5F 37
Fair Furlong. Bris —4C 86
Fairhaven. Yate —5B 18
Fairhaven Cotts. Bath —1B 102
Fairhaven Rd. Bris —3E 57
Fair Lawn. Old C —1C 84
Fairlawn Av. Brad S —1C 42
Fairlawn Rd. Bris —5B 58
Fairleigh Rd. Clev —5A 120
Fairlyn Dri. Bris —4B 62
Fairoaks. L Grn —2C 84
Fairview. W Mare —1D 129
Fair View Dri. Bris —5E 57
Fairview Rd. Bris —2B 74
Fairway. Bris —4F 81
Fairway Clo. Old C —1D 85
Fairway Clo. W Mare —3F 127
Fairway Ind. Cen. Brad S —1B 42
Fairways. Salt —2A 94
Falcon Clo. Bris —4B 40
Falcon Clo. Pat —1A 26
Falcon Clo. P'head —4F 49
Falcon Ct. W Trym —1C 56
Falcon Cres. W Mare —5B 128
Falcondale Rd. Bris —5B 40
Falcondale Wlk. Bris —4C 40
Falcon Dri. Pat —1A 26
Falconer Rd. Bath —3B 98
Falcon Wlk. Pat —5A 10
Falcon Way. T'bry —2E 7
Falfield Rd. Bris —2E 81
Falfield Wlk. Bris —4E 41
Falkland Rd. Bris —5B 58
Fallodon Ct. Bris —2D 57
Fallodon Way. Bris —2D 57
Fallowfield. War —5F 75
Fallowfield. W Mare —1D 129
Falmouth Clo. Nail —4F 123
Falmouth Rd. Bris —3F 57
Fane Clo. Bris —2C 40
Fanshawe Rd. Bris —1C 88
Faraday Rd. Bris —5B 68
Far Handstones. Bris —1C 84
Farington Rd. Bris —5F 41
Farleigh Av. Trow —3A 118
Farleigh Rise. Bathf & Mon F —5E 103
Farleigh Rd. Back —1F 125
Farleigh Rd. Key —4F 91
Farleigh Wlk. Bris —5C 78
Farler's End. Nail —5E 123 (in two parts)
Farley Clo. Lit S —2E 27
Farm Ct. Bris —5A 46
Farmer Rd. Bris —4A 86
Farmhouse Clo. Nail —3D 123
Farm La. E Comp —1C 24
Farm Rd. Bris —5A 46
Farm Rd. Hut —1C 140
Farm Rd. W Mare —4F 127
Farmwell Clo. Bris —3D 87
Farnaby Clo. Bris —1E 87
Farnborough Rd. Lock —4A 136
Farndale Rd. Bris —4C 72
Farndale Rd. W Mare —5B 128
Farne Clo. Bris —2D 57
Farrant Clo. Bris —2F 87
Farringford Ho. Bris —5F 59
Farrington Rd. Paul —4A 146
Farr's La. Bath —2C 110
Farrs La. Bris —4F 69 (4B 4)
Farr St. Bris —4D 37
Faulkland Rd. Bath —4E 105
Faulkland View. Pea J —5E 157
Faversham Dri. W Mare —2E 139
Fawkes Clo. Bris —2D 75
Fearnville Est. Clev —4C 120
Featherstone Rd. Bris —3B 60
Feeder Rd. Bris —5B 70
Felix Rd. Bris —2C 70
Felstead Rd. Bris —3A 42
Feltham Rd. Puck —2E 65
Felton Gro. Bris —5B 78
Fenbrook Clo. Ham —3D 45
Fenhurst Gdns. L Ash —5B 76
Feniton. W Mare —3E 129
Fennell Gro. Bris —2C 40
Fenners. W Mare —1F 129
Fenswood Clo. L Ash —4A 76
Fenswood Mead. L Ash —4A 76
Fenswood Rd. L Ash —4A 76
Fenton Clo. Salt —5F 93
Fenton Rd. Bris —3F 57
Fermaine Av. Bris —2B 82
Fernbank Rd. Bris —5E 57
Fern Clo. Bren —1D 41
Fern Clo. Mid N —4E 151
Ferndale Av. L Grn —2B 84
Ferndale Rd. Bath —3D 101
Ferndale Rd. Bris —2C 42
Ferndale Rd. P'head —2F 49
Ferndene. Brad S —4E 11
Ferndown. Yate —5A 18
Ferndown Clo. Bris —5C 38
Fern Gro. Lit S —1E 27
Fern Gro. Nail —5B 122
Fernhill La. Bris —3D 39
Fernhurst Rd. Bris —1B 72
Fern Lea. B'don —5F 139
Fernlea Gdns. E'ton G —3D 53
Fernlea Rd. W Mare —1A 134
Fernleaze. Coal H —3E 31
Fernleigh Ct. Bris —4D 57
Fern Rd. Bris —2F 61
Fernside. Back —1C 124
Fernsteed Rd. Bris —2B 86
Fern St. Bris —1B 70
Ferry La. Bath —3B 106 (4E 97)
Ferry Rd. Bris —4F 83
Ferry Steps Ind. Est. Bris —1C 80
Ferry St. Bris —4A 70 (4D 5)
Fersfield. Bath —1C 110
Fiddes Rd. Bris —3E 57
Fielders, The. W Mare —1F 129
Field Farm Clo. Stok G —5B 28
Fieldgrove La. Bris —5E 85
Fieldings. W'ley —2F 113
Fieldings Rd. Bath —3D 105
Field La. Bris —2A 84
Field La. L Sev —4F 9
Field Marshall Slim Ct. Bris —3B 70 (1F 5)
Field Rd. Bris —1E 73
Field View. Bris —2C 70
Field View Dri. Bris —1E 61
Field Way. Trow —4A 118
Fiennes Clo. Bris —3A 62
Fifth Av. Bris —3C 42
Fifth Way. Bris —2A 38
Filby Dri. Lit S —1E 27
Filer Clo. Pea J —4D 157
Filton Av. Fil —5D 27
Filton Av. Hor & Fil —1B 58
Filton Gro. Bris —1B 58
Filton Hill. Brad S —5C 26
Filton La. Brad S —2F 43
Filton Rd. Fren & Ham —2A 44
Filton Rd. Hor —5B 42
Filton Rd. Stok G —2F 43
Filwood B'way. Bris —5A 80
Filwood Ct. Bris —4D 61
Filwood Dri. Bris —2B 74
Filwood Rd. Bris —3C 60
Finch Clo. T'bry —2D 7
Finch Clo. W Mare —5C 128
Finch Rd. Chip S —1B 34
Finmere Gdns. W Mare —1E 129
Fircliff Pk. P'head —1F 49
Fireclay Rd. Bris —3F 71
Fire Engine La. Coal H —2F 31
Firework Clo. Bris —2D 75
Firfield St. Bris —1C 80
Firgrove Cres. Yate —4B 18
Firgrove La. Mid N —1E 149
Firleaze. Nail —4A 122
Firs Ct. Key —4E 91
Firs Hill. Trow —5A 118
First Av. Bath —5E 105
First Av. Bris —5A 72
First Av. P'bry —2A 52
First Av. W'fld I —4F 151
Firs, The. Bris —1A 62
Firs, The. C Hay —3C 110
Firs, The. Lim S —4B 112
First Way. Bris —3E 37
Fir Tree Av. Lock —4C 134
Fir Tree Av. Paul —5C 146
Fir Tree Clo. Pat —2A 26
Firtree La. Bris —4C 72
Fisher Av. Bris —1C 74
Fisher Rd. Bris —1C 74
Fishponds Rd. Eastv & Fish —5E 59
Fishponds Trad. Est. Bris —5A 60
Fishpool Hill. Bris —5D 25
Fitchett Wlk. Bris —1B 40
Fitzgerald Rd. Bris —2B 80
Fitzmaurice Clo. Brad A —5F 115
Fitzmaurice Pl. Brad A —4E 115
Fitzroy Rd. Bris —5D 61
Fitzroy St. Bris —1C 80
Fitzroy Ter. Bris —5D 57
Five Acre Dri. Bris —5B 44
Five Arches Clo. Mid N
5C Bus. Cen. Clev —5B 120
—2A 152
Flamingo Cres. W Mare —5C 128
Flatwoods Cres. Clav D —1F 111
Flatwoods Rd. Clav D —1F 111
Flaxman Clo. Bris —1D 59
Flaxpits La. Wint —3F 29
Fleece Cotts. Trow —3E 119
Florence Gro. W Mare —5F 127
Florence Pk. Alm —1E 11
Florence Pk. Bris —3D 57
Florence Rd. Bris —4A 62
Florida Ter. Mid N —2F 151
Flowerdown Bri. W Mare —1B 134
Flowerdown Rd. Lock —4A 136
Flowers Hill. Bris —5A 82
Flowers Hill Clo. Bris —4A 82
Flowers Hill Trad. Cen. Bris —4A 82
Flowers Ind. Est. Bris —4B 82
Flowerwell Rd. Bris —3D 87
Folleigh Dri. L Ash —3D 77
Folleigh La. L Ash —3D 77
Folliot Clo. Bris —4C 44
Folly Bri. Clo. Yate —4F 17
Follyfield. Brad A —5E 115
Folly La. Bris —3C 70
Folly La. W Mare —2C 138
Folly Rd. Iron A —2B 14
Folly, The. Bris —5B 46
Folly, The. Salt —2B 94
Fontana Clo. L Grn —2D 85
Fonthill Rd. Bath —4F 99
Fonthill Rd. Bris —2F 41
Fonthill Way. Bit —3D 85
Fontmell Ct. Bris —1F 89
Fontwell Dri. Bris —3B 46
Footes La. Fram C —2D 31
Footshill Clo. Bris —4E 73
Footshill Dri. Bris —3E 73
Footshill Gdns. Bris —4E 73
Footshill Rd. Bris —4E 73
Forde Clo. Bar C —5B 74
Fordell Pl. Bris —2C 80
Ford Rd. Pea J —1F 149
Ford St. Bris —4E 71
Forefield Pl. Bath —4B 106
Forefield Rise. Bath —5B 106
Forefield Ter. Bath —4C 106
Forest Av. Bris —4D 61
Forest Dri. Bren —1E 41
Forest Dri. W Mare —4E 127
Forest Edge. Bris —1E 83
Forester Av. Bath —1B 106
Forester Ct. Bath —1B 106
Forester La. Bath —1C 106
Forester Rd. Bath —2C 106 (1E 97)
Forester Rd. P'head —4F 49
Forest Hills. Alm —1D 11
Fore St. Trow —1D 119
Forest Rd. Fish —4D 61
Forest Rd. K'wd —3F 73
Forest Wlk. Fish —4D 61
Forest Wlk. K'wd —3E 73
Forge End. P'bry —4A 52
Fortescue Rd. Rads —2C 152
Fortfield Rd. Bris —4C 88
Forty Acre La. Alv —4B 8
Forum Bldgs. Bath —4B 106 (off St James's Pde.)
Fosse Barton. Nail —3C 122
Fosse Clo. Nail —3B 122
Fossedale Av. Bris —2E 89
Fossefield Rd. Mid N —5E 151
Fosse Gdns. Bath —4E 109
Fosse Grn. Rads —5B 148
Fosse La. Bathe —2B 102
Fosse La. Mid N —1F 151
Fosse La. Nail —3B 122 (in two parts)
Fosseway. Clev —5C 120
Fosseway. Mid N —5E 151
Fosse Way. Nail —3B 122
Fosseway Ct. Bris —3C 68
Fosseway Gdns. Rads —3A 152
Fosseway S. Mid N —5E 151
Fosseway, The. Bris —3C 68
Fossway. Clan —5B 148
Foss Way. Mid N —3A 152
Foster's Almshouses. Bris —3F 69 (2B 4)
Foster St. Bris —5D 59
Foundry La. Bris —5B 60
Fountain Bldgs. Bath —2B 106 (2C 96)
Fountain Ct. Brad S —3E 11
Fountain Ct. Yate —2F 33 (off Abbotswood)
Fountaine Ct. Bris —5E 59
Fountain Hill. Bris —1B 68
Fountain La. Wins —5C 156
Fountains Dri. Bar C —4B 74
Four Acre Av. Bris —4A 46
Fouracre Cres. Bris —3A 46
Four Acre Rd. Bris —3A 46
Four Acres. Bris —4A 86
Four Acres Clo. Bris —4B 86
Four Acres Clo. Nail —5D 123
Fourth Av. Bris —3C 42
Fourth Av. W'fld I —4A 152
Fourth Way. Bris —3F 37
Fowey Clo. Nail —4F 123
Fowey Rd. W Mare —1E 129
Fox Av. Yate —4F 17
Foxborough Gdns. Brad S —4F 11
Fox Clo. St Ap —5B 72
Foxcombe Rd. Bath —2C 104
Foxcombe Rd. Bris —4D 89
Foxcote. Bris —3B 74
Foxcote Rd. Bris —2C 78
Fox Ct. L Grn —2B 84
Foxcroft Clo. Brad S —2B 28
Foxcroft Rd. Bris —2F 71
Fox Den Rd. Stok G —1F 43
Foxe Rd. Fram C —1C 30
Foxfield Av. Brad S —4F 11
Foxglove Clo. Stap —3A 60
Foxglove Clo. T'bry —2E 7
Fox Hill. Bath —3B 110
Fox Hills Rd. Rads —3D 153
Fox & Hounds La. Key —3B 92
Fox Ho. Bris —2A 82
Fox Rd. Bris —1D 71
Fraley Rd. Bris —5C 40
Frampton Ct. L Grn —1B 84
Frampton Ct. Trow —4A 118
Frampton Cres. Bris —3E 61
Frampton End Rd. Fram C —1E 31
Frampton End Rd. Yate —4F 15
Frances Greeves Ct. Bris —3B 40
Francis Fox Rd. W Mare —1C 132
Francis Pl. L Grn —1B 84
Francis Rd. Bedm —3E 79
Francis Rd. W Trym —4E 41
Francis St. Trow —1C 118
Francombe Gro. Bris —1A 58
Frankland Clo. Bath —5B 98
Frankley Bldgs. Bath —5C 100
Frankley Ter. Bath —5C 100 (off Snow Hill)
Franklin Ct. Bris —5A 70 (5E 5)
Franklins Way. Clav —2F 143
Franklyn La. Bris —1B 70
Franklyn St. Bris —1B 70
Fraser Clo. W Mare —1D 129
Fraser St. Bris —2F 79
Frayne Rd. Bris —1C 78
Frederick Av. Pea J —2F 149
Frederick Pl. Bris —3D 69
Frederick St. Bris —1C 80
Freeland Bldgs. Bris —5E 59
Freeland Pl. Bris —4B 68
Freelands. Clev —5C 120
Freeling Ho. Bris —5A 70
Freemantle Gdns. Eastv —4E 59
Freemantle Rd. Bris —4E 59
Freestone Rd. Bris —4C 70
Free Tank. Bris —4B 70
Freeview Rd. Bath —3B 104
Fremantle La. Bris —1F 69
Fremantle Rd. Bris —1F 69
Fremantle Sq. Bris —1F 69
Frenchay Clo. Bris —5D 45
Frenchay Comn. Bris —5D 45
Frenchay Hill. Bris —5E 45
Frenchay Pk. Rd. Bris —1A 60
Frenchay Rd. Bris —5E 45
Frenchay Rd. W Mare —4C 132
French Clo. Nail —2E 123
French Clo. Pea J —5D 157
Frenchfield Rd. Pea J —5D 157
Freshfield Way. Bris —2D 73
Freshford Ho. Bris —5A 70 (5D 5)
Freshford La. F'frd —5B 112
Freshland Way. Bris —2D 73
Freshmoor. Clev —3F 121
Friar Av. W Mare —2C 128

Friars—Grayle Rd.

Friars. *Bris* —3A **70**
Friars Ho. *Yate* —2F **33**
Friary Clo. *Clev* —1C **120**
Friary Clo. *Up W* —5F **113**
Friary Grange Pk. *Wint* —3A **30**
Friary Rd. *Bris* —3F **57**
Friary Rd. *P'head* —3D **49**
Friendly Row. *Pill* —2E **53**
Friendship Gro. *Nail* —3E **123**
Friendship Rd. *Bris* —3B **80**
Friendship Rd. *Nail* —2E **123**
Friezewood Rd. *Bris* —1C **78**
Fripp Clo. *Bris* —4D **71**
Frobisher Av. *P'head* —3C **48**
Frobisher Clo. *P'head* —3C **48**
Frobisher Clo. *W Mare* —1C **128**
Frobisher Rd. *Bris* —2C **78**
Frog La. *Bris* —4E **69** (3A **4**)
Frog La. *Coal H* —1A **32**
Frogmore St. *Bris* —4E **69** (3A **4**)
Frome Bank Gdns. *Wint D* —1A **46**
Frome Ct. *T'bry* —4D **7**
Frome Glen. *Wint D* —5A **30**
Frome Old Rd. *Rads* —2D **153**
Frome Pl. *Bris* —1A **60**
Frome Rd. *Bath* —2D **109**
Frome Rd. *Brad A* —5D **115**
Frome Rd. *Chip S* —5E **19**
Frome Rd. *Trow* —5A **118**
Frome Rd. *Writ* —2C **152**
Fromeside Pk. *Bris* —5D **45**
Frome St. *Bris* —2B **70**
Frome Valley Rd. *Bris* —1B **60**
Frome View. *Fram C* —2D **31**
Frome Vs. *Bris* —5E **45**
Frome Way. *Wint* —4A **30**
Froomshaw Rd. *Bris* —5C **44**
Frost Hill. *Yat* —4D **143**
Fry Ct. *Bris* —1E **79**
Fry's Clo. *Bris* —3F **59**
Fry's Hill. *Brisl* —3F **81**
Fry's Hill. *Bris* —1A **74**
Frys Leaze. *Bath* —4C **100**
Fryth Way. *Nail* —3B **122**
Fulford Rd. *Bris* —3D **87**
Fulford Rd. *Trow* —5E **117**
Fulford Wlk. *Bris* —3D **87**
Fullens Clo. *W Mare* —1B **134**
Fuller Rd. *Bath* —4D **101**
Fullers La. *Wins* —5B **156**
Fullers Way. *Bath* —4E **109**
Fulmar Clo. *T'bry* —2E **7**
Fulmar Rd. *W Mare* —4D **129**
Fulney Clo. *Trow* —5F **117**
Funchal Vs. *Bris* —3C **68**
Furber Ct. *Bris* —4D **73**
Furber Ridge. *Bris* —4D **73**
Furber Rd. *Bris* —3D **73**
Furber Vale. *Bris* —4D **73**
Furland Rd. *W Mare* —3A **128**
Furlong Clo. *Mid N* —5C **150**
Furlong Gdns. *Trow* —1E **119**
Furlong, The. *Bris* —2F **57**
Furnwood. *Bris* —4C **72**
Furze Clo. *W Mare* —3F **127**
Furze Rd. *Bris* —4E **61**
Furze Rd. *W Mare* —3E **127**
Furzewood Rd. *Bris* —2B **74**
Fussell Ct. *Bris* —2B **74**
Fylton Croft. *Bris* —5D **89**

Gable Rd. *Bris* —1C **70**
Gables Clo. *Ban* —5F **137**
Gadshill Dri. *Stok G* —4A **28**
Gadshill Rd. *Bris* —4E **59**
Gages Clo. *Bris* —3B **74**
Gages Rd. *Bris* —3A **74**
Gainsborough Dri. *W Mare* —2D **129**
Gainsborough Gdns. *Bath* —1D **105**
Gainsborough Rise. *Trow* —4A **118**
Gainsborough Rd. *Key* —3B **92**
Gainsborough Sq. *Bris* —5D **43**
Galleries Shopping Cen. *Bris* —3A **70** (1D **5**)
Gallivan Clo. *Lit S* —1D **27**
Galway Rd. *Bris* —4A **80**
Gander Clo. *Bris* —3D **87**
Gannet Rd. *W Mare* —4D **129**
Garamond Ct. *Redc* —5A **70**
Garden Clo. *Bris* —2E **55**
Garden Clo. *W Mare* —3C **128**
Garden Ct. *Bris* —2C **68**
Gardeners Wlk. *L Ash* —4D **77**
Gardens Rd. *Clev* —2C **120**
Garden Walls. *Wickw* —2C **154**
Gardner Av. *Bris* —1B **86**
Gardner Rd. *P'head* —2F **49**
Garfield Rd. *Bris* —2C **72**
Garfield Ter. *Bath* —4D **101**
Garner Ct. *W Mare* —1F **129**
Garnet St. *Bris* —2D **79**
Garnett Pl. *Bris* —5B **46**
Garoner Way. *P'bry* —2B **52**
Garre Ho. *Bath* —4A **104**
Garrett Dri. *Brad S* —2F **27**
Garrick Rd. *Bath* —4A **104**
Garsdale Rd. *W Mare* —5B **128**
Garside St. *Paul* —5C **146**
Garstons. *Bathf* —4E **103**
Garstons. *Clev* —5B **120**
Garstons. *Wrin* —2C **156**
Garstons Clo. *Wrin* —1C **156**
Garstons Orchard. *Wrin* —2B **156**
Garstons, The. *P'head* —4F **49**
Garth Rd. *Bris* —5C **78**
Gasferry Rd. *Bris* —5D **69**
(in two parts)
Gaskins, The. *Bris* —2C **58**
Gas La. *Bris* —4C **70**
Gaston Av. *Key* —2B **92**
Gastons, The. *Bris* —4C **38**
Gatcombe Dri. *Stok G* —5A **28**
Gatcombe Rd. *Bris* —3D **87**
Gatehouse Av. *Bris* —3C **86**
Gatehouse Clo. *Bris* —3C **86**
Gatehouse Ct. *Bris* —3C **86**
Gatehouse Way. *Bris* —3C **86**
Gatesby Mead. *Stok G* —4A **28**
Gathorne Cres. *Yate* —4F **17**
Gathorne Rd. *Bris* —1D **79**
Gatton Rd. *Bris* —1C **70**
Gaunts Clo. *P'head* —4B **48**
Gaunt's Earthcott La. *Alm* —1D **13**
Gaunts La. *Bris* —4E **69** (3A **4**)
Gaunts Rd. *Chip S* —1D **35**
Gay Ct. *Bath* —3F **101**
Gay Elms Rd. *Bris* —4C **86**
Gayner Rd. *Bris* —3C **42**
Gay's Hill. *Bath* —1B **106**
Gay's Rd. *Bris* —1D **83**
Gay St. *Bath* —2A **106** (2A **96**)
Gaywood Ho. *Bris* —2D **79**
Gazelle Rd. *W Mare* —5F **133**
Gazzard Clo. *Wint* —2A **30**
Gazzard Rd. *Wint* —2A **30**
Gee Moors. *Bris* —3B **74**
Gefle Clo. *Bris* —5D **69**
Geldof Dri. *Mid N* —2D **151**
Geoffrey Clo. *Bris* —2A **86**
George Clo. *Back* —1F **125**
George & Dragon La. *Bris* —3F **71**
George's Bldgs. *Bath* —1B **106**
George's Pl. *Bath* —3C **106**
George's Rd. *Bath* —5B **100**
George St. *Bath* —2A **106** (2B **96**)
George St. *Bathw* —3C **106** (3F **97**)
George St. *Bris* —2E **71**
George St. *P'head* —5E **49**
George St. *Trow* —1D **119**
George St. *W Mare* —1C **132**
George Whitefield Ct. *Bris* —3A **70** (1E **5**)
Georgian View. *Bath* —1D **109**
Gerald Rd. *Bris* —2C **78**
Gerard Rd. *W Mare* —5C **126**
Gerrard Bldgs. *Bath* —2C **106** (2E **97**)
Gerrish Av. *Stap H* —2B **62**
Gerrish Av. *W'hall* —2E **71**
Gibbsfold Rd. *Bris* —5E **87**
Gibson Rd. *Bris* —1F **69**
Giffard Ho. *Lit S* —3F **27**
Gifford Cres. *Lit S* —3E **27**
Gifford Rd. *Bris* —5B **24**
Gilbeck Rd. *Nail* —3B **122**
Gilbert Rd. *K'wd* —1F **73**
Gilbert Rd. *Redf* —2E **71**
Gilberyn Dri. *W Mare* —2F **129**
Gilda Clo. *Bris* —3E **89**
Gilda Cres. *Bris* —2D **89**
Gilda Pde. *Bris* —3E **89**
Gilda Sq. E. *Bris* —3D **89**
Gilda Sq. W. *Bris* —3D **89**
Gillard Clo. *K'wd* —2D **73**
Gillard Rd. *Bris* —2D **73**
Gill Av. *Bris* —2D **61**
Gillebank Clo. *Bris* —3F **89**
Gillingham Hill. *Bris* —5D **73**
Gillingham Ter. *Bath* —5C **100**
Gillingstool. *T'bry* —4D **7**
Gillmews. *W Mare* —1F **129**
Gillmore Clo. *W Mare* —4B **128**
Gillmore Rd. *W Mare* —4B **128**
Gillson Clo. *Hut* —1B **140**
Gilpin Clo. *K'wd* —5B **62**
Gilray Clo. *Bris* —1D **59**
Gilroy Clo. *L Grn* —2D **85**
Gilslake Av. *Bris* —1D **41**
Gilton Ho. *Bris* —3A **82**
Gimblett Rd. *W Mare* —1F **129**
Gingell Clo. *Bris* —4B **74**
Gingell's Grn. *Bris* —2C **72**
Gipsies Plat. *Brad S* —4B **20**
Gipsy La. *Trow* —1F **155**
Gipsy Patch La. *Lit S* —3D **27**
Glades, The. *Bris* —5A **60**
Gladstone Dri. *Bris* —4A **62**
Gladstone La. *Fram C* —2E **31**
Gladstone Pl. *C Down* —2D **111**
Gladstone Rd. *Bath* —2D **111**
Gladstone Rd. *Bris* —2D **89**
Gladstone Rd. *K'wd* —1F **73**
Gladstone Rd. *Trow* —3B **118**
Gladstone St. *Bedm* —2D **79**
Gladstone St. *Mid N* —1E **151**
Gladstone St. *Redf* —3F **71**
Gladstone St. *Stap H* —4F **61**
Glaisdale Rd. *Bris* —2C **60**
Glanville Gdns. *Bris* —3A **74**
Glass Ho. La. *Bris* —5D **71**
Glastonbury Clo. *L Grn* —5B **74**
Glastonbury Clo. *Nail* —4F **123**
Glastonbury Way. *W Mare* —3E **129**
Glebe Av. *P'head* —4A **50**
Glebe Clo. *L Ash* —3E **77**
Glebe Field. *Alm* —1C **10**
Glebelands. *Rads* —3A **152**
Glebelands Rd. *Bris* —1C **42**
Glebe Rd. *Bath* —5C **104**
Glebe Rd. *Bris* —2A **72**
Glebe Rd. *Clev* —4C **120**
Glebe Rd. *L Ash* —4E **77**
Glebe Rd. *P'head* —4A **50**
Glebe Rd. *Trow* —3A **118**
Glebe Rd. *W Mare* —5C **126**
Glebe, The. *F'frd* —5C **112**
Glebe, The. *Tim* —1E **157**
Glebe, The. *Wrin* —1B **156**
Glebe Wlk. *Key* —4E **91**
Gledemoor Dri. *Coal H* —2F **31**
Gleeson Ho. *Bris* —1D **61**
Glena Av. *Bris* —3D **81**
Glenarm Rd. *Bris* —3A **82**
Glenarm Wlk. *Bris* —3A **82**
Glen Av. *Abb L* —2B **66**
Glenavon Ct. *Bris* —3E **55**
Glenavon Pk. *Bris* —3E **55**
Glenburn Rd. *Bris* —1D **73**
Glencairn Ct. *Bath* —3C **106** (3E **97**)
Glencoyne Sq. *Bris* —2E **41**
Glendale. *Clif* —4B **68**
Glendale. *Down* —4A **46**
Glendale. *Fish* —4E **61**
Glendare St. *Bris* —4E **71**
Glendevon Rd. *Bris* —5C **88**
Glen Dri. *Bris* —2F **55**
Gleneagles. *Yate* —5A **18**
Gleneagles Clo. *Nail* —4F **123**
Gleneagles Clo. *W Mare* —2D **129**
Gleneagles Dri. *Bris* —1F **39**
Gleneagles Rd. *War* —4D **75**
Glenfall. *Yate* —2F **33**
Glenfrome Ho. *Eastv* —5D **59**
Glenfrome Rd. *St W & Eastv* —5C **58**
Glen La. *Bris* —3F **81**
Glen Pk. *Eastv* —5E **59**
Glen Pk. *St G* —2C **72**
Glen Pk. Gdns. *Bris* —2C **72**
Glenroy Av. *Bris* —1D **73**
Glenside Clo. *Bris* —5E **45**
Glenside Pk. *Bris* —2A **60**
Glen, The. *Han* —1D **83**
Glen, The. *Redl* —4D **57**
Glen, The. *Salt* —3B **94**
Glen, The. *W Mare* —3F **127**
Glen, The. *Yate* —4A **18**
Glentworth Rd. *Clif* —4D **69**
Glentworth Rd. *Redl* —5E **57**
Glenview Rd. *Bris* —3F **81**
Glenwood. *Bris* —4E **61**
Glenwood Dri. *Old C* —1D **85**
Glenwood Rise. *P'head* —3B **48**
Glenwood Rd. *Bris* —5E **41**
Glen Yeo Ter. *Cong* —2C **144**
Gloster Av. *Bris* —4F **59**
Gloucester Clo. *Stok G* —4F **27**
Gloucester La. *Bris* —3B **70**
Gloucester Mans. *Bris* —5F **57**
Gloucester Pl. *Bris* —3F **69** (1B **4**)
Gloucester Rd. *Alm* —1D **11**
Gloucester Rd. *A'mth* —3C **36**
Gloucester Rd. *Bishop & Hor* —5F **57**
Gloucester Rd. *Pat* —1D **27**
Gloucester Rd. *Rudg* —5A **8**
Gloucester Rd. *Stap H* —4A **62**
Gloucester Rd. *Swain* —1D **101**
Gloucester Rd. *T'bry* —3C **6**
Gloucester Rd. *Trow* —3B **118**
Gloucester Rd. *Wint* —2D **29**
Gloucester Rd. N. *Bris & Fil* —3B **42**
Gloucester Row. *Bris* —3B **68**
Gloucester St. *Bath* —2A **106** (1A **96**)
Gloucester St. *Clif* —3B **68**
Gloucester St. *Eastv* —4F **59**
Gloucester St. *St Pa* —2A **70**
Gloucester St. *W Mare* —1B **132**
Gloucester Ter. *T'bry* —3C **6**
Glyn Vale. *Bris* —4F **79**
Goddard Dri. *W Mare* —1F **129**
Godfrey Ct. *L Grn* —1B **84**
Goding La. *Ban* —5F **137**
Godwin Dri. *Nail* —2B **122**
Goffenton Dri. *Bris* —1D **61**
Goldcrest Rd. *Chip S* —2B **34**
Golden Hill. *Bris* —2F **57**
Goldfinch Way. *Puck* —3E **65**
Goldney Av. *Clif* —4C **68**
Goldney Av. *War* —3E **75**
Goldney La. *Bris* —4C **68**
Goldney Rd. *Bris* —4C **68**
Goldsbury Wlk. *Bris* —3C **38**
Goldsmiths Ho. *Bris* —4B **70** (3F **5**)
Golf Club La. *Salt* —2A **94**
Golf Course La. *Bris* —1B **42**
Golf Course Rd. *Bath* —3D **107**
Gooch Ct. *Old C* —2E **85**
Gooch Way. *W Mare* —2F **129**
Goodeve Pk. *Bris* —4F **55**
(in two parts)
Goodeve Rd. *Bris* —4F **55**
Goodhind St. *Bris* —2C **70**
Goodneston Rd. *Bris* —4C **60**
Goodring Hill. *Bris* —3C **38**
Good Shepherd Clo. *Bris* —3E **57**
Goodwin Dri. *Bris* —4B **88**
Goodwood Clo. *Whit B* —3F **155**
Goodwood Gdns. *Bris* —3B **46**
Goold Clo. *Cor* —4C **94**
Goolden St. *Bris* —2C **80**
Goosard La. *High L* —1A **146**
Goose Acre. *Stok G* —3B **28**
Gooseberry La. *Key* —3B **92**
Goose Grn. *Bris* —1E **75**
Goosegreen. *Fram C* —1E **31**
Goose Grn. *Yate* —2A **18**
Goose Grn. Way. *Yate* —3C **16**
Gooseland Clo. *Bris* —5B **88**
Goosey La. *St Geo* —3A **130**
Gordano Gdns. *E'ton G* —3D **53**
Gordano Rd. *P'bry* —1F **51**
Gordano View. *P'head* —3E **49**
Gordon Av. *Bris* —1F **71**
Gordon Clo. *Bris* —1A **72**
Gordon Rd. *Bath* —4C **106**
Gordon Rd. *Clif* —3D **69**
Gordon Rd. *Pea J* —4D **157**
Gordon Rd. *St Pa* —1B **70**
Gordon Rd. *W'hall* —1F **71**
Gordon Rd. *W Mare* —1D **133**
Gore Rd. *Bris* —2C **78**
Gore's Marsh Rd. *Bris* —3C **78**
Gorham Clo. *Bris* —2E **39**
Gorlands Rd. *Chip S* —5E **19**
Gorlangton Clo. *Bris* —1C **88**
Gorse Cover Rd. *Sev B* —3B **20**
Gorse Hill. *Bris* —4D **61**
Gorse La. *Bris* —4D **69**
Gosforth Rd. *Bris* —2D **41**
Goslet Rd. *Bris* —3A **90**
Goss Barton. *Nail* —4C **122**
Goss Clo. *Nail* —4B **122**
Goss La. *Nail* —4B **122**
Goss View. *Nail* —4B **122**
Gotley Rd. *Bris* —3F **81**
Gott Dri. *Bris* —4F **71**
Goulston Rd. *Bris* —3C **86**
Goulston Wlk. *Bris* —2C **86**
Goulter St. *Bris* —4D **71**
Gourney Clo. *Bris* —2D **39**
Gover Rd. *Han* —2E **83**
Goy Rd. *Pat* —2C **26**
Grace Clo. *Chip S* —5E **19**
Grace Clo. *Yat* —3B **142**
Grace Ct. *Bris* —1F **61**
Grace Dri. *Bris* —1C **74**
Grace Dri. *Mid N* —2D **151**
Grace Pk. Rd. *Bris* —4F **81**
Grace Rd. *Bris* —2E **61**
Grace Rd. *W Mare* —1F **129**
Gradwell Clo. *W Mare* —2F **129**
Graeme Clo. *Bris* —3C **60**
Graham Rd. *Bedm* —2E **79**
Graham Rd. *Down* —1B **62**
Graham Rd. *E'tn* —1D **71**
Graham Rd. *W Mare* —1C **132**
Grainger Ct. *Bris* —5A **38**
Grampian Clo. *Old C* —1E **85**
Granby Ct. *Bris* —4B **68**
Granby Hill. *Bris* —4B **68**
Grand Pde. *Bath* —3B **106** (3C **96**)
Grange Av. *Bris* —5E **73**
Grange Av. *Lit S* —3E **27**
Grange Clo. *Brad S* —4E **11**
Grange Clo. *Uph* —2C **138**
Grange Clo. N. *Bris* —1D **57**
Grange Ct. *Bris* —1D **57**
Grange Ct. *Han* —5F **73**
Grange Ct. Rd. *Bris* —1C **56**
Grange Dri. *Bris* —1E **61**
Grange End. *Mid N* —5E **151**
Grange Pk. *Fren* —4E **45**
Grange Pk. *W Trym* —1D **57**
Grange Rd. *B'wth* —3C **86**
Grange Rd. *Clif* —3C **68**
Grange Rd. *Salt* —5E **93**
Grange Rd. *Uph* —2C **138**
Grange View. *Brad A* —2F **115**
Grangeville Clo. *L Grn* —2D **85**
Grangewood Clo. *Bris* —1E **61**
Granny's La. *Bris* —4A **74**
Grantham La. *Bris* —2E **73**
Grantham Rd. *Bris* —2E **73**
Grantson Clo. *Bris* —3A **82**
Granville Clo. *Bris* —2D **83**
Granville Rd. *Bath* —3F **99**
Granville St. *Bris* —4E **71**
Grasmere. *Trow* —5E **117**
Grasmere Clo. *Bris* —4C **40**
Grasmere Dri. *W Mare* —4D **133**
Grasmere Gdns. *Bris* —4F **75**
Grassington Dri. *Chip S* —1C **34**
Grass Meers Dri. *Bris* —4C **88**
Grassmere Rd. *Yat* —3B **142**
Gratitude Rd. *Bris* —1E **71**
Gravel Hill Rd. *Yate* —3A **18**
(in two parts)
Gravel, The. *Holt* —1E **155**
Gravel Wlk. *Bath* —2F **105**
Graveney Clo. *Bris* —4F **81**
Gray Clo. *Bris* —2A **40**
Grayle Rd. *Bris* —2C **40**

Gt. Ann St.—Havory

Gt. Ann St. *Bris* —3B **70**
Gt. Bedford St. *Bath* —1A **106**
Gt. Brockeridge. *Bris* —1B **56**
Gt. Dowles. *Bris* —1C **84**
Gt. George St. *Bris* —4E **69**
Gt. George St. *St Jud* —3B **70** (1F **5**)
Gt. Hayles Rd. *Bris* —1B **88**
Gt. Leaze. *Bris* —1C **84**
Gt. Meadow Rd. *Brad S* —3B **28**
Gt. Orchard. *Brad A* —5A **114**
Gt. Park Rd. *Alm* —3E **11**
Great Parks. *Holt* —1F **155**
Gt. Pulteney St. *Bath* —2B **106** (2D **97**)
Gt. Stanhope St. *Bath* —3F **105**
Gt. Stoke Way. *Brad S* —2F **43**
Gt. Western Bus. Pk. *Yate* —3E **17**
Gt. Western La. *Bris* —4E **71**
Gt. Western Rd. *Clev* —3D **121**
Gt. Western Way. *Bris* —4B **70** (4F **5**)
Greenacre. *W Mare* —2F **127**
Greenacre Rd. *Bris* —5C **88**
Greenacres. *Bath* —3C **98**
Greenacres. *Bris* —5A **40**
Greenacres. *E Grn* —5D **47**
Greenacres. *Mid N* —3B **150**
Greenacres Cvn. Site. *Coal H* —5F **31**
Greenbank Av. E. *Bris* —1E **71**
Greenbank Av. W. *Bris* —1D **71**
Greenbank Gdns. *Bath* —5C **98**
Greenbank Rd. *G'bnk* —5E **59**
Greenbank Rd. *Han* —1F **83**
Greenbank Rd. *S'vle* —5C **68**
Greenbank View. *Bris* —5E **59**
Green Clo. *Bris* —4C **42**
Green Clo. *Holt* —2F **155**
Green Cotts. *Bath* —3D **111**
Green Croft. *Bris* —1C **72**
Greendale Rd. *Bedm* —2A **80**
Greendale Rd. *Redl* —3D **57**
Green Dell Clo. *Bris* —1F **39**
Greenditch Av. *Bris* —3E **87**
Greendown. *Bris* —3C **72**
Green Down Pl. *Bath* —3B **110**
Green Dragon Rd. *Wint* —4F **29**
Greenfield Av. *Bris* —4F **41**
Greenfield Cres. *Nail* —2D **123**
Greenfield Pk. *P'head* —5E **49**
Greenfield Pl. *W Mare* —5A **126**
Greenfield Rd. *Bris* —3F **41**
Greenfields Av. *Ban* —5E **137**
Greenfinch Lodge. *Bris* —1A **60**
Greengage Clo. *W Mare* —5C **128**
Green Hayes. *Chip S* —1E **35**
Greenhill Clo. *Nail* —3C **122**
Greenhill Clo. *W Mare* —2E **129**
Greenhill Down. *Alv* —3B **8**
Greenhill Gdns. *Alv* —3B **8**
Greenhill Gdns. *Hil* —3F **117**
Greenhill Gro. *Bris* —3C **78**
Greenhill La. *Alv* —4A **8**
Greenhill La. *Bris* —3E **39**
Greenhill Pde. *Alv* —2B **8**
Greenhill Pl. *Mid N* —1D **151**
Greenhill Rd. *Alv* —2B **8**
Greenhill Rd. *Mid N* —1D **151**
Greenland Mills. *Brad A* —3F **115**
Greenland Rd. *W Mare* —4B **128**
Greenlands Rd. *Bris* —5A **24**
Greenlands Rd. *Pea J* —1F **149**
Greenlands Way. *Bris* —5A **24**
Greenland View. *Brad A* —3E **115**
Green La. *Bris* —4D **37**
Green La. *Sev B* —3B **20**
Green La. *Trow* —2E **119**
Green La. *Wint* —3E **29**
Greenleaze. *Bris* —4D **81**
Greenleaze Av. *Bris* —3F **45**
Greenleaze Clo. *Bris* —3F **45**
Greenmore Rd. *Bris* —3D **81**
Greenore. *Bris* —3E **73**
Green Pk. Ho. *Bath* —3A **106**
*Green Pk. M. Bath —3F **105** (off Green Pk.)*
Green Pk. Rd. *Bath* —3A **106** (4A **96**)
Greenpark Rd. *Bris* —3A **42**
Green Pk. Station. *Bath* —3F **105**
Green Parlour Rd. *Rads* —3F **153**
Greenplott Rd. *Brad S* —2A **22**
Greenridge Clo. *Bris* —4A **86**
Greens Hill. *Bris* —4A **60**
Green Side. *Mang* —1C **62**
Greenside Clo. *Bris* —1F **39**
Greenslade Gdns. *Nail* —2C **122**
Greensplott Rd. *Chit* —2A **22**
Green St. *Bath* —2A **106** (3B **96**)
Green St. *Bris* —1B **80**
Green Ter. *Trow* —5C **116**
Green, The. *Back* —3B **124**
Green, The. *Lock* —4E **135**
Green, The. *New C* —5A **62**
Green, The. *Pill* —3A **54**
Green, The. *Shire* —1A **54**
Green, The. *Stok G* —5A **28**
Green, The. *Wick* —5A **154**
Green, The. *Wins* —4A **156**
Green Tree Rd. *Mid N* —1E **151**
Greenvale Clo. *Tim* —2E **157**
Greenvale Dri. *Tim* —2E **157**
Greenvale Rd. *Paul* —4A **146**
Greenview. *L Grn* —3C **84**
Green Wlk. *Bris* —4C **80**
Greenway Bush La. *Bris* —1C **78**
Greenway Ct. *Bath* —5A **106**
Greenway Dri. *Bris* —3F **41**
Greenway Gdns. *Trow* —4E **117**
Greenway La. *Bath* —1A **110**
Greenway Pk. *Bris* —4F **41**
Greenway Pk. *Clev* —3F **121**
Greenway Rd. *Bris* —5D **57**
Greenways. *Bris* —1C **74**
Greenways Rd. *Yate* —3F **17**
Greenway, The. *Bris* —4E **61**
Greenwood Clo. *Bris* —5A **42**
Greenwood Dri. *Alv* —3A **8**
Greenwood Rd. *Bris* —3C **80**
Greenwood Rd. *W Mare* —3C **128**
Gregory Ct. *Bris* —4C **74**
Gregory Mead. *Yat* —2A **142**
Gregorys Gro. *Bath* —4E **109**
Gregory's Tyning. *Paul* —3B **146**
Greinton. *W Mare* —1E **139**
Grenville Av. *Lock* —4E **135**
Grenville Clo. *Bris* —2B **72**
Grenville Rd. *Bris* —4A **58**
Greve Ct. *Bar C* —1B **84**
Greville Rd. *Bris* —1D **79**
Greville St. *Bris* —1E **79**
Greyfriars. *Bris* —3F **69** (1B **4**)
Greylands Rd. *Bris* —1B **86**
Greystoke. *Bris* —3C **40**
Greystoke Av. *Bris* —4C **40**
Greystoke Gdns. *Bris* —4C **40**
Greystones. *Bris* —3A **46**
Griffin Clo. *W Mare* —3F **129**
Griffin Rd. *Clev* —3D **121**
Griggfield Wlk. *Bris* —1B **88**
Grimsbury Rd. *Bris* —2C **74**
Grindell Rd. *Bris* —3F **71**
Grinfield Av. *Bris* —4E **87**
Grinfield Ct. *Bris* —4E **87**
Grittleton Rd. *Bris* —4A **42**
Grosvenor Bri. Rd. *Bath* —5D **101**
Grosvenor Pk. *Bath* —5D **101**
Grosvenor Pl. *Bath* —5D **101**
Grosvenor Rd. *Bris* —1B **70**
Grosvenor Ter. *Bath* —4D **101**
Grosvenor Vs. *Bath* —5C **100**
Ground Corner. *Holt* —2D **155**
Grove Av. *Bris* —5F **69** (5C **4**)
Grove Av. *Fish* —3B **60**
Grove Av. *W Trym* —5E **39**
Grove Bank. *Bris* —3E **45**
Grove Ct. *Trow* —4C **118**
Grove Dri. *Mil* —4A **128**
Grove La. *W Mare* —5B **126**
Grove Leaze. *Brad A* —3C **114**
Grove Leaze. *Shire* —1E **53**
Grove Pk. *Brisl* —3F **81**
Grove Pk. *Redl* —5E **57**
Grove Pk. *W Mare* —5B **126**
Grove Pk. Av. *Bris* —3F **81**
Grove Pk. Rd. *Bris* —3F **81**
Grove Pk. Rd. *W Mare* —4B **126**
Grove Pk. Ter. *Bris* —3B **60**
Grove Rd. *Ban* —4C **136**
Grove Rd. *C Din* —4E **39**
Grove Rd. *Fish* —3B **60**
Grove Rd. *Mil* —4A **128**
Grove Rd. *Redl* —5C **56**
Grove Rd. *W Mare* —5B **126**
Grovesend Rd. *T'bry* —3C **6** (in two parts)
Groves, The. *Bris* —4F **87**
Grove St. *Bath* —2B **106** (2C **96**)
Grove, The. *Bath* —5D **99**
Grove, The. *Bris* —5F **69** (5B **4**)
Grove, The. *Clev* —5B **120**
Grove, The. *Pat* —1D **27**
Grove, The. *War* —1C **84**
Grove, The. *Wins* —3A **156**
Grove View. *Bris* —1A **60**
Grove Wood Rd. *Hay* —4B **152**
Guernsey Av. *Bris* —1B **82**
Guest Av. *E Grn* —4D **47**
Guild Ct. *Bris* —4A **70** (5D **5**)
Guildford Rd. *Bris* —5A **72**
Guinea La. *Bath* —2A **106** (1B **96**)
Guinea La. *Bris* —2C **60** (in two parts)
Guinea St. *Bris* —5F **69**
Gulliford's Bank. *Clev* —4E **121**
Gullimore Gdns. *Bris* —4D **87**
Gullivers Pl. *Chip S* —1C **34**
Gullock Tyning. *Mid N* —3E **151**
Gullons Clo. *Bris* —2C **86**
Gullon Wlk. *Bris* —3B **86**
Gullybrook La. *Bris* —4D **71**
Gully, The. *Wint* —2B **30**
Gunnings Clo. *K'wd* —4F **73**
Gunter's Hill. *Bris* —4C **72**
Guthrie Rd. *Bris* —2B **68**
Gwilliam St. *Bris* —2F **79**
Gwyn St. *Bris* —1A **70**
Gypsy La. *Coal H* —2F **47**

Haberfield Hill. *Pill* —5F **53**
Haberfield Ho. *Bris* —4B **68**
Hacket La. *T'bry* —3E **7** (in two parts)
Haden Rd. *Trow* —3D **119**
Hadley Ct. *Bris* —4D **75**
Hadley Rd. *Bath* —2C **110**
Hadrian Clo. *Bris* —3E **55**
Ha Ha, The. *Tim* —1D **157**
Haig Clo. *Bris* —5D **39**
Halbrow Cres. *Bris* —2E **61**
Haldon Clo. *Bris* —4F **79**
Hale Clo. *Han* —1F **83**
Hales Horn Clo. *Lit S* —3F **27**
Halfacre Clo. *Bris* —5C **88**
Halfacre La. *Bris* —4D **89**
Halfway Clo. *Trow* —5F **117**
Halfway La. *Trow* —1E **119**
Halifax Rd. *Yate* —2F **17**
Hallam Rd. *Clev* —2C **120**
Hallards Clo. *Bris* —4B **38**
Hallatrow Rd. *Paul* —3A **146**
Hallen Clo. *Bris* —1F **39**
Hallen Dri. *Bris* —5E **39**
Hallen Rd. *H'len* —5E **23**
Hallets Way. *P'head* —4F **49**
Halliwell Rd. *P'head* —4A **48**
Halls Rd. *Bris* —2F **73**
Hall St. *Bris* —3D **79**
Halsbury Rd. *Bris* —2F **69**
Halsbury Rd. *W'bry P* —3D **57**
Halstock Av. *Bris* —4B **60**
Halston Dri. *Bris* —2B **70**
Halswell Gdns. *Bris* —4D **87**
Halswell Rd. *Clev* —5D **121**
Halt End. *Bris* —5E **89**
Halve, The. *Trow* —1D **119**
Halwyn Clo. *Bris* —2F **55**
Hamble Clo. *T'bry* —4D **7**
Hambledon Rd. *W Mare* —1A **130**
Hambrook La. *Stok G & Ham* —1B **44**
Ham Clo. *Holt* —2D **155**
Ham Grn. *Pill* —3F **53**
Ham Gro. *Paul* —4B **146**
Hamilton Ho. *Bath* —3F **99**
Hamilton Rd. *Bath* —4F **99**
Hamilton Rd. *E'tn* —2D **71**
Hamilton Rd. *S'vle* —1D **79**
Hamilton Rd. *W Mare* —4A **126**
Ham La. *Bris* —1A **60**
Ham La. *Dun* —5A **86**
Ham La. *Nail* —1F **123**
Ham La. *Paul* —4B **146**
Hamlet, The. *Nail* —2F **123**
Hammersmith Rd. *Bris* —2F **71**
Hammond Clo. *Bris* —4F **81**
Hammond Gdns. *Bris* —5A **40**
Hammond Way. *Trow* —3D **117**
Hampden Clo. *Yate* —2F **17**
Hampden Rd. *Bris* —2D **81**
Hampden Rd. *W Mare* —3C **128**
Hampshire Way. *Yate* —2B **18**
Hampstead Rd. *Bris* —2E **81**
Hampton Clo. *Bris* —5C **74**
Hampton Corner. *Shire* —1A **54**
Hampton Ho. *Bath* —5D **101**
Hampton La. *Bris* —1D **69**
Hampton Pk. *Bris* —1D **69**
Hampton Rd. *Bris* —5D **57**
Hampton Row. *Bath* —1C **106**
Hampton St. *Bris* —1F **73**
Hampton View. *Bath* —5C **100**
Ham Ter. *Trow* —2D **155**
Hamwood Clo. *W Mare* —1F **139**
Hanbury Clo. *Bris* —5F **73**
Hanbury Rd. *Bris* —2C **68**
Handel Av. *Bris* —2F **71**
Handel Rd. *Key* —3F **91**
Handford Way. *L Grn* —2D **85**
Hanford Ct. *Bris* —1E **89**
Hang Hill. *Bath* —5E **157**
Hangstone Wlk. *Clev* —3C **120**
Hanham Bus. Pk. *Han* —5D **73**
Hanham La. *Paul* —2C **146**
Hanham Mt. *Bris* —4F **73**
Hanham Rd. *K'wd* —4F **73**
Hanham Way. *Nail* —3A **122**
Hanna Clo. *Bath* —3B **104**
Hannah More Clo. *Wrin* —1C **156**
Hannah More Rd. *Nail* —4B **122**
Hanover Clo. *Trow* —3E **117**
Hanover Clo. *W Mare* —1E **129**
Hanover Ct. *Bath* —4C **100**
Hanover Ct. *Bris* —3A **70** (1E **5**)
Hanover Ct. *Fil* —1C **42**
Hanover Ct. *Rads* —2F **153**
Hanover Ho. *Bris* —3C **70**
*Hanover Pl. Bath —5C **100** (off London Rd.)*
Hanover Pl. *Bris* —5D **69**
Hanover St. *Bar H* —3E **71**
Hanover St. *Bath* —5C **100**
Hanover St. *Bris* —4F **69** (3B **4**)
*Hanover Ter. Bath —5C **100** (off Gillingham Ter.)*
Hansford Clo. *Bath* —3F **109**
Hansford Sq. *Bath* —3F **109**
Hansons Way. *Clev* —4C **120**
Hans Price Clo. *W Mare* —5C **126**
Hantone Hill. *B'ptn* —5A **102**
Happerton La. *E'ton G* —5D **53**
Hapsburg Clo. *W Mare* —1E **129**
Harbour Rd. *P'head* —2F **49**
Harbour Rd. Trad. Est. *P'head* —2A **50**
Harbour Wall. *Bris* —3D **55**
Harbour Way. *Bris* —5E **69**
Harbury Rd. *Bris* —5E **41**
Harbutts. *B'ptn* —5A **102**
Harcombe Hill. *Wint D* —5A **30**
Harcombe Rd. *Wint* —4F **29**
Harcourt Av. *Bris* —4C **72**
Harcourt Clo. *Salt* —2A **94**
Harcourt Gdns. *Bath* —4C **98**
Harcourt Hill. *Bris* —4E **57**
Harcourt Rd. *Bris* —3D **57**
Hardenhuish Rd. *Bris* —5F **71**
Harden Rd. *Bris* —3A **90**
Harding Pl. *Key* —3D **93**
Hardings Ter. *Bris* —2B **72**
Hardington Dri. *Key* —5A **92**
Hardwick. *Yate* —2E **33**
Hardwick Clo. *Brisl* —2A **82**
Hardwick Clo. *War* —5F **75**
Hardwick Rd. *Pill* —2E **53**
Hardy Av. *Bris* —1C **78**
Hardy Ct. *Bar C* —5B **74**
Hardy Rd. *Bris* —3D **79**
Hareclive Rd. *Bris* —3D **87**
Harefield Clo. *Bris* —3E **83**
Hare Knapp. *Brad A* —3C **114**
Harescombe. *Yate* —2A **34**
Harewood Rd. *Bris* —1C **72**
Harford Clo. *Bris* —5E **39**
Harford Dri. *Bris* —3E **45**
Harford St. *Trow* —1E **119**
Hargreaves Rd. *Trow* —3E **119**
Harington Pl. *Bath* —3A **106** (3B **96**)
Harlech Way. *Will* —3D **85**
Harleston St. *Bris* —2C **70**
Harley Pl. *Bris* —3B **68**
Harley St. *Bath* —1A **106**
Harmer Clo. *Bris* —1B **40**
Harmony Dri. *P'head* —4B **48**
Harmony Pl. *Trow* —3D **119**
Harnhill Clo. *Bris* —4D **87**
Harolds Way. *Bris* —4E **73**
Harptree. *W Mare* —1E **139**
Harptree Clo. *Nail* —5C **122**
Harptree Ct. *Bar C* —1C **84**
Harptree Gro. *Bris* —3D **79**
Harrier Path. *W Mare* —5C **128**
Harrington Av. *Bris* —2A **90**
Harrington Gro. *Bris* —2A **90**
Harrington Rd. *Bris* —2A **90**
Harrington Wlk. *Bris* —2A **90**
Harris Barton. *Fram C* —2D **31**
Harris Ct. *L Grn* —1B **84**
Harris La. *Abb L* —2B **66**
Harrowdene Rd. *Bris* —2D **81**
Harrow Rd. *Bris* —2F **81**
Harry Stoke Rd. *Stok G* —2A **44**
Hartcliffe Rd. *Bris* —5A **80**
Hartcliffe Wlk. *Bris* —5B **80**
Hartcliffe Way. *Bris* —4E **79**
Hartfield Av. *Bris* —1E **69**
Hartgill Clo. *Bris* —5D **87**
Hartington Pk. *Bris* —5E **57**
Hartland. *W Mare* —3E **129**
Hartland Ho. *Bris* —4E **71**
Hartley Clo. *Chip S* —5E **19**
Harts Croft. *Yate* —2B **18**
Harts Paddock. *Mid N* —1C **150**
Harvest Way. *W Mare* —1D **129**
Harvey Clo. *W Mare* —1E **129**
Harvey's La. *Bris* —2B **72**
Harwood Grn. *Kew* —1C **128**
Harwood La. *Wickw* —3C **154**
Haselbury Gro. *Salt* —2A **94**
Haskins Ct. *Bar C* —1C **84**
Haslands. *Nail* —5C **122**
Haslemere Ind. Est. *Bris* —2E **37**
Hassell Dri. *Bris* —3C **70**
Hastings Clo. *Bris* —4E **79**
Hastings Rd. *Bris* —4E **79**
Hatches La. *W Mare* —3E **131**
Hatchet La. *Stok G* —5A **28**
Hatchet Rd. *Stok G* —4F **27**
Hatchmere. *T'bry* —4E **7**
Hatfield Bldgs. *Bath* —4C **106**
Hatfield Rd. *Bath* —1F **109**
Hatfield Rd. *W Mare* —5E **127**
Hatherley. *Yate* —2A **34**
Hatherley Rd. *Bris* —3A **58**
Hathway Wlk. *Bris* —2C **70**
Hatters La. *Chip S* —5D **19**
Havelock Ct. *Trow* —3C **118**
Havelock St. *Trow* —3D **119**
Haven, The. *Bris* —1A **74**
Haversham Clo. *W Mare* —4B **128**
Haverstock Rd. *Bris* —2C **80**
Haviland Gro. *Bath* —3B **98**
Haviland Pk. *Bath* —4C **98**
Havory. *Bath* —5D **101**

Lodge Wlk.—Marden Rd.

Lodge Wlk. Bris —1F 61
Lodore Rd. Bris —3B 60
Lodway. E'ton G —3D 53
Lodway Clo. Pill —2E 53
Lodway Gdns. Pill —3E 53
Lodway Rd. Bris —3E 81
Logan Rd. Bris —4F 57
Logus Ct. L Grn —1B 84
Lombard St. Bris —1F 79
Lomond Rd. Bris —3B 42
London Rd. Bath —1B 106
London Rd. St Pa —1B 70
London Rd. War —3E 75
London Rd. E. Bathe —3A 102
London Rd. W. Bath —4D 101
London St. Bath —1B 106
London St. Bris —2F 73
Longacre. Bath —1B 106
Long Acre. Clev —5B 120
Longacre Ho. Bath —1B 106
Longacre Rd. Bris —5C 88
Long Acres Clo. Bris —5F 39
Long Ashton By-Pass. L Ash —5C 76
Long Ashton Rd. L Ash —4C 76
Long Av. Clev —4B 120
Long Barnaby. Mid N —2D 151
Long Beach Rd. L Grn —2C 84
Long Clo. Brad S —3A 28
Long Clo. Bris —1E 61
Long Croft. Bris —1F 17
Long Croft. Yate —2F 17
Long Cross. Bris —4A 38
Longden Rd. Bris —1B 62
Longdown Ct. Bris —3A 90
Longdown Dri. W Mare —1F 129
Long Eaton Dri. Bris —5D 81
Longfellow Av. Bath —5A 106
Longfellow Rd. Rads —4F 151
Longfield Rd. Bris —4A 58
Longfield Rd. Trow —3D 119
Longford. Yate —1E 33
Longford Av. Bris —4F 41
Long Handstones. Bris —1C 84
Long Hay Clo. Bath —4C 104
Longhills Hostel. Bris —5C 60
Long La. Back —5D 125
Long La. Wrin —1C 156
Longleat Clo. Bris —2E 57
Longleaze Gdns. Hut —5D 135
Longman Clo. Bris —2A 74
Long Mead. Yate —1A 18
Longmead Av. Bris —2F 57
Longmead Croft. Bris —4B 86
Long Meadow. Bris —2F 59
Longmeadow Rd. Key —4E 91
Longmoor Rd. Bris —3C 78
Longney Pl. Pat —5B 10
Long Path. Bris —1F 73
Longreach Gro. Bris —1F 89
Long Rd. Mang —2C 62
Long Row. Bris —4A 70 (3D 5)
Longs Dri. Yate —4E 17
Longthorne Pl. Bath —2A 110
Longton Gro. Rd. W Mare —5C 126
Long Valley Rd. Bath —4A 104
Longvernal. Mid N —3C 150
Longway Av. Bris —4B 88
Longwell Ho. Bris —2B 84
Longwood. Bris —3C 82
Longwood La. Fail —1B 76
Lonsdale Av. W Mare —3D 133
Loop Rd. Bath —2B 106 (2C 96)
Lorain Wlk. Bris —2B 40
Lorne Rd. Bath —3E 105
Lorton Rd. Bris —3D 41
Lotts Av. Back —3D 125
Loughman Clo. Bris —2A 74
Louisa St. Bris —4B 70
Louise Av. Mang —2C 62
Love La. Chip S —1C 34
Love La. Yate —2C 18
Lovelinch Gdns. L Ash —4B 76
Lovell Av. Old C —1F 85
Lovells Hill. Bris —5D 73
Lovells, The. E'ton G —3D 53
Loveringe Clo. Bris —5B 24
Lovers La. Paul —5D 147
Lover's Wlk. Bris —5E 57
Lovers Wlk. Clev —1C 120
Lovers Wlk. W Mare —5B 126
Love's Hill. Tim —2D 157
Lowbourne. Bris —2B 88
Lwr. Alma St. Trow —2E 119
Lwr. Ashley Rd. E'tn —1C 70
Lwr. Ashley Rd. St Ag —1B 70
Lwr. Borough Walls. Bath —3A 106 (4B 96)
Lwr. Bristol Rd. Bath —1A 104
Lwr. Camden Pl. Bath —1B 106
Lwr. Castle St. Bris —3A 70 (1E 5)
Lwr. Chapel La. Fram C —3E 31
Lwr. Chapel Rd. Bris —5E 73
Lwr. Cheltenham Pl. Bris —1B 70
Lwr. Church La. Bris —3E 69 (2A 4)
Lwr. Church Rd. W Mare —5B 126
Lwr. Claverham. Clav —1E 143
Lwr. Clifton Hill. Bris —4C 68
Lwr. Cock Rd. Bris —3B 74
Lwr. College St. Bris —4E 69
Lower Ct. Trow —5D 117
Lwr. Court Rd. Alm —1C 10
Lwr. Down Rd. P'head —3E 49
Lwr. E. Hayes. Bath —1C 106
Lwr. Fallow Clo. Bris —5B 88
Lwr. Gay St. Bris —2F 69
Lwr. Grove Rd. Bris —3A 60
Lwr. Guinea St. Bris —5F 69
Lwr. Hanham Rd. Bris —5E 73
Lwr. Hedgemead Rd. Bath —1B 106
Lwr. High St. Bris —4F 37
Lwr. House Cres. Bris —5D 27
Lwr. Kingsdown Rd. Kngdn —4F 103
Lwr. Knole La. Bris —1C 40
Lwr. Knowles Rd. Clev —4C 120
Lwr. Lamb St. Bris —4E 69
Lwr. Linden Rd. Clev —3D 121
Lwr. Maudlin St. Bris —3F 69 (1C 4)
Lwr. Moor Rd. Yate —2A 18
Lwr. Mount Pleasant. F'frd —5B 112
Lwr. Northend. Bathe —1A 102
Lwr. Norton La. Kew —1F 127
Lwr. Oldfield Pk. Bath —4E 105
Lwr. Parade Ground Rd. Lock —3F 135
Lwr. Park Row. Bris —3F 69 (2B 4)
Lwr. Queen's Rd. Clev —3D 121
Lwr. Redland Rd. Bris —5D 57
Lwr. Sidney St. Bris —1C 78
Lwr. Station App. Rd. Tem M —5B 70 (5F 5)
Lwr. Station Rd. Fish —3C 60
Lwr. Station Rd. Stap H —3E 61
Lwr. Stoke. Lim S —1B 112
Lwr. Stone Clo. Fram C —1E 31
Lwr. Thirlmere Rd. Pat —1C 26
Lwr. Whitelands. Rads —1E 153
Lowlis Clo. Bris —1B 40
Lowmead. Trow —1E 119
Lowther Rd. Bris —2E 41
Loxley Gdns. Bath —5D 105
Loxton Dri. Bath —3C 104
Loxton Rd. W Mare —5D 133
Loxton Sq. Bris —2C 88
Lucas Clo. Bris —4F 81
Luccombe Hill. Bris —5D 57
Luckington Rd. Bris —3A 42
Lucklands Rd. Bath —5D 99
Luckley Av. Bris —3E 87
Luckwell Rd. Bris —2D 79
Lucky La. Bris —1F 79
Ludlow Clo. Bris —1B 70
Ludlow Clo. Key —3F 91
Ludlow Clo. Will —3D 85
Ludlow Ct. Will —4D 85
Ludlow Rd. Bris —5C 42
Ludwell Clo. Wint —4F 29
Ludwells Orchard. Paul —4B 146
Lullington Rd. Bris —2D 81
Lulsgate Rd. Bris —5C 78
Lulworth Cres. Bris —4B 46
Lulworth Rd. Key —4A 92
Lurgan Wlk. Bris —4F 79
Lux Furlong. Bris —5D 39
Luxton St. Bris —2D 71
Lychgate Pk. Lock —4E 136
Lydbrook Clo. Yate —1F 33
Lyddieth Ct. Brad A —2F 113
Lyddington Rd. Bris —4B 42
Lyddon Rd. W Mare —2F 129
Lydford Wlk. Bris —3F 79
Lydiard Croft. Bris —1E 83
Lydiard Way. Trow —5D 119
Lydney Rd. S'mead —4F 41
Lydney Rd. Stap H —3A 62
Lydstep Ter. Bris —1E 79
Lyefield Rd. Wor —1C 128
Lyes, The. Cong —3D 145
Lyme Gdns. Bath —2C 104
Lyme Rd. Bath —2C 104
Lymore Av. Bath —4D 105
Lymore Gdns. Bath —4D 105
Lymore Ter. Bath —5D 105
Lympsham Grn. Bath —3E 109
Lynbrook. L Ash —4B 76
Lynbrook La. Bath —1A 110
Lynch Clo. W Mare —2D 129
Lynch Ct. L Grn —1B 84
Lynch Cres. Wins —5A 156
Lynchmead. Wins —5A 156
Lynch, The. Wins —5A 156
Lyncombe Hill. Bath —4B 106
Lyncombe Vale. Bath —5B 106
Lyncombe Vale Rd. Bath —1B 110
Lyncombe Wlk. Bris —5D 61
Lyndale Av. Bris —2F 55
Lyndale Rd. Bris —2F 71
Lyndale Rd. Yate —5F 17
Lynde Clo. Bris —4D 87
Lyndhurst Bungalows. Brad A —3E 115
Lyndhurst Pl. Bath —1B 106
Lyndhurst Rd. Bath —3D 105
Lyndhurst Rd. Bris —5B 40
Lyndhurst Rd. Key —5B 92
Lyndhurst Rd. Mid N —4E 151
Lyndhurst Rd. W Mare —4C 132
Lyndhurst Ter. Bath —1B 106
Lyneham Way. Trow —2F 119
Lynfield Pk. Bath —4D 99
Lynmouth Clo. W Mare —3E 129
Lynmouth Rd. Bris —5B 58
Lynn Rd. Bris —2F 59
Lynton. Bris —2C 74
Lynton Clo. P'head —4A 50
Lynton Pl. Bris —2E 71
Lynton Rd. Bris —4E 79
Lynton Rd. Mid N —4E 151
Lynton Way. Bris —3D 45
Lynwood Clo. Mid N —4D 151
Lynwood Dri. Trow —1A 118
Lynwood Rd. Bris —3D 79
Lynx Cres. W Mare —1F 139
Lyons Ct. W Mare —1D 133
Lyons Ct. Rd. Bris —1F 89
Lyppiatt Rd. Bris —2F 71
Lyppincourt Rd. Bris —1C 40
Lysander Rd. W Trym & Pat —3D 25
Lysander Wlk. Stok G —4A 28
Lytchet Dri. Bris —4B 46
Lytes Cary Rd. Key —5A 92
Lytham Ho. Bris —4F 81
Lytton Gdns. Bath —5C 104
Lytton Gro. Bris —4C 42
Lytton Gro. Key —3C 92
Lyveden Gdns. Bris —3D 87
Lyvedon Way. L Ash —4D 77

McAdam Way. Bris —5B 68
Macaulay Bldgs. Wid —5D 107
Macaulay Rd. Bris —4C 42
McCrae Rd. Lock —3F 135
McDonogh Ct. Trow —2E 119
Macey's Rd. Bris —5F 87
Machin Clo. Bris —1B 40
Machin Gdns. Bris —1C 40
Machin Rd. Bris —1B 40
Macies, The. Bath —3C 98
Mackie Av. Bris —2D 43
Mackie Gro. Bris —2D 43
Mackie Rd. Bris —2D 43
McLaren Rd. Bris —3D 37
Macleod Clo. Clev —4A 120
Macqurie Clo. Yat —2A 142
Macrae Ct. Bris —2A 74
Madam La. W Mare —3D 129 (in two parts)
Madeira Ct. W Mare —4A 126
Madeira Rd. Clev —3D 121
Madeira Rd. W Mare —4A 126
Madeline Rd. Bris —4B 60
Madison Clo. Yate —4F 17
Maesbury. Bris —4A 74
Maesbury Rd. Key —5A 92
Maesknoll Rd. Bris —2C 80
Magdalen Av. Bath —4A 106
Magdalene Pl. Bris —1B 70
Magdalene Rd. Rads —2F 153
Magdalen Rd. Bath —4A 106
Magdalen Way. W Mare —2E 129
Magellan Clo. W Mare —1D 129
Maggs Clo. Bris —1F 41
Maggs Hill. Tim —1E 157
Maggs La. C'chu —4D 89
Maggs La. Clay H —5A 60
Magnolia Av. W Mare —4E 129
Magnolia Rise Trow —3E 119
Magnolia Rd. Rads —3B 152
Magnon Rd. Brad A —2C 114
Magpie Bottom La. K'wd —4E 73
Magpie Bottom La. St G & K'wd —4D 73
Magpie Clo. W Mare —5C 128
Maidenhead Rd. Bris —5F 87
Maiden Way. Bris —4E 37
Maidstone Gro. W Mare —2E 139
Maidstone St. Bris —2B 80
Main Rd. B'ley —5A 124
Main Rd. E Comp —1C 24
Main Rd. Hew —1F 131
Main Rd. Hut —1B 140
Main Rd. Yate —2E 63
Main View. Coal H —2F 31
Maisemore. Yate —3F 33
Maisemore Av. Pat —5D 11
Makin Clo. Bris —5E 75
Malago Rd. Bris —2E 79
Malago Vale Est. Bris —2E 79
Malago Wlk. Bris —4A 86
Maldowers La. Bris —1C 72
Mallard Clo. Brad S —4F 11
Mallard Clo. Bris —1B 72
Mallard Clo. Chip S —1C 34
Mallard Wlk. W Mare —5C 128
Mallow Clo. Clev —3E 121
Mallow Clo. T'bry —2E 7
Mallow Clo. Trow —4D 119
Mall, The. Bath —4B 106 (4C 96)
Mall, The. Bris —3B 68
Malmains Dri. Bris —3D 45
Malmesbury Clo. Bris —3E 57
Malmesbury Clo. L Grn —5B 74
Malthouse, The. Bris —5B 58
Maltings Ind. Est., The. Bath —3C 104
Maltings, Ind. Pk., The. Trow —1B 118
Maltings, The. Brad A —4E 115
Maltings, The. W Mare —3D 129
Maltlands. W Mare —1B 134
Malvern Bldgs. Bath —4B 100
Malvern Ct. Bris —3B 72
Malvern Dri. Bris —5E 75
Malvern Dri. T'bry —4E 7
Malvern Rd. Brisl —2F 81
Malvern Rd. St G —3B 72
Malvern Rd. W Mare —3C 132
Malvern Ter. Bath —5B 100
Malvern Vs. Bath —5B 100 (off Belgrave Cres.)
Mancroft Av. Bris —5A 38
Mandy Meadows. Mid N —3C 150
Mangotsfield Rd. Bris & Mang —3B 62
Manilla Cres. W Mare —4B 126
Manilla Pl. W Mare —4A 126
Manilla Rd. Bris —3C 68
Manmoor La. Clev —5F 121
Manor Clo. Coal H —3E 31
Manor Clo. E'ton G —3C 52
Manor Clo. Trow —4A 118
Manor Clo., The. Abb L —2C 66
Manor Copse Rd. Writ —2F 153
Manor Ct. Back —3C 124
Manor Ct. Bris —3A 60
Manor Ct. Lock —4E 135
Manor Ct. Trow —4A 118
Manor Court Dri. Bris —5A 42
Manor Dri. Bathf —4D 103
Manor Farm Cvn. Pk. W Mare —2C 138
Manor Farm Clo. W Mare —1F 139
Manor Farm Cotts. Brad S —5E 11
Manor Farm Cres. W Mare —1F 139
Manor Gdns. Kew —1F 127
Manor Gdns. Lock —4E 135
Manor Gdns. Ho. Bris —2B 60
Manor Grange. B'don —4F 139
Manor Gro. Mang —3C 62
Manor Gro. Pat —4D 11
Manor La. Abb L —2B 66
Manor La. Wint —2B 30
Manor Pk. Bath —1C 104
Manor Pk. Bris —4D 57
Manor Pk. Rads —2F 153
Manor Pl. Bris —3E 45
Manor Rd. Abb L —4B 66
Manor Rd. Bath —5D 99
Manor Rd. Bishop —3A 58
Manor Rd. B'wth —2B 86
Manor Rd. Fish —2B 60
Manor Rd. Key —5B 92
Manor Rd. Trow —4A 118
Manor Rd. Wick —5B 154
Manor Rd. W Mare —4D 127
Manor Rd. Writ —2F 153
Manor Rd. Yate —3C 62
Manor Ter. Rads —2F 153
Manor Valley. W Mare —4E 127
Manor Vs. Bath —5D 99
Manor Wlk. T'bry —1C 6
Manor Way. Chip S —5E 19
Mansbrook Ho. Mid N —3D 151
Mansell Clo. Salt —5E 93
Mansfield Av. W Mare —5F 127
Mansfield St. Bris —3D 79
Manston Clo. Bris —5E 81
Manton Clo. Trow —5C 118
Manvers St. Bath —3B 106 (4C 96)
Manvers St. Trow —1D 119
Manworthy Rd. Bris —2F 81
Manx Rd. Bris —5B 42
Maple Av. Bris —4E 61
Maple Av. T'bry —3D 7
Maple Clo. Bris —3F 89
Maple Clo. Lit S —2E 27
Maple Clo. Old C —1D 85
Maple Clo. W Mare —5E 127
Maple Ct. Bris —1F 73
Maple Dri. Rads —3B 152
Maple Gdns. Bath —5F 105
Maple Gro. Bath —5F 105
Maple Gro. Trow —4C 118
Maple Leaf Ct. Bris —3C 68
Mapleleaze. Bris —2F 81
Maplemeade. Bris —3E 57
Maple Rd. Bris —2F 57
Maple Rd. St Ap —5F 71
Maples, The. Nail —4B 122
Maplestone Rd. Bris —5C 88
Maple Wlk. Key —4F 91
Maple Wlk. Puck —2E 65
Mapstone Clo. Ham —1D 45
Marbeck Rd. Bris —3D 41
Marchants Pas. Bath —4B 106 (5C 96)
Marchants Quay. Bris —5F 69
Marchfields Way. W Mare —2D 133
Marconi Rd. P'head —3B 48
Mardale Clo. Bris —2E 41
Marden Rd. Key —4C 92

Northfield Ho.—Padleigh Hill

Northfield Ho. Bris —1E 79
Northfield Rd. Bris —3D 73
Northfield Rd. P'head —5A 48
Northfields. Bath —5A 100
Northfields Clo. Bath —5A 100
Northgate St. Bath —3B 106 (3C 96)
North Grn. St. Bris —4B 68
North Gro. Pill —3E 53
N. Hills Clo. W Mare —1F 139
North La. Bath —4E 107
North La. Nail —4A 122
Northleach Wlk. Bris —2B 54
N. Leaze. L Ash —3D 77
Northleigh. Brad A —1F 115
Northleigh Av. W Mare —4A 128
Northmead Av. Mid N —2C 150
Northmead Clo. Mid N —2C 150
Northmead La. Iron A —1F 15
N. Meadows. Pea J —4E 157
Northmead Rd. Mid N —2C 150
Northover Clo. Bris —3B 40
Northover Rd. Bris —3B 40
North Pde. Bath —3B 106 (4D 97)
North Pde. Yate —4A 18
North Pde. Bldgs. Bath (off Orchard St.) —3B 106
North Pde. Pas. Bath —3B 106 (4C 96)
North Pde. Rd. Bath —3B 106 (4D 97)
North Pk. Bris —1A 74
North Quay. Bris —4A 70 (3E 5)
North Rd. Ash G —1C 78
North Rd. Ban —5E 137
North Rd. Bath —2D 107 (1F 97)
North Rd. C Down —3C 110
North Rd. Iron A —1D 17
North Rd. L Wds —3F 67
North Rd. Mid N —3C 150
North Rd. St And —5F 57
North Rd. Stok G —5A 28
North Rd. T'bry —2D 7
North Rd. Tim —1E 157
North Rd. Wint —2B 30
North St. Bedm —1C 78
North St. Bris —2A 70
North St. Down —2F 61
North St. Nail —5A 122
North St. Old C —1E 85
North St. Wickw —1B 154
North St. W Mare —5C 126
Northumberland Bldgs. Bath (off Barton St.) —3A 106
Northumberland Pl. Bath —3B 106 (3C 96)
Northumberland Rd. Bris —5E 57
Northumbria Dri. Bris —2D 57
North View. Rads —2E 153
North View. Soun —3F 61
North View. Stap H —2A 62
North View. W'bry P —3C 56
N. View Clo. Bath —4C 104
N. View Dri. Ban —5D 137
Northville Rd. Bris —3B 42
North Wlk. Yate —4A 18
North Way. Bath —4B 104
Northway. Bris —5D 27
North Way. Mid N —3D 151
North Way. Trow —3A 118
Northwick Rd. Bris —4B 42
Northwoods Wlk. Bris —1F 41
N. Worle Shopping Cen. W Mare —3F 129
Norton Clo. Bris —3B 74
Norton La. Kew —1A 128
Norton La. W'chu —5F 89
Norton Rd. Bris —3C 80
Nortons Wood La. Clev —1F 121
Norwich Dri. Bris —4A 72
Norwood Av. Bath —5F 107
Norwood Gro. P'head —3B 48
Norwood Rd. Nail —4E 123
Notgrove Clo. W Mare —3F 127
Nottingham Rd. Bris —4A 58
Nottingham St. Bris —2A 80
Nova Scotia Pl. Bris —5C 68
Nover's Cres. Bris —5E 79
Nover's Hill. Bedm & Know —4E 79
Novers Hill Trad. Est. Bedm —4E 79
Nover's La. Bris —5E 79
Nover's Pk. Clo. Bris —2D 87
Nover's Pk. Dri. Bris —5E 79
Nover's Pk. Rd. Bris —5F 79
Nover's Rd. Bris —5E 79
Nowhere La. Nail —4F 123 (in two parts)
Nugent Hill. Bris —1F 69
Nunney Clo. Key —5A 92
Nursery Clo. Hil —4F 117
Nursery Gdns. Bris —1C 40
Nursery, The. Bris —2D 79
Nutfield Gro. Bris —2D 43
Nutgrove Av. Bris —2A 80
Nuthatch Dri. Bris —1C 60
Nuthatch Gdns. Bris —1C 60
Nutwell Rd. W Mare —3C 128
Nutwell Sq. W Mare —3C 128
Nye Drove. W Mare —2F 137
Nympsfield. Bris —5A 62

Oak Av. Bath —1D 109
Oak Clo. Lit S —2F 27
Oak Clo. Yate —2F 17
Oak Ct. Bris —3C 88
Oakdale Av. Bris —4F 45
Oakdale Clo. Bris —4A 46
Oakdale Ct. Bris —4F 45
Oakdale Gdns. W Mare —3D 129
Oakdale Rd. Bris —5C 80
Oakdale Rd. Down —4A 46
Oakdene Av. Bris —4F 59
Oak Dri. N Brad —4D 155
Oak Dri. P'head —4D 49
Oakenhill Rd. Bris —3A 82
Oakenhill Wlk. Bris —3A 82
Oakfield Clo. Bath —1E 105
Oakfield Gro. Bris —2D 69
Oakfield Pl. Bris —2D 69
Oakfield Rd. Clif —2C 68
Oakfield Rd. Key —5B 92
Oakfield Rd. K'wd —3F 73
Oakford Av. W Mare —5D 127
Oakford La. Bath —1B 102
Oak Gro. E'ton G —3E 53
Oakhanger Dri. Bris —3C 38
Oakhill. W Mare —1E 139
Oakhill Av. Bit —3E 85
Oakhill Clo. Nail —4F 123
Oakhill La. H'len —5E 23
Oakhill Rd. Bath —2A 110
Oak Ho. Bris —4F 87
Oakhurst Rd. Bris —2B 56
Oakland Dri. Hut —5C 134
Oakland Rd. Redl —1D 69
Oakland Rd. St G —2A 72
Oaklands. Clev —2C 120
Oaklands. Paul —5B 146
Oaklands Clo. Mang —2D 63
Oaklands Dri. Alm —2C 10
Oaklands Dri. Bris —4C 44
Oaklands Dri. Old C —3E 85
Oaklands Rd. Mang —2C 62
Oak La. Bris —5B 60
Oakleaze. Coal H —2F 31
Oakleaze Rd. T'bry —3D 7
Oakleigh Av. Bris —1F 71
Oakleigh Clo. Back —3D 125
Oakleigh Gdns. Old C —3E 85
Oakley. Bath —4F 107
Oakley. Clev —5B 120
Oakley Rd. Bris —5B 42
Oakmeade Pk. Bris —3D 81
Oakridge Clo. Bris —3C 74
Oakridge Clo. Wins —5C 156
Oakridge La. Wins —5C 156
Oak Rd. Bris —2A 58
Oak Rd. Wins —3B 156
Oaksey Gro. Nail —3F 123
Oak St. Bath —4A 106 (5A 96)
Oak Ter. Rads —3A 152
Oak Tree Av. Puck —2D 65
Oaktree Clo. Bris —2E 83
Oak Tree Clo. Trow —1B 118
Oaktree Ct. Shire —5A 38
Oaktree Cres. Brad S —4D 11
Oaktree Gdns. Bris —3A 86
Oaktree Pk. Lock —3C 134
Oak Tree Wlk. Key —5F 91
Oakwood Av. Bris —1D 57
Oakwood Rd. Bris —1D 57
Oatlands Av. Bris —2C 88
Oatvale Rd. Bris —3C 88
Oberon Av. Bris —5A 60
Odeon Bldgs. W Mare (off Station Rd.) —1C 132
Odins Rd. Bath —3E 109
Okebourne Clo. Bris —5D 25
Okebourne Rd. Bris —1D 41
Oldacre Rd. Bris —5C 88
Old Ashley Hill. Bris —5B 58
Old Aust Rd. Alm —1E 11
Old Banwell Rd. Lock —4F 135
Old Barrow Hill. Bris —5F 37
Old Batch, The. Brad A —1C 114
Old Bond St. Bath —3A 106 (3B 96)
Old Bread St. Bris —4B 70 (3F 5)
Oldbridge Rd. Bris —5E 89
Old Bristol Rd. Key —1E 91
Old Bristol Rd. W Mare —3E 129
Oldbury Chase. Bris —3C 84
Oldbury Ct. Dri. Bris —1D 61
Oldbury Ct. Rd. Bris —2C 60
Oldbury La. T'bry —1D 7
Oldbury La. Wick —5C 154
Old Church Rd. Clev —4A 120
Old Church Rd. Nail —5C 122
Old Church Rd. Rudg —5A 8
Old Church Rd. Uph —1B 138
Old Cider Mills Est. Wickw —1C 154
Old England Way. Pea J —4E 157
Old Farm La. Bris —4D 73
Old Ferry Rd. Bath —3D 105
Oldfield. Clev —5E 121
Oldfield La. Bath —5E 105
Oldfield Pl. Bath —4F 105
Oldfield Pl. Bris —5B 68
Oldfield Rd. Bath —4F 105
Oldfield Rd. Bris —5C 68
Oldfields La. Alm —1D 13
Old Fire Sta. Ct. Nail —3B 122
Old Forge Way. Bath —4E 157
Old Fosse Rd. Bath —2D 109
Old Fosse Rd. Mid N —5B 148
Old Frome Rd. Bath —4F 109
Old Gloucester Rd. Alv —2C 8
Old Gloucester Rd. Fren & (in two parts) Ham —4D 29
Old Gloucester Rd. Wint —5D 13
Old Junction Rd. W Mare —3F 133
Old King St. Bath —2A 106 (2B 96)
Oldlands Av. Coal H —3E 31
Old La. Tic —1B 122
Old Mkt. St. Bris —3A 70 (2E 5)
Oldmead Wlk. Bris —1A 86
Old Midford Rd. S'ske —5B 110
Old Millard's Hill. Mid N —1E 151
Old Mill Clo. W'lgh —5D 33
Old Mill Rd. P'head —2F 49
Old Mills Ind. Est. Mid N —2B 150
Old Mills La. Paul —1A 150
Oldmixon Cres. W Mare —5E 133
Oldmixon Rd. W Mare —2E 139
Old Newbridge Hill. Bath —1B 104
Old Orchard. Bath —2B 106 (1C 96)
Old Orchard St. Bath —3B 106 (4C 96)
Old Park. Bris —3E 69 (1A 4)
Old Pk. Hill. Bris —3E 69 (2A 4)
Old Park Rd. Bris —5F 37
Old Park Rd. Clev —1D 121
Old Pit Rd. Mid N —4E 151
Old Pit Ter. Clan —5B 148
Old Post Office La. W Mare —5B 126
Old Priory Rd. E'ton G —3D 53
Old Quarry. Bath —2E 109
Old Quarry Rise. Bris —5A 38
Old Quarry Rd. Bris —5F 37
Old Rd. Writ —3F 153
Old School La. B'don —5A 140
Old Sneed Av. Bris —3F 55
Old Sneed Cotts. Bris —3F 55
Old Sneed Pk. Bris —3F 55
Old Sneed Rd. Bris —3F 55
Old Sta. Clo. Wrin —2B 156
Old St. Clev —3D 121
Old Track. Lim S —2A 112
Old Vicarage Ct. Bris —4E 89
Old Vicarage Grn. Key —2A 92
Old Vicarage Pl. Bris —5C 56
Old Vicarage, The. Bris —1A 70
Oldville Av. Clev —4D 121
Old Wells Rd. Bath —1A 110
Old Weston Rd. Cong —1A 144
Olive Gdns. Alv —3A 8
Olveston Rd. Bris —2A 58
Olympus Clo. Lit S —3F 27
Olympus Rd. Pat —1F 25
Onega Ter. Bath —2F 105
Oolite Gro. Bath —3E 109
Oolite Rd. Bath —3E 109
Oram Ct. Bar C —1B 84
Orange Gro. Bath —3B 106 (3C 96)
Orange St. Bris —2B 70
Orchard Av. Bris —4E 69 (3A 4)
Orchard Av. Mid N —3C 150
Orchard Av. T'bry —3D 7
Orchard Boulevd. Old C —1D 85
Orchard Cvn. Site, The. Bris —4F 89
Orchard Clo. Ban —5F 137
Orchard Clo. Cong —2D 145
Orchard Clo. Key —2E 91
Orchard Clo. K'wd —2A 74
Orchard Clo. P'head —3F 49
Orchard Clo. Wor —3D 129
Orchard Clo. Wrin —1C 156
Orchard Clo. W Trym —2B 56
Orchard Clo. Yate —4B 18
Orchard Clo., The. Lock —4D 135
Orchard Ct. Bris —4F 69 (3B 4)
Orchard Ct. Fil —2C 42 (off Gloucester Rd. N.)
Orchard Ct. Redf —3F 71
Orchard Ct. S Park —4E 55
Orchard Ct. Trow —3D 119 (off Orchard Rd.)
Orchard Cres. Bris —5F 37
Orchard Dri. Bris —3C 86
Orchard Gdns. Bris —2B 74
Orchard Gdns. Paul —3B 146
Orchard Grange. T'bry —2C 6
Orchard La. Bris —4E 69 (3A 4)
Orchard La. S Park —3F 55
Orchard Lea. Alv —2C 8
Orchard Lea. Pill —3F 53
Orchard Pl. W Mare —1C 132
Orchard Rd. Back —2C 124
Orchard Rd. Bishop —3A 58
Orchard Rd. Clev —4D 121
Orchard Rd. Coal H —2F 31
Orchard Rd. Hut —1B 140
Orchard Rd. K'wd —2A 74
Orchard Rd. L Ash —4B 76
Orchard Rd. Nail —4B 122
Orchard Rd. Paul —3B 146
Orchard Rd. St G —2B 72
Orchard Rd. Trow —3D 119
Orchard Rd. Yate —2D 65
Orchard Sq. Bris —3F 71
Orchards, The. Bris —3B 74
Orchards, The. Pill —3E 53
Orchard St. Bris —4E 69 (3A 4)
Orchard St. W Mare —1C 132
Orchard Ter. Bath —3C 104
Orchard, The. Ban —5E 137
Orchard, The. Fram C —1E 31
Orchard, The. F'frd —4D 113
Orchard, The. Lock —3E 135
Orchard, The. Stok G —4B 28
Orchard, The. W Trym —5C 40
Orchard Vale. Bris —2B 74
Orchard Vale. Mid N —3B 150
Orchard Way. Bath —5D 157
Orchard Way. N Brad —4D 155
Oriel Clo. Hil —4F 117
Oriel Gdns. Bath —4D 101
Oriel Gro. Bath —5C 104
Orion Dri. Lit S —3F 27
Orland Way. L Grn —2C 84
Orlebar Gdns. Bris —2D 39
Orme Dri. Clev —1D 121
Ormerod Rd. Bris —3A 56
Ormonds Clo. Brad S —4A 12
Ormsley Clo. Lit S —1E 27
Ormstone Ho. Bris —4C 86
Orpen Gdns. Bris —2D 59
Orpen Pk. Alm —3D 11
Orpheus Av. Lit S —3F 27
Orwell Dri. Key —4B 92
Orwell St. Bris —2A 80
Osborne Av. Bris —4B 58
Osborne Av. W Mare —1D 133
Osborne Clo. Stok G —4F 27
Osborne Rd. Bath —3C 104
Osborne Rd. Clif —1C 68
Osborne Rd. Sev B —3A 20
Osborne Rd. S'vle —1E 79
Osborne Rd. Trow —4E 117
Osborne Rd. W Mare —1D 133
Osborne Ter. Bris —3D 79
Osborne Vs. Bris —2E 69
Osprey Ct. Bris —3F 87
Osprey Gdns. W Mare —4D 129
Osprey Pk. T'bry —1E 7
Osprey Rd. Bris —3E 71
Ostlings La. Bathf —4C 102
Otago Ter. Bath —4D 101
Ottawa Rd. W Mare —5D 133
Otterford Clo. Bris —3D 89
Otter Rd. Clev —5D 121
Ottery Clo. Bris —3C 38
Ottrells Mead. Brad S —3E 11
Oval, The. Bath —5D 105
Overdale. Clan —4B 148
Overhill. Pill —3F 53
Over La. E Comp —1D 25
Overndale Rd. Bris —2E 61
Overnhill Ct. Bris —2F 61
Overnhill Rd. Bris —2E 61
Overnhurst Ct. Bris —2F 61
Overton Rd. Bris —5A 58
Owen Gro. Bris —2D 57
Owen Sq. Bris —2E 71
Owen St. Bris —2E 71
Owls Head Rd. Bris —4A 74
Ox Barton. Stok G —3B 28
Oxen Leaze. Brad S —4A 12
Oxford Pl. Bris —4B 68
Oxford Pl. C Down —2D 111
Oxford Pl. E'tn —1D 71
Oxford Pl. W Mare —1B 132
Oxford Row. Bath —2A 106 (1B 96)
Oxford Sq. Lock —2F 135
Oxford St. Bar H —3E 71
Oxford St. Bris —1B 70
Oxford St. K'dwn —2E 69
Oxford St. St Ph —4B 70
Oxford St. Tot —2B 80
Oxford St. W Mare —1B 132
Oxford Ter. C Down —2D 111
Oxleaze. Bris —4F 87
Oxleaze La. Dun —5A 86
Ozleworth. Bris —2C 74

Pack Horse La. S'ske —5A 110
Pacquet Houses. Pill —2F 53 (off Underbanks)
Paddock Clo. Brad S —4F 11
Paddock Garden. Bris —4B 88
Paddock Gdns. Alv —2B 8
Paddocks, The. Cor —3C 110
Paddocks, The. T'bry —3E 7
Paddocks, The. Uph —1B 138
Paddock, The. Ban —5E 137
Paddock, The. Bath —5D 95
Paddock, The. Clev —4D 121
Paddock, The. P'head —4F 49
Paddock Woods. C Down —2E 111
Padfield Clo. Bath —4C 104
Padleigh Hill. Bath —2B 108

A-Z Bristol Deluxe 185

Padmore Ct. Bris —3F 71
Padstow Rd. Bris —5B 80
Page Clo. Bris —3B 62
Page Ct. Bris —3B 62
Page Rd. Bris —3F 61
Pages Ct. Yat —3C 142
Pages Mead. Bris —4E 37
Painswick Av. Pat —1D 27
Painswick Dri. Yate —5A 18
Palace Yd. M. Bath —3A 106 (3A 96)
Palairet Clo. Brad A —5E 115
Palmdale Clo. L Grn —2C 84
Palmer Dri. Brad A —1E 115
Palmer Rd. Trow —5D 117
Palmer Row. W Mare —5C 126
Palmers Clo. Bar C —4B 74
Palmers Leaze. Brad S —2C 28
Palmerston Rd. Bris —3D 57
Palmerston St. Bris —2E 79
Palmer St. W Mare —5C 126
Palmers Way. Hut —1B 140
Palmyra Rd. Bris —3D 79
Panorama Wlk. Bris —1C 82
Parade, The. Bath —3F 107
Parade, The. Bris —5C 80
Parade, The. Chip S —5C 18
Parade, The. Pat —5B 10
Parade, The. Shire —1A 54
Paragon. Bath —2B 106 (1C 96)
Paragon Rd. W Mare —4A 126
Paragon, The. Bris —4B 68
Parbrook Ct. Bris —3D 89
Parfitts Hill. Bris —4B 72
Parish Brook Rd. Nail —3A 122
Parish Wharf Trad. Est. P'head —2F 49
Park Av. Azt W —4B 10
Park Av. Bath —4A 106
Park Av. Bedm —2A 80
Park Av. Eastv —4F 59
Park Av. Fram C —3D 31
Park Av. St G —2A 72
Park Av. Wint —2A 30
Park Av. Yat —2B 142
Park Clo. Cong —3D 145
Park Clo. Key —3F 91
Park Clo. K'wd —3A 74
Park Clo. N Brad —4E 155
Park Clo. Paul —4A 146
Park Clo. War —5D 75
Park Cres. Fren —3E 45
Park Cres. War —5D 75
Park Cres. W'hall —2F 71
Park End. Ban —4C 136
Parkers Av. Wick —4B 154
Parkers Clo. Bris —5F 25
Parker St. Bris —2D 79
Parkes Rd. Lock —3A 136
Park Farm Ct. L Grn —1B 84
Parkfield Av. Bris —3F 71
Parkfield Rd. Puck —1C 64
Park Gdns. Bath —1E 105
Park Gro. W'bry P —2E 57
Park Hill. Bris —1A 54
Parkhouse La. Key —5E 91
Parkhurst Av. Bris —3D 61
Parkhurst Rd. W Mare —1E 133
Parklands. Bris —2A 74
Parklands. Trow —5D 117
Parklands Av. W Mare —1D 129
Parklands Rd. Bris —1A 78
Parkland Way. T'bry —1C 6
Park La. Bath —1E 105
Park La. Bris —3E 69 (1A 4)
Park La. Yate —5C 30
Park Mans. Bath —1F 105
Park Pl. Bath —1F 105
Park Pl. Bris —3E 69 (1A 4)
Park Pl. Clif —3D 69
Park Pl. C Down —3C 110
Park Pl. Eastv —4A 60
Park Pl. W Mare —5B 126
Park Rd. Bath —2C 104
Park Rd. Clev —2D 121
Park Rd. Cong —3E 145
Park Rd. Key —3A 92
Park Rd. K'wd —1F 73
Park Rd. N'vle —3B 42
Park Rd. Paul —4A 146
Park Rd. Shire —1A 54
Park Rd. Stap —2F 59
Park Rd. Stap H —2A 62
Park Rd. S'vle —5D 69
Park Rd. T'bry —2B 6
Park Rd. Trow —2D 119
Park Rd. War —5D 75
Park Row. Bris —3E 69
Park Row. Fram C —1C 30
Parkside Av. Wint —3F 29
Parkside Gdns. Bris —3D 59
Parkstone Av. Bris —1B 58
Park St. Bath —1F 105
Park St. Bris —3E 69
Park St. Iron A —2F 15
Park St. St G —2B 72
Park St. Tot —1C 80 (in two parts)
Park St. Trow —3C 118
Park St. Av. Bris —3E 69
Park St. M. Bath —1F 105
Park, The. Brad S —3E 11
Park, The. Fren —3D 45
Park, The. Key —2B 92
Park, The. K'wd —1A 74
Park, The. Will —4D 85
Park, The. Yat —2B 142
Park View. Bath —3E 105
Park View. Bris —3A 74
Park View Av. T'bry —2D 7
Park View Ter. Bris —2A 72
Park Vs. W Mare —5B 126
Parkwall Cres. Bar C —1B 84
Parkwall Rd. Bris —1C 84
Park Way. Bris —5D 75 (Coronation Rd.)
Parkway. Bris —1C 70 (New Foundland Way)
Parkway. Fren —4C 44
Park Way. Mid N —4D 151
Park Way. Wor —4F 129
Parkway Trad. Est. Bris —5C 58
Parkwood Clo. Bris —4B 88
Parliament St. Bris —1C 80
Parnall Cres. Yate —3E 17
Parnall Rd. Bris —4C 60
Parnell Rd. Clev —3D 121
Parrish Clo. Bris —1E 39
Parry Clo. Bath —5C 104
Parry's Clo. Bris —2A 56
Parrys Gro. Stok B —2A 56
Parrys La. Bris —2A 56
Parslows Barton. Bris —3C 72
Parsonage La. Bath —3A 106 (3B 96)
Parsonage Rd. L Ash —3E 77
Parsons Av. Stok G —4B 28
Parsons Grn. Clev —5C 120
Parsons Grn. W Mare —2E 129
Parsons Paddock. Bris —5C 80
Parson St. Bris —3D 79
Partis Way. Bath —1B 104
Partition St. Bris —4E 69
Partridge Clo. W Mare —4D 129
Partridge Clo. Yate —2B 18
Partridge Rd. Puck —3E 65
Passage Leaze. Bris —1F 53
Passage Rd. Bris —4C 24 (in three parts)
Passage St. Bris —4A 70 (3E 5)
Pastures, The. L W'wd —5F 113
Patch Croft. Clev —5C 120
Patchway Trad. Est. Pat —2A 26
Paulman Gdns. L Ash —5B 76
Paul's Causeway. Cong —2D 145
Paul St. Bedm —1F 79
Paul St. Bris —2E 69
Paulto Hill. Paul —3C 146
Paulton Dri. Bris —3E 57
Paulton La. C'ton —3E 147
Paulton Rd. Hall —4A 146
Paulton Rd. Mid N —3C 150
Paultow Av. Bris —2A 80
Paultow Rd. Bris —2A 80
Pavey Clo. Bris —4E 87
Pavey Rd. Bris —4E 87
Pawlett. W Mare —1E 139
Pawlett Rd. Bris —5D 87
Pawlett Wlk. Bris —5E 87
Paxcroft Way. Trow —2F 119
Paybridge Rd. Bris —4B 86
Payne Dri. Bris —2D 71
Payne Rd. Hut —1B 140
Paynes Orchard Cvn. Pk. Bris —4F 25
Peache Ct. Bris —1A 62
Peache Rd. Bris —1A 62
Peacock Rd. W Mare —5A 128
Peacocks La. Bris —2E 73
Pearces Hill. Bris —5D 45
Pearl St. Bris —2D 79
Pearsall Rd. L Grn —3A 84
Peart Clo. Bris —3A 86
Peart Dri. Bris —4A 86
Peartree Gdns. B'don —4F 139
Pear Tree Hey. Yate —1A 18
Peartree La. K'wd —5B 62
Pear Tree La. St G —4D 73
Pear Tree Rd. Brad S —4E 11
Peasedown St John By-Pass. Bath —3E 149
Pedder Rd. Clev —5D 121
Peel St. Bris —2B 70
Pegasus Rd. Pat —2F 25
Peg La. Yate —1C 64
Pelican Clo. W Mare —5D 129
Pemberton Ct. Bris —2D 61
Pembery Rd. Bris —2D 79
Pembroke Av. Bris —1A 54
Pembroke Clo. Trow —4D 119
Pembroke Ct. Bath —5D 99
Pembroke Ct. Clev —2C 120
Pembroke Gro. Bris —3C 68
Pembroke Pl. Bris —5C 68
Pembroke Rd. Clif —1C 68
Pembroke Rd. K'wd —4A 62
Pembroke Rd. P'head —5A 48
Pembroke Rd. Shire —1A 54
Pembroke Rd. S'vle —1E 79
Pembroke Rd. W Mare —3D 133
Pembroke St. Bris —2A 70
Pembroke Vale. Bris —2C 68
Penard Way. Bris —3B 74
Penarth Dri. W Mare —2E 139
Pendennis Av. Bris —2F 61
Pendennis Ho. Bris —2F 61
Pendennis Pk. Bris —3F 81
Pendennis Rd. Bris —2F 61
Pendlesham Gdns. W Mare —4E 127
Pendock Clo. Bit —4E 85
Pendock Ct. E Grn —5D 47
Pendock Rd. Bris —1D 61
Pendock Rd. Wint —4A 30
Penfield Rd. Bris —5C 58
Penlea Ct. Bris —5F 37
Pennard. W Mare —1E 139
Pennard Ct. Bris —3D 89
Pennard Grn. Bath —3B 104
Penn Dri. Bris —3E 45
Penn Gdns. Bath —1B 104
Penngrove. L Grn —2C 84
Penn Hill Rd. Bath —1B 104
Pennine Gdns. W Mare —4E 127
Pennine Rd. Old C —1E 85
Pennlea. Bris —1E 87
Penn Lea Ct. Bath —1C 104
Penn Lea Rd. Bath —5B 98
Penns, The. Clev —4E 121
Penn St. Bris —3A 70 (1E 5)
Pennycress. W Mare —1B 134
Pennyquick. Bath —5E 95 (in two parts)
Pennyquick View. Bath —3A 104
Pennyroyal Gro. Bris —2A 60
Pennywell Rd. Bris —2B 70
Pen Pk. Rd. Bris —1E 41
Penpole Av. Bris —1A 54
Penpole Clo. Bris —5F 37
Penpole La. Bris —5F 37
Penpole Pk. Shire —5A 38
Penpole Pl. Bris —1A 54
Penrice Clo. W Mare —3A 128
Penrith Gdns. Bris —3F 41
Penrose. Bris —1B 88
Penrose Dri. Brad S —2F 27
Pensfield Pk. Bris —5F 25
Pensford Ct. Bris —3F 89
Pentagon, The. Bris —1D 55
Penthouse Hill. Bathe —3A 102
Pentire Av. Bris —2C 86
Pentland Av. T'bry —4F 7
Pepperacre La. Trow —1F 119
Pepys Clo. Salt —2A 94
Pera Pl. Bath —1B 106
Pera Rd. Bath —1B 106
Percival Rd. Bris —2B 68
Percy Pl. Bath —5C 100
Percy Walker Ct. Bris —1E 61
Peregrine Clo. W Mare —4D 129
Perfect View. Bath —5B 100
Perrings, The. Nail —4D 123
Perrinpit Rd. Fram C —2F 13
Perrott Rd. Bris —1C 74
Perry Clo. Wint —4F 29
Perrycroft Av. Bris —2C 86
Perrycroft Rd. Bris —2C 86
Perrymans Clo. Bris —1C 60
Perrymead. Bath —5C 106
Perrymead. W Mare —1F 129
Perry Rd. Bris —3E 69 (2A 4)
Perrys Lea. Brad S —4F 11
Perry St. Bris —2C 70
Pesley Clo. Bris —4C 86
Petercole Dri. Bris —2C 86
Peterson Sq. Bris —5E 87
Peter's Ter. Bris —3D 71
Petersway Gdns. Bris —4C 72
Petherton Clo. Bris —3A 74
Petherton Gdns. Bris —1D 89
Petherton Rd. Bris —5D 81
Petticoat La. Bris —4A 70 (3E 5)
Pettigrove Gdns. Bris —3A 74
Pettigrove Rd. Bris —4A 74
Pevensey Wlk. Bris —1F 87
Peverell Clo. Bris —1B 40
Peverell Dri. Bris —1B 40
Philadelphia Ct. Bris —3A 70 (1E 5)
Philippa Clo. Bris —1C 88
Philip St. Bath —3B 106 (4C 96)
Philip St. Bedm —1F 79
Philip St. St Pm —5D 71
Phillips Rd. W Mare —2E 133
Phillis Ct. Trow —2E 155
Phillis Hill. Paul & Mid N —5C 146
Phippen St. Bris —5A 70 (5D 5)
Phipps St. Bris —1D 79
Phipp St. Clev —3C 120
Phoenix Bus. Pk. Bris —3C 78
Phoenix Gro. Bris —2E 57
Phoenix Ho. Bris —4D 71
Phoenix St. Bris —4D 71
Piccadilly Pl. Bath —5C 100
Pickwick Rd. Bath —4B 100
Picton La. Bris —1A 70
Picton St. Bris —1A 70
Pierrepont Pl. Bath —3B 106 (4C 96)
Pierrepont St. Bath —3B 106 (4C 96)
Pier Rd. P'head —1F 49
Pigeon Ho. Dri. Bris —4F 87
Pigott Av. Bris —4C 86
Pile Marsh. Bris —3F 71
Pilgrims Way. Down —4F 45
Pilgrims Way. Shire —5E 37
Pilgrims Way. W Mare —3C 128
Pilgrims Wharf. St Ap —3A 72
Pilkington Clo. Bris —2E 43
Pillingers Rd. Bris —3E 73
Pill Rd. Abb L —1B 66
Pill Rd. Pill & Abb L —4F 53
Pill St. Pill —3F 53
Pill Way. Clev —4B 120
Pimm's La. W Mare —3F 127
Pine Clo. T'bry —3D 7
Pine Clo. W Mare —3B 128
Pine Ct. Key —4E 91
Pine Ct. Rads —2D 153
Pinecroft. Bris —1B 88
Pinecroft. P'head —2B 48
Pine Gro. Bris —3C 42
Pine Gro. Pl. Bris —4F 57
Pine Hill. W Mare —3B 128
Pine Lea. B'don —4F 139
Pine Ridge Clo. Bris —3E 55
Pine Rd. Bren —1D 41
Pines Rd. Bit —4E 85
Pines, The. Bris —4F 55
Pines Way. Bath —3F 105
Pines Way. Rads —2D 153
Pines Way Ind. Est. Bath —3F 105
Pinetree Rd. Lock —4B 136
Pine Wlk. N Brad —4D 155
Pine Wlk. Rads —3B 152
Pinewood. Bris —1B 74
Pinewood Av. Mid N —3C 150
Pinewood Clo. Bris —5D 41
Pinewood Gro. Mid N —3C 150
Pinewood Rd. Mid N —3C 150
Pinhay Rd. Bris —2D 87
Pinkhams Twist. Bris —3C 88
Pinknash Ct. Yate —2F 33
Pioneer Av. Bath —3A 110
Pipe Ct. Bris —4E 69 (3A 4)
Pipehouse La. F'frd —5A 112
Pipe La. Bris —4E 69 (3A 4)
Pipe La. St Aug —5A 70 (5F 5)
Piper Rd. Yate —3A 18
Piplar Ground. Brad A —5E 115
Pippin Clo. Pea J —5D 157
Pippin Ct. Bar C —1B 84
Pitchcombe. Yate —2E 33
Pitchcombe Gdns. Bris —5F 39
Pitch La. Bris —1F 69
Pitch & Pay La. Bris —4A 56
Pitch & Pay Pk. Bris —4A 56
Pithay Ct. Bris —3F 69 (2C 4)
Pithay, The. Bris —3F 69 (2C 4)
Pithay, The. Paul —3B 146
Pit La. Back —4C 124
Pitman Av. Trow —3B 118
Pitman Ct. Bath —4D 101
Pitman Ct. Trow —3B 118
Pitman Ho. Bath —5E 105
Pitman Rd. W Mare —2C 132
Pit Rd. Mid N —3E 151
Pitt Rd. Bris —2A 58
Pittville Clo. T'bry —1D 7
Pitville Pl. Bris —1D 69
Pixash Bus. Cen. Key —3D 93
Pixash La. Key —3D 93
Pizey Av. Clev —4B 120
Pizey Clo. Clev —4B 120
Plain, The. T'bry —3C 6
Players Clo. Ham —5D 29
Playford Gdns. Bris —4A 38
Pleasant Ho. Bris —2F 61
Pleasant Rd. Bris —2F 61
Pleshey Clo. W Mare —3B 128
Plimsoll Ho. Bris —5A 70 (off Burton Clo.)
Ploughed Paddock. Nail —4C 122
Plover Clo. W Mare —4D 129
Plover Clo. Yate —4E 17
Plovers Rise. Rads —1D 153
Plowright Ho. Bris —5D 73
Plumers Clo. Clev —5E 121
Plumley Cres. Lock —4E 135
Plummer's Hill. Bris —2A 72
Plumpton Ct. Bris —3B 46
Plumptre Clo. Paul —4B 146
Plumptre Rd. Paul —4A 146
Plum Tree Clo. Wins —3B 156
Plum Tree Rd. W Mare —1C 134
Podgers Dri. Bath —4C 98
Podium, The. Bath —2B 106 (off Northgate St.)
Poet's Clo. Bris —2F 71
Poets Corner. Rads —4F 151
Poet's Wlk. Clev —4A 120
Polden Clo. Nail —4D 123
Polden Ho. Bris —2F 79
Polden Rd. P'head —3D 49
Polden Rd. W Mare —5D 127
Polebarn Cir. Trow —2D 119
Polebarn Gdns. Trow —1D 119
Polebarn Rd. Trow —2D 119
Polly Barnes Clo. Han —5D 73
Polly Barnes Hill. Bris —5D 73
Polygon Rd. Bris —4B 68
Polygon, The. Bris —4B 68
Pomfrett Gdns. Bris —3A 90
Pomphrey Hill. Mang —2D 63
Ponsford Rd. Bris —5D 81
Ponting Clo. Bris —1C 72
Poolbarton. Key —2A 92
Poole Ct. Yate —4A 18

Rawlins Av.—Rozel Rd.

Rawlins Av. *W Mare* —1E **129**
Rayens Clo. *L Ash* —4B **76**
Rayens Cross Rd. *L Ash* —4B **76**
Rayleigh Rd. *Bris* —5F **39**
Raymend Rd. *Bris* —2A **80**
Raymend Wlk. *Bris* —3A **80**
Raymill. *Bris* —3C **82**
Raymore Rise. *L Ash* —5B **76**
Raynes Rd. *Bris* —2C **78**
Rectors Way. *W Mare* —2D **133**
Rectory Clo. *Yate* —3B **18**
Rectory Dri. *Yat* —4C **142**
Rectory Gdns. *Bris* —2A **40**
Rectory La. *B'don* —5A **140**
Rectory La. *Brad S* —1C **42**
Rectory La. *Tim* —1E **157**
Rectory Rd. *E'ton G* —4D **53**
Rectory Rd. *Fram C* —1C **30**
Rectory Way. *Yat* —4C **142**
Redcar Ct. *Down* —3C **46**
Redcatch Rd. *Bris & Know* —2B **80**
Redcliff Backs. *Bris* —4A **70** (4D **5**)
Redcliffe Clo. *P'head* —5A **48**
Redcliffe Pde. E. *Bris* —5F **69** (5C **4**)
Redcliffe Pde. W. *Bris* —5F **69** (5C **4**)
Redcliffe Way. *Bris* (in two parts) —4F **69** (4B **4**)
Redcliff Hill. *Bris* —5A **70**
Redcliff Mead La. *Bris* —5A **70** (5E **5**)
Redcliff Pde. *Bris* —5F **69**
Redcliff St. *Bris* —4A **70** (3D **5**)
Redcross La. *Bris* —3B **70** (1F **5**)
Redcross St. *Bris* —3B **70** (2F **5**)
Redding Rd. *Bris* —5D **59**
Reddings, The. *Bris* —5B **62**
Redfield Gro. *Mid N* —3D **151**
Redfield Hill. *Old C* —1F **85**
Redfield Rd. *Mid N* —4C **150**
Redfield Rd. *Pat* —2D **27**
Redford Cres. *Bris* —5A **86**
Redford La. *Yate* —3E **65**
Redford Wlk. *Bris* —5B **86**
Red Hill. *C'ton* —1B **148**
Redhill Clo. *Bris* —4A **60**
Redhill Dri. *Bris* —4A **60**
Red Ho. La. *Alm* —2D **11**
Red Ho. La. *Bris* —1A **56**
Redland Ct. Rd. *Bris* —4E **57**
Redland Grn. Rd. *Bris* —4D **57**
Redland Gro. *Bris* —5E **57**
Redland Hill. *Redl* —5C **56**
Redland Pk. *Bath* —3A **104** (in two parts)
Redland Pk. *Bris* —5D **57**
Redland Rd. *Bris* —4C **56**
Redland Rd. *P'bry* —1B **52**
Redlands Ter. *Mid N* —4C **150**
Redland Ter. *Bris* —5D **57**
Red Post Ct. *Bath* —2E **149**
Redshelf Wlk. *Bris* —1E **41**
Redwick Clo. *Bris* —2E **39**
Redwick Rd. *Piln* —1B **20**
Redwing Dri. *W Mare* —4D **129**
Redwing Gdns. *Bris* —1A **60**
Redwood Clo. *L Grn* —2C **84**
Redwood Clo. *Nail* —3F **123**
Redwood Clo. *Rads* —4B **152**
Redwood Ho. *Bris* —5F **87**
Redwoods, The. *Key* —2F **91**
Reed Ct. *L Grn* —1B **84**
Reedley Rd. *Bris* —2A **56**
Reedling Clo. *Bris* —1A **60**
Regency Dri. *Bris* —3C **82**
Regent Rd. *Bris* —1F **79**
Regents Clo. *T'bry* —1C **6**
Regents Field. *Bath* —1E **107**
Regent's Pl. *Brad A* —3E **115**
Regent St. *Clif* —4C **68**
Regent St. *K'wd* —2F **73**
Regent St. *W Mare* —1B **132**
*Regina, The. Bath —2A **106** (1B **96**) (off Bennett St.)*
Remenham Dri. *Bris* —2D **57**
Rendcomb Clo. *W Mare* —3F **127**
Rene Rd. *Bris* —1D **71**
Repton Rd. *Bris* —2E **81**
Retreat, The. *W Mare* —4A **126**
Reynold's Clo. *Key* —3C **92**
Reynolds Wlk. *Bris* —5C **42**
Rhode Clo. *Key* —5C **92**
Rhododendron Wlk. *Bris* —3A **40**
Rhodyate Hill. *Clav* —5E **143**
Rhodyate La. *C've* —4F **143**
Rhyne Ter. *Uph* —1B **138**
Rhyne View. *Nail* —4A **122**
Ribblesdale. *T'bry* —4D **7**
Richards Clo. *W Mare* —1F **129**
Richardson Pl. *C Down* —3D **111**
Richeson Clo. *Bris* —2B **40**
Richeson Wlk. *Bris* —2B **40**
Richmond Av. *Bris* —5B **58**
Richmond Av. *Stok G* —4A **28**
Richmond Clo. *Bath* —5A **100**
Richmond Clo. *Key* —4F **91**
Richmond Clo. *P'head* —3A **50**
Richmond Clo. *Trow* —3A **118**
Richmond Ct. *Pat* —5B **10**
Richmond Dale. *Bris* —5C **56**
Richmond Grn. *Nail* —4E **123**
Richmond Heights. *Bath* —4A **100**
Richmond Hill. *Bath* —5A **100**
Richmond Hill. *Bris* —3D **69**
Richmond Hill Av. *Bris* —3D **69**
Richmond La. *Bath* —5A **100**
Richmond La. *Bris* —3C **68**
Richmond M. *Bris* —3C **68**
Richmond Pk. Rd. *Bris* —3C **68**
Richmond Pl. *Bath* —5A **100**
Richmond Rd. *Bath* —4A **100**
Richmond Rd. *Bris* —1A **70**
Richmond Rd. *Mang* —2C **62**
Richmond Rd. *Mont* —5B **58**
Richmond Rd. *St G* —2A **72**
Richmond St. *Bris* —1B **80**
Richmond St. *W Mare* —1B **132**
Richmond Ter. *A'mth* —3C **36**
*Richmond Ter. Bath —5B **100** (off Rivers Rd.)*
Richmond Ter. *Clif* —3C **68**
Richmond Vs. *Bris* —3C **36**
Ricketts La. *W Mare* —3E **129**
Rickfield. *Brad A* —3C **114**
Rickford Rd. *Nail* —4E **123**
Rickyard Rd. *Wrin* —1C **156**
Ride, The. *Bris* —1C **74**
Ridge Clo. *P'head* —4C **48**
Ridge Green Clo. *Bath* —4E **109**
Ridgehill. *Bris* —1E **57**
Ridgemeade. *Bris* —4D **89**
Ridge, The. *Bris* —5A **38**
Ridge, The. *Coal H* —2E **31**
Ridge, The. *Yat* —3B **142**
Ridge View. *L Ash* —3D **77**
Ridgeway. *Fram C* —2F **31**
Ridgeway. *Nail* —4B **122**
Ridgeway. *Yate* —4B **18**
Ridgeway Av. *W Mare* —2C **132**
Ridgeway Ct. *Bris* —3C **40**
Ridgeway Gdns. *Bris* —3E **89**
Ridgeway La. *Bris* —4D **89**
Ridgeway Pde. *Bris* —4A **60**
Ridgeway Rd. *Bris* —4A **60**
Ridgeway Rd. *L Ash* —4C **76**
Ridge Way, The. *W Mare* —3F **127**
Ridgeway, The. *W Trym* —3C **40**
Ridgewood. *Bris* —4F **55**
Ridgewood. *Chip S* —5B **18**
Riding Barn Hill. *Wick* —5A **154**
Riding Cotts. *Chip S* —4D **19**
Ridingleaze. *Bris* —3C **38**
Ridings Clo. *Chip S* —5E **19**
Ridings Rd. *Coal H* —3E **31**
Ridings, The. *Bris* —4A **86**
Ridings, The. *Coal H* —3E **31**
Ringswell Gdns. *Bath* —5C **100**
Ringwood Cres. *Bris* —3E **41**
Ringwood Gro. *W Mare* —4E **127**
Ringwood Rd. *Bath* —3D **105**
Ripley Rd. *Bris* —1C **72**
Ripon Ct. *Down* —2B **46**
Ripon Rd. *Bris* —4A **72**
Rippleside. *P'head* —3E **49**
Rippleside Rd. *Clev* —2E **121**
Ripple, The. *Tic* —1C **122**
Risdale Rd. *Bris* —4A **78**
Risedale Rd. *Wins* —4B **156**
Rivendell. *W Mare* —1E **129**
Riverland Dri. *Bris* —4B **86**
Riverleaze. *Bris* —2D **55**
Riverleaze. *P'head* —2B **48**
River Mead. *Clev* —5D **121**
River Path. *Clev* —5B **120**
River Pl. *Bath* —3C **104**
River Rd. *Chip S* —5C **18**
River Rd. *P'bry* —3A **36**
Riverside. *Ban* —2F **137**
Riverside Bus. Pk. *St Ap* —4F **71**
Riverside Clo. *Bris* —2B **54**
Riverside Clo. *Clev* —4B **120**
Riverside Clo. *Mid N* —5C **150**
Riverside Cotts. *Rads* —2D **153**
Riverside Ct. *Bath* —3A **106** (4A **96**)
Riverside Ct. *St Ap* —4B **72**
Riverside Dri. *Bris* —5E **45**
*Riverside Gdns. Bath —3A **106** (off Kingsmead East.)*
Riverside Gdns. *Mid N* —5B **150**
Riverside M. *St Ap* —4B **72**
Riverside Pk. *Sev B* —4A **20**
Riverside Rd. *Bath* —3F **105**
Riverside Rd. *Mid N* —5C **150**
Riverside Steps *St Ap* —3A **72**
Riverside Wlk. *Mid N* —5C **150**
Riverside Wlk. *St G* —4B **72**
Riverside Way. *Bris* —2E **83**
Rivers Rd. *Bath* —1B **106**
Rivers St. *Bath* —2A **106** (1A **96**)
Rivers St. M. *Bath* —2A **106** (1A **96**)
*Rivers St. Pl. Bath —2A **106** (off Rivers St.)*
River St. *Bris* —3B **70** (1F **5**)
River Ter. *Key* —3B **92**
River View. *Bris* —2A **60**
Riverway. *Nail* —2E **123**
River Way. *Trow* —1C **118**
Riverway Ind. Pk. *Trow* —1C **118**
Riverwood Rd. *Bris* —3E **45**
Riviera Cres. *Bris* —3A **62**
Roath Rd. *P'head* —3F **49**
Robbins Clo. *Brad S* —3B **28**
Robel Av. *Fram C* —1B **30**
Robert Ct. *Bris* —4A **68**
Robert Ct. *E Grn* —5D **47**
Robertson Dri. *St Ap* —4B **72**
Robertson Rd. *Bris* —5D **59**
Robert St. *Bar H* —3D **71**
Robert St. *Eastv* —5D **59**
Robin Clo. *Bris* —2F **89**
Robin Clo. *Mid N* —4E **151**
Robin Clo. *W Mare* —5C **128**
Robin Clo. *W Trym* —2D **41**
Robin Dri. *Hut* —1C **140**
Robin Hood La. *Bris* —3E **69** (1A **4**)
Robinia Wlk. *Bris* —1B **88**
Robin La. *Clev* —1D **121**
Robinson Clo. *Back* —3C **124**
Robinson Dri. *Bris* —1C **70**
Robinson Way. *Back* —3C **124**
Robin Way. *Chip S* —2B **34**
Roblyn Ct. *Wins* —4A **156**
Rochester Clo. *W Mare* —2E **139**
Rochester Rd. *Bris* —5A **72**
Rochfort Ct. *Bath* —1B **106**
Rochfort Pl. *Bath* —1B **106**
Rock Av. *Nail* —3B **122**
Rock Clo. *Bris* —3A **82**
Rock Cotts. *Bath* —3C **110**
Rockfield. *W Mare* —4F **127**
Rock Hall Cotts. *Bath* —3C **110**
Rock Hall La. *Bath* —3C **110**
Rock Ho. *Bris* —1E **41**
Rockingham Gro. *W Mare* —4E **127**
Rockingham Ho. *Bris* —4C **38**
Rockland Gro. *Bris* —1F **59**
Rockland Rd. *Bris* —5E **45**
Rock La. *C Down* —3C **110**
Rock La. *Stok G* —4B **28**
Rockleaze. *Bris* —5A **56**
Rockleaze Av. *Bris* —4A **56**
Rockleaze Ct. *Bris* —4A **56**
Rockleaze Rd. *Bris* —4A **56**
Rockliffe Av. *Bath* —1C **106**
Rockliffe Rd. *Bath* —1C **106**
Rock Rd. *Key* —3A **92**
Rock Rd. *Mid N* —2E **151**
Rock Rd. *Trow* —3B **118**
Rock Rd. *Wick* —4B **154**
Rock Rd. *Yat* —4C **142**
Rockside Av. *Bris* —4B **46**
Rockside Dri. *Bris* —1D **57**
Rockside Gdns. *Bris* —4B **46**
Rockside Gdns. *Fram C* —1E **31**
Rockstowes Way. *Bris* —1F **41**
Rock St. *T'bry* —4C **6**
Rock, The. *Bris* —2A **82**
Rockwell Av. *Bris* —3D **39**
Rockwood Ho. *Yate* —2C **18**
Rocky La. *Ban* —5F **137**
Rodborough. *Yate* —2E **33**
Rodborough Way. *Bris* —3C **74**
Rodbourne Rd. *Bris* —5F **41**
Rodfords Mead. *Bris* —1C **88**
Rodford Way. *Yate* —2E **33**
Rodmead Wlk. *Bris* —4C **86**
Rodmoor Rd. *P'head* —2F **49**
Rodney. *W Mare* —1E **139**
Rodney Av. *Bris* —2C **72**
Rodney Cres. *Bris* —5D **27**
Rodney Ho. *Bath* —3B **104**
Rodney Pl. *Bris* —3C **68**
Rodney Rd. *Back* —2C **124**
Rodney Rd. *Bris* —1C **72**
Rodney Rd. *Salt* —2A **94**
Rodney Wlk. *Bris* —1C **72**
Rodsleigh. *Trow* —4A **118**
Rodway Hill. *Mang* —3C **62**
Rodway Hill Rd. *Mang* —2C **62**
Rodway Rd. *Mang* —2C **62**
Rodway Rd. *Pat* —1B **26**
Rodway View. *Bris* —4B **62**
Rodwell Pk. *Trow* —5E **117**
Roebuck Clo. *W Mare* —1E **129**
Roegate Dri. *St Ap* —4A **72**
Rogers Clo. *Bris* —5D **75**
Rokeby Av. *Bris* —1E **69**
Roman Farm Ct. *Bris* —2E **39**
Roman Rd. *B'don* —3E **139**
Roman Rd. *Bris* —1D **71**
Roman Rd. *Eng* —4D **109**
Roman Wlk. *Brisl* —2E **81**
Roman Wlk. *Stok G* —4A **28**
Roman Way. *Bris* —3E **55**
Roman Way. *Paul* —3A **146**
Romney Av. *Bris* —2C **58**
Ronald Rd. *Bris* —1B **60**
Ronayne Wlk. *Bris* —1E **61**
Rookery Clo. *W Mare* —2C **128**
Rookery Rd. *Bris* —2B **80**
Rookery Way. *Bris* —4B **88**
Rooksbridge Wlk. *Bath* —3D **105**
Roper's La. *Wrin* —1B **156**
Rope Wlk., The. *Brad A* —3D **115**
Rose Acre. *Bris* —1C **40**
Rosebay Mead. *Bris* —2A **60**
Roseberry Pk. *Bris* —2F **71**
Roseberry Pl. *Bath* —3E **105**
Roseberry Rd. *Bath* —3D **105**
Roseberry Rd. *Bris* —3E **71**
Rosebery Av. *Bris* —1C **70**
Rosebery Ter. *Bris* —4D **69**
Rose Clo. *Wint D* —5A **30**
Rose Cotts. *C Hay* —4D **109**
Rose Cotts. *S'ske* —5A **110**
Rosedale Av. *W Mare* —1E **133**
Rosedale Gdns. *Trow* —1A **118**
Rosedale Rd. *Bris* —4D **61**
Rose Gdns. *W Mare* —1F **129**
Rose Grn. *Bris* —5F **59**
Rose Grn. Clo. *Bris* —5A **60**
Rose Grn. Rd. *Bris* —5F **59**
Rose Hill. *Bath* —4C **100** (in two parts)
Rose La. *Coal H* —2F **31**
Roselarge Gdns. *Bris* —2C **40**
Rosemary Clo. *Brad S* —2B **28**
Rosemary La. *Bris* —5E **59**
Rosemary La. *F'frd* —5B **112**
Rosemary Steps. *Brad A* —3D **115**
Rose Mead. *Bris* —5C **42**
Rosemeare Gdns. *Bris* —1A **86**
Rosemont Ter. *Bris* —4C **68**
Rosemount Ct. *Bris* —2D **73**
Rosemount La. *Bath* —5C **106**
*Rosenberg Houses. Bath —3A **106** (off Westgate Bldgs.)*
Rose Oak La. *Coal H* —2F **31**
Rose Rd. *Bris* —3A **72**
Rosery Clo. *Bris* —4C **40**
Rosery, The. *Bris* —4E **61**
Rose St. *Bris* —4A **70** (4F **5**)
Roseville Av. *L Grn* —3C **84**
Rose Wlk. *Bris* —4E **61**
Rosewarn Clo. *Bath* —5B **104**
Rosewell Ct. *Bath* —3A **106** (3A **96**)
Rosewood Av. *Alv* —2A **8**
Rosling Rd. *Bris* —1A **58**
Roslyn Av. *W Mare* —4A **128**
Roslyn Rd. *Bris* —5E **57**
Rossall Av. *Lit S* —3E **27**
Rossall Rd. *Bris* —2F **81**
Rossendale Clo. *W Mare* —2D **129**
Rossett Gdns. *Trow* —2A **118**
Rossiter Rd. *Bath* —4B **106** (5D **97**)
Rossiter's La. *Bris* —4C **72**
Rossiter Wood Ct. *Bris* —2D **39**
Rosslyn Rd. *Bath* —2C **104**
Rosslyn Way. *T'bry* —1D **7**
Rounceval St. *Chip S* —5C **18**
Roundhill Gro. *Bath* —1C **108**
Roundhill Pk. *Bath* —5B **104**
Roundmoor Clo. *Salt* —5F **93**
Roundmoor Gdns. *Bris* —2F **89**
Roundstone St. *Trow* —1D **119**
Roundways. *Coal H* —3E **31**
Rousham Rd. *Bris* —4C **58**
Rowacres. *Bath* —1C **108**
Rowacres. *Bris* —2B **88**
Rowan Clo. *Bris* —5C **60**
Rowan Clo. *Nail* —3F **123**
Rowan Ct. *Bris* —3D **71**
Rowan Ct. *Rads* —3A **152**
Rowan Ho. *Bris* —4F **87**
Rowans, The. *Bris* —3D **45**
Rowans, The. *P'head* —4D **49**
Rowan Wlk. *Key* —4E **91**
Rowan Way. *Bris* —2E **83**
Rowberrow. *Bris* —1B **88**
Rowberrow Way. *Nail* —4D **123**
Rowden La. *Brad A* —5E **115**
Rowland Av. *Bris* —3F **59**
Rowlands Clo. *Bathf* —4D **103**
Rowlandson Gdns. *Bris* —1D **59**
Rowley St. *Bris* —2E **79**
Rownham Clo. *Bris* —1A **78**
Rownham Ct. *Bris* —5C **68**
Rownham Hill. *Bris* —4A **68**
Rownham Mead. *Bris* —5C **68**
Rows, The. *W Mare* —3C **128**
Royal Albert Rd. *Bris* —3C **56**
Royal Av. *Bath* —2F **105**
Royal Clo. *Bris* —1E **39**
Royal Cres. *Bath* —2F **105**
Royal Cres. *W Mare* —5B **126**
Royal Fort Rd. *Bris* —3E **69** (1A **4**)
Royal Oak Av. *Bris* —4F **69** (5B **4**)
Royal Pde. *W Mare* —5B **126**
Royal Pk. *Bris* —3C **68**
Royal Portbury Dock Rd. *P'bry* —3B **52**
Royal Rd. *Mang* —1C **62**
Royal York Cres. *Bris* —4B **68**
Royal York M. *Bris* —4C **68**
Royal York Vs. *Bris* —4C **68**
Royate Hill. *Bris* —5F **59**
Roycroft Rd. *Bris* —2D **43**
Roy King Gdns. *Bris* —4E **75**
Royston Wlk. *Bris* —2F **41**
Rozel Rd. *Bris* —2A **58**

Rubens Clo.—Salisbury View

Rubens Clo. *Key* —3C **92**
Rubens Ct. *W Mare* —2D **129**
Ruby St. *Bris* —2D **79**
Ruddymead. *Clev* —4D **121**
Rudford Clo. *Pat* —5D **11**
Rudge Clo. *K'wd* —5B **62**
Rudgeway Pk. *Rudg* —5A **8**
Rudgeway Rd. *Paul* —4B **146**
Rudgewood Clo. *Bris* —4F **87**
Rudgleigh Av. *Pill* —3E **53**
Rudgleigh Rd. *Pill* —3E **53**
Rudhall Grn. *W Mare* —2F **129**
Rudhall Gro. *Bris* —5A **42**
Rudmore Pk. *Bath* —2B **104**
Rudthorpe Rd. *Bris* —2A **58**
Ruett La. *Far G* —5A **146**
Ruffet Rd. *Wint* —1C **46**
Rugby Rd. *Bris* —2F **81**
Runnymead Av. *Bris* —4F **81**
Runnymeade. *Bris* —1A **74**
Runswick Rd. *Bris* —2E **81**
Rupert St. *Bris* —3F **69** (2B **4**)
Rupert St. *Redf* —3E **71**
Rush Clo. *Brad S* —4F **11**
Rush Hill. *Bath* —2C **108**
Rushmoor. *Clev* —5A **120**
Rushmoor Gro. *Back* —3C **124**
Rushmoor La. *Back* —3C **124**
Rushton Dri. *Coal H* —2F **31**
Rushy. *Bris* —1C **84**
Ruskin Gro. *Bris* —4C **42**
Ruskin Rd. *Rads* —3F **151**
Russell Av. *Bris* —3A **74**
Russell Gro. *Bris* —2E **57**
Russell Rd. *Clev* —3C **120**
Russell Rd. *Fish* —5D **61**
Russell Rd. *Lock* —2F **135**
Russell Rd. *W'bry P* —3D **57**
Russell St. *Bath* —2A **106** (1B **96**)
Russell Town Av. *Bris* —2D **71**
Russet Ct. *Trow* —3D **119**
Russett Clo. *Back* —2D **125**
Russett Gro. *Nail* —5B **122**
Russet Way. *Pea J* —5D **157**
Russ St. *Bris* —4B **70**
Rustic Pk. Cvn. Site. *Sev B* —4B **20**
Rutherford Clo. *L Grn* —2C **84**
Ruthven Rd. *Bris* —5A **80**
Rutland. *Bris* —5A **38**
Rutland Av. *Will* —3C **84**
Rutland Clo. *W Mare* —5A **128**
Rutland Ct. *Trow* —4C **118**
Rutland Cres. *Trow* —4C **118**
Rutland Rd. *Bris* —4A **58**
Rydal Av. *Lock* —4D **135**
Rydal Rd. *W Mare* —4D **133**
Ryde Rd. *Bris* —3D **81**
Rye Clo. *Bris* —2A **86**
Ryecroft Av. *W Mare* —3C **128**
Ryecroft Rise. *L Ash* —4D **77**
Ryecroft Rd. *Fram C* —1E **31**
Ryedown La. *Bit* —3E **85**
Ryland Pl. *Bris* —5C **58**
Rylestone Clo. *Fram C* —1B **30**
Rylestone Gro. *Bris* —2B **56**
Rysdale Rd. *Bris* —1B **56**

Sabrina Way. *Bris* —3E **55**
Sadbury Clo. *W Mare* —1F **129**
Sadlier Clo. *Bris* —4B **38**
Saffron Clo. *W'hall* —2E **71**
Saffron Ct. *Bath* —1B **106**
Saffrons, The. *W Mare* —1F **129**
Saffron St. *Bris* —2E **71**
Sage Clo. *P'head* —4A **48**
Sages Mead. *Brad S* —1A **28**
St Agnes Av. *Bris* —3B **80**
St Agnes Clo. *Nail* —4F **123**
St Agnes Gdns. *Bris* —3B **80**
St Agnes Wlk. *Bris* —3B **80**
St Aidans Clo. *Bris* —4D **73**
St Aidans Rd. *Bris* —4C **72**
St Albans Rd. *Bris* —3D **57**
St Aldams Dri. *Puck* —2D **65**
St Aldhelm Rd. *Brad A* —4F **115**
St Aldwyn's Clo. *Bris* —4B **42**
St Andrews. *War* —4D **75**
St Andrews. *Yate* —5B **18**
St Andrews Clo. *Cong* —2C **144**
St Andrew's Clo. *Nail* —4F **123**
St Andrews Clo. *W Mare* —2D **129**
St Andrews Dri. *Clev* —4A **120**
St Andrews Ind. Est. *Bris* —2D **37**
St Andrew's Pde. *W Mare* —4D **133**
St Andrew's Rd. *A'mth* —3D **37**
St Andrew's Rd. *Back* —3D **125**
St Andrew's Rd. *Bris* —1A **70**
St Andrews Rd. *Mont* —1A **70**
St Andrews Ter. *Bath* —2A **106** (2B **96**)
St Andrews Wlk. *Bris* —4C **68**
St Annes Av. *Key* —2F **91**
St Annes Clo. *Bris* —1D **85**
St Annes Clo. *St G* —4B **72**
St Anne's Ct. *Bris* —5F **71**
St Anne's Ct. *Key* —2F **91**
St Anne's Dri. *Coal H* —4E **31**
St Annes Dri. *Old C* —3E **85**
St Anne's Dri. *Wick* —4A **154**
St Annes Pk. Rd. *Bris* —5A **72**
St Anne's Rd. *St Ap & Avon V* —4F **71**
St Anne's Rd. *St G* —4D **73**
St Anne's Ter. *Bris* —5A **72**
St Ann's Pl. Bath —3A **106** (3A **96**)
(off New King St.)
St Ann's Way. *Bath* —3C **106** (3F **97**)
St Anthony's Clo. *Mid N* —2D **151**
St Anthony's Dri. *Wick* —4A **154**
St Aubin's Av. *Bris* —2B **82**
St Aubyn's Av. *Uph* —1B **138**
St Augustine's Clo. *P'head* —4A **48**
St Augustine's Pde. *Bris* —4F **69** (3B **4**)
St Augustines Pl. Bris —4F **69**
(off Colston St.)
St Augustines Rd. Key
(off Station Rd.) —2B **92**
St Augustines Rd. *Trow* —2B **118**
St Augustines Yd. Bris —4E **69**
(off Gaunts La.)
St Augustines Yd. Bris —4E **69**
(off Orchard La.)
St Austell Clo. *Nail* —5F **123**
St Austell Rd. *W Mare* —5F **127**
St Barnabas Clo. *Bris* —4B **80**
St Barnabas Clo. *Mid N* —1E **151**
St Barnabas Clo. *War* —3E **75**
St Bartholomew's Rd. *Bris* —4B **58**
St Bede's Rd. *Bris* —5E **61**
St Bernards Rd. *Bris* —1A **54**
St Brelades Gro. *Bris* —5B **72**
St Brendans Way. *Bris* —3D **37**
St Briavels Dri. *Yate* —1F **33**
St Cadoc Ho. *Key* —3B **92**
St Catherine Pl. Bris —1F **79**
(off East St.)
St Catherine's Clo. *Bath* —3D **107**
St Catherines Ct. *Bedm* —3D **81**
St Catherine's Mead. *Pill* —4F **53**
St Chad's Av. *Mid N* —3D **151**
St Chad's Grn. *Mid N* —3D **151**
St Charles Clo. *Mid N* —2D **151**
St Christopher's Clo. *Bath* —2D **107**
St Clements Ct. *Clev* —2C **120**
St Clement's Ct. *Key* —4A **92**
St Clements Ct. *W Mare* —3E **129**
St Clement's Rd. *Key* —4A **92**
(in two parts)
St David's Av. *Bris* —5C **74**
St David's Clo. *W Mare* —3F **127**
St David's Cres. *Bris* —4B **72**
St David's Rd. *T'bry* —3D **7**
St Dunstan's Rd. *Bris* —3E **79**
St Edward's Rd. *Bris* —4D **69**
St Edyths Rd. *Bris* —1D **55**
St Fagans Ct. *Will* —3D **85**
St Francis Dri. *Wick* —4A **154**
St Francis Dri. *Wint* —3B **30**
St Francis Rd. *Bris* —1C **78**
St Francis Rd. *Key* —2E **91**
St Gabriel's Rd. *Bris* —2D **71**
St Georges Av. *St G* —4B **72**
St Georges Bldgs. Bath
(off Up. Bristol Rd.) —2F **105**
St George's Hill. *B'ptn* —1E **107**
St Georges Hill. *E'ton G* —4C **52**
St George's Ho. Bris —4D **69**
(off St George's Rd.)
St Georges Pl. Bath —2F **105**
(off Up. Bristol Rd.)
St George's Rd. *Bris* —4D **69**
St Georges Rd. *Key* —2F **91**
St George's Rd. *P'bry* —5A **36**
St Georges Ter. *Trow* —2C **118**
St Gregory's Rd. *Bris* —4B **42**
St Gregory's Wlk. *Bris* —4B **42**
St Helena Rd. *Bris* —3D **57**
St Helens Dri. *Old C* —3E **85**
St Helens Dri. *Wick* —4B **154**
St Helen's Wlk. *Bris* —1C **72**
St Helier Av. *Bris* —1B **82**
St Hilary Clo. *Bris* —2F **55**
St Ivel Way. *Bris* —4E **75**
St Ives Clo. *Nail* —4F **123**
St Ives Rd. *W Mare* —4E **133**
St James Barton. *Bris* —2A **70**
St James Clo. *T'bry* —1D **7**
St James Pde. *Bris* —3F **69** (1C **4**)
St James Pl. *Mang* —2C **62**
St James's Pde. *Bath* —3A **106** (4B **96**)
St James's Pk. *Bath* —1A **106**
St James's Pl. *Bath* —1A **106**
St James's Sq. *Bath* —1F **105**
St James's St. *Bath* —1A **106**
St James St. *Mang* —2C **62**
St James St. *W Mare* —1B **132**
St John's Av. *Clev* —3D **121**
St John's Bldgs. *Bedm* —1F **79**
St John's Clo. *Pea J* —2E **149**
St John's Clo. *W Mare* —4B **126**
St John's Ct. *Key* —2A **92**
St John's Cres. *Bris* —3A **80**
St John's Cres. *Mid N* —2D **151**
St John's Cres. *Trow* —4A **118**
St John's La. *Bris* —2E **79**
St John's Pl. *Bath* —3A **106** (3B **96**)
St John's Rd. *Back* —3D **125**
St John's Rd. *Bathw* —2B **106** (2C **96**)
St John's Rd. *Bedm* —2E **79**
St John's Rd. *Clev* —3D **121**
St John's Rd. *Clif* —1C **68**
St John's Rd. *Lwr W* —2D **105**
St John's Rd. *S'vle* —1F **79**
St Johns Rd. *Tim* —2E **157**
St John's St. *Bris* —2E **79**
St John St. *T'bry* —3C **6**
St John's Way. *Chip S* —4D **19**
St Joseph's Rd. *Bris* —1D **41**
St Joseph's Rd. *W Mare* —4C **126**
St Judes Ter. *W Mare* —4A **128**
St Katherine's Quay. *Brad A* —4E **115**
St Kenya Ct. *Key* —3B **92**
St Keyna Rd. *Key* —3A **92**
St Kilda's Rd. *Bath* —4E **105**
St Ladoc Rd. *Key* —2F **91**
St Laud Clo. *Bris* —2F **55**
St Laurence Rd. *Brad A* —4F **115**
St Leonard's Rd. *G'bnk* —5E **59**
St Leonard's Rd. *Hor* —1A **58**
St Loe Clo. *Bris* —5B **88**
St Lucia Clo. *Bris* —4A **42**
St Lucia Cres. *Bris* —5A **42**
St Lukes Ct. *Bris* —1A **80**
St Luke's Cres. *Bris* —1B **80**
St Luke's Gdns. *Bris* —3A **82**
St Luke's Rd. *Bath* —1A **110**
St Luke's Rd. *Bris* —1A **80**
St Lukes Rd. *Mid N* —2C **150**
St Luke's Steps. *Bris* —1B **80**
St Luke St. *Bris* —3D **71**
St Margaret's Clo. *Back* —3C **124**
St Margaret's Clo. *Key* —2F **91**
St Margarets Clo. *Trow* —4A **118**
St Margaret's Ct. *Brad A* —3E **115**
St Margaret's Dri. *Bris* —2E **57**
St Margaret's Hill. *Brad A* —3E **115**
St Margarets La. *Back* —3C **124**
St Margaret's Pl. *Brad A* —3E **115**
St Margaret's St. *Brad A* —3E **115**
St Margaret's Ter. *W Mare* —5B **126**
St Margaret's Vs. *Brad A* —3E **115**
St Mark's Av. *Bris* —5E **59**
St Marks Clo. *Key* —2A **92**
St Marks Gdns. *Bath* —4B **106**
St Mark's Grn. *Tim* —1E **157**
St Mark's Gro. *Bris* —1D **71**
St Mark's Rd. *Bath* —4B **106**
St Mark's Rd. *Bris* —1D **71**
St Mark's Rd. *Mid N* —2D **151**
St Mark's Rd. *W Mare* —1D **129**
St Mark's Ter. *Bris* —1D **71**
St Martins. *L Ash* —4C **76**
St Martin's Clo. *Bris* —3D **81**
St Martin's Ct. *Bath* —3F **109**
St Martins Ct. *W Mare* —2C **128**
St Martin's Gdns. *Bris* —4D **81**
St Martin's Rd. *Bris* —3D **81**
St Martin's Wlk. *Bris* —4D **81**
St Mary's Bldgs. *Bath* —4A **106** (5A **96**)
St Mary's Clo. *Bath* —3C **106** (3F **97**)
St Mary's Clo. *Hil M* —3F **117**
St Mary's Clo. *Hut* —1B **140**
St Mary's Clo. *Tim* —1E **157**
St Mary's Ct. *W Mare* —2E **139**
St Mary's Gdns. *Hil M* —3E **117**
St Mary's Gro. *Nail* —5B **122**
St Mary's Pk. *Nail* —5B **122**
St Mary's Pk. Rd. *P'head* —4E **49**
St Marys Rise. *Writ* —2F **153**
St Mary's Rd. *Hut* —1B **140**
St Mary's Rd. *L Wds* —4F **67**
St Mary's Rd. *P'head* —4E **49**
St Mary's Rd. *Shire* —5E **37**
St Mary St. *T'bry* —4C **6**
St Mary's Wlk. *Bris* —1F **53**
St Marys Way. *T'bry* —3C **6**
St Mary's Way. *Yate* —4B **18**
St Matthew's Av. *Bris* —1F **69**
St Matthew's Clo. *W Mare* —4B **126**
St Matthew's Pl. *Bath* —4C **106**
St Matthew's Rd. *Bris* —2F **69**
St Matthias Pk. *Bris* —3B **70** (1F **5**)
St Michael's Av. *Clev* —5D **121**
St Michael's Av. *W Mare* —2E **129**
St Michaels Clo. *Bris* —3A **58**
St Michael's Clo. *Hil* —4F **117**
St Michael's Clo. *Wint* —2A **30**
St Michael's Ct. *Bris* —2D **73**
St Michaels Ct. *Mon C* —4F **111**
St Michael's Hill. *Bris* —2E **69**
St Michael's Pk. *Bris* —2E **69**
St Michael's Pl. *Bath* —3A **106** (4B **96**)
St Michael's Rd. *Lwr W* —2E **105**
St Michael's Rd. *W'way* —4B **104**
St Nicholas Clo. *N Brad* —4E **155**
St Nicholas Clo. *W'ley* —2E **113**
St Nicholas Ct. *B'ptn* —5A **102**
St Nicholas Mkt. *Bris* —4F **69** (3C **4**)
St Nicholas Pk. *Bris* —1D **71**
St Nicholas Rd. *St Pa* —1B **70**
St Nicholas Rd. *Uph* —1B **138**
St Nicholas Rd. *W'chu* —4E **89**
St Nicholas St. *Bris* —4F **69** (3C **4**)
St Oswald's Ct. *Bris* —4D **57**
St Oswald's Rd. *Bris* —4D **57**
St Patrick's Ct. *Bath* —3C **106** (3F **97**)
St Patrick's Ct. *Key* —3A **92**
St Pauls Pl. *Bath* —3A **106** (3A **96**)
St Paul's Pl. *Mid N* —2D **151**
St Paul's Rd. *Bris* —1F **79**
St Paul's Rd. *Clif* —3D **69**
St Paul's Rd. *W Mare* —3C **132**
St Paul St. *Bris* —2A **70**
St Peter's Av. *W Mare* —4B **126**
St Peter's Cres. *Fram C* —1D **31**
St Peter's Rise. *Bris* —1C **86**
St Peter's Rd. *Mid N* —4F **151**
St Peter's Rd. *P'head* —4F **49**
St Peter's Ter. *Bath* —3E **105**
St Peter's Wlk. *Bris* —1D **57**
St Philips Causeway. *Bris* —4D **71**
St Philips Central Ind. Est. *Bris* —5C **70**
St Philips Rd. *St Ph* —3B **70**
St Pierre Dri. *War* —4D **75**
St Ronan's Av. *Bris* —1E **69**
St Saviours Rd. *Lark* —5D **101**
St Saviour's Ter. *Bath* —5C **100**
St Saviours Way. *Bath* —5D **101**
St Silas St. *Bris* —5C **70**
St Stephen's Av. *Bris* —4F **69** (3B **4**)
St Stephens Bus. Cen. War
(off Poplar Rd.) —5E **75**
St Stephen's Clo. *Bath* —5A **100**
St Stephen's Clo. *Bris* —2E **41**
St Stephen's Clo. *Soun* —4A **62**
St Stephen's Ct. *Bath* —1A **106**
St Stephen's Pl. Bath —1A **106**
(off St Stephen's Rd.)
St Stephen's Pl. *Trow* —2D **119**
St Stephen's Rd. *Bath* —1A **106**
St Stephen's Rd. *Bris* —5F **61**
St Stephen's St. *Bris* —3F **69** (2B **4**)
St Swithin's Pl. *Bath* —1B **106**
St Thomas' Pas. *Trow* —1D **119**
St Thomas Rd. *Mid N* —2E **151**
St Thomas Rd. *Trow* —1E **119**
St Thomas St. *Bris* —4A **70** (3D **5**)
St Thomas St. E. *Bris* —4A **70** (4D **5**)
St Vincents Hill. *Bris* —5C **56**
St Vincents Rd. *Bris* —4C **68**
St Vincents Trad. Est. *Bris* —4F **71**
St Werburgh's Pk. *Bris* —5C **58**
St Werburgh's Rd. *Bris* —5B **58**
St Whytes Rd. *Bris* —5F **79**
St Winifred's Dri. *C Down* —2E **111**
Salcombe Gdns. *W Mare* —2E **129**
Salcombe Rd. *Bris* —4B **80**
Salem Rd. *Wint* —2B **30**
Salisbury Av. *Bris* —2D **73**
Salisbury Gdns. *Bris* —2A **62**
Salisbury Pk. *Bris* —1A **62**
Salisbury Rd. *Bath* —4C **100**
Salisbury Rd. *Down* —1A **62**
Salisbury Rd. *Paul* —5C **146**
Salisbury Rd. *Redl* —5F **57**
Salisbury Rd. *St Ap* —5F **71**
Salisbury Rd. *W Mare* —4A **128**
Salisbury St. *Bar H* —4D **71**
Salisbury St. *St G* —3A **72**
Salisbury Ter. *W Mare* —5B **126**
Salisbury View. *B'ptn* —5A **102**

Sally Barn Clo.—Smoke La.

Sally Barn Clo. L Grn —3A 84
Sally Lunns Ho. Bath —3B 106 (off N. Parade Pas.)
Sallysmead Clo. Bris —4D 87
Sallys Way. Wint —2B 30
Saltford Ct. Salt —1A 94
Salthouse Farm Cvn. Pk. Sev B —2B 20
Salthouse Rd. Clev —4B 120
Salthrop Rd. Bris —3A 58
Saltings Clo. Clev —4B 120
Saltmarsh Dri. Bris —3C 38
Saltwell Av. Bris —3E 89
Sambourne La. Pill —2E 53
Samian Way. Stok G —4A 28
Sampson Ho. Bus. Pk. H'ley —2F 23
Sampsons Rd. Bris —4F 87
Samuel St. Bris —2E 71
Samuel White Rd. Bris —2D 83
Samuel Wright Clo. Bris —5F 75
Sanctuary Gdns. Bris —4F 55
Sandbach Rd. Bris —1F 81
Sandbed Rd. Bris —5C 58
Sandburrows Rd. Bris —2A 86
Sandburrows Wlk. Bris —2B 86
Sandcroft. Bris —2B 88
Sandcroft Av. Uph —1B 138
Sanders Rd. Trow —5C 116
Sandford Clo. Clev —5B 120
Sandford Rd. Bris —5C 68
Sandford Rd. Wins —3A 156
Sandford Rd. W Mare —1D 133
Sandgate Rd. Bris —1F 81
Sand Hill. Bris —1E 81
Sandholme Clo. Bris —4A 46
Sandholme Rd. Bris —1E 81
Sandhurst. Yate —1F 33
Sandhurst Clo. Pat —5D 11
Sandhurst Rd. Bris —1F 81
Sandling Av. Bris —5B 42
Sandown Cen. Whit B —3F 155
Sandown Clo. Down —3B 46
Sandown Rd. Brisl —1F 81
Sandown Rd. Fil —1E 43
Sandpiper Dri. W Mare —4D 129
Sandringham Av. Bris —4A 46
Sandringham Pk. Bris —5A 46
Sandringham Rd. Bris —2F 81
Sandringham Rd. L Grn —3B 84
Sandringham Rd. Stok G —4F 27
Sandringham Rd. Trow —5B 118
Sandringham Rd. W Mare —3D 133
Sand Rd. Kew —1F 127
Sands La. Fram C —5B 14
Sandstone Rise Wint —5A 30
Sandwich Rd. Bris —1F 81
Sandy Clo. Brad S —3A 28
Sandy La. Abb L —3A 66
Sandy La. Bris —4E 59
Sandy Leaze. Brad A —3D 115
Sandyleaze. Bris —5A 40
Sandy Lodge. Yate —1A 34
Sandy Pk. Rd. Bris —1E 81
Saracen St. Bath —2B 106 (2C 96)
Sarah St. Law H —3D 71
Sargent St. Bris —1A 80
Sarum Cres. Bris —3E 41
Sassoon Ct. Bar C —5B 74
Satchfield Clo. Bris —2B 40
Satchfield Cres. Bris —2B 40
Satellite Bus. Pk. Bris —3F 71
Sates Way. Bris —1E 57
Saunders Rd. Bris —3A 62
Saunton Wlk. Bris —5A 80
Savages Wood Rd. Brad S —1F 27
Savernake Rd. W Mare —2D 129
Saville Cres. W Mare —5A 128
Saville Ga. Clo. Bris —3B 56
Saville Pl. Bris —4C 68
Saville Rd. Bris —4B 56
Saville Rd. W Mare —5A 128
Saville Row. Bath —2A 106 (1B 96)
Savoy Rd. Bris —1F 81
Saw Clo. Bath —3A 106 (3B 96)
Saw Mill La. T'bry —3C 6
Sawyers Ct. Clev —3E 121
Saxby Clo. Clev —5B 120
Saxby Clo. W Mare —1F 129
Saxon Dri. Trow —3E 117
Saxon Rd. Bris —5C 58
Saxon Rd. W Mare —5A 128
Saxon Way. Bris —5E 11
Saxon Way. Pea J —4E 157
Saxon Way. W'ley —2A 114
Scafell Clo. W Mare —4E 127
Scandrett Clo. Bris —2A 40
Scantleberry Clo. Down —4F 45
Scaurs, The. W Mare —3D 129
School Clo. Bris —4B 88
School Clo. Pat —1E 27
School La. Ban —5F 137
School La. Fren —2A 60
School La. Nthnd —2A 102
School La. Stav —2D 117
School La. Clo. Stav —2D 117
School Rd. Brisl —3A 82
School Rd. Fram C —1B 30
School Rd. K'wd —2E 73
School Rd. Old C —1C 84
School Rd. Tot —2C 80
School Rd. War —2D 85
School Rd. Wrin —1C 156
School Wlk. W'hall —1F 71
School Wlk. Yate —4A 18
School Way. Sev B —4B 20
Scop, The. Alm —1D 11
Scotch Horn Clo. Nail —3E 123
Scotch Horn Way. Nail —3E 123
Scots Pine Av. Nail —3F 123
Scott Ct. Bar C —5B 74
Scott Lawrence Clo. Bris —5C 44
Scott Rd. W Mare —4E 133
Scott Way. Chip S —2B 34
Sea Bank Rd. P'bry —4A 36
Seabrook Rd. W Mare —4B 128
Seagry Clo. Bris —3A 42
Sea Mills La. Bris —3E 55
Searle Ct. Clev —3E 121
Searle Ct. Av. Bris —1A 82
Searle Cres. W Mare —2E 133
Seaton Rd. Bris —1E 71
Seavale Rd. Clev —2C 120
Seaview Rd. P'head —2B 48 (Portishead)
Seaview Rd. P'head —4B 48 (Redcliff Bay)
Seawalls. Bris —5F 55
Seawalls Rd. Bris —5F 55
Second Av. Bath —5E 105
Second Av. W'fld I —5F 151
Second Way. Bris —3F 37
Seddon Rd. Bris —5C 58
Sedgefield Gdns. Bris —3B 46
Sedgemoor Clo. Nail —5D 123
Sedgemoor Rd. Bath —3A 110
Sedgemoor Rd. W Mare —4D 127
Sedgewick. Bris —5A 38
Sefton Pk. Rd. Bris —4A 58
Selborne Rd. Bris —2B 58
Selbourne Clo. Bath —1B 104
Selbourne Rd. W Mare —4C 132
Selbrooke Cres. Bris —1D 61
Selby Rd. Bris —1B 72
Selden Rd. Bris —3A 90
Selkirk Rd. Bris —5E 61
Selley Wlk. Bris —3C 86
Selwood Clo. W Mare —1A 134
Selworthy. Bris —3A 74
Selworthy Clo. Key —3F 91
Selworthy Gdns. Nail —4D 123 (off Mizzymead Rd.)
Selworthy Ho. Bath —2A 110
Selworthy Rd. Bris —3D 81
Selworthy Rd. W Mare —4D 133
Seneca Pl. Bris —3F 71
Seneca St. Bris —2F 71
Sercombe Pk. Clev —5E 121
Serlo Ct. W Mare —1E 129
Serridge La. Coal H —5E 31
Servier St. Bris —5B 58
Seven Acres La. Bathe —1A 102
Seven Dials. Bath —3A 106 (3B 96)
Seventh Av. Bris —3D 43
Severn Av. W Mare —3C 132
Severn Dri. T'bry —2C 6
Severn Grange. Bris —1F 39
Severn Ho. Bris —1F 39
Severnmead. P'head —3B 48
Severn Rd. Chit & H'len —1A 22
Severn Rd. Pill —2E 53
Severn Rd. P'head —3E 49
Severn Rd. Shire —1F 53
Severn Rd. W Mare —3B 132
Severnside Trad. Est. Bris —4E 21
Severn View Rd. T'bry —2D 7
Severn Way. Key —4B 92
Severn Way. Pat —5B 10
Severnwood Gdns. Sev B —5B 20
Sevier St. Bris —5B 58
Seville Rd. P'head —1A 50
Seward Ter. Rads —2F 153
Sewell Ho. Wins —4B 156
Seymour Av. Bris —3A 58
Seymour Clo. Clev —3E 121
Seymour Clo. W Mare —1D 129
Seymour Ct. Trow —1C 118
Seymour Rd. Bath —1B 106
Seymour Rd. Bishop —3A 58
Seymour Rd. E'tn —1C 70
Seymour Rd. K'wd —1F 73
Seymour Rd. Stap H —3F 61
Seymour Rd. Trow —1C 118
Seyton Wlk. Stok G —4A 28
Shackleton Av. Yate —1B 34
Shadwell Rd. Bris —4F 57
Shaftesbury Av. Bath —2D 105
Shaftesbury Av. Bris —1A 70
Shaftesbury Clo. Nail —5C 122
Shaftesbury Ct. Trow —4A 118
Shaftesbury Rd. Bath —4E 105
Shaftesbury Rd. W Mare —5F 127
Shaftesbury Ter. Bris —3F 71
Shaftesbury Ter. Rads —1D 153
Shaft Rd. C Down & Mon C —2E 111
Shaft Rd. Sev B —2B 20
Shails La. Trow —1C 118
Shails La. Ind. Est. Trow —1C 118
Shakespeare Av. Bath —5A 106
Shakespeare Av. Bris —4C 42
Shakespeare Rd. Rads —3F 151
Shaldon Rd. Bris —3C 58
Shallows, The. Salt —1B 94
Shambles, The. Brad A —2E 115
Sham Castle La. Bath —2C 106 (2F 97)
Shamrock Rd. Bris —4F 59
Shanklin Dri. Bris —1D 43
Shannon Ct. T'bry —4E 7
Shapcott Clo. Bris —4D 81
Shaplands. Stok B —3B 56
Sharland Clo. Bris —4A 56
Shaw Clo. Bris —2D 71
Shaws Way. Bath —3A 104
Shearman St. Trow —3D 119
Shearwater Ct. Bris —1B 60
Sheene Rd. Bedm —2E 79
Sheepcote Barton. Trow —3E 119
Sheephouse Cvn. Pk. E'ton G —5A 36
Sheepscroft. Bris —4C 86
Sheepway. P'bry —3D 51
Sheepway La. P'bry —2E 51
Sheepwood Clo. Bris —2C 40
Sheepwood Rd. Bris —2C 40
Sheldare Barton. Bris —3D 73
Sheldon Clo. Clev —4F 121
Sheldrake Dri. Bris —1A 60
Shellard Rd. Bris —1D 43
Shellards La. Alv —3D 9
Shellards Rd. L Grn —2B 84
Shelley Av. Clev —4D 121
Shelley Clo. Bris —2B 72
Shelley Rd. Bath —4A 106
Shelley Rd. Rads —3F 151
Shelley Rd. W Mare —4E 133
Shelley Way. Bris —4C 42
Shellmor Av. Pat —5D 11
Shellmor Clo. Pat —5E 11
Shepherds Clo. Bris —2A 62
Shepherds Wlk. Bath —3A 110
Shepherd's Way. W Mare —3A 130
Sheppard Rd. Bris —1E 61
Sheppards Gdns. Bath —5C 98
Sheppy's Mill. Cong —1D 145
Shepton. W Mare —1E 139
Shepton Wlk. Bris —3E 79
Sherborne Rd. Trow —1A 118
Sherbourne Av. Brad S —3A 28
Sherbourne Clo. Bris —5B 62
Sherbourne St. Bris —2A 72
Sheridan Rd. Bath —4A 104
Sheridan Rd. Bris —3C 42
Sheridan Way. L Grn —3C 84
Sherrings, The. Pat —1D 27
Sherrin Way. Bris —4A 86
Sherston Clo. Bris —2D 61
Sherston Clo. Nail —4F 123
Sherston Rd. Bris —4A 42
Sherwell Rd. Bris —2A 82
Sherwood Clo. Key —3A 92
Sherwood Cres. W Mare —2D 129
Sherwood Rd. Bris —1D 73
Sherwood Rd. Key —3A 92
Shetland Rd. Bris —3F 41
Shetland Way. Nail —4F 123
Shickle Gro. Bath —3D 109
Shields Av. Bris —2C 42
Shiels Dri. Lit S —2F 27
Shilton Clo. Bris —3B 74
Shimsey Clo. Bris —1E 61
Shiners Elms. Yat —3B 142
Shipham Clo. Bris —3D 89
Shipham Clo. Nail —5E 123
Shipham La. Wins —3B 156
Ship Hill. Bris —5D 73
Ship La. Bris —5A 70
Shiplate Rd. B'don —5A 140
Shipley Rd. Bris —4C 40
Shire Gdns. Bris —4F 37
Shirehampton Rd. Bris —1B 54
Shires Yd. Bath —2A 106 (2B 96)
Shire Way. Yate —2E 33
Shockerwick La. Bann —2C 102
Shophouse Rd. Bath —3C 104
Shore Pl. Trow —1A 118
Shorthill Rd. W'lgh —5E 33
Shortlands Rd. Bris —3C 38
Short La. L Ash —3C 76
Short St. Bris —5C 70
Short Way. T'bry —5C 6
Shortwood Hill. Mang —2F 63
Shortwood Northern Link. Yate —1F 63
Shortwood Rd. Bris —5A 88
Shortwood Rd. Puck —3B 64
Shortwood View. Bris —2B 74
Shortwood Wlk. Bris —5A 88
Showering Clo. Bris —3F 89
Showering Rd. Bris —3F 89
Shrewton Clo. Trow —4D 119
Shrophouse Rd. Bath —3C 104
Shrubbery Av. W Mare —4A 126
Shrubbery Cotts. Bris —5D 57
Shrubbery Ct. Stap H —2F 61
Shrubbery Rd. Bris —2F 61
Shrubbery Rd. W Mare —4B 126
Shrubbery Ter. W Mare —4A 126
Shrubbery, The. Bath —1A 106
Shrubbery Wlk. W Mare —4B 126
Shrubbery Wlk. W. W Mare —4B 126
Shuter Rd. Bris —3B 86
Sibland. T'bry —4E 7
Sibland Clo. T'bry —4E 7
Sibland Rd. T'bry —3E 7
Sibland Way. T'bry —4D 7
Sidcot. Bris —3C 82
Sidcot La. Wins —5B 156
Sideland Clo. Bris —2A 90
Sidelands Rd. Bris —1E 61
Sidmouth Gdns. Bris —3F 79
Sidmouth Rd. Bris —3F 79
Signal Rd. Bris —3A 62
Silbury Rise. Key —5A 92
Silbury Rd. Bris —3A 78
Silcox Rd. Bris —4E 87
Silklands Gro. Bris —1E 55
Silverberry Rd. W Mare —4D 129
Silverbirch Clo. Lit S —2F 27
Silver Birch Gro. Trow —5B 118
Silver Ct. Nail —3C 122
Silverhill Rd. Bris —1A 40
Silverlow Rd. Nail —3C 122
Silver Mead. Cong —4D 145
Silver Meadows. Trow —5A 118
Silver Moor La. Ban —2C 136
Silverstone Way. Cong —3D 145
Silver St. Brad A —3E 115
Silver St. Bris —3F 69 (1C 4)
Silver St. Cong —4D 145
Silver St. Mid N —5D 151
Silver St. Nail —3B 122
Silver St. T'bry —3C 6
Silver St. Trow —2D 119
Silver St. Wrin —1C 156
Silver St. La. Trow —5A 118
Silverthorne La. Bris —4C 70
Silverton Ct. Bris —4B 80
Simons Clo. Paul —4C 146
Simons Clo. W Mare —3E 129
Simplex Ind. Est. Bris —1F 85
Sinclair Ho. Bris —3D 69
Singapore Rd. W Mare —5C 132
Sion Hill. Bath —5F 99
Sion Hill. Bris —3B 68
Sion Hill Pl. Bath —5F 99
Sion La. Bris —3B 68
Sion Pl. Bath —3C 106 (3F 97)
Sion Pl. Clif —3B 68
Sion Rd. Bath —5F 99
Sion Rd. Bris —2E 79
Sir John's La. Bris —3D 59
Sir Johns Wood. Nail —2C 122
Siskin Wlk. W Mare —5D 129
Siston Clo. Bris —5C 62
Siston Comn. Bris —5C 62
Siston Hill. Bris —1D 75
Siston La. Bris —2F 75
Siston La. Yate & B'yte —3B 64
Siston Pk. Bris —5C 62
Sixth Av. Bris —3D 43
Six Ways. Clev —2C 120
Skinner's Hill. C'ton —2C 148
Skippon Ct. Bris —5A 74
Sladebrook Av. Bath —1D 109
Sladebrook Ct. Bath —1D 109
Sladebrook Rd. Bath —5C 104
Slade Cotts. Bath —3F 111
Slade Rd. P'head —3F 49
Sladesbrook. Brad A —2E 115
Sladesbrook Clo. Brad A —1E 115
Sleep La. Bris —5F 89
Slimbridge Clo. Yate —2B 34
Slipway, The. Stav —3D 117
Sloan St. Bris —2F 71
Slowgrove Clo. Trow —2F 119
Slymbridge Av. Bris —5C 24
Smallbrook Gdns. Stav —2D 117
Smallcombe Clo. Clan —4B 148
Smallcombe Rd. Clan —4B 148
Small La. Bris —2A 60 (in two parts)
Small St. Bris —3F 69 (2B 4)
Small St. St Ph —5C 70
Smallway. Cong —5D 143
Smarts Grn. Chip S —1E 35
Smeaton Rd. Bris —5B 68
Smithcourt Dri. Lit S —3E 27
Smithmead. Bris —3D 87
Smithywell Clo. Trow —2F 119
Smoke La. Bris —4E 21

Smythe Croft—Stibbs Hill

Smythe Croft. Bris —5C 88
Smyth Rd. Bris —2C 78
Smyth's Clo. Bris —3D 37
Snarland Gro. Bris —4E 87
Snowberry Clo. W Mare —4E 129
Snowberry Wlk. Bris —2A 72
Snowdon Clo. Bris —3B 60
Snowdon Rd. Bris —2B 60
Snowdon Vale. W Mare —4E 127
Snow Hill. Bath —1B 106
Snow Hill Ho. Bath —1B 106
Soapers La. T'bry —4C 6
Sodbury La. W'lgh —4A 34
Sodbury Rd. Wickw —2B 154
Solent Way. T'bry —5E 7
Solsbury Ct. Bath —2A 102
Solsbury View. Bath —4B 100 (off Fairfield Pk.)
Solsbury Way. Bath —4B 100 (in three parts)
Somer Av. Mid N —2B 150
Somerby Clo. Brad S —2F 27
Somerdale Av. Bath —2D 109
Somerdale Av. Bris —5B 80
Somerdale Av. W Mare —5A 128
Somerdale Clo. W Mare —5A 128
Somerdale Rd. Key —2B 92
Somerdale Rd. N. Key —5B 84
Somerdale View. Bath —2D 109
Somermead. Bris —4E 79
Somer Rd. Mid N —2C 150
Somerset Av. Lock —1C 134
Somerset Av. Yate —3B 18
Somerset Cres. Stok G —4B 28
Somerset Folly. Tim —1E 157
Somerset Ho. Bath —1E 109
Somerset La. Bath —5F 99
Somerset M. W Mare —2D 133
Somerset Pl. Bath —5F 99
Somerset Rd. Bris —2C 80
Somerset Rd. Clev —3E 121
Somerset Rd. P'head —3B 48
Somerset Sq. Bris —5A 70
Somerset Sq. Nail —3D 123
Somerset St. Bath —4B 106 (5C 96)
Somerset St. K'dwn —2F 69
Somerset St. Redc —5A 70 (5E 5)
Somerset Ter. Bris —2F 79
Somerset Way. Paul —3B 146
Somerton Clo. Bris —3A 74
Somerton Rd. Bris —1A 58
Somerton Rd. Clev —5E 121
Somervale Rd. Rads —2A 152
Somerville Clo. Salt —2A 94
Sommerville Rd. Bris —4A 58
Sommerville Rd. S. Bris —5B 58
Sophia Gdns. W Mare —1F 129
Sorrel Clo. T'bry —2E 7
Sorrel Clo. Trow —5D 119
Soundwell Rd. Bris —1E 73
South Av. Bath —4E 105
South Av. P'head —2F 49
South Av. Yate —5D 17
Southblow Ho. Bris —2C 78
Southbourne Gdns. Bath —5C 100
S. Combe. B'don —5F 139
Southcot Pl. Bath —4B 106
S. Croft. Bris —5E 41
South Dene. Bris —1A 56
Southdown. W Mare —1D 129
Southdown Av. Bath —1C 108
Southdown Rd. Bath —5C 104
Southdown Rd. Bris —4B 40
Southdowns. Bris —1C 68
Southend Gdns. Wickw —2B 154
Southend Ho. Wickw —2C 154
Southend Rd. W Mare —4C 132
Southernhay. Clif W —4D 69
Southernhay. Stap H —3E 61
Southernhay Av. Bris —4D 69
Southernhay Cres. Bris —4D 69
Southern Ring Path. Clev (in two parts) —5C 120
Southern Way. Clev —4B 120
Southey Av. Bris —1F 73
Southey Ct. Bris —1F 73
Southey Rd. Clev —4D 121
Southey St. Bris —5B 58
Southfield. Rads —2D 153
Southfield Av. Bris —1A 74
Southfield Clo. Nail —2D 123
Southfield Clo. Uph —1B 138
Southfield Ct. Bris —5C 40
Southfield Rd. Cot —1F 69
Southfield Rd. Nail —2D 123 (in two parts)
Southfield Rd. W Trym —5C 40
Southfields. Rads —2D 153
Southfield Trad. Est. Nail —2E 123
Southgate. Bath —3B 106 (4C 96)
South Grn. St. Bris —4B 68
South Gro. Bris —2E 57
South Gro. Pill —3E 53
S. Hayes. Bris —3D 59
Southlands. Bath —4B 98 (in two parts)
Southlands Dri. Tim —2E 157
Southlands Way. Cong —1D 145
South Lawn. Lock —4E 135
S. Lawn Clo. Lock —4D 135
S. Lea Rd. Bath —1B 104
Southleaze. Wins —5B 156
Southleigh. Brad A —4D 115
Southleigh Rd. Bris —2D 69
S. Liberty La. Bris —4A 78
S. Lodge. Bris —1F 55
Southmead. Wins —4B 156
S. Meadows. Wrin —1C 156
Southmead Rd. W Mare —1F 133
Southmead Rd. W Trym & Fil —5E 41
Southover Clo. Bris —4C 40
South Pde. Bath —3B 106 (4D 97)
South Pde. Bris —2D 69
South Pde. W Mare —5B 126
South Pde. Yate —5A 18
South Pde. Cotts. Bath (off Tyning Rd.) —3D 111
South Quay. Bris —4A 70 (3E 5)
Southridge Heights. W Mare —3E 139
South Rd. Bedm —2E 79
South Rd. K'wd —2F 73
South Rd. Mid N —3D 151
South Rd. P'head —2F 49
South Rd. Redl —5E 57
South Rd. Tim —2E 157
South Rd. W Mare —4A 126
Southsea Rd. Pat —2C 26
South Side. Cong —1E 145
Southside. W Mare —5C 126
Southside Clo. Bris —4D 39
Southside Cres. Kew —1E 127
Southstoke La. S'ske —5A 110
Southstoke Rd. Bath —3A 110
South St. Bris —2D 79
South Ter. Bris —5D 57
South Ter. W Mare —5B 126
South View. Bath —5B 100 (off Camden Rd.)
South View. Bris —2A 62
South View. Fram C —2D 31
South View. Mid N —4B 148
South View. Mon C —3F 111
South View. Paul —3B 146
South View. P'head —1F 49
South View. Tim —1E 157
Southview Clo. Hut —1C 140
S. View Cres. Coal H —3F 31
S. View Pl. Bath —4D 109
S. View Pl. Mid N —2E 151
S. View Rise. Coal H —3E 31
S. View Rd. Bath —3E 105
Southview Rd. Trow —4D 119
Southview Ter. Yat —2B 142
Southville Clo. Brad A —4F 115
Southville Pl. Bris —1F 79
Southville Rd. Brad A —4F 115
Southville Rd. Bris —1E 79
Southville Rd. W Mare —4C 132
Southville Ter. Bath —5C 106
South Wlk. Yate —5A 18
South Way. Trow —3D 119
Southway Dri. Bris —5F 75
Southway Rd. Brad A —5E 115
Southwell St. Bris —2E 69
Southwick Rd. N Brad —5D 155
Southwood Av. Bris —4E 39
Southwood Dri. Bris —5D 39
Southwood Dri. E. Bris —4E 39
Southwood Rd. Trow —2F 119
Sovereign Shopping Cen. W Mare —1B 132
Spa La. Bath —4D 101
Spalding Clo. Bris —4C 58
Spar Rd. Yate —4F 17
Spartley Dri. Bris —2B 86
Spartley Wlk. Bris —2B 86
Specklemead. Paul —4A 146
Speedwell Av. Bris —3F 71
Speedwell Clo. T'bry —2E 7
Speedwell Clo. Trow —4D 119
Speedwell Rd. Bris —1B 72
Spencer Dri. W Mare —2F 129
Spencer Ho. Bris —5A 70
Spencers Belle Vue. Bath —1A 106
Spencers Orchard Brad A —5E 115
Sperring Ct. Mid N —4C 150
Spey Clo. T'bry —4D 7
Spindleberry Gro. Nail —3F 123
Spinners Croft. Trow —3D 119
Spinners End. W Mare —1F 129
Spinney Croft. Bris —3B 86
Spinney, The. Brad S —2A 28
Spinney, The. Fram C —2D 31
Spinney, The. Trow —2F 119
Spinney, The. W Mare —2D 139
Spinnings Drove. Clev —5F 125
Spires View. Bris —2A 60
Spitfire Retail Pk. Trow —5D 119
Spring Cres. Bath —3B 106 (4D 97)
Springfield. Brad A —3F 115 (in three parts)
Springfield. Pea J —2F 149
Springfield. T'bry —4E 7
Springfield Av. Hor —2B 58
Springfield Av. Mang —1C 62
Springfield Av. Shire —1F 53
Springfield Av. W Mare —4B 128
Springfield Bldgs. Rads —1D 153
Springfield Bungalows. Mid N —2A 150
Springfield Clo. Bath —4C 104
Springfield Clo. Mang —5C 46
Springfield Clo. Trow —5E 117
Springfield Crest. Rads —1D 153
Springfield Gdns. Ban —5E 137
Springfield Gro. Bris —2D 57
Springfield Heights. Rads —5B 148
Springfield Lawns. Bris —1F 53
Springfield Pk. Trow —1E 119
Springfield Pl. Bath —5A 100
Springfield Pl. Rads —5B 148
Springfield Rd. Bris —1F 69
Springfield Rd. Mang —5C 46
Springfield Rd. Pill —3E 53
Springfield Rd. P'head —3D 49
Springfields. Fil —2C 42
Spring Gdns. Bath —3B 106 (off Spring Gdns. Rd.)
Spring Gdns. Bris —4C 80
Spring Gdns. Rd. Bath —3B 106 (3D 97) (in two parts)
Spring Ground Rd. Paul —4B 146
Spring Hill. K'dwn —2F 69 (in two parts)
Spring Hill. K'wd —5A 62
Spring Hill. W Mare —3A 128
Springhill Clo. Paul —3A 146
Spring Hill Dri. W Mare —4B 128
Spring La. Bath —4C 100
Springleaze. Bris —4C 80
Springleaze. Mang —5C 46
Spring Rise. P'head —5E 49
Spring St. Bedm —1A 80
Spring St. Pl. Bris —1A 80
Spring Ter. W Mare —3A 128
Spring Vale. Bath —4C 100
Spring Valley. W Mare —3A 128
Springville Clo. L Grn —2C 84
Springwood Dri. Bris —1F 39
Springwood Gdns. Hut —5C 134
Spruce Way. Bath —4F 109
Spruce Way. Pat —2A 26
Spryngham Ho. Bris —4C 86
Square, The. Alv —3B 8
Square, The. Ban —5F 137
Square, The. Brisl —3F 81
Square, The. Know —4C 80
Square, The. Stap H —3A 62
Square, The. Stav —1D 117
Square, The. Tim —1E 157
Square, The. Wins —5A 156
Squires Ct. L Grn —1B 84
Squires Leaze. T'bry —2D 7
Stable Yd. Bath —3E 105
Stackpool Rd. Bris —1D 79
Staddlestones. Mid N —5C 150
Stadium Rd. Bris —2E 57
Stafford Cres. T'bry —3C 6
Stafford Pl. W Mare —5C 126
Stafford Rd. Bris —5C 58
Stafford Rd. P'head —4A 50
Stafford Rd. W Mare —5D 127
Staffords Ct. Bris —4C 74
Stafford St. Bris —1F 79
Stainer Clo. Bris —2F 87
Stallard St. Trow —2C 118
Stall St. Bath —3B 106 (4C 96)
Stambrook Pk. Bathe —1B 102
Stanbridge Clo. Bris —1B 62
Stanbridge Rd. Bris —1B 62
Stanbury Av. Bris —2E 61
Stanbury Rd. Bris —2A 80
Stancomb Av. Trow —1E 119
Standfast Rd. Bris —1B 40
Standish Av. Pat —5D 11
Standish Clo. Bris —3B 40
Standon Way. Bris —2E 41
Stane Way. Bris —5E 37
Stanfast Rd. Bris —1B 40
Stanfield Clo. Bris —1D 59
Stanford Clo. Fram C —1B 30
Stanford Pl. Bris —1F 87
Stanhope Pl. Bath —3F 105
Stanhope Rd. L Grn —3B 84
Stanhope Rd. W Mare —5C 132
Stanhope St. Bris —5C 70
Stanier Rd. Bath —3F 105
Stanley Av. Bishop —4A 58
Stanley Av. Fil —2D 43
Stanley Chase. Bris —5F 59
Stanley Ct. Mid N —2E 151
Stanley Cres. Bris —2D 43
Stanley Gdns. Old C —1D 85
Stanley Gro. W Mare —1D 133
Stanley Hill. Bris —1C 80
Stanley Mead. Brad S —4A 12
Stanley Pk. Bris —1E 71
Stanley Pk. Rd. Bris —4A 62
Stanley Rd. Cot —5E 57
Stanley Rd. War —2D 75
Stanley Rd. W Mare —1D 133
Stanley Rd. W. Bath —4E 105
Stanley St. Bris —2E 79
Stanley St. N. Bris —2E 79
Stanley St. S. Bris —2E 79
Stanley Ter. Bris —3E 79
Stanley Ter. Rads —1D 153
Stanley Vs. Bath —5B 100 (off Camden Rd.)
Stanshaw Clo. Bris —5C 44
Stanshawe Cres. Yate —5A 18
Stanshawes Ct. Yate —1A 34
Stanshawes Ct. Dri. Yate —1A 34
Stanshawes Dri. Yate —5F 17
Stanshaw Rd. Bris —5C 44
Stanshaws Clo. Brad S —4E 11
Stanton Clo. Bris —1B 74
Stanton Clo. Trow —5D 119
Stanton Rd. Bris —3F 41
Stanway. Bit —4E 85
Stanway Clo. Bath —3E 109
Staple Gro. Key —3F 91
Staplegrove Cres. Bris —3C 72
Staplehill Rd. Bris —2D 61
Staples Clo. Clev —5E 121
Staples Grn. W Mare —2F 129
Staples Hill. F'frd —5D 113
Staples Rd. Yate —4F 17
Stapleton Clo. Bris —2F 59
Stapleton Rd. Bris —2C 70
Star Barn Rd. Wint —2A 30
Starcross Rd. W Mare —2E 129
Star La. Bris —4B 60
Star La. Pill —3E 53
Starling Clo. W Mare —5C 128
Star, The. Holt —2E 155
States Way. Bris —1E 57
Station App. Brad A —3D 115
Station App. W Mare —1D 133
Station App. Rd. Bris —5B 70 (5F 5)
Station Av. Bris —3C 60
Station Clo. Back —1B 124
Station Clo. Chip S —1F 35
Station Clo. Cong —2C 144
Station Clo. War —2E 75
Station Ct. Bath —2D 105
Station La. Bris —3C 58
Station Rd. Ash D —3B 58
Station Rd. B'ptn —4A 102
Station Rd. Bris —3F 81
Station Rd. Clev —3D 121
Station Rd. Coal H —4E 31
Station Rd. Cong —2C 144
Station Rd. Fil —1D 43
Station Rd. Fish —3C 60
Station Rd. F'frd —4D 113
Station Rd. Hen —2A 40
Station Rd. Holt —2E 155
Station Rd. Iron A —3F 15
Station Rd. Key —2A 92
Station Rd. K'wd —3A 62
Station Rd. Lit S —3E 27
Station Rd. Lwr W —2D 105
Station Rd. Mid N —2E 151
Station Rd. Mont —5F 57
Station Rd. Nail —3D 123 (in two parts)
Station Rd. Pill —3E 53
Station Rd. P'bry —5F 51
Station Rd. P'head —2F 49
Station Rd. Sev B —4A 20
Station Rd. Shire —2F 53
Station Rd. St Ap —5A 72
Station Rd. St Geo —3A 130
Station Rd. War —3E 75
Station Rd. Wickw —1B 154
Station Rd. Wint —5A 30
Station Rd. W Mare —1C 132
Station Rd. Wor —3D 129
Station Rd. Wrin —1B 156
Station Rd. Yat —2A 142
Station Rd. Yate —4E 17
Station Way. Trow —2C 118
Statnton Clo. Bris —1B 74
Staunton Fields. Bris —5E 89
Staunton La. Bris —4E 89
Staunton Way. Bris —5F 89
Staveley Cres. Bris —2E 41
Staverton Clo. Pat —5D 11
Staverton Way. Bris —3C 74
Stavordale Gro. Bris —2D 89
Staynes Cres. K'wd —2A 74
Steam Mills. Mid N —4C 150
Stean Bri. Rd. Lit S —3F 27
Steel Ct. L Grn —2B 84
Steel Mills. Key —4B 92
Stella Gro. Bris —3C 78
Stephen's Dri. Bar C —5B 74
Stephen St. Redf —2E 71
Stepney Rd. Bris —1E 71
Stepney Wlk. Bris —1E 71
Stepping Stones, The. St Ap —4A 72
Sterncourt Rd. Bris —5C 44
Steven's Cres. Bris —1B 80
Steway La. Bathe —1B 102
Stibbs Ct. L Grn —1B 84
Stibbs Hill. Bris —3C 72

Stickland—Thornbury Ind. Pk.

Stickland. *Clev* —5C **120**
Stidham La. *Key* —2D **93**
Stile Acres. *Bris* —3C **38**
Stillhouse La. *Bris* —1F **79**
Stillingfleet Rd. *Bris* —3E **87**
Stillman Clo. *Bris* —4A **86**
Stillman Clo. *Holt* —2E **155**
Stinchcombe. *Yate* —5A **18**
Stirling Clo. *Yate* —2F **17**
Stirling Rd. *Bris* —1E **81**
Stirling Way. *Key* —4A **92**
Stirtingale Av. *Bath* —1D **109**
Stirtingale Rd. *Bath* —1D **109**
Stock La. *Cong* —5E **145**
Stockton Clo. *Bris* —4B **88**
Stockton Clo. *L Grn* —2D **85**
Stock Way N. *Nail* —3D **123**
Stock Way S. *Nail* —3D **123**
Stockwell Av. *Mang* —1C **62**
Stockwell Clo. *Bris* —5B **46**
Stockwell Dri. *Mang* —1C **62**
Stockwell Glen. *Bris* —5B **46**
Stockwood Cres. *Bris* —3B **80**
Stockwood Hill. *Key* —1E **91**
Stockwood La. *Bris & Key* —4F **89**
Stockwood M. *St Ap* —5B **72**
Stockwood Rd. *Brisl* —5B **82**
Stockwood Rd. *Bris* —3F **89**
Stockwood Vale. *Key* —3C **90**
Stodelegh Clo. *W Mare* —2F **129**
Stoke Bri. Av. *Lit S* —3F **27**
Stoke Cotts. *Bris* —3A **56**
Stokefield Clo. *T'bry* —3C **6**
Stoke Gro. *Bris* —1A **56**
Stoke Hamlet. *Bris* —5B **40**
Stoke Hill. *Bris* —3A **56**
Stoke La. *Pat* —1D **27**
Stoke La. *Stap* —5A **44**
Stoke La. *W Trym* —2A **56**
Stokeleigh Wlk. *Bris* —2E **55**
Stoke Mead. *Lim S* —2A **112**
Stokemead. *Pat* —1E **27**
Stoke Paddock Rd. *Bris* —1F **55**
Stoke Pk. Rd. *Bris* —3A **56**
Stoke Pk. Rd. S. *Bris* —4A **56**
Stoke Rd. *Bris* —4B **56**
Stoke Rd. *P'head* —3F **49**
Stokes Ct. *Bar C* —1C **84**
Stokes Croft. *Bris* —2A **70**
Stoke View. *Bris* —1C **42**
Stoke View Rd. *Bris* —4B **60**
Stoneable Rd. *Rads* —1D **153**
Stoneberry Rd. *Bris* —5D **89**
Stonebridge. *Clev* —5D **121**
Stonebridge Pk. *Bris* —5F **59**
Stonebridge Rd. *W Mare* —4D **133**
Stonechat Gdns. *Bris* —1A **60**
Stonefield Clo. *Brad A* —4F **115**
Stonehenge La. *Tic* —1D **123**
Stonehill. *L Grn* —1F **83**
Stonehouse Clo. *Bath* —2C **110**
Stonehouse La. *Bath* —2C **110**
Stone La. *Wint D* —5A **30**
Stoneleigh Ct. *Bath* —3F **99**
Stoneleigh Cres. *Bris* —3C **80**
Stoneleigh Dri. *Bris* —5B **74**
Stoneleigh Rd. *Bris* —3C **80**
Stoneleigh Wlk. *Bris* —3C **80**
Stones Cotts. *Bris* —5E **23**
Stonewell Dri. *Cong* —3D **145**
Stonewell Gro. *Cong* —3D **145**
Stonewell La. *Cong* —3D **145**
Stonewell Pk. Rd. *Cong* —3D **145**
Stoneyfields. *E'ton G* —3D **53**
Stoneyfields Clo. *E'ton G* —2D **53**
Stoney Hill. *Bris* —3E **69** (2A **4**)
Stoney La. *Bris* —4B **58**
Stoney Steep. *Nail* —1F **123**
Stoney Steep. *P'head* —2E **49**
Stoney Stile Rd. *Alv* —2B **8**
Stony La. *Bath* —5F **95** (in two parts)
Stormont Clo. *W Mare* —5D **133**
Stothard Rd. *Bris* —5D **43**
Stottbury Rd. *Bris* —4C **58**
Stoulton Gro. *Bris* —1C **40**
Stourden Clo. *Bris* —5C **44**
Stourton Dri. *Bar C* —1B **84**
Stover Rd. *Yate* —3C **16**
Stover Trad. Est. *Yate* —4D **17**
Stowey La. *Yat* —4D **143**
Stowey Pk. *Yat* —3D **143**
Stowey Rd. *Yat* —2B **142**
Stow Ho. *Bris* —2A **54**
Stowick Cres. *Bris* —3E **39**
Stradbrook Av. *Bris* —3D **73**
Stradling Av. *W Mare* —3D **133**
Stradling Rd. *Bris* —2E **39**
Straits Pde. *Bris* —2D **61**
Stratford Clo. *Bris* —5B **88**
Strathmore Rd. *Bris* —1A **58**
Stratton Clo. *Lit S* —1E **27**
Stratton St. *Bris* —2A **70**
Strawberry Clo. *Nail* —4C **122**
Strawberry Cres. *St G* —3A **72**
Strawberry Gdns. *Nail* —4C **122**
Strawberry Hill. *Clev* —2E **121**
Strawberry La. *B'wth* —5A **86**
Strawberry La. *Bris* —3A **72**
Strawbridge Rd. *Bris* —3D **71**
Stream Clo. *Bris* —5F **25**
Streamcross. *Clav* —2D **143**
Streamleaze. *T'bry* —4C **6**
Streamside. *Clev* —3F **121**
Streamside. *Yate* —1B **62**
Streamside Rd. *Chip S* —5C **18**
Streamside Wlk. *Bris* —2A **82**
Streamside Wlk. *T'bry* —1D **7**
Stream, The. *Ham* —2D **45**
Street, The. *Alv* —2D **9**
Street, The. *Holt* —2D **155**
Street, The. *Rads* —2C **152**
Stretford Av. *Bris* —2F **71**
Stretford Rd. *Bris* —1F **71**
Stride Clo. *Sev B* —4B **20**
Strode Comn. *Alv* —2A **8**
Strode Gdns. *Alv* —2A **8**
Strode Rd. *Clev* —5B **120**
Strode Way. *Clev* —5B **120**
Stroud Rd. *Bris* —2A **54**
Stroud Rd. *Pat* —1A **26**
Stuart Clo. *Trow* —3E **117**
Stuart Pl. *Bath* —3E **105**
Stuart Rd. *W Mare* —3E **133**
Stuart St. *Redf* —3E **71**
Studland Ct. *Bris* —1D **57**
Studley Rise. *Trow* —4D **119**
Sturden La. *Ham* —1E **45**
Sturdon Rd. *Bris* —2C **78**
Sturmer Clo. *Yate* —2A **18**
Sturminster Clo. *Bris* —2F **89**
Sturminster Rd. *Bris* —5E **81**
Sulis Manor Rd. *Bath* —4D **109**
Sullivan Clo. *Bris* —2F **87**
Sumerlin Dri. *Clev* —3F **121**
Summer Down Wlk. *Trow* —3D **155**
Summerfield. *W Mare* —2F **129**
Summerfield Cotts. Bath (off Tyning La.) —5C **100**
Summerfield Rd. *Bath* —5B **100**
Summerfield Ter. *Bath* —5B **100**
Summerhayes. *Bris* —5F **75**
Summer Hill. *Bris* —1C **80**
Summerhill Rd. *Bath* —5E **99**
Summerhill Rd. *Bris* —2A **72**
Summerhill Ter. *Bris* —3B **72**
Summerhouse. *Tic* —1C **122**
Summerlands. *Back* —3D **125**
Summerlands Rd. *W Mare* —5E **127**
Summer La. *Ban & W Mare* —4F **129**
Summer La. *C Down* —3C **110**
Summer La. Cvn. Pk. *Ban* —4C **136**
Summer La. N. *W Mare* —3E **129**
Summerlays Ct. *Bath* —3C **106** (**4E 97**)
Summerleaze. *Bris* —4E **61**
Summerleaze. *Key* —1A **92**
Summerleaze. *Trow* —4A **118**
Summers Mead. *Yate* —2A **18**
Summers Rd. *Bris* —1C **70**
Summers Ter. *Bris* —1C **70**
Summer St. *Bris* —1E **79**
Sundays Hill. *Alm* —2C **10**
Sunderland Pl. *Bris* —2D **69**
Sunderland St. *Bath* —2B **106** (2D **97**)
Sundridge Pk. *Yate* —2A **34**
Sunfield Rd. *Hut* —5C **134**
Sunningdale. *Bris* —2D **69**
Sunningdale. *Yate* —1A **34**
Sunningdale Clo. *Nail* —4F **123**
Sunningdale Dri. *War* —4D **75**
Sunningdale Rd. *W Mare* —2D **129**
Sunnybank. *Bath* —5C **106**
Sunny Bank. *Bris* —1D **73**
Sunnybank. *Mang* —1A **62**
Sunnydene. *Bris* —1F **81**
Sunny Hill. *Bris* —5D **39**
Sunnyhill Dri. *Bris* —1A **54**
Sunnyhill Ho. E. Bris (off Sunnyhill Dri.) —1A **54**
Sunnyhill Ho. W. Bris (off Sunnyhill Dri.) —1A **54**
Sunnymead. *Key* —5B **92**
Sunnymead. *Mid N* —2C **150**
Sunnymede Rd. *Nail* —2C **122**
Sunnymount. *Mid N* —2E **151**
Sunnyside. *Bris* —2A **56**
Sunnyside. *Fram C* —2D **31**
Sunnyside Cres. *Clev* —3D **121**
Sunnyside La. *Ham* —2E **45**
Sunnyside La. *Yate* —5E **17**
Sunnyside Rd. *Clev* —3C **120**
Sunnyside Rd. *W Mare* —3C **132**
Sunnyside Rd. N. *W Mare* —2C **132**
Sunnyside View. *Pea J* —2F **149**
Sunnyvale. *C'ton* —1B **148**
Sunnyvale. *Clev* —5A **120**
Sunnyvale Dri. *L Grn* —2D **85**
Sunny Wlk. *Bris* —1D **73**
Sunridge. *Bris* —1F **61**
Sunridge Clo. *Mid N* —4C **150**
Sunridge Pk. *Mid N* —4C **150**
Sunrise Gro. *Bris* —1F **81**
Sunset Clo. *Pea J* —2F **149**
Surrey Pl. *Trow* —3C **118**
Surrey Rd. *Bris* —4A **58**
Surrey St. *Bris* —2A **70**
Suspension Bri. Rd. *Bris* —3B **68**
Sussex Pl. *Bath* —4B **106** (5D **97**)
Sussex Pl. *Bris* —1B **70**
Sussex St. *Bris* —4C **70**
Sutherland Av. *Bris* —5A **46**
Sutherland Av. *Yate* —2F **17**
Sutherland Dri. *Hut* —1B **140**
Sutherland Pl. *Bris* —5C **56**
Sutton Av. *Bris* —1F **81** (in two parts)
Sutton St. *Bath* —2C **106** (1E **97**)
Swainswick. *Bris* —2B **88**
Swainswick Gdns. *Bath* —4D **101**
Swainswick La. *Bath* —1D **101**
Swaish Dri. *Bar C* —1B **84**
Swallow Clo. *Mid N* —4E **151**
Swallow Dri. *Pat* —1A **26**
Swallow Dri. *Trow* —2B **118**
Swallow Gdns. *W Mare* —5B **128**
Swallow Pk. *T'bry* —1E **7**
Swallows Ct. *Stok G* —5A **28**
Swallows, The. *W Mare* —1B **134**
Swallow St. *Bath* —3B **106** (4C **96**)
Swan Clo. *W Mare* —5C **128**
Swan Dri. *Stav* —2D **117**
Swane Rd. *Bris* —2B **90**
Swan La. *Wint* —5D **13**
Swanmoor Cres. *Bris* —5C **24**
Sweets Clo. *Bris* —5A **62**
Sweets Rd. *Bris* —5A **62**
Swift Clo. *W Mare* —4D **129**
Swiss Dri. *Bris* —3B **78**
Swiss Rd. *Bris* —3B **78**
Swiss Rd. *W Mare* —1D **133**
Sycamore Clo. *Han* —2D **83**
Sycamore Clo. *Nail* —3D **123**
Sycamore Clo. *W'hall* —1A **72**
Sycamore Clo. *W Mare* —5E **127**
Sycamore Ct. *Bris* —4A **58**
Sycamore Dri. *Pat* —2A **26**
Sycamore Dri. *T'bry* —3D **7**
Sycamore Gro. *Trow* —4B **118**
Sycamore Rd. *Rads* —2E **153**
Sydenham Bldgs. *Bath* —4F **105**
Sydenham Hill. *Bris* —1F **69**
Sydenham La. *Bris* —1F **69**
Sydenham Rd. *Bath* —3F **105**
Sydenham Rd. *Cot* —1F **69**
Sydenham Rd. *Know* —2C **80**
Sydenham Ter. *C Down* —3D **111**
Sydenham Way. *Bris* —2E **83**
Sydney Bldgs. *Bath* —3C **106** (3F **97**)
Sydney M. *Bath* —2C **106** (2E **97**)
Sydney Pl. *Bath* —2C **106** (1E **97**)
Sydney Rd. *Bath* —2C **106** (2F **97**)
Sydney Row. *Bris* —2F **79**
Sydney Wharf. *Bathw* —3C **106** (3F **97**)
Sylvan Way. *Bris* —1D **55**
Sylvia Av. *Bris* —2B **80**
Symes Av. *Bris* —4E **87**
Symes Pk. *W'ton* —4B **98**
Symington Rd. *Bris* —2D **61**
Syston Way. *Bris* —1F **73**

Tabernacle Rd. *Bris* —4E **73**
Tackley Rd. *Bris* —4D **59**
Tadwick La. *Bath* —1B **100**
Tailor's Ct. *Bris* —3F **69** (2C **4**)
Talbot Av. *Bris* —1D **73**
Talbot Rd. *Bris* —3D **81**
Talbot Rd. *Trow* —3A **118**
Talgarth Rd. *Bris* —3B **58**
Tallis Gro. *Bris* —2F **87**
Tamar Clo. *T'bry* —5E **7**
Tamar Dri. *Key* —4C **92**
Tamar Rd. *Bris* —4E **71**
Tamar Rd. *W Mare* —3D **129**
Tamblyn Clo. *Rads* —1D **153**
Tamsin Ct. *Key* —3A **92**
Tamworth Rd. *Key* —4A **92**
Tankards Clo. *Bris* —3E **69** (1A **4**)
Tanner Clo. *Bar C* —5B **74**
Tanners Ct. *Bris* —3D **45**
Tanners Ct. *T'bry* —4C **6**
Tanners Wlk. *Bath* —4A **104**
Tanorth Clo. *Bris* —5C **88**
Tanorth Rd. *Bris* —5B **88**
Tanyard, The. *Will* —3D **85**
Tapsters. *Bris* —1C **84**
Tarn Ho. *Pat* —1C **26**
Tarnock Av. *Bris* —1B **88**
Tarragon Pl. *Brad S* —2B **28**
Taunton Rd. *W Mare* —1F **129**
Taunton Wlk. *Bris* —5C **42**
Taverner Clo. *Bris* —1F **87**
Tavistock Rd. *Bris* —4B **80**
Tavistock Rd. *W Mare* —3E **129**
Tavistock Wlk. *Bris* —4B **80**
Tawny Way. *W Mare* —5D **129**
Taylor Clo. *K'wd* —2B **74**
Taylor Ct. *W Mare* —1F **129**
Taylor Gdns. *Bris* —4B **86**
Tayman Clo. *Bris* —1A **58**
Tayman Ridge. *Bit* —5F **85**
Taynton Clo. *Bit* —3E **85**
Teal Clo. *Brad S* —4F **11**
Teal Clo. *W Mare* —4D **129**
Teasel Wlk. *W Mare* —1B **134**
Teddington Clo. *Bath* —5D **105**
Teesdale Clo. *W Mare* —5B **128**
Teewell Av. *Bris* —3A **62**
Teewell Clo. *Bris* —3A **62**
Teewell Ct. *Bris* —3A **62**
Teewell Hill. *Bris* —3A **62**
Teignmouth Rd. *Bris* —4B **80**
Teignmouth Rd. *Clev* —3E **121**
Telephone Av. *Bris* —4F **69** (3B **4**)
Telford Ho. *Bath* —1E **109**
Telford Wlk. *Bris* —1C **72**
Templar Rd. *Yate* —3A **18**
Temple Back. *Bris* —4A **70** (3E **5**)
Temple Boulevd. *Bris* —4B **70** (4F **5**)
Temple Ct. *Key* —3A **92**
Temple Ga. *Bris* —5B **70** (5F **5**)
Temple Ga. Ho. *Bris* —5A **70** (5F **5**)
Templeland Rd. *Bris* —3B **86**
Temple St. *Bedm* —3D **79**
Temple St. *Bris* —4A **70** (3D **5**) (in two parts)
Temple St. *Key* —3A **92**
Temple Trad. Est. *Bris* —5D **71**
Temple Way. *Bris* —4A **70** (4E **5**)
Templeway Ho. *Bris* —4B **70** (3F **5**)
Ten Acre Cotts. *Eng* —5A **108**
Tenby Rd. *Key* —4F **91**
Tenby St. *Bris* —3D **71**
Tennessee Gro. *Bris* —2E **57**
Tennis Ct. Av. *Paul* —4A **146**
Tenniscourt Cotts. *Paul* —4A **146**
Tenniscourt Rd. *Bris* —1C **74**
Tennis Ct. Rd. *Paul* —4A **146**
Tennis Rd. *Bris* —3C **80**
Tennyson Av. *Clev* —4B **120**
Tennyson Clo. *Key* —2B **92**
Tennyson Rd. *Bath* —2E **105**
Tennyson Rd. *Bris* —2A **58**
Tennyson Rd. *W Mare* —5E **133**
Tenterk Clo. *B'don* —5F **139**
Tenth Av. *Bris* —3D **43**
Tereslake Grn. *Bris* —5F **25**
Terrace Wlk. *Bath* —3B **106** (4C **96**)
Terrell Gdns. *Bris* —3F **71**
Terrell St. *Bris* —2F **69**
Tetbury Clo. *Lit S* —1E **27**
Tetbury Gdns. *Nail* —4F **123**
Tetbury Rd. *Bris* —2D **73**
Teviot Rd. *Key* —4C **92**
Tewkesbury Rd. *Bris* —5C **58**
Tewther Rd. *Bris* —5E **87**
Teyfant Rd. *Bris* —4A **88**
Teyfant Wlk. *Bris* —4A **88**
Thackeray Av. *Clev* —2D **121**
Thackeray Rd. *Clev* —2E **121**
Thackeray Wlk. *Bris* —4C **42**
Thanet Rd. *Bris* —3D **79**
Thatcher Clo. *P'head* —4F **49**
Thatchers Clo. *Bris* —3D **73**
There & Back Again La. *Bris* —3E **69**
Theresa Av. *Bris* —3A **58**
Thestfield Dri. *Trow* —3D **117**
Theynes Croft. *L Ash* —4D **77**
Thicket Av. *Bris* —5D **61**
Thicket Rd. *Bris* —3E **61**
Thicket Wlk. *T'bry* —3D **7**
Thiery Rd. *Bris* —3E **81**
Thingwall Pk. *Bris* —4A **60**
Third Av. *Bath* —4E **105**
Third Av. *Bris* —3C **42**
Third Av. *W'fld I* —5A **152**
Third Way. *A'mth* —2D **37**
Thirlmere Ct. *Bris* —4F **75**
Thirlmere Rd. *Pat* —1C **26**
Thirlmere Rd. *W Mare* —4E **133**
Thistle St. *Bris* —2D **79**
Thomas Av. *E Grn* —4D **47**
Thomas Clo. *Ban* —5E **137**
Thomas La. *Bris* —4A **70** (4D **5**)
Thomas Pring Wlk. *Bris* —1C **72**
Thomas St. *Bath* —1B **106**
Thomas St. *Bris* —2A **70**
Thomas St. *Law H* —3D **71**
Thomas St. *St Pa* —1B **70**
Thomas St. N. *Bris* —1F **69**
Thompson Rd. *Bris* —2A **90**
Thomson Rd. *Bris* —2D **71**
Thornbank Pl. *Bath* —4F **105**
Thornbury Dri. *Uph* —1A **138**
Thornbury Hill. *Alv* —1A **8**
Thornbury Ind. Pk. *T'bry* —4D **7**

Wesley St.—Windermere Rd.

Wesley St. Bris —2E 79
Wessex Av. Bris —5B 42
Wessex Ho. Bris —4A 70 (3E 5)
Wessex Rd. W Mare —1F 139
Westacre Clo. Bris —2C 40
W. Ashton Rd. Yarn —3F 119
West Av. Bath —4D 105
Westaway Clo. Yat —4C 142
Westaway Pk. Yat —4D 143
Westbourne Av. Clev —4B 120
Westbourne Av. Key —3A 92
Westbourne Cotts. Bris —5D 45
Westbourne Cres. Clev —4B 120
Westbourne Gdns. Trow —2B 118
Westbourne Gro. Bris —2E 79
Westbourne Pl. Bris —3D 69
Westbourne Rd. Down —4B 46
Westbourne Rd. E'tn —2D 71
Westbourne Rd. Trow —2B 118
Westbourne Ter. Bris —5D 45
West B'way. Bris —1F 57
Westbrooke Ct. Bris —5C 68
Westbrook Pk. W'ton —4B 98
Westbrook Rd. Bris —5F 81
Westbrook Rd. W Mare —4A 128
Westbury Ct. Rd. Bris —5B 40
Westbury Cres. W Mare —1D 139
Westbury Hill. Bris —5C 40
Westbury La. Bris —5D 39
Westbury Pk. Bris —3C 56
Westbury Rd. N Brad —4E 155
Westbury Rd. W Trym & Redl —1C 56
West Clo. Bath —4B 104
W. Coombe. Bris —1F 55
West Cotts. Bath —3D 111
Westcourt Dri. Old C —1D 85
W. Croft. Bris —5E 41
West Croft. Clev —4B 120
Westcroft St. Trow —1C 118
West Dene. Bris —1A 56
W. Dock Rd. P'bry —1A 52
West End. Bedm —5E 69
West End. Bris —2F 69
W. End Farm Cvn. Pk. Lock —3D 135
Westend Rd. Wickw —3A 154
W. End Trad. Est. Nail —4A 122
Westering Clo. Mang —2C 62
Westerleigh Clo. Bris —5B 46
Westerleigh Rd. Bath —3C 110
Westerleigh Rd. Clev —4B 120
Westerleigh Rd. Down & E Grn —1A 62
Westerleigh Rd. Puck —1D 65
Westerleigh Rd. Yate & W'lgh —3D 33
Western Av. Fram C —5C 14
Western Ct. Clev —3D 121
Western Dri. Bris —1A 88
Western Rd. Bris —1A 58
Westfield. Brad A —2C 114
Westfield. Clev —5D 121
Westfield Clo. Back —2C 124
Westfield Clo. Bath —1F 109
Westfield Clo. Bris —5F 73
Westfield Clo. Key —3E 91
Westfield Clo. Trow —4A 118
Westfield Clo. Uph —1B 138
Westfield Dri. Back —2C 124
Westfield Ind. & Trad. Est. Rads —5F 151
Westfield La. Stok G —1A 44
Westfield Pk. Bath —2B 104
Westfield Pk. Bris —1D 69
Westfield Pk. S. Bath —2B 104
Westfield Pl. Bris —3B 68
Westfield Rd. Back —2C 124
Westfield Rd. Ban —5E 137
Westfield Rd. Bris —4C 40
Westfield Rd. Trow —3A 118
Westfield Rd. W Mare —1B 138
Westfield Ter. Rads —3A 152
Westfield Way. Brad S —4F 11
W. Garston. Ban —5E 137
Westgate Bldgs. Bath —3A 106 (3B 96)
Westgate St. Bath —3A 106 (3B 96)
West Gro. Bris —1B 70
Westhall Rd. Bath —2E 105
W. Haven Clo. Back —2C 124
W. Hay Rd. Udl —1B 156
West Hill. P'head —3D 49
West Hill. Wrax —1E 123
W. Hill Gdns. P'head —3E 49
West Hill Gdns. Rads —3A 152
W. Hill Rd. Rads —3A 152
Westland Av. Old C —1E 85
W. Lea Rd. Bath —1B 104
W. Leaze Pl. Brad S —3A 28
Westleigh Clo. S'mead —3F 41
Westleigh Clo. Yate —5E 17
Westleigh Pk. Bris —5C 80
Westleigh Rd. Bris —3E 41
W. Links Clo. W Mare —2F 127
West Mall. Bris —3B 68
Westmarch Way. W Mare —1E 129
Westmead Cres. Trow —5B 118
Westmead Gdns. W'ton —4B 98
Westmead Rd. Bris —3D 73
Westminstere Ct. W Trym —5C 40
Westminster Rd. Bris —2F 71
Westmoreland Dri. Bath —3F 105
Westmoreland Pl. E. Bath —3F 105
Westmoreland Rd. Bath —4F 105
Westmoreland Rd. Bris —4D 57
Westmoreland Sta. Rd. Bath —4F 105
Westmoreland St. Bath —4F 105
Westmorland Ho. Bris —4C 56
Weston Av. Bris —3F 71
Weston Clo. Bris —5E 39
Weston Cres. Bris —1A 58
Weston Farm La. Bath —4D 99
Weston Gateway Cvn. Pk. W Mare —4A 130
Westonian Ct. Bris —3E 55
Weston La. Bath —5D 99
Weston Links. W Mare —3F 133
Weston Pk. Bath —5D 99
Weston Pk. Ct. Bath —5E 99
Weston Pk. E. Bath —1D 105
Weston Pk. W. Bath —5D 99
Weston Rd. Bath —1E 105
Weston Rd. Cong —1A 144
Weston Rd. Fail —5A 76
Weston Rd. L Ash —5A 76
Westons Way. Bris —4B 74
Weston Way. Hut —1D 141
Weston Wood Rd. P'head —5E 49
Westover Clo. Bris —3B 40
Westover Dri. Bris —4C 40
Westover Gdns. Bris —3B 40
Westover Rise. Bris —3C 40
Westover Rd. Bris —3B 40
West Pde. Bris —5E 39
West Pk. Bris —2D 69
West Pk. Rd. Bris —2A 62
W. Point Row. Brad S —3E 11
W. Priory Clo. Bris —5C 40
W. Ridge. Fram C —2E 31
West Rd. Mid N —1C 150
West Rd. Yat —4B 142
W. Rocke Av. Bris —5F 39
W. Rolstone Rd. Hew —3D 131
W. Shrubbery. Bris —5D 57
West St. Ban —5F 137
West St. Bedm —3D 79
West St. K'wd —2F 73
West St. Old C —1E 85
West St. St Ph —3B 70
West St. Trow —2C 118
West St. W Mare —5B 126
W. Town Av. Bris —4F 81
W. Town Ct. Bris —3A 82
W. Town Dri. Bris —4F 81
W. Town Gro. Bris —5F 81
W. Town La. Bris —5D 81
W. Town Pk. Bris —4F 81
W. Town Rd. Back —3C 124
W. Town Rd. Bris —5E 37 (in two parts)
West View. Alv —3A 8
West View. Mang —1C 62
Westview. Paul —4A 146
Westview Orchard Mid N —4C 112
W. View Rd. Bathe —3B 102
W. View Rd. Bris —2D 79
W. View Rd. Key —3A 92
West Wlk. Yate —5A 18 (off Station Rd.)
Westward Clo. Wrin —1B 156
Westward Dri. Pill —3E 53
Westward Gdns. L Ash —3D 77
Westward Rd. Bris —1B 86
West Way. Bris —5F 25
West Way. Clev —3C 120
Westway. Nail —3D 123
Westwood Clo. W Mare —3D 129
Westwood Cres. Bris —4F 71
Westwood Rd. Bris —5F 81
Westwood Rd. Trow —1A 118
Westwoods. Bath —3C 102
Westwood View. Bath —4D 109
Wetherby Ct. Bris —3B 46
Wetherell Pl. Bris —3D 69
Wetlands La. P'head —5E 49
Wexford Rd. Bris —5F 79
Weymouth Rd. Bris —3F 79
Weymouth St. Bath —1C 106
Wharfedale. T'bry —4E 7
Wharf La. P'bry —2D 51
Wharf Rd. Bris —3B 60
Wharnecliffe Clo. Bris —3D 89
Wharnecliffe Gdns. Bris —3D 89
Whatley Ct. Bris —1D 69
Whatley Rd. Bris —1D 69
Wheatfield Dri. Brad S —5E 11
Wheathill Clo. Key —3E 91
Wheelers Clo. Mid N —2A 152
Wheelers Dri. Mid N —2F 151
Wheelers Rd. Mid N —2F 151
Whinchat Gdns. Bris —1B 60
Whippington Ct. Bris —3A 70 (1D 5)
Whitby Rd. Bris —1E 81 (in two parts)
Whitchurch La. B'wth —2C 86 (in two parts)
Whitchurch La. Bris —3F 87
Whitchurch Rd. Bris —2C 86
Whitebeam Ct. Bris —2A 72
Whitebrook La. Pea J —1C 148
Whitecroft Way. Bris —3C 74
Whitecross Av. Bris —2E 89
Whitecross La. Ban —4E 137
Whitecross Rd. W Mare —3C 132
White Dri. P'head —4F 49
Whitefield Av. Han —5F 73
Whitefield Av. S'wll —1C 72
Whitefield Clo. Bathe —2C 102
Whitefield Rd. Bris —1B 72
Whitefields. Chip S —5E 19
Whitefriars. Bris —3F 69 (1B 4)
Whitegate Clo. B'don —5F 139
Whitehall Av. Bris —1A 72
Whitehall Gdns. Bris —1F 71
Whitehall Rd. Bris —2D 71
White Hart Steps. Clif W —4D 69
White Hart Yd. Trow —2D 119
Whitehaven. Bath —4D 103
Whiteheads La. Brad A —2E 115
Whitehill. Brad A —2E 115
White Horse Bus. Pk. Trow —3F 155
White Horse Clo. Trow —4D 119
White Horse Rd. W'ley —2F 113
Whitehouse La. Bris —2F 79
Whitehouse Pl. Bris —1A 80
White Ho. Rd. Clav —3F 143
Whitehouse St. Bris —1A 80
Whiteladies Ga. Bris —1D 69
Whiteladies Rd. Bris —5C 56
Whiteleaze. Bris —4E 41
White Lodge Pk. P'head —2F 49
White Lodge Rd. Bris —3B 62
Whitemead Ho. Bris —2C 78
Whitemore Ct. Bathe —1B 102
Whiteoak Way. Nail —5C 122
White Ox Mead La. Pea J (in two parts) —3E 157
White Row Hill. Trow —5A 118
Whiterow Pk. Trow —4A 118
Whitesfield Rd. Nail —4C 122
White's Hill. Bris —4C 72
Whiteshill. Ham —1F 45
White St. Bris —2B 70
White Tree Rd. Bris —3D 57
Whitewall La. T'bry —2F 7
Whiteway Av. Bath —1B 108
Whiteway Clo. Bris —2C 72
Whiteway Clo. St Ap —4A 72
Whiteway Ct. Bris —2C 72
Whiteway M. Bris —2C 72
Whiteway Rd. Bris —2B 72
Whiteway Rd. W'way —4A 104
Whitewells Rd. Bath —4B 100
Whitewood Rd. Bris —1B 72
Whitfield Clo. Bris —5F 61
Whitfield Rd. T'bry —2D 7
Whiting Rd. Bris —4C 86
Whitland Av. Bris —3D 87
Whitland Rd. Bris —3D 87
Whitley Clo. Yate —3E 17
Whitley Mead. Stok G —1A 44
Whitmead Gdns. Bris —4E 87
Whitmore Av. Bris —2C 82
Whitson St. Bris —2F 69
Whitting Rd. W Mare —4C 132
Whittington Dri. W Mare —3B 128
Whittington Rd. Bris —1E 61
Whittock Rd. Bris —3F 89
Whittock Sq. Bris —1F 89
Whittucks Clo. Bris —1F 83
Whittucks Rd. Han —2E 83
Whitwell Rd. Bris —5D 81
Whytes Clo. Bris —4C 40
Wick Cres. Bris —2F 81
Wicker Hill. Trow —1C 118
Wickets, The. K'wd —5F 61
Wicket, The. Bris —2F 71
Wicketts, The. Bris —3B 42
Wickfield. Clev —5C 120
Wickham Clo. Chip S —1F 35
Wickham Ct. Bris —2F 59
Wickham Ct. Clev —3C 120
Wickham Glen. Bris —2F 59
Wickham Hill. Bris —2F 59
Wickham View. Bris —2F 59
Wick Ho. Clo. Salt —5F 93
Wick La. C'ton —1C 148
Wicklow Rd. Bris —5A 80
Wick Rd. Bris —3F 81
Wickwar Rd. Yate —1C 18
Widbrook Meadow. Trow —2A 118
Widbrook View. Brad A —4F 115
Widcombe. Bris —2C 88
Widcombe Clo. Bris —3C 72
Widcombe Cres. Bath —4C 106
Widcombe Hill. Bath —4C 106
Widcombe Pde. Bath —4B 106 (off Claverton St.)
Widcombe Rise. Bath —4C 106
Widcombe Ter. Bath —5C 106
Wigmore Gdns. W Mare —3A 128
Wigton Cres. Bris —3E 41
Wilbye Gro. Bris —1F 87
Wilcot Clo. Trow —4D 119
Wilcox Clo. Bris —4E 73
Wild Country La. L Ash —5A 76
Wildcroft Ho. Bris —3D 57
Wildcroft Rd. Bris —2D 57
Wilder Ct. Bris —2A 70
Wilderness, The. Brad A —2D 115
Wilder St. St Pa —2A 70
Willada Clo. Bris —3D 79
William Daw Clo. Ban —5D 137
William Mason Clo. Bris —3D 71
Williams Clo. L Grn —2B 84
Williamson Rd. Bris —4B 58
Williamstowe. Bath —3D 111
William St. Bath —2B 106 (2D 97)
William St. Bedm —1A 80
William St. Fish —4D 61
William St. Redf —2E 71
William St. St Pa —1B 70
William St. St Ph —4C 70
William St. Tot —1B 80
Willinton Rd. Bris —1B 88
Willis Rd. Bris —5B 62
Williton Cres. W Mare —1D 139
Willment Way. Bris —3F 37
Willmott Clo. Bris —5B 88
Willoughby Clo. Alv —3B 8
Willoughby Clo. Bris —1D 87
Willoughby Rd. Bris —2A 58
Willowbank. Bris —5E 41
Willow Bed Clo. Bris —1D 61
Willow Clo. Bath —4F 109
Willow Clo. Bris —4F 75
Willow Clo. Clev —3E 121
Willow Clo. L Ash —4B 76
Willow Clo. Pat —2A 26
Willow Clo. P'head —3E 49
Willow Clo. Rads —3B 152
Willow Clo. St Geo —3A 130
Willow Clo. Uph —1C 138
Willow Clo. Wick —5A 154
Willowdown. W Mare —1C 128
Willow Dri. Hut —1C 140
Willow Dri. B'don —5A 140
Willow Dri. Lock —3C 134
Willow Falls, The. Bath —3F 101
Willow Gdns. St Geo —3B 130
Willow Grn. Bath —5F 105
Willow Gro. Bris —5E 61
Willow Gro. Trow —5B 118
Willow Ho. Bris —4F 87
Willow Rd. Bris —2E 83
Willow Shopping Cen., The. Bris —1A 62
Willows, The. Brad S —1F 27
Willows, The. Bris —3D 45
Willows, The. Nail —2E 123
Willows, The. Yate —4F 17
Willow View. N Brad —4D 155
Willow Wlk. Bris —1D 41
Willow Wlk. Key —4F 91
Willow Way. Coal H —3E 31
Willsbridge Hill. Will —3C 84
Wills Dri. Bris —2C 70
Willway St. Bedm —1F 79
Willway St. Bris —3B 70
Wilmot Ct. Bris —4C 74
Wilmots Way. Pill —3F 53
Wilshire Av. Bris —5F 73
Wilson Av. Bris —2B 70
Wilson Pl. Bris —2B 70
Wilson St. Bris —2B 70
Wilton Clo. Bris —4E 41
Wilton Dri. Trow —4D 119
Wilton Gdns. W Mare —1C 132
Wiltons. Wrin —1B 156
Wiltshire Av. Yate —3C 18
Wiltshire Dri. Trow —5C 118
Wiltshire Pl. Bris —4A 62
Wiltshire Way. Bath —4B 100
Wilverley Ind. Est. Bris —4A 82
Wimbledon Rd. Bris —2E 57
Wimborne Rd. Bris —4E 79
Winash Clo. Bris —1F 89
Wincanton Clo. Down —3B 46
Wincanton Clo. Nail —4F 123
Winchcombe Clo. Nail —5F 123
Winchcombe Gro. Bris —2B 54
Winchcombe Rd. Fram C —1D 31
Winchcombe Trad. Est. Bris —1C 80
Winchester Av. Bris —2F 81
Winchester Rd. Bath —4E 105
Winchester Rd. Bris —2F 81
Wincroft. Old C —1E 85 (in two parts)
Windcliff Cres. Bris —4A 38
Windermere. W Trym —2F 41
Windermere Av. W Mare —4D 133
Windermere Rd. Pat —1C 26

HOSPITALS and HEALTH CENTRES
covered by this atlas.

N.B. Where Hospitals and Health Centres are not named on the map, the reference given is for the road in which they are situated.

BLACKBERRY HILL HOSPITAL —2B **60**
Manor Rd., Fishponds,
Bristol, BS16 2EW
Tel: (0117) 9656061

BRADFORD-ON-AVON COMMUNITY
HOSPITAL —1E **115**
Berryfields, Berryfield Rd.,
Bradford on Avon, BA15 1TA
Tel: (01225) 862975

Bradford-on-Avon Family Health Centre
—3D **115**
Station App.,
Bradford on Avon,
BA15 1DQ
Tel: (01225) 865660

BRENTRY HOSPITAL —2D **41**
Charlton Rd., Brentry,
Bristol, BS10 6JA
Tel: (0117) 9500500

BRISTOL BUPA HOSPITAL —5C **56**
The Glen, Redland Hill,
Durdham Down,
Bristol, BS6 6UT
Tel: (0117) 9732562

BRISTOL DENTAL HOSPITAL
—3F **69** (1B **4**)
Lower Maudlin St.,
Bristol, BS1 2LY
Tel: (0117) 9230050

BRISTOL EYE HOSPITAL —3F **69** (1B **4**)
Lower Mauldin St.,
Bristol, BS1 2LX
Tel: (0117) 9230060

BRISTOL GENERAL HOSPITAL —5F **69**
Guinea St.,
Bristol, BS1 6SY
Tel: (0117) 9265001

BRISTOL ONCOLOGY CENTRE
—3F **69** (1B **4**)
Horfield Rd.,
Bristol, BS2 8ED
Tel: (0117) 9230000

BRISTOL ROYAL HOSPITAL FOR SICK
CHILDREN —3E **69**
St Michael's Hill,
Bristol, BS2 8BJ
Tel: (0117) 9215411

BRISTOL ROYAL INFIRMARY —3F **69**
Marlborough St.,
Bristol, BS2 8H
Tel: (0117) 9230000

Brooklea Health Centre —5A **72**
Wick Rd., Brislington,
Bristol, BS4 4HU
Tel: (0117) 9711211

BURDEN HOSPITAL —4A **44**
Stoke La., Stapleton,
Bristol, BS16 1QT
Tel: (0117) 9701212

Cadbury Heath Health Centre —5C **74**
Parkwall Rd.,
Cadbury Heath,
Bristol, BS30 8HS
Tel: (0117) 9600129

Charlotte Keel Health Centre —1C **70**
Seymour Rd., Easton,
Bristol, BS5 0UA
Tel: (0117) 9512244

CHESTERFIELD HOSPITAL, THE
—4C **68**
3 Clifton Hill,
Bristol, BS8 1BP
Tel: (0117) 9467424

Clevedon Health Centre —3E **121**
Old St., Clevedon,
BS21 6DG
Tel: (01275) 871454

CLEVEDON HOSPITAL —3E **121**
Old Street, Clevedon,
BS21 6BS
Tel: (01275) 872212

COSSHAM HOSPITAL —5E **61**
Lodge Rd., Kingswood,
Bristol, BS15 1LF
Tel: (0117) 9671661

DROVE ROAD HOSPITAL —3D **133**
Drove Rd., Weston-Super-Mare,
BS23 3NT
Tel: (01934) 636363

Eastville Health Centre —5E **59**
East Pk., Eastville,
Bristol, BS5 6YA
Tel: (0117) 9511261

Fairfield Park Health Centre —5C **100**
Tyning La., Camden Rd.,
Bath, BA1 6EA
Tel: (01225) 331616

Fishponds Health Centre —3D **61**
Beechwood Rd., Fishponds,
Bristol, BS16 3TD
Tel: (0117) 9656281

FRENCHAY HOSPITAL —4D **45**
Frenchay Park Rd., Frenchay,
Bristol, BS16 1LE
Tel: (0117) 9701212

GROVE ROAD DAY HOSPITAL —5C **56**
Grove Rd., Redland,
Bristol, BS6 6UJ
Tel: (0117) 9730225

HANHAM HALL HOSPITAL —1F **83**
Whittucks Rd., Hanham,
Bristol, BS15 3PU
Tel: (0117) 9085000

Hartcliffe Health Centre —4E **87**
Hareclive Rd., Hartcliffe,
Bristol, BS13 0JP
Tel: (0117) 941020

HEATH HOUSE PRIORY HOSPITAL
—3D **59**
Heath House La., off Bell Hill,
Stapleton, Bristol,
BS16 1EQ
Tel: (0117) 9525255

Horfield Health Centre —1C **58**
Lockleaze Rd., Horfield,
Bristol, BS7 9RR
Tel: (0117) 9695391

KEYNSHAM HOSPITAL —4B **92**
St Clement's Rd., Keynsham,
Bristol, BS31 1AG
Tel: (0117) 9862356

Kingswood Health Centre —2A **74**
Alma Rd., Kingswood,
Bristol, BS15 4EJ
Tel: (0117) 9677191

Lawrence Hill Health Centre —3C **70**
Hassell Dri., Lawrence Hill, Bristol,
Avon, BS2 0AN
Tel: (0117) 9555241

Montpelier Health Centre —1A **70**
Bath Buildings, Montpelier,
Bristol, BS6 5PT
Tel: (0117) 9426811

Nailsea Health Centre —3D **123**
Somerset Sq.,
Nailsea, BS19 2EY
Tel: (01275) 856611

PAULTON HOSPITAL —5C **146**
Salisbury Rd.,
Paulton, BS39 7SB
Tel: (01761) 412315

Portishead Health Centre —3F **49**
Victoria Sq., Portishead,
Bristol, BS20 9AQ
Tel: (01275) 847474

ROBERT SMITH UNIT DAY HOSPITAL
—3C **68**
Mortimer Rd.,
Bristol, BS8 4EX
Tel: (0117) 9735004

ROYAL NATIONAL HOSPITAL FOR
RHEUMATIC DISEASES
—3A **106** (3B **96**)
Upper Borough Walls,
Bath, BA1 1RL
Tel: (01225) 465941

ROYAL UNITED HOSPITAL —1C **104**
Combe Pk., Bath,
Avon, BA1 3NG
Tel: (01225) 428331

St George Health Centre —2C **72**
Bellevue Rd., St George,
Bristol, BS5 7PH
Tel: (0117) 9612161

St Johns Lane Health Centre —3A **80**
St Johns La., Bedminster,
Bristol, BS14 8PT
Tel: (0117) 667681

ST MARTIN'S HOSPITAL —3F **109**
Midford Rd., Bath,
BA2 5RP
Tel: (01225) 832383

ST MARY'S HOSPITAL —3D **69**
Upper Byron Pl., Clifton,
Bristol, BS8 1JU
Tel: (0117) 9872727

ST MICHAEL'S HOSPITAL —2E **69**
Southwell St., St Michael's Hill,
Bristol, BS2 8EG
Tel: (0117) 9215411

St Peter's Hospice —3B **80**
St Agnes Av., Knowle,
Bristol, BS4 2DU
Tel: (0117) 9774605

Shirehampton Health Centre —1A **54**
Pembroke Rd., Shirehampton,
Bristol, BS11 0QE
Tel: (0117) 9828181

Southmead Health Centre —2E **41**
Ullswater Rd., Southmead,
Bristol, BS10 6DF
Tel: (0117) 9507000

SOUTHMEAD HOSPITAL —4A **42**
Westbury-on-Trym,
Bristol, BS10 5NB
Tel: (0117) 9505050

Stockwood Health Centre —3A **90**
Hollway Rd., Stockwood,
Bristol, BS14 8PT
Tel: (01275) 833103

Thornbury Health Centre —3D **7**
Eastland Rd., Thornbury,
BS35 1DP
Tel: (01454) 414477

THORNBURY HOSPITAL —3D **7**
Eastland Rd., Thornbury, BS35 1DN
Tel: (01454) 412636

TROWBRIDGE COMMUNITY HOSPITAL
—1C **118**
Adcroft St., Trowbridge,
BA14 8PH
Tel: (01225) 752558

Trowbridge Family Health Centre
—1D **119**
The Halve, Trowbridge,
BA14 8SA
Tel: (01225) 766161

WESTON GENERAL HOSPITAL —2C **138**
Grange Rd., Uphill,
Weston-Super-Mare,
BS23 4TQ
Tel: (01934) 636363

Whitchurch Health Centre —3C **88**
Armada Rd., Whitchurch,
Bristol, BS8 2PU
Tel: (01275) 839421

Whiteladies Health Centre —1D **69**
Whatley Rd., Clifton,
Bristol, BS8 1NL
Tel: (0117) 9731201

William Bud Health Centre —5F **79**
Leinster Av., Knowle,
Bristol, BS4 1NL
Tel: (0117) 9633152

Worle Health Centre —3C **128**
125 High St., Worle,
Weston-Super-Mare,
BS22 0HB
Tel: (01934) 510510

Yate Health Centre —5A **18**
21 West Wlk., Yate,
Bristol, BS37 4AX
Tel: (01454) 313374

INDEX TO PLACES OF INTEREST

with their map square reference

Printed and bound in Great Britain by
Butler & Tanner Ltd, Frome and London